Julius Caesar, Charles Edward Moberly, Aulus Hirtius

The Commentaries of C. Julius Caesar

The Gallic War

Julius Caesar, Charles Edward Moberly, Aulus Hirtius

The Commentaries of C. Julius Caesar
The Gallic War

ISBN/EAN: 9783337063474

Printed in Europe, USA, Canada, Australia, Japan

Cover: Foto ©ninafisch / pixelio.de

More available books at **www.hansebooks.com**

Clarendon Press Series

C. JULIUS CAESAR

C. E. MOBERLY

Caesar's Bridge across the Rhine.

Clarendon Press Series

THE COMMENTARIES

OF

C. JULIUS CAESAR

THE GALLIC WAR

WITH THE SUPPLEMENT OF HIRTIUS

EDITED BY

CHARLES E. MOBERLY, M.A.

Late Scholar of Balliol College, Oxford
Assistant Master in Rugby School

Oxford
AT THE CLARENDON PRESS
M DCCC LXXXIV

CONTENTS.

	PAGE
INTRODUCTION	ix
BOOK I.	1
„ II.	33
„ III.	50
„ IV.	65
„ V.	83
„ VI.	113
„ VII.	135
„ VIII.	182
NOTES	209
INDEX	347

INTRODUCTION.

CAESAR'S Commentaries have been universally acknowledged to be the best of manuals both of Latin style and of the military art. As to the former point, they have all the consummate clearness which belongs to genius thoroughly informed as to the facts which it is relating. Compare with them Sallust's account of the Jugurthine war, and one becomes instantly aware of the difference between a fancy account of a campaign, such as a rhetorician can work out from secondhand information, and one which never, even in its most rhetorical passages, fails to maintain the tone of real, unmistakeable fact. The mode of narration in the Commentaries is so earnest, serious, and straightforward, the logic of events is so closely knit, the words have so strong an appearance of being selected with a view to expressing the simplest truths in the simplest way, that it is only by an effort that we can bring ourselves to criticise the statements which they contain, and examine how far they represent reality. We are never put on our guard, as we often are in reading Livy, Cicero, or Tacitus, by passages whose very eloquence makes us at once suspect concealment of fact. Nothing seems introduced for the sake of antithesis; no colouring, or hardly any, is ever added for the purpose of giving an adventitious interest to the scene; yet a natural euphony and grace pervades the whole. The style easily and naturally sympathises with the most various circumstances of the history; it is forcibly rhetorical in Book I, where the right of the Roman people as against the Helvetii or Ariovistus, as viewed by Caesar, has to be put in the strongest light possible; indeed, in a light stronger than the truth allows. It can collect itself into long and involved periods, where an accumulation of danger and difficulty has to be described, as in the Nervian battle in Book II. It can summarise rapid events with singular force and point by means of short sentences, as in the closing scenes of the siege of Alesia in Book VII. In fact, it uses in a somewhat less developed form than after-writers all the resources of Roman style; and this with the additional excellence that the expression never seems to be sought for on its own account, but always to be the natural outgrowth of the facts narrated. Indeed, a scholar whose taste is formed upon Caesar's writings does not find anything afterwards in Roman historical writers which pleases him so well. Assuming the view that the Latin language is suited by its inward character to be more than any other the organ of expression for the true and actual, and that it never works with such natural ease as when it is stating facts in the genuine order of their occurrence, one cannot help feeling that Caesar has more nearly than any other writer been able to realise this ideal. Whether he turns out on closer examination to have been perfectly scrupulous or not, it can hardly be denied that in proportion as a historical writer *is* scrupulously candid and truthful, so will his style approximate to that employed by Caesar.

Does this excellence then really imply an unusual amount of candour in the historian, or was it simply the result of his consummate art? This is a point in some degree hard to decide, and one on which opinions will certainly differ. The view taken in the notes to this edition upon this particular point may be briefly summed up as follows:—Caesar possesses in the fullest degree the Roman habit of stating everything in a disadvantageous light for his enemies: thus he makes no mention of the manifold provocations which the Helvetii received from Roman marauding parties even in times of peace; nor does he think it necessary to dwell on the fact that the Romans, in view of the Helvetic invasion, had made an alliance with Ariovistus, and thus guaranteed to him the tranquil possession of his conquests in Gaul; in fact, he covers these inconvenient facts by a rhetoric so skilful that it has constantly passed for simplicity and truthfulness. In the case of the Usipetes and Tentcheri he disguises, almost beyond the necessity of the case, the fact that his only chance of safety lay in attacking the Germans before their detached cavalry returned. So again in the British expeditions, he manages his narration so skilfully that we do not, without an exertion of mind, realise, as his own contemporaries did, the thoroughness of his double failure there. Moreover, the notes on Book V will make it probable that he has most scandalously libelled our gallant countrymen, and made writer after writer in England believe that they were mere vicious barbarians, instead of being a warlike and disciplined race, at least equal in advancement to the Seikhs of our own day. Besides this he seems hardly to have noticed the great accession of ferocity on the Roman side in the Gallic wars which followed the British failures; and though his stating candidly the facts which shew this, such as the unrepented massacre at Avaricum, and the starving of the unarmed multitudes at Alesia, may be considered as marking his good faith, yet his want of moral sense on such points makes us suspect that he may, oftener than he admits, have been guilty of such cruelties as Hirtius casually describes in VIII. 44, as inflicted on the gallant defenders of Uxellodunum, whose right hands were all cut off by Caesar's order. So again when we know what is often the conduct towards their subjects of protected kings in India, we feel that a conqueror like Caesar, who imposed upon the Gallic republics the yoke of monarchic families, whom they detested (the Shah Soojahs of the period), and had long ago deposed, might, if he would, have written many a sad chapter on the means by which, under his auspices, these protected sovereigns maintained their illegal authority. Lastly, when we see that no hint is given in the history of the fate reserved for the gallant Vercingetorix on the day of Caesar's triumph, years after the surrender of Alesia, we feel an apprehension that the great conqueror's daily life in Gaul would have supplied many exceptions to the 'clementia' of which he so often speaks as marking his own conduct. Probably therefore it is not too much to say that the suppression of unwelcome truth is a feature not to be ignored by any one who reads the Bellum Gallicum critically, especially when it is observed how the same reserve seems perpetually to affect the minuter points of narratives which are on the whole truthful. But with these abatements, for which allowance may easily be made, how much is to be said for Caesar's narrative! In the first place, it photographs for us a nation compounded of the most diverse tribes, whose habits too have a peculiar interest to ourselves, both from our partly Celtic blood, and from the fact that so many of the circumstances mentioned by him retrace themselves in our Indian empire.

In the next place, it may be truly said that, as a military manual, the Commentaries are almost unrivalled in the variety of service which they describe. Caesar conducts in the course of them almost every conceivable military operation. He defeats, in Book I, a vast national immigration, that of the Helvetii; and then the German invader Ariovistus, whose very name is an object of superstitious terror to his soldiers. Next, the vast confederacy of the Belgae assails him. As long as their various nations remain in one combined force, he keeps them at arm's length by simple works fortifying a well-chosen position on the Aisne; and then when they recoil before the difficulty (as the Duke of Brunswick did on nearly the same ground in 1792), he forces them nation by nation to yield to his arms. This is done by sheer rapidity of movement, such as to force several of the single nations to surrender without a blow. In Book III he performs the almost unparalleled exploit of defeating the Armorican fleet, in spite of its unbounded naval superiority. In the next book, he overthrows a second German immigration as formidable as that of Ariovistus, and adjourns for centuries the day when the Germans are to burst the barrier of the Rhine. Here is the culminating point of his fortune; for the failure in Britain involves him in unceasing troubles and difficulties up to the end of his history. But his powerful genius carries him through all. He makes head with decisive vigour against the final and desperate revolt of the entire country of Gaul. Legions are cut off to the last man; he has to raise the siege of Gergovia, on the capture of which all seems to depend. But the Gauls can obtain no real advantage; a series of decisive strokes enables him at length to coop up all his enemies in the single town of Alesia, and then by a double system of siege works, such as the world had never seen till then, he repels at the same time all sallies from the town and all attacks from a most powerful relieving army, and ultimately forces the city to surrender. These main operations are also relieved and diversified by a number of smaller ones, which exhibit his skill in mining at Uxellodunum; his ready power in adopting new tactics, in his imitation of the mixed cavalry and infantry formation of the Germans; his audacious innovations in war, as when he cut his way through the snow of the Cevennes at midwinter; his mode of bridging a large river like the Rhine, or passing a smaller one in the face of the enemy (as he did the Allier in 7. 35), and above all, perhaps, his way of stimulating his soldiers, and repressing discontent or mutiny, as in the well-known scene of 1. 40. Over and above Caesar's exploits, too, there are many singular military feats of his lieutenants, such as the defence of Quintus Cicero's camp against the Eburonians, and the various stratagems of Labienus. Not the American civil war itself exhibits a stranger and more picturesque variety of enterprise, or furnishes more available hints to the military student than the Bellum Gallicum of Caesar.

The late work of the Emperor Napoleon III on the military life of Caesar certainly deserves in a very high degree indeed the gratitude of all students of the Commentaries. It is true, of course, that the Imperial writer was possessed of opportunities and means of research into the topography of the various campaigns such as no man ever had before him. But still, a careful reader of his second volume will not fail to see that these means must have been of small avail, if they had not been directed and applied by a mind truly perceptive of the points at which research was to be aimed. We would take as an instance of forcible military reasoning, even apart from research, the arguments by which the locality of Caesar's battle with the Usipetes is proved to have been near Cleves, and not anywhere in the neighbourhood of Coblenz; for these rest more on broad principles of strategy than on particular local investigation. But it is when we can see the results of excavation that the full value of the Imperial research becomes manifest. These include the discovery of Bibracte and the Gallic roads converging upon it; the traces of Caesar's camp on the Aisne, in Book II; the fullest possible illustration of the siege of Gergovia, and, above all, the complete discovery of every relic that ages could possibly leave of the siege of Alesia. Here we have the trace of all the camps, the foundations of the redoubts, the drift gravel sent from the rivers into the Roman ditches, the *trous-de-loup* made by the besiegers still as fresh as on the first day, the caltrops and a host of other similar antiquities discovered on the spot. Finally, at the exact points where the battle is stated by Caesar to have raged most fiercely, the French officers employed have found vast numbers of arrow-heads, and even the coins which fell in quantities from the slain on that terrible day. Nor should the curious discovery at Uxellodunum be left unmentioned, where the very face of the ground, which had been covered by a landslip, has been regained by judiciously removing the soil piled over it; and thus Caesar's siege works have been revealed to view, almost as if they had been preserved in a museum. It must therefore be obvious that in these cases a contribution of immense importance has been made towards the understanding of these campaigns; and our gratitude for this is proportionate to the difficulty which existed before in making them out with any clearness. The admirable atlas which accompanies the work also contributes largely to make the reading of Caesar delightful.

As to the point of Caesar's landing-place in Britain, Mr. Lewin's calculations have been followed in preference to those of the author of Jules César, which appear to rest in part upon a mistranslation slight in itself, but important in its consequences. The subject is still so far from being clear of difficulty, that any judgment upon it must be considered in some degree provisional.

The text given is mainly that of Kraner and Nipperdey; exceptions are noticed in their place. The notes of the former of these editors, as also those of Mr. Long, differ somewhat in plan from those of this volume; but valuable references have been made in the course of it to both these editions. It may perhaps be allowable to suggest that a learner should always in using the present work study the early books first, as the explanations of both words and things which are referred to afterwards are naturally given in full in these books.

RUGBY, *Nov.* 25, 1870.

C. IULII CAESARIS

DE BELLO GALLICO

C. IULII CAESARIS
DE BELLO GALLICO

COMMENTARIUS PRIMUS.

B.C. 58. A.U.C. 696.

War with the Helvetii; War with Ariovistus.

1. GALLIA est omnis divisa in partes tres, quarum unam incolunt Belgae, aliam Aquitani, tertiam qui ipsorum lingua Celtae, nostra Galli appellantur. Hi omnes lingua, institutis, legibus inter se differunt. Gallos ab Aquitanis Garumna flumen, a Belgis Matrona et Sequana dividit. Horum 5 omnium fortissimi sunt Belgae, propterea quod a cultu atque humanitate provinciae longissime absunt, minimeque ad eos mercatores saepe commeant atque ea, quae ad effeminandos animos pertinent, important, proximique sunt Germanis, qui trans Rhenum incolunt, quibuscum con- 10 tinenter bellum gerunt. Qua de causa Helvetii quoque reliquos Gallos virtute praecedunt, quod fere cotidianis proeliis cum Germanis contendunt, cum aut suis finibus eos prohibent, aut ipsi in eorum finibus bellum gerunt. Eorum una pars, quam Gallos obtinere dictum est, initium 15

capit a flumine Rhodano; continetur Garumna flumine
Oceano, finibus Belgarum; attingit etiam ab Sequanis et
Helvetiis flumen Rhenum; vergit ad septentriones. Belgae
ab extremis Galliae finibus oriuntur : pertinent ad infe-
5 riorem partem fluminis Rheni: spectant in septentrionem
et orientem solem. Aquitania a Garumna flumine ad
Pyrenaeos montes et eam partem Oceani, quae est ad
Hispaniam, pertinet; spectat inter occasum solis et septentriones.
10 2. Apud Helvetios longe nobilissimus et ditissimus fuit
Orgetorix. Is M. Messala et M. Pisone consulibus regni
cupiditate inductus coniurationem nobilitatis fecit et civitati
persuasit, ut de finibus suis cum omnibus copiis exirent:
perfacile esse, cum virtute omnibus praestarent, totius
15 Galliae imperio potiri. Id hoc facilius eis persuasit, quod
undique loci natura Helvetii continentur: una ex parte
flumine Rheno latissimo atque altissimo, qui agrum Hel-
vetium a Germanis dividit; altera ex parte monte Iura
altissimo, qui est inter Sequanos et Helvetios; tertia lacu
20 Lemanno et flumine Rhodano, qui provinciam nostram
ab Helvetiis dividit. His rebus fiebat, ut et minus late
vagarentur et minus facile finitimis bellum inferre possent;
qua ex parte homines bellandi cupidi magno dolore
afficiebantur. Pro multitudine autem hominum et pro
25 gloria belli atque fortitudinis angustos se finis habere
arbitrabantur, qui in longitudinem, milia passuum CCXL,
in latitudinem CLXXX patebant. 3. His rebus adducti et
auctoritate Orgetorigis permoti constituerunt ea, quae ad
proficiscendum pertinerent, comparare, iumentorum et car-
30 rorum quam maximum numerum coëmere, sementes quam
maximas facere, ut in itinere copia frumenti suppeteret,
cum proximis civitatibus pacem et amicitiam confirmare.
Ad eas res conficiendas biennium sibi satis esse duxerunt:

in tertium annum profectionem lege confirmant. Ad eas res conficiendas Orgetorix deligitur. Is sibi legationem ad civitates suscepit. In eo itinere persuadet Castico, Catamantaloedis filio, Sequano, cuius pater regnum in Sequanis multos annos obtinuerat et a senatu populi Romani amicus appellatus erat, ut regnum in civitate sua occuparet, quod pater ante habuerat; itemque Dumnorigi Aeduo, fratri Divitiaci, qui eo tempore principatum in civitate obtinebat ac maxime plebi acceptus erat, ut idem conaretur, persuadet eique filiam suam in matrimonium dat. Perfacile factu esse illis probat conata perficere, propterea quod ipse suae civitatis imperium obtenturus esset: non esse dubium, quin totius Galliae plurimum Helvetii possent; se suis copiis suoque exercitu illis regna conciliaturum confirmat. Hac oratione adducti inter se fidem et iusiurandum dant et regno occupato per tres potentissimos ac firmissimos populos totius Galliae sese potiri posse sperant. 4. Ea res est Helvetiis per indicium enuntiata. Moribus suis Orgetorigem ex vinculis causam dicere coëgerunt; damnatum poenam sequi oportebat, ut igni cremaretur. Die constituta causae dictionis Orgetorix ad iudicium omnem suam familiam, ad hominum milia decem, undique coëgit et omnes clientes obaeratosque suos, quorum magnum numerum habebat, eodem conduxit: per eos, ne causam diceret, se eripuit. Cum civitas ob eam rem incitata armis ius suum exsequi conaretur, multitudinemque hominum ex agris magistratus cogerent, Orgetorix mortuus est; neque abest suspicio, ut Helvetii arbitrantur, quin ipse sibi mortem consciverit.

5. Post eius mortem nihilo minus Helvetii id, quod constituerant, facere conantur, ut e finibus suis exeant. Ubi iam se ad eam rem paratos esse arbitrati sunt, oppida sua omnia, numero ad duodecim, vicos ad quadringentos,

reliqua privata aedificia incendunt, frumentum omne, praeterquam quod secum portaturi erant, comburunt, ut domum reditionis spe sublata paratiores ad omnia pericula subeunda essent, trium mensum molita cibaria sibi quemque domo 5 efferre iubent. Persuadent Rauracis et Tulingis et Latovicis finitimis, uti eodem usi consilio oppidis suis vicisque exustis una cum iis proficiscantur, Boiosque, qui trans Rhenum incoluerant et in agrum Noricum transierant Norciamque oppugnarant, receptos ad se socios sibi adsciscunt. 6. Erant 10 omnino itinera duo, quibus itineribus domo exire possent: unum per Sequanos, angustum et difficile, inter montem Iuram et flumen Rhodanum, vix qua singuli carri ducerentur; mons autem altissimus impendebat, ut facile perpauci prohibere possent: alterum per provinciam nostram, 15 multo facilius atque expeditius, propterea quod inter fines Helvetiorum et Allobrogum, qui nuper pacati erant, Rhodanus fluit, isque nonnullis locis vado transitur. Extremum oppidum Allobrogum est proximumque Helvetiorum finibus Genava. Ex eo oppido pons ad Helvetios pertinet. Allo-20 brogibus sese vel persuasuros, quod nondum bono animo in populum Romanum viderentur, existimabant, vel vi coacturos, ut per suos fines eos ire paterentur. Omnibus rebus ad profectionem comparatis diem dicunt, qua die ad ripam Rhodani omnes conveniant. Is dies erat a. d. 25 V. Kal. Apr. L. Pisone, A. Gabinio consulibus.

7. Caesari cum id nuntiatum esset, eos per provinciam nostram iter facere conari, maturat ab urbe proficisci et quam maximis potest itineribus in Galliam ulteriorem contendit et ad Genavam pervenit. Provinciae toti quam 30 maximum potest militum numerum imperat (erat omnino in Gallia ulteriore legio una), pontem, qui erat ad Genavam, iubet rescindi. Ubi de ejus adventu Helvetii certiores facti sunt, legatos ad eum mittunt nobilissimos civitatis, cuius

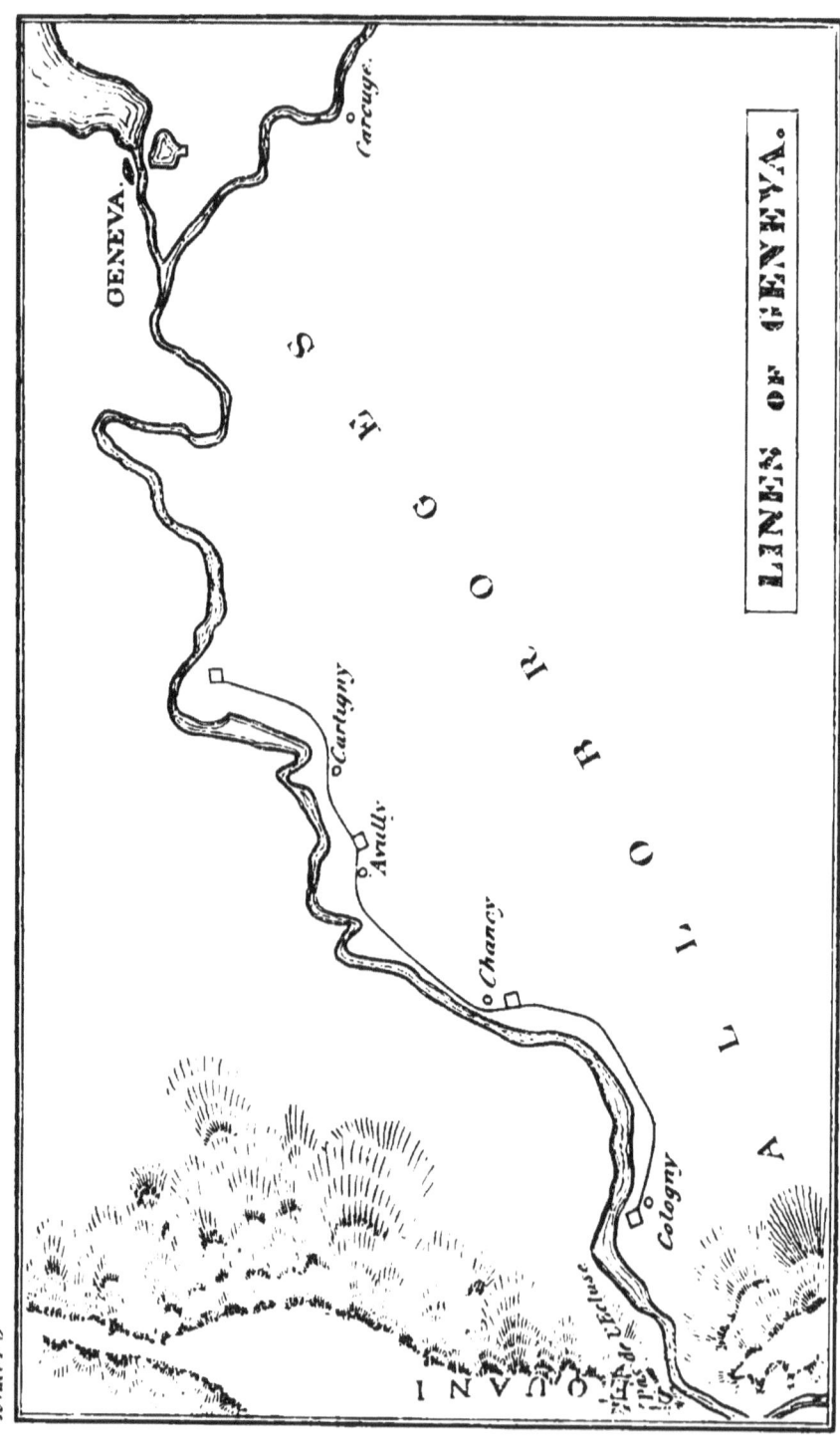

legationis Nammeius et Verucloetius principem locum obtinebant, qui dicerent, sibi esse in animo sine ullo maleficio iter per provinciam facere, propterea quod aliud iter haberent nullum : rogare, ut eius voluntate id sibi facere liceat. Caesar, quod memoria tenebat, L. Cassium consulem 5 occisum exercitumque eius ab Helvetiis pulsum et sub iugum missum, concedendum non putabat; neque homines inimico animo data facultate per provinciam itineris faciundi temperaturos ab iniuria et maleficio existimabat. Tamen, ut spatium intercedere posset, dum milites, quos imperaverat, 10 convenirent, legatis respondit, diem se ad deliberandum sumpturum : si quid vellent, ad Id. April. reverterentur. 8. Interea ea legione, quam secum habebat, militibusque, qui ex provincia convenerant, a lacu Lemanno, qui in flumen Rhodanum influit, ad montem Iuram, qui fines Se- 15 quanorum ab Helvetiis dividit, milia passuum decem novem murum in altitudinem pedum sedecim fossamque perducit. Eo opere perfecto praesidia disponit, castella communit, quo facilius, si se invito transire conarentur, prohibere possit. Ubi ea dies, quam constituerat cum legatis, venit, 20 et legati ad eum reverterunt, negat se more et exemplo populi Romani posse iter ulli per provinciam dare et, si vim facere conarentur, prohibiturum ostendit. Helvetii ea spe deiecti navibus iunctis ratibusque compluribus factis, alii vadis Rhodani, qua minima altitudo fluminis erat, non- 25 numquam interdiu, saepius noctu, si perrumpere possent conati, operis munitione, et militum concursu et telis repulsi hoc conatu destiterunt. 9. Relinquebatur una per Sequanos via, qua Sequanis invitis propter angustias ire non poterant. His cum sua sponte persuadere non possent, legatos ad 30 Dumnorigem Aeduum mittunt, ut eo deprecatore a Sequanis impetrarent. Dumnorix gratia et largitione apud Sequanos plurimum poterat et Helvetiis erat amicus, quod ex ea

civitate Orgetorigis filiam in matrimonium duxerat, et cupiditate regni adductus novis rebus studebat et quam plurimas civitates suo beneficio habere obstrictas volebat. Itaque rem suscipit et a Sequanis impetrat, ut per fines
5 suos Helvetios ire patiantur, obsidesque uti inter sese dent, perficit: Sequani, ne itinere Helvetios prohibeant, Helvetii, ut sine maleficio et iniuria transeant. 10. Caesari renuntiatur, Helvetiis esse in animo, per agrum Sequanorum et Aeduorum iter in Santonum fines facere, qui non longe
10 a Tolosatium finibus absunt, quae civitas est in provincia. Id si fieret, intellegebat magno cum periculo provinciae futurum, ut homines bellicosos, populi Romani inimicos, locis patentibus maximeque frumentariis finitimos haberet. Ob eas causas ei munitioni, quam fecerat, T. Labienum
15 legatum praefecit; ipse in Italiam magnis itineribus contendit duasque ibi legiones conscribit et tres, quae circum Aquileiam hiemabant, ex hibernis educit et, qua proximum iter in ulteriorem Galliam per Alpes erat, cum his quinque legionibus ire contendit. Ibi Ceutrones et Graioceli et
20 Caturiges locis superioribus occupatis itinere exercitum prohibere conantur. Compluribus his proeliis pulsis ab Ocelo, quod est citerioris provinciae extremum, in fines Vocontiorum ulterioris provinciae die septimo pervenit; inde in Allobrogum fines, ab Allobrogibus in Segusiavos
25 exercitum ducit. Hi sunt extra provinciam trans Rhodanum primi. 11. Helvetii iam per angustias et fines Sequanorum suas copias traduxerant et in Aeduorum fines pervenerant eorumque agros populabantur. Aedui, cum se suaque ab iis defendere non possent, legatos ad Caesarem mittunt
30 rogatum auxilium: Ita se omni tempore de populo Romano meritos esse, ut paene in conspectu exercitus nostri agri vastari, liberi eorum in servitutem abduci, oppida expugnari non debuerint. Eodem tempore Aedui Ambarri,

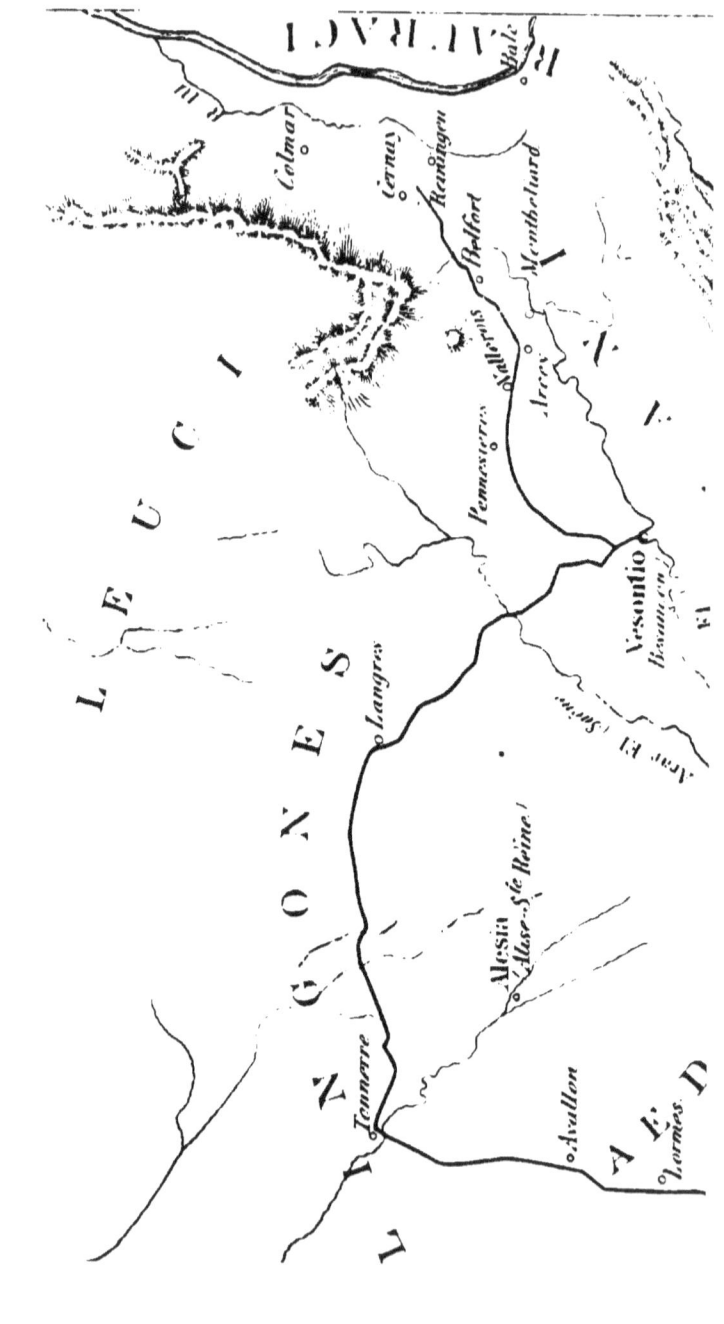

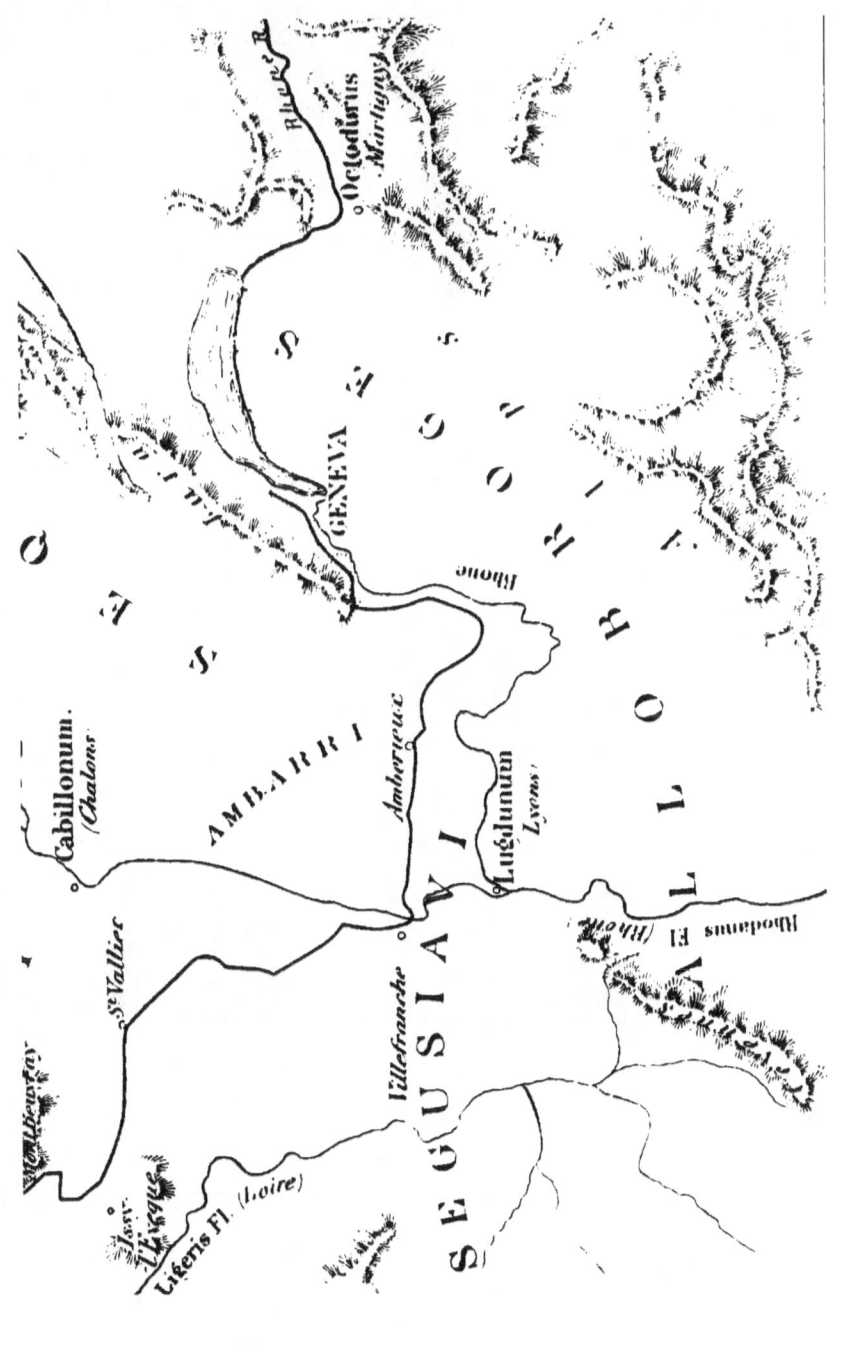

necessarii et consanguinei Aeduorum, Caesarem certiorem faciunt, sese depopulatis agris non facile ab oppidis vim hostium prohibere. Item Allobroges, qui trans Rhodanum vicos possessionesque habebant, fuga se ad Caesarem recipiunt et demonstrant, sibi praeter agri solum nihil 5 esse reliqui. Quibus rebus adductus Caesar non exspectandum sibi statuit, dum omnibus fortunis sociorum consumptis in Santonos Helvetii pervenirent.

12. Flumen est Arar, quod per fines Aeduorum et Sequanorum in Rhodanum influit incredibili lenitate, ita ut oculis, 10 in utram partem fluat, iudicari non possit. Id Helvetii ratibus ac lintribus iunctis transibant. Ubi per exploratores Caesar certior factus est, tres iam copiarum partes Helvetios id flumen traduxisse, quartam fere partem citra flumen Ararim reliquam esse, de tertia vigilia cum legionibus tribus 15 e castris profectus ad eam partem pervenit, quae nondum flumen transierat. Eos impeditos et inopinantes aggressus magnam partem eorum concidit: reliqui sese fugae mandarunt atque in proximas silvas abdiderunt. Is pagus appellabatur Tigurinus: nam omnis civitas Helvetia in 20 quattuor pagos divisa est. Hic pagus unus, cum domo exisset patrum nostrorum memoria, L. Cassium consulem interfecerat et eius exercitum sub iugum miserat. Ita sive casu sive consilio deorum immortalium, quae pars civitatis Helvetiae insignem calamitatem populo Romano intulerat, 25 ea princeps poenas persolvit. Qua in re Caesar non solum publicas, sed etiam privatas iniurias ultus est, quod eius soceri L. Pisonis avum, L. Pisonem legatum, Tigurini eodem proelio, quo Cassium, interfecerant.

13. Hoc proelio facto reliquas copias Helvetiorum ut 30 consequi posset, pontem in Arare faciendum curat atque ita exercitum traducit. Helvetii repentino eius adventu commoti, cum id, quod ipsi diebus xx aegerrime confecerant,

ut flumen transirent, illum uno die fecisse intellegerent, legatos ad eum mittunt; cuius legationis Divico princeps fuit, qui bello Cassiano dux Helvetiorum fuerat. Is ita cum Caesare egit: Si pacem populus Romanus cum
5 Helvetiis faceret, in eam partem ituros atque ibi futuros Helvetios, ubi eos Caesar constituisset atque esse voluisset; sin bello persequi perseveraret, reminisceretur et veteris incommodi populi Romani et pristinae virtutis Helvetiorum. Quod improviso unum pagum adortus esset, cum ii, qui
10 flumen transissent, suis auxilium ferre non possent, ne ob eam rem aut suae magnopere virtuti tribueret aut ipsos despiceret. Se ita a patribus maioribusque suis didicisse, ut magis virtute quam dolo contenderent, aut insidiis niterentur. Quare ne committeret, ut is locus, ubi con-
15 stitissent, ex calamitate populi Romani et internicione exercitus nomen caperet aut memoriam proderet. 14. His Caesar ita respondit: Eo sibi minus dubitationis dari, quod eas res, quas legati Helvetii commemorassent, memoria teneret, atque eo gravius ferre, quo minus merito populi
20 Romani accidissent: qui si alicuius iniuriae sibi conscius fuisset, non fuisse difficile cavere; sed eo deceptum, quod neque commissum a se intellegeret, quare timeret, neque sine causa timendum putaret. Quod si veteris contumeliae oblivisci vellet, num etiam recentium iniuriarum, quod eo
25 invito iter per provinciam per vim temptassent, quod Aeduos, quod Ambarros, quod Allobrogas vexassent, memoriam deponere posse? Quod sua victoria tam insolenter gloriarentur, quodque tam diu se impune tulisse iniurias admirarentur, eodem pertinere. Consuesse enim deos im-
30 mortales, quo gravius homines ex commutatione rerum doleant, quos pro scelere eorum ulcisci velint, his secundiores interdum res et diuturniorem impunitatem concedere. Cum ea ita sint, tamen, si obsides ab iis sibi dentur, uti ea,

quae polliceantur, facturos intellegat, et si Aeduis de iniuriis, quas ipsis sociisque eorum intulerint, item si Allobrogibus satisfaciant, sese cum iis pacem esse facturum. Divico respondit: Ita Helvetios a maioribus suis institutos esse, uti obsides accipere, non dare consuerint: eius rei 5 populum Romanum esse testem. **15.** Hoc responso dato discessit. Postero die castra ex eo loco movent. Idem facit Caesar equitatumque omnem ad numerum quattuor milium, quem ex omni provincia et Aeduis atque eorum sociis coactum habebat, praemittit, qui videant, quas in 10 partes hostes iter faciant. Qui cupidius novissimum agmen insecuti alieno loco cum equitatu Helvetiorum proelium committunt; et pauci de nostris cadunt. Quo proelio sublati Helvetii, quod quingentis equitibus tantam multitudinem equitum propulerant, audacius subsistere nonnumquam 15 et novissimo agmine proelio nostros lacessere coeperunt. Caesar suos a proelio continebat ac satis habebat in praesentia hostem rapinis, pabulationibus populationibusque prohibere. Ita dies circiter quindecim iter fecerunt, uti inter novissimum hostium agmen et nostrum primum non amplius 20 quinis aut senis milibus interesset. **16.** Interim cotidie Caesar Aeduos frumentum, quod essent publice polliciti, flagitare. Nam propter frigora, quod Gallia sub septentrionibus, ut ante dictum est, posita est, non modo frumenta in agris matura non erant, sed ne pabuli quidem satis magna 25 copia suppetebat: eo autem frumento, quod flumine Arare navibus subvexerat, propterea minus uti poterat, quod iter ab Arare Helvetii averterant, a quibus discedere nolebat. Diem ex die ducere Aedui: conferri, comportari, adesse dicere. Ubi se diutius duci intellexit et diem instare, quo 30 die frumentum militibus metiri oporteret, convocatis eorum principibus, quorum magnam copiam in castris habebat, in his Diviciaco et Lisco, qui summo magistratui praeerat, quem vergobretum appellant Aedui, qui creatur annuus et vitae necisque in suos habet potestatem, graviter eos accusat, quod, cum neque emi neque ex agris sumi posset, tam necessario tempore, tam propinquis hostibus ab iis 5 non sublevetur; praesertim cum magna ex parte eorum precibus adductus bellum susceperit, multo etiam gravius, quod sit destitutus, queritur. 17. Tum demum Liscus oratione Caesaris adductus, quod antea tacuerat, proponit: Esse nonnullos, quorum auctoritas apud plebem plurimum valeat, 10 qui privatim plus possint quam ipsi magistratus. Hos seditiosa atque improba oratione multitudinem deterrere, ne frumentum conferant, quod praestare debeant: si iam principatum Galliae obtinere non possint, Gallorum quam Romanorum imperia praeferre, neque dubitare, quin, si 15 Helvetios superaverint Romani, una cum reliqua Gallia Aeduis libertatem sint erepturi. Ab eisdem nostra consilia quaeque in castris gerantur hostibus enuntiari: hos a se coërceri non posse. Quin etiam, quod necessario rem coactus Caesari enuntiarit, intellegere sese, quanto id cum 20 periculo fecerit, et ob eam causam, quam diu potuerit, tacuisse. 18. Caesar hac oratione Lisci Dumnorigem, Diviciaci fratrem, designari sentiebat, sed, quod pluribus praesentibus eas res iactari nolebat, celeriter concilium dimittit, Liscum retinet. Quaerit ex solo ea, quae in conventu dixerat. 25 Dicit liberius atque audacius. Eadem secreto ab aliis quaerit; repperit esse vera: Ipsum esse Dumnorigem, summa audacia, magna apud plebem propter liberalitatem gratia, cupidum rerum novarum. Compluris annos portoria reliquaque omnia Aeduorum vectigalia parvo pretio 30 redempta habere, propterea quod illo licente contra liceri audeat nemo. His rebus et suam rem familiarem auxisse et facultates ad largiendum magnas comparasse; magnum numerum equitatus suo sumptu semper alere et circum se habere, neque solum domi, sed etiam apud finitimas civitates largiter posse, atque huius potentiae causa matrem in Biturigibus homini illic nobilissimo ac potentissimo collocasse, ipsum ex Helvetiis uxorem habere, sororem ex matre et propinquas suas nuptum in alias civitates 5 collocasse. Favere et cupere Helvetiis propter eam affinitatem, odisse etiam suo nomine Caesarem et Romanos, quod eorum adventu potentia eius deminuta et Divitiacus frater in antiquum locum gratiae atque honoris sit restitutus. Si quid accidat Romanis, summam in spem per 10 Helvetios regni obtinendi venire; imperio populi Romani non modo de regno, sed etiam de ea, quam habeat, gratia desperare. Reperiebat etiam in quaerendo Caesar, quod proelium equestre adversum paucis ante diebus esset factum, initium eius fugae factum a Dumnorige atque eius equitibus 15 (nam equitatui, quem auxilio Caesari Aedui miserant, Dumnorix praeerat): eorum fuga reliquum esse equitatum perterritum. 19. Quibus rebus cognitis, cum ad has suspiciones certissimae res accederent, quod per fines Sequanorum Helvetios traduxisset, quod obsides inter eos dandos 20 curasset, quod ea omnia non modo iniussu suo et civitatis, sed etiam inscientibus ipsis fecisset, quod a magistratu Aeduorum accusaretur, satis esse causae arbitrabatur, quare in eum aut ipse animadverteret aut civitatem animadvertere iuberet. His omnibus rebus unum repugnabat, quod Divi- 25 tiaci fratris summum in populum Romanum studium, summam in se voluntatem, egregiam fidem, iustitiam, temperantiam cognoverat: nam, ne eius supplicio Divitiaci animum offenderet, verebatur. Itaque prius quam quicquam conaretur, Divitiacum ad se vocari iubet et cotidianis 30 interpretibus remotis per C. Valerium Procillum, principem Galliae provinciae, familiarem suum, cui summam omnium rerum fidem habebat, cum eo colloquitur: simul com-

monefacit, quae ipso praesente in concilio Gallorum de Dumnorige sint dicta, et ostendit, quae separatim quisque de eo apud se dixerit. Petit atque hortatur, ut sine eius offensione animi vel ipse de eo causa cognita statuat, vel
5 civitatem statuere iubeat. 20. Divitiacus multis cum lacrimis Caesarem complexus obsecrare coepit, ne quid gravius in fratrem statueret: Scire se illa esse vera, nec quemquam ex eo plus quam se doloris capere, propterea quod, cum ipse gratia plurimum domi atque in reliqua *Gallia, ille
10 minimum propter adolescentiam posset, per se crevisset; quibus opibus ac nervis non solum ad minuendam gratiam, sed paene ad perniciem suam uteretur. Sese tamen et amore fraterno et existimatione vulgi commoveri. Quod si quid ei a Caesare gravius accidisset, cum ipse eum
15 locum amicitiae apud eum teneret, neminem existimaturum non sua voluntate factum; qua ex re futurum, uti totius Galliae animi a se averterentur. Haec cum pluribus verbis flens a Caesare peteret, Caesar eius dextram prendit; consolatus rogat, finem orandi faciat; tanti eius apud se
20 gratiam esse ostendit, uti et rei publicae iniuriam et suum dolorem eius voluntati ac precibus condonet. Dumnorigem ad se vocat, fratrem adhibet; quae in eo reprehendat, ostendit; quae ipse intellegat, quae civitas queratur, proponit; monet, ut in reliquum tempus omnes suspiciones
25 vitet; praeterita se Divitiaco fratri condonare dicit. Dumnorigi custodes ponit, ut, quae agat, quibuscum loquatur, scire possit.

21. Eodem die ab exploratoribus certior factus hostes sub monte consedisse milia passuum ab ipsius castris octo,
30 qualis esset natura montis et qualis in circuitu ascensus, qui cognoscerent, misit. Renuntiatum est facilem esse. De tertia vigilia Titum Labienum, legatum pro praetore, cum duabus legionibus et iis ducibus, qui iter cognoverant,

summum iugum montis ascendere iubet; quid sui consilii sit, ostendit. Ipse de quarta vigilia eodem itinere, quo hostes ierant, ad eos contendit equitatumque omnem ante se mittit. P. Considius, qui rei militaris peritissimus habebatur et in exercitu L. Sullae et postea in M. Crassi fuerat, cum exploratoribus praemittitur. **22.** Prima luce, cum summus mons a Labieno teneretur, ipse ab hostium castris non longius mille et quingentis passibus abesset, neque, ut postea ex captivis comperit, aut ipsius adventus aut Labieni cognitus esset, Considius equo admisso ad eum accurrit, dicit montem, quem a Labieno occupari voluerit, ab hostibus teneri: id se a Gallicis armis atque insignibus cognovisse. Caesar suas copias in proximum collem subducit, aciem instruit. Labienus, ut erat ei praeceptum a Caesare, ne proelium committeret, nisi ipsius copiae prope hostium castra visae essent, ut undique uno tempore in hostes impetus fieret, monte occupato nostros exspectabat proelioque abstinebat. Multo denique die per exploratores Caesar cognovit et montem a suis teneri et Helvetios castra movisse et Considium timore perterritum, quod non vidisset, pro viso sibi renuntiasse. Eo die quo consuerat intervallo hostes sequitur et milia passuum tria ab eorum castris castra ponit.

23. Postridie eius diei, quod omnino biduum supererat, cum exercitui frumentum metiri oporteret, et quod a Bibracte, oppido Aeduorum longe maximo et copiosissimo, non amplius milibus passuum XVIII aberat, rei frumentariae prospiciendum existimavit: iter ab Helvetiis avertit ac Bibracte ire contendit. Ea res per fugitivos L. Aemilii, decurionis equitum Gallorum, hostibus nuntiatur. Helvetii, seu quod timore perterritos Romanos discedere a se existimarent, eo magis, quod pridie superioribus locis occupatis proelium non commisissent, sive eo, quod re fru-

mentaria intercludi posse confiderent, commutato consilio atque itinere converso nostros a novissimo agmine insequi ac lacessere coeperunt. **24.** Postquam id animum advertit, copias suas Caesar in proximum collem subducit equita-
5 tumque, qui sustineret hostium impetum, misit. Ipse interim in colle medio triplicem aciem instruxit legionum quattuor veteranarum, atque supra se in summo iugo duas legiones, quas in Gallia citeriore proxime conscripserat, et omnia auxilia collocavit ac totum montem hominibus
10 complevit; interea sarcinas in unum locum conferri et eum ab his, qui in superiore acie constiterant, muniri iussit. Helvetii cum omnibus suis carris secuti impedimenta in unum locum contulerunt; ipsi confertissima acie reiecto nostro equitatu phalange facta sub primam nostram aciem
15 successerunt. **25.** Caesar primum suo, deinde omnium ex conspectu remotis equis, ut aequato omnium periculo spem fugae tolleret, cohortatus suos proelium commisit. Milites e loco superiore pilis missis facile hostium phalangem perfregerunt. Ea disiecta gladiis destrictis in eos impetum
20 fecerunt. Gallis magno ad pugnam erat impedimento, quod pluribus eorum scutis uno ictu pilorum transfixis et colligatis, cum ferrum se inflexisset, neque evellere neque sinistra impedita satis commode pugnare poterant, multi ut diu iactato brachio praeoptarent scutum manu emittere
25 et nudo corpore pugnare. Tandem vulneribus defessi et pedem referre et, quod mons suberat circiter mille passuum, eo se recipere coeperunt. Capto monte et succedentibus nostris Boii et Tulingi, qui hominum milibus circiter xv agmen hostium claudebant et novissimis praesidio erant,
30 ex itinere nostros latere aperto aggressi circumvenire, et id conspicati Helvetii, qui in montem sese receperant, rursus instare et proelium redintegrare coeperunt. Romani conversa signa bipartito intulerunt: prima ac secunda acies,

ut victis ac submotis resisteret, tertia, ut venientes sustineret. **26.** Ita ancipiti proelio diu atque acriter pugnatum est. Diutius cum sustinere nostrorum impetus non possent, alteri se, ut coeperant, in montem receperunt, alteri ad impedimenta et carros suos se contulerunt. Nam hoc toto proelio, cum ab hora septima ad vesperum pugnatum sit, aversum hostem videre nemo potuit. Ad multam noctem etiam ad impedimenta pugnatum est, propterea quod pro vallo carros obiecerant et e loco superiore in nostros venientes tela coniciebant, et nonnulli inter carros rotasque mataras ac tragulas subiciebant nostrosque vulnerabant. Diu cum esset pugnatum, impedimentis castrisque nostri potiti sunt. Ibi Orgetorigis filia atque unus e filiis captus est. Ex eo proelio circiter milia hominum CXXX superfuerunt eaque tota nocte continenter ierunt: nullam partem noctis itinere intermisso in fines Lingonum die quarto pervenerunt, cum et propter vulnera militum et propter sepulturam occisorum nostri triduum morati eos sequi non potuissent. Caesar ad Lingonas litteras nuntiosque misit, ne eos frumento neve alia re iuvarent: qui si iuvissent, se eodem loco, quo Helvetios, habiturum. Ipse triduo intermisso cum omnibus copiis eos sequi coepit. **27.** Helvetii omnium rerum inopia adducti legatos de deditione ad eum miserunt. Qui cum eum in itinere convenissent seque ad pedes proiecissent suppliciterque locuti flentes pacem petissent, atque eos in eo loco, quo tum essent, suum adventum exspectare iussisset, paruerunt. Eo postquam Caesar pervenit, obsides, arma, servos, qui ad eos profugissent, poposcit. Dum ea conquiruntur et conferuntur nocte intermissa, circiter hominum milia VI eius pagi, qui Verbigenus appellatur, sive timore perterriti, ne armis traditis supplicio afficerentur, sive spe salutis inducti, quod in tanta multitudine dediticiorum suam fugam aut occultari aut omnino ignorari posse existimarent, prima nocte e castris Helvetiorum egressi ad Rhenum finesque Germanorum contenderunt. **28.** Quod ubi Caesar resciit, quorum per fines ierant, his, uti conquirerent et reducerent, 5 si sibi purgati esse vellent, imperavit: reductos in hostium numero habuit; reliquos omnes obsidibus, armis, perfugis traditis in deditionem accepit. Helvetios, Tulingos, Latovicos in fines suos, unde erant profecti, reverti iussit et, quod omnibus fructibus amissis domi nihil erat, quo famem 10 tolerarent, Allobrogibus imperavit, ut iis frumenti copiam facerent; ipsos oppida vicosque, quos incenderant, restituere iussit. Id ea maxime ratione fecit, quod noluit eum locum, unde Helvetii discesserant, vacare, ne propter bonitatem agrorum Germani, qui trans Rhenum incolunt, e 15 suis finibus in Helvetiorum fines transirent et finitimi Galliae provinciae Allobrogibusque essent. Boios petentibus Aeduis, quod egregia virtute erant cogniti, ut in finibus suis collocarent, concessit; quibus illi agros dederunt, quosque postea in parem iuris libertatisque condicionem, 20 atque ipsi erant, receperunt. **29.** In castris Helvetiorum tabulae repertae sunt litteris Graecis confectae et ad Caesarem relatae, quibus in tabulis nominatim ratio confecta erat, qui numerus domo exisset eorum, qui arma ferre possent, et item separatim pueri, senes mulieresque. Quarum 25 omnium rerum summa erat capitum Helvetiorum milia ccLxIII, Tulingorum milia xxxvI, Latovicorum xIIII, Rauricorum xxIII, Boiorum xxxII; ex his, qui arma ferre possent, ad milia nonaginta duo. Summa omnium fuerunt ad milia cccLxvIII. Eorum, qui domum redierunt censu 30 habito, ut Caesar imperaverat, repertus est numerus milium c et x.

30. Bello Helvetiorum confecto totius fere Galliae legati, principes civitatum, ad Caesarem gratulatum convenerunt:

Intellegere sese, tametsi pro veteribus Helvetiorum iniuriis populi Romani ab his poenas bello repetisset, tamen eam rem non minus ex usu terrae Galliae quam populi Romani accidisse, propterea quod eo consilio florentissimis rebus domos suas Helvetii reliquissent, uti toti Galliae bel- 5 lum inferrent imperioque potirentur locumque domicilio ex magna copia deligerent, quem ex omni Gallia opportunissimum ac fructuosissimum iudicassent, reliquasque civitates stipendiarias haberent. Petierunt, ut sibi concilium totius Galliae in diem certam indicere idque Caesaris volun- 10 tate facere liceret: sese habere quasdam res, quas ex communi consensu ab eo petere vellent. Ea re permissa diem concilio constituerunt . . . . et iureiurando, ne quis enuntiaret nisi quibus communi consilio mandatum esset, inter se sanxerunt. 31. Eo concilio dimisso idem principes civitatum, 15 qui ante fuerant, ad Caesarem reverterunt petieruntque, uti sibi secreto in occulto de sua omniumque salute cum eo agere liceret. Ea re impetrata sese omnes flentes Caesari ad pedes proiecerunt: Non minus se id contendere et laborare, ne ea, quae dixissent, enuntiarentur, quam uti ea, 20 quae vellent, impetrarent, propterea quod, si enuntiatum esset, summum in cruciatum se venturos viderent. Locutus est pro his Diviciacus Aeduus: Galliae totius factiones esse duas: harum alterius principatum tenere Aeduos, alterius Arvernos. Hi cum tantopere de potentatu inter se multos 25 annos contenderent, factum esse uti ab Arvernis Sequanisque Germani mercede arcesserentur. Horum primo circiter milia XV Rhenum transisse: posteaquam agros et cultum et copias Gallorum homines feri ac barbari adamassent, traductos plures: nunc esse in Gallia ad centum et XX 30 milium numerum. Cum his Aeduos eorumque clientes semel atque iterum armis contendisse; magnam calamitatem pulsos accepisse, omnem nobilitatem, omnem senatum,

C

omnem equitatum amisisse. Quibus proeliis calamitatibusque fractos, qui et sua virtute et populi Romani hospitio atque amicitia plurimum ante in Gallia potuissent, coactos esse Sequanis obsides dare nobilissimos civitatis et iure-
5 iurando civitatem obstringere, sese neque obsides repetituros neque auxilium a populo Romano imploraturos neque recusaturos, quo minus perpetuo sub illorum dicione atque imperio essent. Unum se esse ex omni civitate Aeduorum, qui adduci non potuerit, ut iuraret aut liberos
10 suos obsides daret. Ob eam rem se ex civitate profugisse et Romam ad senatum venisse auxilium postulatum, quod solus neque iureiurando neque obsidibus teneretur. Sed peius victoribus Sequanis quam Aeduis victis accidisse, propterea quod Ariovistus, rex Germanorum, in eorum
15 finibus consedisset tertiamque partem agri Sequani, qui esset optimus totius Galliae, occupavisset et nunc de altera parte tertia Sequanos decedere iuberet, propterea quod paucis mensibus ante Harudum milia hominum XXIV ad eum venissent, quibus locus ac sedes pararentur. Futurum
20 esse paucis annis, uti omnes ex Galliae finibus pellerentur atque omnes Germani Rhenum transirent: neque enim conferendum esse Gallicum cum Germanorum agro, neque hanc consuetudinem victus cum illa comparandam. Ariovistum autem, ut semel Gallorum copias proelio vicerit,
25 quod proelium factum sit Magetobrigae, superbe et crudeliter imperare, obsides nobilissimi cuiusque liberos poscere et in eos omnia exempla cruciatusque edere, si qua res non ad nutum aut ad voluntatem eius facta sit. Hominem esse barbarum, iracundum, temerarium; non
30 posse eius imperia diutius sustinere. Nisi si quid in Caesare populoque Romano sit auxilii, omnibus Gallis idem esse faciendum, quod Helvetii fecerint, ut domo emigrent, aliud domicilium, alias sedes, remotas a Ger-

manis, petant fortunamque, quaecumque accidat, experiantur. Haec si enuntiata Ariovisto sint, non dubitare, quin de omnibus obsidibus, qui apud eum sint, gravissimum supplicium sumat. Caesarem vel auctoritate sua atque exercitus vel recenti victoria vel nomine populi Romani 5 deterrere posse, ne maior multitudo Germanorum Rhenum traducatur, Galliamque omnem ab Ariovisti iniuria posse defendere. 32. Hac oratione ab Divitiaco habita omnes, qui aderant, magno fletu auxilium a Caesare petere coeperunt. Animadvertit Caesar unos ex omnibus Sequanos 10 nihil earum rerum facere, quas ceteri facerent, sed tristes capite demisso terram intueri. Eius rei quae causa esset, miratus ex ipsis quaesiit. Nihil Sequani respondere, sed in eadem tristitia taciti permanere. Cum ab his saepius quaereret neque ullam omnino vocem exprimere posset, 15 idem Divitiacus Aeduus respondit: Hoc esse miseriorem et graviorem fortunam Sequanorum quam reliquorum, quod soli ne in occulto quidem queri nec auxilium implorare auderent absentisque Ariovisti crudelitatem, velut si coram adesset, horrerent, propterea, quod reliquis tamen fugae 20 facultas daretur, Sequanis vero, qui intra fines suos Ariovistum recepissent, quorum oppida omnia in potestate eius essent, omnes cruciatus essent perferendi.

33. His rebus cognitis Caesar Gallorum animos verbis confirmavit pollicitusque est sibi eam rem curae futuram: 25 magnam se habere spem, et beneficio suo et auctoritate adductum Ariovistum finem iniuriis facturum. Hac oratione habita concilium dimisit. Et secundum ea multae res eum hortabantur, quare sibi eam rem cogitandam et suscipiendam putaret, imprimis quod Aeduos fratres consanguineosque 30 saepenumero a senatu appellatos in servitute atque in dicione videbat Germanorum teneri eorumque obsides esse apud Ariovistum ac Sequanos intellegebat; quod in tanto

imperio populi Romani turpissimum sibi et rei publicae
esse arbitrabatur. Paulatim autem Germanos consuescere
Rhenum transire et in Galliam magnam eorum multitudinem
venire populo Romano periculosum videbat; neque sibi
5 homines feros ac barbaros temperaturos existimabat, quin,
cum omnem Galliam occupavissent, ut ante Cimbri Teuto-
nique fecissent, in provinciam exirent atque inde in Italiam
contenderent, praesertim cum Sequanos a provincia nostra
Rhodanus divideret; quibus rebus quam maturrime occur-
10 rendum putabat. Ipse autem Ariovistus tantos sibi spiritus,
tantam arrogantiam sumpserat, ut ferendus non videretur.
34. Quamobrem placuit ei, ut ad Ariovistum legatos mitteret,
qui ab eo postularent, uti aliquem locum medium utriusque
colloquio deligeret: velle sese de re publica et summis utrius-
15 que rebus cum eo agere. Ei legationi Ariovistus respondit:
Si quid ipsi a Caesare opus esset, sese ad eum venturum
fuisse; si quid ille se velit, illum ad se venire oportere.
Praeterea se neque sine exercitu in eas partes Galliae venire
audere, quas Caesar possideret, neque exercitum sine magno
20 commeatu atque molimento in unum locum contrahere
posse. Sibi autem mirum videri, quid in sua Gallia, quam
bello vicisset, aut Caesari aut omnino populo Romano
negotii esset. 35. His responsis ad Caesarem relatis iterum
ad eum Caesar legatos cum his mandatis mittit: Quoniam
25 tanto suo populique Romani beneficio affectus, cum in
consulatu suo rex atque amicus a senatu appellatus esset,
hanc sibi populoque Romano gratiam referret, ut in colloquium venire invitatus gravaretur neque de communi re
dicendum sibi et cognoscendum putaret, haec esse, quae
30 ab eo postularet: primum ne quam hominum multitudinem
amplius trans Rhenum in Galliam traduceret; deinde obsides,
quos haberet ab Aeduis, redderet Sequanisque permitteret,
ut, quos illi haberent, voluntate eius reddere illis liceret;

neve Aeduos iniuria lacesseret, neve his sociisque eorum bellum inferret. Si id ita fecisset, sibi populoque Romano perpetuam gratiam atque amicitiam cum eo futuram: si non impetraret, sese, quoniam M. Messala, M. Pisone consulibus senatus censuisset, uti, quicumque Galliam provinciam obtineret, quod commodo rei publicae facere posset, Aeduos ceterosque amicos populi Romani defenderet, se Aeduorum iniurias non neglecturum. 36. Ad haec Ariovistus respondit: Ius esse belli, ut, qui vicissent, iis, quos vicissent, quemadmodum vellent, imperarent: item populum Romanum victis non ad alterius praescriptum, sed ad suum arbitrium imperare consuesse. Si ipse populo Romano non praescriberet, quemadmodum suo iure uteretur, non oportere sese a populo Romano in suo iure impediri. Aeduos sibi, quoniam belli fortunam temptassent et armis congressi ac superati essent, stipendiarios esse factos. Magnam Caesarem iniuriam facere, qui suo adventu vectigalia sibi deteriora faceret. Aeduis se obsides redditurum non esse, neque iis neque eorum sociis iniuria bellum illaturum, si in eo manerent, quod convenisset, stipendiumque quotannis penderent; si id non fecissent, longe iis fraternum nomen populi Romani afuturum. Quod sibi Caesar denuntiaret, se Aeduorum iniurias non neglecturum, neminem secum sine sua pernicie contendisse. Cum vellet, congrederetur: intellecturum, quid invicti Germani, exercitatissimi in armis, qui inter annos XIV tectum non subissent, virtute possent.

37. Haec eodem tempore Caesari mandata referebantur, et legati ab Aeduis et a Treveris veniebant: Aedui questum, quod Harudes, qui nuper in Galliam transportati essent, fines eorum popularentur: sese ne obsidibus quidem datis pacem Ariovisti redimere potuisse; Treveri autem, pagos centum Sueborum ad ripas Rheni consedisse, qui Rhenum transire conarentur; his praeesse Nasuam et Cimberium fratres.

Quibus rebus Caesar vehementer commotus maturandum sibi existimavit, ne, si nova manus Sueborum cum veteribus copiis Ariovisti sese coniunxisset, minus facile resisti posset. Itaque re frumentaria quam celerrime potuit comparata mag-
5 nis itineribus ad Ariovistum contendit. **38.** Cum tridui viam processisset, nuntiatum est ei, Ariovistum cum suis omnibus copiis ad occupandum Vesontionem, quod est oppidum maximum Sequanorum, contendere, triduique viam a suis finibus profecisse. Id ne accideret, magnopere sibi praeca-
10 vendum Caesar existimabat. Namque omnium rerum, quae ad bellum usui erant, summa erat in eo oppido facultas, idque natura loci sic muniebatur, ut magnam ad ducendum bellum daret facultatem, propterea quod flumen Alduasdubis ut circino circumductum paene totum oppidum cingit; reliquum
15 spatium, quod est non amplius pedum sexcentorum, qua flumen intermittit, mons continet magna altitudine, ita, ut radices montis ex utraque parte ripae fluminis contingant. Hunc murus circumdatus arcem efficit et cum oppido coniungit. Huc Caesar magnis nocturnis diurnisque itiner-
20 ibus contendit occupatoque oppido ibi praesidium collocat.
39. Dum paucos dies ad Vesontionem rei frumentariae commeatusque causa moratur, ex percontatione nostrorum vocibusque Gallorum ac mercatorum, qui ingenti magnitudine corporum Germanos, incredibili virtute atque
25 exercitatione in armis esse praedicabant (saepenumero sese cum his congressos ne vultum quidem atque aciem oculorum dicebant ferre potuisse), tantus subito timor omnem exercitum occupavit, ut non mediocriter omnium mentes animosque perturbaret. Hic primum ortus est a tribunis militum,
30 praefectis reliquisque, qui ex urbe amicitiae causa Caesarem secuti non magnum in re militari usum habebant: quorum alius alia causa illata, quam sibi ad proficiscendum necessariam esse diceret, petebat, ut eius voluntate discedere liceret;

nonnulli pudore adducti, ut timoris suspicionem vitarent, remanebant. Hi neque vultum fingere neque interdum lacrimas tenere poterant: abditi in tabernaculis aut suum fatum querebantur, aut cum familiaribus suis commune periculum miserabantur. Volgo totis castris testamenta obsignabantur. 5 Horum vocibus ac timore paulatim etiam ii, qui magnum in castris usum habebant, milites centurionesque quique equitatui praeerant, perturbabantur. Qui se ex his minus timidos existimari volebant, non se hostem vereri, sed angustias itineris et magnitudinem silvarum, quae intercederent inter 10 ipsos atque Ariovistum, aut rem frumentariam, ut satis commode supportari posset, timere dicebant. Nonnulli etiam Caesari nuntiarant, cum castra moveri ac signa ferri iussisset, non fore dicto audientes milites neque propter timorem signa laturos. 40. Haec cum animadvertisset, convocato consilio 15 omniumque ordinum ad id consilium adhibitis centurionibus vehementer eos incusavit: primum quod aut quam in partem aut quo consilio ducerentur, sibi quaerendum aut cogitandum putarent. Ariovistum se consule cupidissime populi Romani amicitiam appetisse: cur hunc tam temere quisquam ab 20 officio discessurum iudicaret? Sibi quidem persuaderi, cognitis suis postulatis atque aequitate condicionum perspecta eum neque suam neque populi Romani gratiam repudiaturum. Quod si furore atque amentia impulsus bellum intulisset, quid tandem vererentur? aut cur de sua virtute aut 25 de ipsius diligentia desperarent? Factum eius hostis periculum patrum nostrorum memoria, cum Cimbris et Teutonis a Gaio Mario pulsis non minorem laudem exercitus quam ipse imperator meritus videbatur; factum etiam nuper in Italia servili tumultu, quos tamen aliquid usus ac disciplina, 30 quae a nobis accepissent, sublevarent. Ex quo iudicari posse, quantum haberet in se boni constantia, propterea quod, quos aliquamdiu inermos sine causa timuissent, hos

postea armatos ac victores superassent. Denique hos esse
eosdem, quibuscum saepenumero Helvetii congressi non
solum in suis, sed etiam in illorum finibus plerumque superarint, qui tamen pares esse nostro exercitui non potuerint.
5 Si quos adversum proelium et fuga Gallorum commoveret,
hos, si quaererent, reperire posse diuturnitate belli defatigatis
Gallis Ariovistum, cum multos menses castris se ac paludibus
tenuisset neque sui potestatem fecisset, desperantes iam de
pugna et dispersos subito adortum magis ratione et consilio
10 quam virtute vicisse. Cui rationi contra homines barbaros
atque imperitos locus fuisset, hac ne ipsum quidem sperare
nostros exercitus capi posse. Qui suum timorem in rei
frumentariae simulationem angustiasque itineris conferrent,
facere arroganter, cum aut de officio imperatoris desperare
15 aut praescribere viderentur. Haec sibi esse curae: frumentum Sequanos, Leucos, Lingones subministrare, iamque esse
in agris frumenta matura; de itinere ipsos brevi tempore
iudicaturos. Quod non fore dicto audientes neque signa
laturi dicantur, nihil se ea re commoveri: scire enim, quibus-
20 cumque exercitus dicto audiens non fuerit, aut male re gesta
fortunam defuisse aut aliquo facinore comperto avaritiam
esse convictam: suam innocentiam perpetua vita, felicitatem
Helvetiorum bello esse perspectam. Itaque se, quod in
longiorem diem collaturus fuisset, repraesentaturum et proxi-
25 ma nocte de quarta vigilia castra moturum, ut quam primum
intellegere posset, utrum apud eos pudor atque officium, an
timor valeret. Quod si praeterea nemo sequatur, tamen se
cum sola decima legione iturum, de qua non dubitaret, sibique eam praetoriam cohortem futuram. Huic legioni Caesar
30 et indulserat praecipue et propter virtutem confidebat maxime. 41. Hac oratione habita mirum in modum conversae
sunt omnium mentes, summaque alacritas et cupiditas belli
gerendi innata est, princepsque decima legio per tribunos

militum ei gratias egit, quod de se optimum iudicium fecisset, seque esse ad bellum gerendum paratissimam confirmavit. Deinde reliquae legiones cum tribunis militum et primorum ordinum centurionibus egerunt, uti Caesari satisfacerent: se neque umquam dubitasse neque timuisse neque de summa belli suum iudicium, sed imperatoris esse existimavisse. Eorum satisfactione accepta et itinere exquisito per Divitiacum, quod ex aliis ei maximam fidem habebat, ut milium amplius quinquaginta circuitu locis apertis exercitum duceret, de quarta vigilia, ut dixerat, profectus est. Septimo die, cum iter non intermitteret, ab exploratoribus certior factus est, Ariovisti copias a nostris milibus passuum quattuor et xx abesse.

42. Cognito Caesaris adventu Ariovistus legatos ad eum mittit: quod antea de colloquio postulasset, id per se fieri licere, quoniam propius accessisset, seque id sine periculo facere posse existimare. Non respuit condicionem Caesar iamque eum ad sanitatem reverti arbitrabatur, cum id, quod antea petenti denegasset, ultro polliceretur, magnamque in spem veniebat, pro suis tantis populique Romani in eum beneficiis cognitis suis postulatis fore, uti pertinacia desisteret. Dies colloquio dictus est ex eo die quintus. Interim saepe ultro citroque cum legati inter eos mitterentur, Ariovistus postulavit, ne quem peditem ad colloquium Caesar adduceret: vereri se, ne per insidias ab eo circumveniretur: uterque cum equitatu veniret; alia ratione sese non esse venturum. Caesar, quod neque colloquium interposita causa tolli volebat neque salutem suam Gallorum equitatui committere audebat, commodissimum esse statuit omnibus equis Gallis equitibus detractis eo legionarios milites legionis decimae, cui quam maxime confidebat, imponere, ut praesidium quam amicissimum, si quid opus facto esset, haberet. Quod cum fieret, non irridicule quidam ex militibus decimae legionis dixit: plus quam pollicitus esset, Caesarem

facere: pollicitum se in cohortis praetoriae loco decimam legionem habiturum, ad equum rescribere. 43. Planicies erat magna et in ea tumulus terrenus satis grandis. Hic locus aequo fere spatio ab castris Ariovisti et Caesaris aberat. Eo,
5 ut erat dictum, ad colloquium venerunt. Legionem Caesar, quam equis vexerat, passibus ducentis ab eo tumulo constituit. Item equites Ariovisti pari intervallo constiterunt. Ariovistus, ex equis ut colloquerentur et praeter se denos ut ad colloquium adducerent, postulavit. Ubi eo ventum est, Caesar
10 initio orationis sua senatusque in eum beneficia commemoravit, quod rex appellatus esset a senatu, quod amicus, quod munera amplissime missa; quam rem et paucis hominum contigisse et pro magnis officiis consuesse tribui docebat; illum, cum neque aditum neque causam postulandi iustam
15 haberet, beneficio ac liberalitate sua ac senatus ea praemia consecutum. Docebat etiam, quam veteres quamque iustae causae necessitudinis ipsis cum Aeduis intercederent, quae senatusconsulta quotiens quamque honorifica in eos facta essent, ut omni tempore totius Galliae principatum Aedui
20 tenuissent, prius etiam, quam nostram amicitiam appetissent. Populi Romani hanc esse consuetudinem, ut socios atque amicos non modo sui nihil deperdere, sed gratia, dignitate, honore auctiores velit esse: quod vero ad amicitiam populi Romani attulissent, id iis eripi quis pati posset? Postulavit
25 deinde eadem, quae legatis in mandatis dederat, ne aut Aeduis aut eorum sociis bellum inferret; obsides redderet: si nullam partem Germanorum domum remittere posset, at ne quos amplius Rhenum transire pateretur. 44. Ariovistus ad postulata Caesaris pauca respondit, de suis virtutibus multa
30 praedicavit: Transisse Rhenum sese non sua sponte, sed rogatum et arcessitum a Gallis; non sine magna spe magnisque praemiis domum propinquosque reliquisse: sedes habere in Gallia ab ipsis concessas, obsides ipsorum voluntate datos;

stipendium capere iure belli, quod victores victis imponere consuerint. Non sese Gallis, sed Gallos sibi bellum intulisse: omnes Galliae civitates ad se oppugnandum venisse ac contra se castra habuisse; eas omnes copias a se uno proelio pulsas ac superatas esse. Si iterum experiri velint, se iterum paratum esse decertare; si pace uti velint, iniquum esse de stipendio recusare, quod sua voluntate ad id tempus pependerint. Amicitiam populi Romani sibi ornamento et praesidio, non detrimento esse oportere, idque se ea spe petisse. Si per populum Romanum stipendium remittatur et dediticii subtrahantur, non minus libenter sese recusaturum populi Romani amicitiam, quam appetierit. Quod multitudinem Germanorum in Galliam traducat, id se sui muniendi, non Galliae impugnandae causa facere: eius rei testimonium esse, quod nisi rogatus non venerit, et quod bellum non intulerit, sed defenderit. Se prius in Galliam venisse quam populum Romanum. Numquam ante hoc tempus exercitum populi Romani Galliae provinciae fines egressum. Quid sibi vellet? cur in suas possessiones veniret? Provinciam suam hanc esse Galliam, sicut illam nostram. Ut ipsi concedi non oporteret, si in nostros fines impetum faceret, sic item nos esse iniquos, quod in suo iure se interpellaremus. Quod fratres a senatu Aeduos appellatos diceret, non se tam barbarum neque tam imperitum esse rerum, ut non sciret, neque bello Allobrogum proximo Aeduos Romanis auxilium tulisse neque ipsos in his contentionibus, quas Aedui secum et cum Sequanis habuissent, auxilio populi Romani usos esse. Debere se suspicari simulata Caesarem amicitia, quod exercitum in Gallia habeat, sui opprimendi causa habere. Qui nisi decedat atque exercitum deducat ex his regionibus, sese illum non pro amico, sed hoste habiturum. Quodsi eum interfecerit, multis sese nobilibus principibusque populi Romani gratum esse facturum:

id se ab ipsis per eorum nuntios compertum habere, quorum omnium gratiam atque amicitiam eius morte redimere posset. Quodsi discessisset et liberam possessionem Galliae sibi tradidisset, magno se illum praemio remuneraturum et quae-
5 cumque bella geri vellet, sine ullo eius labore et periculo confecturum. **45.** Multa ab Caesare in eam sententiam dicta sunt, quare negotio desistere non posset, et neque suam neque populi Romani consuetudinem pati, uti optime merentes socios desereret, neque se iudicare, Galliam potius esse
10 Ariovisti quam populi Romani. Bello superatos esse Arvernos et Rutenos ab Q. Fabio Maximo, quibus populus Romanus ignovisset neque in provinciam redegisset neque stipendium imposuisset. Quodsi antiquissimum quodque tempus spectari oporteret, populi Romani iustissimum esse in
15 Gallia imperium; si iudicium senatus observari oporteret, liberam debere esse Galliam, quam bello victam suis legibus uti voluisset. **46.** Dum haec in colloquio geruntur, Caesari nuntiatum est, equites Ariovisti propius tumulum accedere et ad nostros adequitare, lapides telaque in nostros conicere.
20 Caesar loquendi finem facit seque ad suos recepit suisque imperavit, ne quod omnino telum in hostes reicerent. Nam etsi sine ullo periculo legionis delectae cum equitatu proelium fore videbat, tamen committendum non putabat, ut pulsis hostibus dici posset eos ab se per fidem in colloquio circum-
25 ventos. Posteaquam in volgus militum elatum est, qua arrogantia in colloquio Ariovistus usus omni Gallia Romanis interdixisset, impetumque in nostros eius equites fecissent, eaque res colloquium ut diremisset, multo maior alacritas studiumque pugnandi maius exercitui iniectum est.
30 **47.** Biduo post Ariovistus ad Caesarem legatos mittit: Velle se de his rebus, quae inter eos agi coeptae neque perfectae essent, agere cum eo: uti aut iterum colloquio diem constitueret aut, si id minus vellet, e suis [legatis]

aliquem ad se mitteret. Colloquendi Caesari causa visa non est, et eo magis, quod pridie eius diei Germani retineri non poterant, quin in nostros tela conicerent. Legatum e suis sese magno cum periculo ad eum missurum et hominibus feris obiecturum existimabat. Commodissimum 5 visum est Gaium Valerium Procillum, C. Valeri Caburi filium, summa virtute et humanitate adulescentem, cuius pater a Gaio Valerio Flacco civitate donatus erat, et propter fidem et propter linguae Gallicae scientiam, qua multa iam Ariovistus longinqua consuetudine utebatur, et quod 10 in eo peccandi Germanis causa non esset, ad eum mittere, et M. Metium, qui hospitio Ariovisti utebatur. His mandavit, ut, quae diceret Ariovistus, cognoscerent et ad se referrent. Quos cum apud se in castris Ariovistus conspexisset, exercitu suo praesente conclamavit: quid ad se 15 venirent? an speculandi causa? Conantis dicere prohibuit et in catenas coniecit. 48. Eodem die castra promovit et milibus passuum sex a Caesaris castris sub monte consedit. Postridie eius diei praeter castra Caesaris suas copias traduxit et milibus passuum duobus ultra eum castra fecit 20 eo consilio, uti frumento commeatuque, qui ex Sequanis et Aeduis supportaretur, Caesarem intercluderet. Ex eo die dies continuos quinque Caesar pro castris suas copias produxit et aciem instructam habuit, ut, si vellet Ariovistus proelio contendere, ei potestas non deesset. Ario- 25 vistus his omnibus diebus exercitum castris continuit, equestri proelio cotidie contendit. Genus hoc erat pugnae, quo se Germani exercuerant. Equitum milia erant sex, totidem numero pedites velocissimi ac fortissimi, quos ex omni copia singuli singulos suae salutis causa delegerant: 30 cum his in proeliis versabantur. Ad eos se equites recipiebant: hi, si quid erat durius, concurrebant, si qui graviore vulnere accepto equo deciderat, circumsistebant;

si quo erat longius prodeundum aut celerius recipiendum
tanta erat horum exercitatione celeritas, ut iubis equorum
sublevati cursum adaequarent. 49. Ubi cum castris se tenere
Caesar intellexit, ne diutius commeatu prohiberetur, ultra
5 eum locum, quo in loco Germani consederant, circiter
passus sexcentos ab iis, castris idoneum locum delegit,
acieque triplici instructa ad eum locum venit. Primam
et secundam aciem in. armis esse, tertiam castra munire
iussit. Hic locus ab hoste circiter passus sexcentos, uti
10 dictum est, aberat. Eo circiter hominum numero sedecim
milia expedita cum omni equitatu Ariovistus misit, quae
copiae nostros perterrerent et munitione prohiberent.
Nihilo secius Caesar, ut ante constituerat, duas acies
hostem propulsare, tertiam opus perficere iussit. Munitis
15 castris duas ibi legiones reliquit et partem auxiliorum,
quattuor reliquas in castra maiora reduxit. 50. Proximo
die instituto suo Caesar e castris utrisque copias suas eduxit paulumque a maioribus castris progressus aciem instruxit,
hostibus pugnandi potestatem fecit. Ubi ne tum quidem
20 eos prodire intellexit, circiter meridiem exercitum in castra
reduxit. Tum demum Ariovistus partem suarum copiarum,
quae castra minora oppugnaret, misit. Acriter utrimque
usque ad vesperum pugnatum est. Solis occasu suas
copias Ariovistus multis et illatis et acceptis vulneribus
25 in castra reduxit. Cum ex captivis quaereret Caesar, quam
ob rem Ariovistus proelio non decertaret, hanc reperiebat
causam, quod apud Germanos ea consuetudo esset, ut
matresfamiliae eorum sortibus et vaticinationibus declararent,
utrum proelium committi ex usu esset necne; eas ita
30 dicere: non esse fas Germanos superare, si ante novam
lunam proelio contendissent. 51. Postridie eius diei Caesar
praesidium utrisque castris, quod satis esse visum est,
reliquit, omnis alarios in conspectu hostium pro castris

minoribus constituit, quod minus multitudine militum legionariorum pro hostium numero valebat, ut ad speciem alariis uteretur; ipse triplici instructa acie usque ad castra hostium accessit. Tum demum necessario Germani suas copias castris eduxerunt generatimque constituerunt paribusque intervallis, Harudes, Marcomanos, Triboces, Vangiones, Nemetes, Sedusios, Suebos, omnemque aciem suam redis et carris circumdederunt, ne qua spes in fuga relinqueretur. Eo mulieres imposuerunt, quae in proelium proficiscentes passis manibus flentes implorabant, ne se in servitutem Romanis traderent. 52. Caesar singulis legionibus singulos legatos et quaestorem praefecit, uti eos testes suae quisque virtutis haberet; ipse a dextro cornu, quod eam partem minime firmam hostium esse animadverterat, proelium commisit. Ita nostri acriter in hostes signo dato impetum fecerunt, itaque hostes repente celeriterque procurrerunt, ut spatium pila in hostes coniciendi non daretur. Reiectis pilis comminus gladiis pugnatum est. At Germani celeriter ex consuetudine sua phalange facta impetus gladiorum exceperunt. Reperti sunt complures nostri milites, qui in phalangas insilirent et scuta manibus revellerent [et desuper vulnerarent]. Cum hostium acies a sinistro cornu pulsa atque in fugam conversa esset, a dextro cornu vehementer multitudine suorum nostram aciem premebant. Id cum animadvertisset Publius Crassus adulescens, qui equitatui praeerat, quod expeditior erat quam ii, qui inter aciem versabantur, tertiam aciem laborantibus nostris subsidio misit. 53. Ita proelium restitutum est, atque omnes hostes terga verterunt neque prius fugere destiterunt, quam ad flumen Rhenum milia passuum ex eo loco circiter quinque pervenerunt. Ibi perpauci aut viribus confisi tranare contenderunt aut lintribus inventis sibi salutem reppererunt; in his fuit Ariovistus, qui naviculam deligatam ad ripam

nactus ea profugit; reliquos omnes equitatu consecuti nostri interfecerunt. Duae fuerunt Ariovisti uxores, una Sueba natione, quam domo secum duxerat, altera Norica, regis Voccionis soror, quam in Gallia duxerat, a fratre missam:
5 utraeque in ea fuga perierunt. Fuerunt duae filiae: harum altera occisa, altera capta est. Gaius Valerius Procillus, cum a custodibus in fuga trinis catenis vinctus traheretur, in ipsum Caesarem hostis equitatu persequentem incidit. Quae quidem res Caesari non minorem quam ipsa victoria
10 voluptatem attulit, quod hominem honestissimum provinciae Galliae, suum familiarem et hospitem, ereptum e manibus hostium sibi restitutum videbat, neque eius calamitate de tanta voluptate et gratulatione quicquam fortuna deminuerat. Is se praesente de se ter sortibus consultum dicebat, utrum
15 igni statim necaretur, an in aliud tempus reservaretur: sortium beneficio se esse incolumem. Item M. Metius repertus et ad eum reductus est. 54. Hoc proelio trans Rhenum nuntiato Suebi, qui ad ripas Rheni venerant, domum reverti coeperunt; quos Ubii, qui proximi Rhenum
20 incolunt, perterritos insecuti magnum ex iis numerum occiderunt. Caesar una aestate duobus maximis bellis confectis maturius paulo, quam tempus anni postulabat, in hiberna in Sequanos exercitum deduxit; hibernis Labienum praeposuit; ipse in citeriorem Galliam ad conventus agendos
25 profectus est.

C. IULII CAESARIS

DE BELLO GALLICO

COMMENTARIUS SECUNDUS.

B.C. 57. A.U.C. 697.

Defeat of the Belgian Confederacy.

1. CUM esset Caesar in citeriore Gallia in hibernis, ita uti supra demonstravimus, crebri ad eum rumores afferebantur, litterisque item Labieni certior fiebat omnes Belgas, quam tertiam esse Galliae partem dixeramus, contra populum Romanum coniurare obsidesque inter se dare. Coniurandi has esse causas: primum quod vererentur, ne omni pacata Gallia ad eos exercitus noster adduceretur; deinde, quod ab nonnullis Gallis sollicitarentur, partim qui, ut Germanos diutius in Gallia versari noluerant, ita populi Romani exercitum hiemare atque inveterascere in Gallia moleste ferebant, partim qui mobilitate et levitate animi novis imperiis studebant, ab nonnullis etiam, quod in Gallia a potentioribus atque iis, qui ad conducendos homines facultates habebant, volgo regna occupabantur, qui minus facile eam rem imperio nostro consequi poterant. 2. His nuntiis litterisque commotus Caesar duas legiones in citeriore Gallia novas conscripsit et inita aestate, in interiorem Galliam qui deduceret, Quintum Pedium legatum

misit. Ipse, cum primum pabuli copia esse inciperet, ad exercitum venit. Dat negotium Senonibus reliquisque Gallis, qui finitimi Belgis erant, uti ea, quae apud eos gerantur, cognoscant seque de his rebus certiorem faciant.
5 Ili constanter omnes nuntiaverunt manus cogi, exercitum in unum locum conduci. Tum vero dubitandum non existimavit, quin ad eos proficisceretur. Re frumentaria comparata castra movet diebusque circiter quindecim ad fines Belgarum pervenit. **3.** Eo cum de improviso celerius-
10 que omni opinione venisset, Remi, qui proximi Galliae ex Belgis sunt, ad eum legatos Iccium et Andecumborium, primos civitatis, miserunt, qui dicerent se suaque omnia in fidem atque in potestatem populi Romani permittere, neque se cum Belgis reliquis consensisse neque contra populum
15 Romanum coniurasse, paratosque esse et obsides dare et imperata facere et oppidis recipere et frumento ceterisque rebus iuvare; reliquos omnes Belgas in armis esse, Germanosque, qui cis Rhenum incolant, sese cum his coniunxisse, tantumque esse eorum omnium furorem, ut
20 ne Suessiones quidem, fratres consanguineosque suos, qui eodem iure et isdem legibus utantur, unum imperium unumque magistratum cum ipsis habeant, deterrere potuerint, quin cum his consentirent.

4. Cum ab his quaereret, quae civitates quantaeque in
25 armis essent et quid in bello possent, sic reperiebat: plerosque Belgas esse ortos ab Germanis Rhenumque antiquitus traductos propter loci fertilitatem ibi consedisse Gallosque, qui ea loca incolerent, expulisse solosque esse, qui patrum nostrorum memoria omni Gallia vexata Teutonos
30 Cimbrosque intra fines suos ingredi prohibuerint; qua ex re fieri, uti earum rerum memoria magnam sibi auctoritatem magnosque spiritus in re militari sumerent. De numero eorum omnia se habere explorata Remi dicebant, propterea

quod propinquitatibus affinitatibusque coniuncti, quantam quisque multitudinem in communi Belgarum concilio ad id bellum pollicitus sit, cognoverint. Plurimum inter eos Bellovacos et virtute et auctoritate et hominum numero valere: hos posse conficere armata milia centum; pollicitos ex eo numero electa sexaginta, totius belli imperium sibi postulare. Suessiones suos esse finitimos; fines latissimos feracissimosque agros possidere. Apud eos fuisse regem nostra etiam memoria Divitiacum, totius Galliae potentissimum, qui cum magnae partis harum regionum, tum etiam Britanniae imperium obtinuerit: nunc esse regem Galbam: ad hunc propter iustitiam prudentiamque summam totius belli omnium voluntate deferri; oppida habere numero XII, polliceri milia armata quinquaginta; totidem Nervios, qui maxime feri inter ipsos habeantur longissimeque absint; quindecim milia Atrebates, Ambianos decem milia, Morinos XXV milia, Menapios VII milia, Caletos X milia, Veliocasses et Viromanduos totidem, Aduatucos decem et novem milia; Condrusos, Eburones, Caeroesos, Paemanos, qui uno nomine Germani appellantur, arbitrari XL ad milia.

5. Caesar Remos cohortatus liberaliterque oratione prosecutus omnem senatum ad se convenire principumque liberos obsides ad se adduci iussit. Quae omnia ab his diligenter ad diem facta sunt. Ipse Divitiacum Aeduum magnopere cohortatus docet, quanto opere rei publicae communisque salutis intersit manus hostium distineri, ne cum tanta multitudine uno tempore confligendum sit. Id fieri posse, si suas copias Aedui in fines Bellovacorum introduxerint et eorum agros populari coeperint. His mandatis eum ab se dimittit. Postquam omnes Belgarum copias in unum locum coactas ad se venire vidit neque iam longe abesse ab iis, quos miserat, exploratoribus et ab Remis cognovit, flumen Axonam, quod est in extremis Remorum finibus,

exercitum traducere maturavit, atque ibi castra posuit. Quae res et latus unum castrorum ripis fluminis muniebat et post eum quae essent, tuta ab hostibus reddebat et, commeatus ab Remis reliquisque civitatibus ut sine periculo ad
5 eum portari possent, efficiebat. In eo flumine pons erat. Ibi praesidium ponit et in altera parte fluminis Q. Titurium Sabinum legatum cum sex cohortibus relinquit; castra in altitudinem pedum XII vallo fossaque duodeviginti pedum munire iubet.
10 6. Ab his castris oppidum Remorum nomine Bibrax aberat milia passuum octo. Id ex itinere magno impetu Belgae oppugnare coeperunt. Aegre eo die sustentatum est. Gallorum eadem atque Belgarum oppugnatio est haec. Ubi circumiecta multitudine hominum totis moenibus undique
15 in murum lapides iaci coepti sunt murusque defensoribus nudatus est, testudine facta [portas] succedunt murumque subruunt. Quod tum facile fiebat. Nam cum tanta multitudo lapides ac tela conicerent, in muro consistendi potestas erat nulli. Cum finem oppugnandi nox fecisset,
20 Iccius Remus, summa nobilitate et gratia inter suos, qui tum oppido praefuerat, unus ex iis, qui legati de pace ad Caesarem venerant, nuntium ad eum mittit: nisi subsidium sibi submittatur, sese diutius sustinere non posse. 7. Eo de media nocte Caesar isdem ducibus usus, qui nuntii ab Iccio
25 venerant, Numidas et Cretas sagittarios et funditores Baleares subsidio oppidanis mittit; quorum adventu et Remis cum spe defensionis studium propugnandi accessit, et hostibus eadem de causa spes potiundi oppidi discessit. Itaque paulisper apud oppidum morati agrosque Remorum
30 depopulati omnibus vicis aedificiisque, quos adire potuerant, incensis ad castra Caesaris omnibus copiis contenderunt et ab milibus passuum minus duobus castra posuerunt; quae castra, ut fumo atque ignibus significabatur, amplius

milibus passuum octo in latitudinem patebant. 8. Caesar primo et propter multitudinem hostium et propter eximiam opinionem virtutis proelio supersedere statuit; cotidie tamen equestribus proeliis, quid hostis virtute posset et quid nostri auderent, periclitabatur. Ubi nostros non esse inferiores intellexit, loco pro castris ad aciem instruendam natura opportuno atque idoneo, quod is collis, ubi castra posita erant, paululum ex planicie editus tantum adversus in latitudinem patebat, quantum loci acies instructa occupare poterat, atque ex utraque parte lateris deiectus habebat et in frontem leniter fastigatus paulatim ad planiciem redibat, ab utroque latere eius collis transversam fossam obduxit circiter passuum quadringentorum et ad extremas fossas castella constituit ibique tormenta collocavit, ne, cum aciem instruxisset, hostes, quod tantum multitudine poterant, ab lateribus pugnantes suos circumvenire possent. Hoc facto duabus legionibus, quas proxime conscripserat, in castris relictis, ut, si quo opus esset, subsidio duci possent, reliquas sex legiones pro castris in acie constituit. Hostes item suas copias ex castris eductas instruxerant. 9. Palus erat non magna inter nostrum atque hostium exercitum. Hanc si nostri transirent, hostes exspectabant; nostri autem, si ab illis initium transeundi fieret, ut impeditos aggrederentur, parati in armis erant. Interim proelio equestri inter duas acies contendebatur. Ubi neutri transeundi initium faciunt, secundiore equitum proelio nostris Caesar suos in castra reduxit. Hostes protinus ex eo loco ad flumen Axonam contenderunt, quod esse post nostra castra demonstratum est. Ibi vadis repertis partem suarum copiarum traducere conati sunt eo consilio, ut, si possent, castellum, cui praeerat Quintus Titurius legatus, expugnarent pontemque interscinderent; si minus potuissent, agros Remorum popularentur, qui magno nobis usui ad bellum gerendum erant,

commeatuque nostros prohiberent. 10. Caesar certior factus ab Titurio omnem equitatum et levis armaturae Numidas, funditores sagittariosque pontem traducit atque ad eos contendit. Acriter in eo loco pugnatum est. Hostes
5 impeditos nostri in flumine aggressi magnum eorum numerum occiderunt: per eorum corpora reliquos audacissime transire conantes multitudine telorum reppulerunt; primos, qui transierant, equitatu circumventos interfecerunt. Hostes ubi et de expugnando oppido et de flumine trans-
10 eundo spem se fefellisse intellexerunt neque nostros in locum iniquiorem progredi pugnandi causa viderunt, atque ipsos res frumentaria deficere coepit, concilio convocato constituerunt optimum esse, domum suam quemque reverti et, quorum in fines primum Romani exercitum intro-
15 duxissent, ad eos defendendos undique convenirent, ut potius in suis quam in alienis finibus decertarent et domesticis copiis rei frumentariae uterentur. Ad eam sententiam cum reliquis causis haec quoque ratio eos deduxit, quod Divitiacum atque Aeduos finibus Bellovacorum
20 appropinquare cognoverant. His persuaderi, ut diutius morarentur neque suis auxilium ferrent, non poterat. 11. Ea re constituta secunda vigilia magno cum strepitu ac tumultu castris egressi nullo certo ordine neque imperio, cum sibi quisque primum itineris locum peteret et domum pervenire
25 properaret, fecerunt, ut consimilis fugae profectio videretur. Hac re statim Caesar per speculatores cognita insidias veritus, quod, qua de causa discederent, nondum perspexerat, exercitum equitatumque castris continuit. Prima luce confirmata re ab exploratoribus omnem equitatum, qui novis-
30 simum agmen moraretur, praemisit. His Quintum Pedium et Lucium Aurunculeium Cottam legatos praefecit. Titum Labienum legatum cum legionibus tribus subsequi iussit. Hi novissimos adorti et multa milia passuum prosecuti

magnam multitudinem eorum fugientium conciderunt, cum ab extremo agmine, ad quos ventum erat, consisterent fortiterque impetum nostrorum militum sustinerent, priores, quod abesse a periculo viderentur neque ulla necessitate neque imperio continerentur, exaudito clamore perturbatis 5 ordinibus omnes in fuga sibi praesidium ponerent. Ita sine ullo periculo tantam eorum multitudinem nostri interfecerunt, quantum fuit diei spatium, sub occasumque solis destiterunt seque in castra, ut erat imperatum, receperunt.

12. Postridie eius diei Caesar, priusquam se hostes ex 10 terrore ac fuga reciperent, in fines Suessionum, qui proximi Remis erant, exercitum duxit et magno itinere [confecto] ad oppidum Noviodunum contendit. Id ex itinere oppugnare conatus, quod vacuum ab defensoribus esse audiebat, propter latitudinem fossae murique altitudinem paucis defendentibus 15 expugnare non potuit. Castris munitis vineas agere quaeque ad oppugnandum usui erant comparare coepit. Interim omnis ex fuga Suessionum multitudo in oppidum proxima nocte convenit. Celeriter vineis ad oppidum actis, aggere iacto turribusque constitutis magnitudine operum, quae 20 neque viderant ante Galli neque audierant, et celeritate Romanorum permoti legatos ad Caesarem de deditione mittunt et, petentibus Remis, ut conservarentur, impetrant.

13. Caesar obsidibus acceptis primis civitatis atque ipsius Galbae regis duobus filiis armisque omnibus ex oppido traditis 25 in deditionem Suessiones accepit exercitumque in Bellovacos ducit. Qui cum se suaque omnia in oppidum Bratuspantium contulissent, atque ab eo oppido Caesar cum exercitu circiter milia passuum quinque abesset, omnes maiores natu ex oppido egressi manus ad Caesarem tendere et voce signi- 30 ficare coeperunt, sese in eius fidem ac potestatem venire neque contra populum Romanum armis contendere. Item, cum ad oppidum accessisset castraque ibi poneret, pueri

mulieresque ex muro passis manibus suo more pacem ab
Romanis petierunt. 14. Pro his Divitiacus (nam post
discessum Belgarum dimissis Aeduorum copiis ad eum
reverterat) facit verba: Bellovacos omni tempore in fide
atque amicitia civitatis Aeduae fuisse: impulsos a suis
principibus, qui dicerent Aeduos ab Caesare in servitutem
redactos omnes indignitates contumeliasque perferre, et
ab Aeduis defecisse et populo Romano bellum intulisse.
Qui eius consilii principes fuissent, quod intellegerent,
quantam calamitatem civitati intulissent, in Britanniam
profugisse. Petere non solum Bellovacos, sed etiam pro
his Aeduos, ut sua clementia ac mansuetudine in eos utatur.
Quod si fecerit, Aeduorum auctoritatem apud omnes Belgas
amplificaturum; quorum auxiliis atque opibus, si qua bella
inciderint, sustentare consuerint. 15. Caesar honoris Divitiaci atque Aeduorum causa sese eos in fidem recepturum
et conservaturum dixit; quod erat civitas magna inter Belgas
auctoritate atque hominum multitudine praestabat, sexcentos
obsides poposcit. His traditis omnibusque armis ex oppido
collatis ab eo loco in fines Ambianorum pervenit, qui se
suaque omnia sine mora dediderunt. Eorum fines Nervii
attingebant; quorum de natura moribusque Caesar cum
quaereret, sic reperiebat: Nullum aditum esse ad eos mercatoribus; nihil pati vini reliquarumque rerum (ad luxuriam
pertinentium) inferri, quod iis rebus relanguescere animos
[eorum] et remitti virtutem existimarent: esse homines feros
magnaeque virtutis, increpitare atque incusare reliquos
Belgas, qui se populo Romano dedidissent patriamque
virtutem proiecissent: confirmare sese neque legatos
missuros neque ullam condicionem pacis accepturos. 16.
Cum per eorum fines triduum iter fecisset, inveniebat ex
captivis Sabim flumen ab castris suis non amplius milia
passuum x abesse: trans id flumen omnes Nervios conse-

disse adventumque ibi Romanorum exspectare una cum
Atrebatis et Viromanduis, finitimis suis (nam his utrisque
persuaserant, uti eandem belli fortunam experirentur); exspectari etiam ab his Aduatucorum copias atque esse in
itinere: mulieres quique per aetatem ad pugnam inutiles 5
viderentur in eum locum coniecisse, quo propter paludes
exercitui aditus non esset. 17. His rebus cognitis exploratores centurionesque praemittit, qui locum idoneum castris
deligant. Cum ex dediticiis Belgis reliquisque Gallis complures Caesarem secuti una iter facerent, quidam ex his, ut 10
postea ex captivis cognitum est, eorum dierum consuetudine
itineris nostri exercitus perspecta nocte ad Nervios pervenerunt atque his demonstrarunt inter singulas legiones
impedimentorum magnum numerum intercedere, neque esse
quicquam negotii, cum prima legio in castra venisset 15
reliquaeque legiones magnum spatium abessent, hanc sub
sarcinis adoriri; qua pulsa impedimentisque direptis futurum, ut reliquae contra consistere non auderent. Adiuvabat
etiam eorum consilium, qui rem deferebant, quod Nervii
antiquitus, cum equitatu nihil possent (neque enim ad hoc 20
tempus ei rei student, sed, quicquid possunt, pedestribus
valent copiis), quo facilius finitimorum equitatum, si praedandi
causa ad eos venissent, impedirent, teneris arboribus incisis
atque inflexis, crebris in latitudinem ramis enatis et rubis
sentibusque interiectis effecerant, ut instar muri hae sepes 25
munimenta praeberent, quo non modo non intrari, sed ne
perspici quidem posset. His rebus cum iter agminis nostri
impediretur, non omittendum consilium Nervii existimaverunt. 18. Loci natura erat haec, quem locum nostri
castris delegerant. Collis ab summo aequaliter declivis 30
ad flumen Sabim, quod supra nominavimus, vergebat. Ab
eo flumine pari acclivitate collis nascebatur adversus huic
et contrarius, passus circiter ducentos infimus apertus, ab

superiore parte silvestris, ut non facile introrsus perspici
posset. Intra eas silvas hostes in occulto sese continebant;
in aperto loco secundum flumen paucae stationes equitum
videbantur. Fluminis erat altitudo circiter pedum trium.
5 **19.** Caesar equitatu praemisso subsequebatur omnibus copiis;
sed ratio ordoque agminis aliter se habebat, ac Belgae ad
Nervios detulerant. Nam quod ad hostis appropinquabat,
consuetudine sua Caesar sex legiones expeditas ducebat;
post eas totius exercitus impedimenta collocarat; inde duae
10 legiones, quae proxume conscriptae erant, totum agmen
claudebant praesidioque impedimentis erant. Equites nostri
cum funditoribus sagittariisque flumen transgressi cum
hostium equitatu proelium commiserunt. Cum se illi iden-
tidem in silvas ad suos reciperent ac rursus ex silva in
15 nostros impetum facerent, neque nostri longius, quam quem
ad finem porrecta loca aperta pertinebant, cedentes insequi
auderent, interim legiones sex, quae primae venerant, opere
dimenso castra munire coeperunt. Ubi prima impedimenta
nostri exercitus ab iis, qui in silvis abditi latebant, visa sunt,
20 quod tempus inter eos committendi proelii convenerat, ut
intra silvas aciem ordinesque constituerant atque ipsi sese
confirmaverant, subito omnibus copiis provolaverunt impetumque in nostros equites fecerunt. His facile pulsis ac
proturbatis incredibili celeritate ad flumen decucurrerunt,
25 ut paene uno tempore et ad silvas et in flumine et iam in
manibus nostris hostes viderentur. Eadem autem celeritate
adverso colle ad nostra castra atque eos, qui in opere
occupati erant, contenderunt. **20.** Caesari omnia uno
tempore erant agenda: vexillum proponendum, quod erat
30 insigne cum ad arma concurri oporteret, signum tuba
dandum, ab opere revocandi milites, qui paulo longius
aggeris petendi causa processerant, arcessendi, acies in-
struenda, milites cohortandi, signum dandum. Quarum

rerum magnam partem temporis brevitas et successus hostium impediebat. His difficultatibus duae res erant subsidio, scientia atque usus militum, quod superioribus proeliis exercitati, quid fieri oporteret, non minus commode ipsi sibi praescribere, quam ab aliis doceri poterant, et quod ab opere singulisque legionibus singulos legatos Caesar discedere nisi munitis castris vetuerat. Hi propter propinquitatem et celeritatem hostium nihil iam Caesaris imperium exspectabant, sed per se quae videbantur administrabant. 21. Caesar necessariis rebus imperatis ad cohortandos milites, quam partem fors obtulit, decucurrit et ad legionem decimam devenit. Milites non longiore oratione cohortatus, quam uti suae pristinae virtutis memoriam retinerent neu perturbarentur animo hostiumque impetum fortiter sustinerent, quod non longius hostes aberant, quam quo telum adici posset, proelii committendi signum dedit. Atque in alteram partem item cohortandi causa profectus pugnantibus occurrit. Temporis tanta fuit exiguitas hostiumque tam paratus ad dimicandum animus, ut non modo ad insignia accommodanda, sed etiam ad galeas induendas scutisque tegimenta detrahenda tempus defuerit. Quam quisque ab opere in partem casu devenit quaeque prima signa conspexit, ad haec constitit, ne in quaerendis suis pugnandi tempus dimitteret. 22. Instructo exercitu, magis ut loci natura deiectusque collis et necessitas temporis, quam ut rei militaris ratio atque ordo postulabat, cum diversis legionibus aliae alia in parte hostibus resisterent, sepibusque densissimis, ut ante demonstravimus, interiectis prospectus impediretur, neque certa subsidia collocari neque, quid in quaque parte opus esset, provideri neque ab uno omnia imperia administrari poterant. Itaque in tanta rerum iniquitate fortunae quoque eventus varii sequebantur. 23. Legionis nonae et decimae milites, ut in sinistra parte acie constiterant, pilis emissis cursu ac

lassitudine exanimatos vulneribusque confectos Atrebates (nam his ea pars obvenerat) celeriter ex loco superiore in flumen compulerunt et transire conantes insecuti gladiis magnam partem eorum impeditam interfecerunt. Ipsi tran-
5 sire flumen non dubitaverunt et in locum iniquum progressi rursus resistentes hostes redintegrato proelio in fugam coniecerunt. Item alia in parte diversae duae legiones, undecima et octava, profligatis Viromanduis, quibuscum erant congressi, ex loco superiore, in ipsis fluminis ripis
10 proeliabantur. At totis fere a fronte ad et ab sinistra parte nudatis castris, cum in dextro cornu legio duodecima et non magno ab ea intervallo septima constitisset, omnes Nervii confertissimo agmine duce Boduognato, qui summam imperii tenebat, ad eum locum contenderunt ; quorum pars aperto
15 latere legiones circumvenire, pars summum castrorum locum petere coepit. 24. Eodem tempore equites nostri levisque armaturae pedites, qui cum iis una fuerant, quos primo hostium impetu pulsos dixeram, cum se in castra reciperent, adversis hostibus occurrebant ac rursus aliam in partem
20 fugam petebant, at calones, qui ab decumana porta ac summo iugo collis nostros victores flumen transisse conspexerant, praedandi causa egressi, cum respexissent et hostes in nostris castris versari vidissent, praecipites fugae sese mandabant. Simul eorum, qui cum impedimentis
25 veniebant, clamor fremitusque oriebatur, aliique aliam in partem perterriti ferebantur. Quibus omnibus rebus permoti equites Treveri, quorum inter Gallos virtutis opinio est singularis, qui auxilii causa ab civitate ad Caesarem missi venerant, cum multitudine hostium castra compleri, nostras
30 legiones premi et paene circumventas teneri, calones, equites, funditores, Numidas diversos dissipatosque in omnes partes fugere vidissent, desperatis nostris rebus domum contenderunt ; Romanos pulsos superatosque, castris impedi-

mentisque eorum hostes potitos civitati renuntiaverunt.
25. Caesar ab decimae legionis cohortatione ad dextrum cornu profectus, ubi suos urgeri signisque in unum locum colatis duodecimae legionis confertos milites sibi ipsos ad pugnam esse impedimento vidit, quartae cohortis omnibus centurionibus occisis signiferoque interfecto, signo amisso, reliquarum cohortium omnibus fere centurionibus aut vulneratis aut occisis, in his primipilo P. Sextio Baculo, fortissimo viro, multis gravibusque vulneribus confecto, ut iam se sustinere non posset, reliquos esse tardiores et nonnullos ab novissimis deserto proelio excedere ac tela vitare, hostis neque a fronte ex inferiore loco subeuntes intermittere et ab utroque latere instare et rem esse in angusto vidit neque ullum esse subsidium, quod submitti posset, scuto ab novissimis [uni] militi detracto, quod ipse eo sine scuto venerat, in primam aciem processit centurionibusque nominatim appellatis reliquos cohortatus milites signa inferre et manipulos laxare iussit, quo facilius gladiis uti possent. Cuius adventu spe illata militibus ac redintegrato animo, cum pro se quisque in conspectu imperatoris etiam in extremis suis rebus operam navare cuperet, paulum hostium impetus tardatus est. **26.** Caesar cum septimam legionem, quae iuxta constiterat, item urgeri ab hoste vidisset, tribunos militum monuit, ut paulatim sese legiones coniungerent et conversa signa in hostes inferrent. Quo facto cum alius alii subsidium ferret, neque timerent, ne aversi ab hoste circumvenirentur, audacius resistere ac fortius pugnare coeperunt. Interim milites legionum duarum, quae in novissimo agmine praesidio impedimentis fuerant, proelio nuntiato cursu incitato in summo colle ab hostibus conspiciebantur, et T. Labienus castris hostium potitus et ex loco superiore, quae res in nostris castris gererentur, conspicatus decimam legionem subsidio nostris misit. Qui cum ex equitum et calonum fuga, quo in loco res esset quantoque

in periculo et castra et legiones et imperator versaretur, cognovissent, nihil ad celeritatem sibi reliqui fecerunt. **27.** Horum adventu tanta rerum commutatio est facta, ut nostri etiam qui vulneribus confecti procubuissent, scutis innixi proelium redintegrarent; tum calones perterritos hostes conspicati etiam inermes armatis occurrerunt, equites vero, ut turpitudinem fugae virtute delerent, omnibus in locis pugnant, quo se legionariis militibus praeferrent. At hostes etiam in extrema spe salutis tantam virtutem praestiterunt ut, cum primi eorum cecidissent, proximi iacentibus insisterent, atque ex eorum corporibus pugnarent; his deiectis et coacervatis cadaveribus, qui superessent, ut ex tumulo tela in nostros conicerent et pila intercepta remitterent: ut non nequiquam tantae virtutis homines iudicari deberet ausos esse transire latissimum flumen, ascendere altissimas ripas, subire iniquissimum locum; quae facilia ex difficillimis animi magnitudo redegerat. **28.** Hoc proelio facto et prope ad internecionem gente ac nomine Nerviorum redacto maiores natu, quos una cum pueris mulieribusque in aestuaria ac paludes coniectos dixeramus, hac pugna nuntiata, cum victoribus nihil impeditum, victis nihil tutum arbitrarentur, omnium, qui supererant, consensu legatos ad Caesarem miserunt seque ei dediderunt et in commemoranda civitatis calamitate ex sexcentis ad tres senatores, ex hominum milibus LX vix ad quingentos, qui arma ferre possent, sese redactos esse dixerunt. Quos Caesar, ut in miseros ac supplices usus misericordia videretur, diligentissime conservavit suisque finibus atque oppidis uti iussit et finitimis imperavit, ut ab iniuria et maleficio se suosque prohiberent.

29. Aduatuci, de quibus supra scripsimus, cum omnibus copiis auxilio Nerviis venirent, hac pugna nuntiata ex itinere domum reverterunt; cunctis oppidis castellisque desertis sua omnia in unum oppidum egregie natura munitum contulerunt. Quod cum ex omnibus in circuitu partibus altissimas rupes despectusque haberet, una ex parte leniter acclivis aditus in latitudinem non amplius ducentorum pedum relinquebatur; quem locum duplici altissimo muro munierant; tum magni ponderis saxa et praeacutas trabes in 5 muro collocabant. Ipsi erant ex Cimbris Teutonisque prognati, qui, cum iter in provinciam nostram atque Italiam facerent, iis impedimentis, quae secum agere ac portare non poterant, citra flumen Rhenum depositis custodiam ex suis ac praesidium sex milia hominum una reliquerunt. Hi post 10 eorum obitum multos annos a finitimis exagitati, cum alias bellum inferrent, alias illatum defenderent, consensu eorum omnium pace facta hunc sibi domicilio locum delegerunt. 30. Ac primo adventu exercitus nostri crebras ex oppido excursiones faciebant parvulisque proeliis cum nostris con- 15 tendebant; postea vallo pedum xii, in circuitu xv milium crebrisque castellis circummuniti oppido sese continebant. Ubi vineis actis aggere exstructo turrim procul constitui viderunt, primum irridere ex muro atque increpitare vocibus, quod tanta machinatio ab tanto spatio instrueretur: qui- 20 busnam manibus aut quibus viribus praesertim homines tantulae staturae (nam plerumque hominibus Gallis prae magnitudine corporum suorum brevitas nostra contemptui est) tanti oneris turrim moturos sese confiderent? 31. Ubi vero moveri et appropinquare moenibus viderunt, nova 25 atque inusitata specie commoti legatos ad Caesarem de pace miserunt, qui ad hunc modum locuti: non existimare Romanos sine ope divina bellum gerere, qui tantae altitudinis machinationes tanta celeritate promovere possent, se suaque omnia eorum potestati permittere dixerunt. Unum petere 30 ac deprecari: si forte pro sua clementia ac mansuetudine, quam ipsi ab aliis audirent, statuisset Aduatucos esse conservandos, ne se armis despoliaret. Sibi omnes fere finitimos

esse inimicos ac suae virtuti invidere; a quibus se defendere
traditis armis non possent. Sibi praestare, si in eum casum
deducerentur, quamvis fortunam a populo Romano pati,
quam ab his per cruciatum interfici, inter quos dominari con-
5 suessent. 32. Ad haec Caesar respondit: Se magis consuetudine sua quam merito eorum civitatem conservaturum
si prius, quam murum aries attigisset, se dedidissent: sed
deditionis nullam esse condicionem nisi armis traditis. Se
id, quod in Nerviis fecisset, facturum finitimisque impera-
10 turum, ne quam dediticiis populi Romani iniuriam inferrent.
Re nuntiata ad suos, quae imperarentur, facere dixerunt.
Armorum magna multitudine de muro in fossam, quae erat
ante oppidum, iacta, sic ut prope summam muri aggerisque
altitudinem acervi armorum adaequarent, et tamen circiter
15 parte tertia, ut postea perspectum est, celata atque in oppido
retenta portis patefactis eo die pace sunt usi. 33. Sub vesperum Caesar portas claudi militesque ex oppido exire iussit,
ne quam noctu oppidani ab militibus iniuriam, acciperent.
Illi ante inito, ut intellectum est, consilio, quod deditione facta
20 nostros praesidia deducturos aut denique indiligentius serva-
turos crediderant, partim sumptis, quae retinuerant et cela-
verant, armis, partim scutis ex cortice factis aut viminibus
intextis, quae subito, ut temporis exiguitas postulabat,
pellibus induxerant, tertia vigilia, qua minime arduus ad
25 nostras munitiones ascensus videbatur, omnibus copiis
repentino ex oppido eruptionem fecerunt. Celeriter, ut ante
Caesar imperarat, ignibus significatione facta ex proximis
castellis eo concursum est, pugnatumque ab hostibus ita
acriter est, ut a viris fortibus in extrema spe salutis iniquo
30 loco contra eos, qui ex vallo turribusque tela iacerent,
pugnari debuit, cum in una virtute omnis spes salutis consisteret. Occisis ad hominum milibus quattuor reliqui in
oppidum reiecti sunt. Postridie eius diei refractis portis,

cum iam defenderet nemo, atque intromissis militibus nostris
sectionem eius oppidi universam Caesar vendidit. Ab his,
qui emerant, capitum numerus ad eum relatus est milium
quinquaginta trium.

34. Eodem tempore a P. Crasso, quem cum legione una
miserat ad Venetos, Venellos, Osismos, Curiosolitas, Esubios,
Aulercos, Redones, quae sunt maritumae civitates Oceanum-
que attingunt, certior factus est omnes eas civitates in dicionem potestatemque populi Romani esse redactas.

35. His rebus gestis omni Gallia pacta tanta huius belli ad
barbaros opinio perlata est, uti ab iis nationibus, quae trans
Rhenum incolerent, mitterentur legati ad Caesarem, qui se
obsides daturas, imperata facturas pollicerentur. Quas legationes Caesar, quod in Italiam Illyricumque properabat, inita
proxima aestate ad se reverti iussit. Ipse in Carnutes, Andes
Turonesque, quae civitates propinquae his locis erant, ubi
bellum gesserat, legionibus in hibernacula deductis in Italiam
profectus est; ob easque res ex litteris Caesaris dies quindecim supplicatio decreta est, quod ante id tempus accidit
nulli.

C. IULII CAESARIS

DE BELLO GALLICO

COMMENTARIUS TERTIUS.

B.C. 56.   A.U.C. 698.

Naval War in Armorica. Campaign of Crassus in Aquitania.

1. Cum in Italiam proficisceretur Caesar, Servium Galbam cum legione XII et parte equitatus in Nantuatis Veragros Sedunosque misit, qui ab finibus Allobrogum et lacu Lemanno et flumine Rhodano ad summas Alpes pertinent. 5 Causa mittendi fuit, quod iter per Alpes, quo magno cum periculo magnisque cum portoriis mercatores ire consuerant, patefieri volebat. Huic permisit, si opus esse arbitraretur, uti in his locis legionem hiemandi causa collocaret. Galba secundis aliquot proeliis factis castellisque compluribus eorum 10 expugnatis missis ad eum undique legatis obsidibusque datis et pace facta constituit cohortes duas in Nantuatibus collocare et ipse cum reliquis eius legionis cohortibus in vico Veragrorum, qui appellatur Octodurus, hiemare; qui vicus positus in valle non magna adiecta planicie altissimis 15 montibus undique continetur. Cum hic in duas partes flumine divideretur, alteram partem eius vici Gallis [ad hiemandum] concessit, alteram vacuam ab his relictam cohortibus attribuit. 2. Eum locum vallo fossaque munivit.

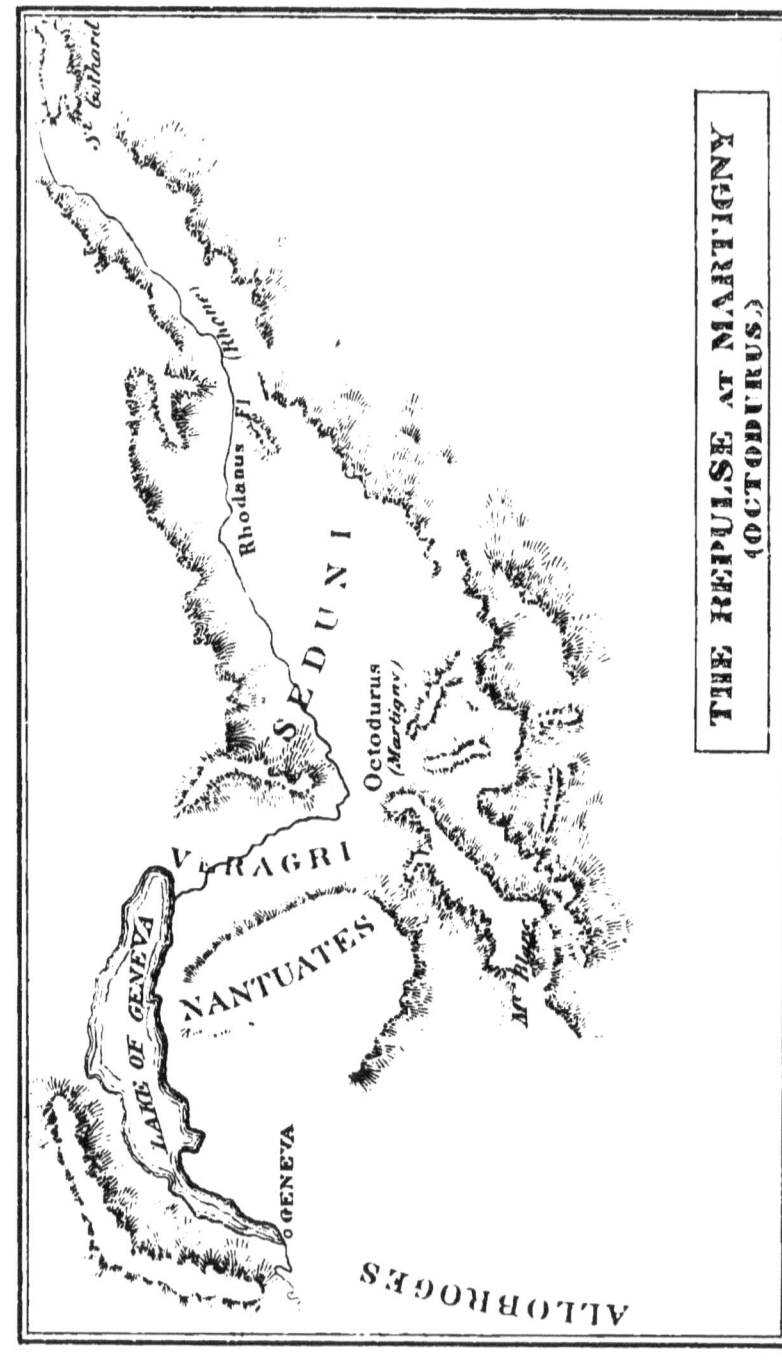

Cum dies hibernorum complures transissent, frumentumque eo comportari iussisset, subito per exploratores certior factus est ex ea parte vici, quam Gallis concesserat, omnes noctu discessisse montesque, qui impenderent, a maxima multitudine Sedunorum et Veragrorum teneri. Id aliquot de causis acciderat ut subito Galli belli renovandi legionisque opprimendae consilium caperent : primum, quod legionem neque eam plenissimam detractis cohortibus duabus et compluribus singillatim, qui commeatus petendi causa missi erant, propter paucitatem despiciebant; tum etiam, quod propter iniquitatem loci, cum ipsi ex montibus in vallem decurrerent et tela conicerent, ne primum quidem posse impetum suum sustineri existimabant. Accedebat, quod suos ab se liberos abstractos obsidum nomine dolebant, et Romanos non solum itinerum causa, sed etiam perpetuae possessionis culmina Alpium occupare conari et ea loca finitimae provinciae adiungere sibi persuasum habebant. 3. His nuntiis acceptis Galba, cum neque opus hibernorum munitionesque plene essent perfectae, neque de frumento reliquoque commeatu satis esset provisum, quod deditione facta obsidibusque acceptis nihil de bello timendum existimaverat, consilio celeriter convocato sententias exquirere coepit. Quo in consilio, cum tantum repentini periculi praeter opinionem accidisset, ac iam omnia fere superiora loca multitudine armatorum completa conspicerentur, neque subsidio veniri neque commeatus supportari interclusis itineribus possent, prope iam desperata salute nonnullae huiusmodi sententiae dicebantur, ut impedimentis relictis eruptione facta isdem itineribus, quibus eo pervenissent, ad salutem contenderent. Maiori tamen parti placuit hoc reservato ad extremum consilio interim rei eventum experiri et castra defendere. 4. Brevi spatio interiecto, vix ut rebus, quas constituissent, collocandis atque administrandis tempus daretur, hostes ex omnibus partibus

signo dato decurrere, lapides gaesaque in vallum conicere:
nostri primo integris viribus fortiter repugnare neque ullum
frustra telum ex loco superiore mittere, ut quaeque pars castrorum nudata defensoribus premi videbatur, eo occurrere et
5 auxilium ferre, sed hoc superari, quod diuturnitate pugnae
hostes defessi proelio excedebant, alii integris viribus succe-
debant, quarum rerum a nostris propter paucitatem fieri nihil
poterat, ac non modo defesso ex pugna excedendi, sed ne
saucio quidem eius loci, ubi constiterat, relinquendi ac sui
10 recipiendi facultas dabatur. 5. Cum iam amplius horis sex
continenter pugnaretur ac non solum vires, sed etiam tela
nostros deficerent, atque hostes acrius instarent languidiori-
busque nostris vallum scindere et fossas complere coepissent,
resque esset iam ad extremum perducta casum, Publius
15 Sextius Baculus, primi pili centurio, quem Nervico proelio
compluribus confectum vulneribus diximus, et item Gaius
Volusenus, tribunus militum, vir et consilii magni et virtutis,
ad Galbam accurrunt atque unam esse spem salutis docent, si
eruptione facta extremum auxilium experirentur. Itaque
20 convocatis centurionibus celeriter milites certiores facit,
paulisper intermitterent proelium ac tantummodo tela missa
exciperent seque ex labore reficerent, post dato signo ex
castris erumperent atque omnem spem salutis in virtute
ponerent. 6. Quod iussi sunt, faciunt ac subito omnibus
25 portis eruptione facta neque cognoscendi, quid fieret, neque
sui colligendi hostibus facultatem relinquunt. Ita commutata
fortuna eos, qui in spem potiundorum castrorum venerant,
undique circumventos interficiunt et ex hominum milibus
amplius xxx, quem numerum barbarorum ad castra venisse
30 constabat, plus tertia parte interfecta reliquos perterritos in
fugam coniciunt ac ne in locis quidem superioribus consistere
patiuntur. Sic omnibus hostium copiis fusis armisque exutis
se in castra munitionesque suas recipiunt. Quo proelio facto,

quod saepius fortunam temptare Galba nolebat atque alio se in hiberna consilio venisse meminerat, aliis occurrisse rebus viderat, maxime frumenti commeatusque inopia permotus postero die omnibus eius vici aedificiis incensis in provinciam reverti contendit ac nullo hoste prohibente aut iter demorante incolumem legionem in Nantuatis, inde in Allobroges perduxit ibique hiemavit.

7. His rebus gestis cum omnibus de causis Caesar pacatam Galliam existimaret, superatis Belgis, expulsis Germanis, victis in Alpibus Sedunis, atque ita inita hieme in Illyricum profectus esset, quod eas quoque nationes adire et regiones cognoscere volebat, subitum bellum in Gallia coortum est. Eius belli haec fuit causa. P. Crassus adulescens cum legione septima proximus mare Oceanum in Andibus hiemarat. Is, quod in his locis inopia frumenti erat, praefectos tribunosque militum complures in finitimas civitates frumenti causa dimisit; quo in numero est T. Terrasidius missus in Esubios, M. Trebius Gallus in Curiosolitas, Q. Velanius cum T. Silio in Venetos. 8. Huius est civitatis longe amplissima auctoritas omnis orae maritimae regionum earum, quod et naves habent Veneti plurimas, quibus in Britanniam navigare consuerunt, et scientia atque usu nauticarum rerum reliquos antecedunt et in magno impetu maris atque aperto paucis portibus interiectis, quos tenent ipsi, omnes fere, qui eo mari uti consuerunt, habent vectigales. Ab his fit initium retinendi Silii atque Velanii, quod per eos suos se obsides, quos Crasso dedissent, reciperaturos existimabant. Horum auctoritate finitimi adducti (ut sunt Gallorum subita et repentina consilia), eadem de causa Trebium Terrasidiumque retinent, et celeriter missis legatis per suos principes inter se coniurant, nihil nisi communi consilio acturos eundemque omnis fortunae exitum esse laturos, reliquasque civitates sollicitant, ut in ea libertate, quam a

maioribus acceperant, permanere quam Romanorum servitutem perferre mallent. Omni ora maritima celeriter ad suam sententiam perducta communem legationem ad P. Crassum mittunt, si velit suos recipere, obsides sibi remittat. 9. Quibus
5 de rebus Caesar ab Crasso certior factus, quod ipse aberat longius, naves interim longas aedificari in flumine Ligere, quod influit in Oceanum, remiges ex provincia institui, nautas gubernatoresque comparari iubet. His rebus celeriter administratis ipse, cum primum per anni tempus potuit, ad
10 exercitum contendit. Veneti reliquaeque item civitates cognito Caesaris adventu certiores facti, simul quod, quantum in se facinus admisissent, intellegebant, legatos, quod nomen ad omnes nationes sanctum inviolatumque semper fuisset, retentos ab se et in vincula coniectos, pro magnitudine peri-
15 culi bellum parare et maxime ea, quae ad usum navium pertinent, providere instituunt, hoc maiore spe, quod multum natura loci confidebant. Pedestria esse itinera concisa aestuariis, navigationem impeditam propter inscientiam locorum paucitatemque portuum sciebant, neque nostros exercitus
20 propter frumenti inopiam diutius apud se morari posse confidebant: ac iam ut omnia contra opinionem acciderent, tamen se plurimum navibus posse, Romanos neque ullam facultatem habere navium neque eorum locorum, ubi bellum gesturi essent, vada, portus, insulas novisse; ac longe aliam
25 esse navigationem in concluso mari atque in vastissimo atque apertissimo Oceano perspiciebant. His initis consiliis oppida muniunt, frumenta ex agris in oppida comportant, naves in Venetiam, ubi Caesarem primum esse bellum gesturum constabat, quam plurimas possunt, cogunt. Socios sibi ad id
30 bellum Osismos, Lexovios, Namnetes, Ambiliatos, Morinos, Diablintes, Menapios adsciscunt; auxilia ex Britannia, quae contra eas regiones posita est, arcessunt. 10. Erant hae difficultates belli gerendi, quas supra ostendimus, sed multa

Caesarem tamen ad id bellum incitabant: iniuriae retentorum equitum Romanorum, rebellio facta post deditionem, defectio datis obsidibus, tot civitatum coniuratio, imprimis, ne hac parte neglecta reliquae nationes sibi idem licere arbitrarentur. Itaque cum intellegeret omnes fere Gallos novis rebus studere et ad bellum mobiliter celeriterque excitari, omnes autem homines natura libertati studere et condicionem servitutis odisse, priusquam plures civitates conspirarent, partiendum sibi ac latius distribuendum exercitum putavit. 11. Itaque T. Labienum legatum in Treveros, qui proximi flumini Rheno sunt, cum equitatu mittit. Huic mandat, Remos reliquosque Belgas adeat atque in officio contineat Germanosque, qui auxilio a Belgis arcessiti dicebantur, si per vim navibus flumen transire conentur, prohibeat. P. Crassum cum cohortibus legionariis XII et magno numero equitatus in Aquitaniam proficisci iubet, ne ex his nationibus auxilia in Galliam mittantur ac tantae nationes coniungantur. Q. Titurium Sabinum legatum cum legionibus tribus in Venellos Curiosolites Lexoviosque mittit, qui eam manum distinendam curet. Decimum Brutum adulescentem classi Gallicisque navibus, quas ex Pictonibus et Santonis reliquisque pacatis regionibus convenire iusserat, praeficit et, cum primum posset, in Venetos proficisci iubet. Ipse eo pedestribus copiis contendit. 12. Erant eiusmodi fere situs oppidorum, ut posita in extremis lingulis promunturiisque neque pedibus aditum haberent, cum ex alto se aestus incitavisset, quod bis accidit semper horarum XXIIII spatio, neque navibus, quod rursus minuente aestu naves in vadis afflictarentur. Ita utraque re oppidorum oppugnatio impediebatur; ac si quando magnitudine operis forte superati, extruso mari aggere ac molibus atque his oppidi moenibus adaequatis, suis fortunis desperare coeperant, magno numero navium appulso, cuius rei summam facultatem habebant, sua deportabant omnia seque in proxima oppida recipiebant: ibi se rursus isdem opportunitatibus loci defendebant. Haec eo facilius magnam partem aestatis faciebant, quod nostrae naves tempestatibus detinebantur, summaque erat vasto atque aperto mari, magnis aestibus, raris ac prope nullis portibus, difficultas navigandi. 13. Namque ipsorum naves ad hunc modum factae armataeque erant: carinae aliquanto planiores quam nostrarum navium, quo facilius vada ac decessum aestus excipere possent; prorae admodum erectae atque item puppes ad magnitudinem fluctuum tempestatumque accommodatae; naves totae factae ex robore ad quamvis vim et contumeliam perferendam; transtra pedalibus in altitudinem trabibus confixa clavis ferreis digiti pollicis crassitudine; ancorae pro funibus ferreis catenis revinctae: pelles pro velis alutaeque tenuiter confectae, sive propter lini inopiam atque eius usus inscientiam, sive eo, quod est magis verisimile, quod tantas tempestates Oceani tantosque impetus ventorum sustineri ac tanta onera navium regi velis non satis commode posse arbitrabantur. Cum his navibus nostrae classi eiusmodi congressus erat, ut una celeritate et pulsu remorum praestaret, reliqua pro loci natura pro vi tempestatum illis essent aptiora et accommodatiora. Neque enim his nostrae rostro nocere poterant (tanta in iis erat firmitudo), neque propter altitudinem facile telum adiciebatur, et eadem de causa minus commode copulis continebantur. Accedebat, ut, cum saevire ventus coepisset et se vento dedissent, et tempestatem ferrent facilius et in vadis consisterent tutius, et ab aestu relictae nihil saxa et cautes timerent; quarum rerum omnium nostris navibus casus erat extimescendus. 14. Compluribus expugnatis oppidis Caesar, ubi intellexit frustra tantum laborem sumi, neque hostium fugam captis oppidis reprimi neque iis noceri posse, statuit exspectandam classem. Quae ubi convenit ac primum ab hostibus visa est, circiter ccxx naves eorum paratissimae atque omni genere armorum ornatissimae profectae ex portu nostris adversae constiterunt; neque satis Bruto, qui classi praeerat, vel tribunis militum centurionibusque, quibus singulae naves erant attributae, constabat, quid agerent aut quam rationem pugnae insisterent. Rostro enim noceri non posse cognoverant: turribus autem excitatis tamen has altitudo puppium ex barbaris navibus superabat, ut neque ex inferiore loco satis commode tela adici possent et missa ab Gallis gravius acciderent. Una erat magno usui res praeparata a nostris, falces praeacutae insertae affixaeque longuriis non absimili forma muralium falcium. His cum funes, qui antemnas ad malos destinabant, comprehensi adductique erant, navigio remis incitato praerumpebantur. Quibus abscisis antemnae necessario concidebant, ut, cum omnis Gallicis navibus spes in velis armamentisque consisteret, his ereptis omnis usus navium uno tempore eriperetur. Reliquum erat certamen positum in virtute, qua nostri milites facile superabant, atque eo magis, quod in conspectu Caesaris atque omnis exercitus res gerebatur, ut nullum paulo fortius factum latere posset; omnes enim colles ac loca superiora, unde erat propinquus despectus in mare, ab exercitu tenebantur. 15. Disiectis, ut diximus, antemnis, cum singulas binae ac ternae naves circumsteterant, milites summa vi transcendere in hostium naves contendebant. Quod postquam barbari fieri animadverterunt, expugnatis compluribus navibus, cum ei rei nullum reperiretur auxilium, fuga salutem petere contenderunt. Ac iam conversis in eam partem navibus, quo ventus ferebat, tanta subito malacia ac tranquillitas exstitit, ut se ex loco commovere non possent. Quae quidem res ad negotium conficiendum maxime fuit opportuna: nam singulas nostri consectati expugnaverunt, ut perpaucae ex omni numero noctis interventu ad terram pervenerint, cum ab hora fere quarta usque ad solis occasum

pugnaretur. **16.** Quo proelio bellum Venetorum totiusque orae maritimae confectum est. Nam cum omnis iuventus, omnes etiam gravioris aetatis, in quibus aliquid consilii aut dignitatis fuit, eo convenerant, tum navium quod ubique
5 fuerat in unum locum coëgerant; quibus amissis reliqui neque quo se reciperent, neque quemadmodum oppida defenderent, habebant. Itaque se suaque omnia Caesari dediderunt. In quos eo gravius Caesar vindicandum statuit, quo diligentius in reliquum tempus a barbaris ius legatorum
10 conservaretur. Itaque omni senatu necato reliquos sub corona vendidit.

17. Dum haec in Venetis geruntur, Q. Titurius Sabinus cum iis copiis, quas a Caesare acceperat, in fines Venellorum pervenit. His praeerat Viridovix ac summam imperii tene-
15 bat earum omnium civitatum, quae defecerant, ex quibus exercitum magnasque copias coëgerat; atque his paucis diebus Aulerci Eburovices Lexoviique senatu suo interfecto, quod auctores belli esse nolebant, portas clauserunt seque cum Viridovice coniunxerunt: magnaque praeterea multitudo
20 undique ex Gallia perditorum hominum latronumque convenerat, quos spes praedandi studiumque bellandi ab agricultura et cotidiano labore revocabat. Sabinus idoneo omnibus rebus loco castris sese tenebat; cum Viridovix contra eum duum milium spatio consedisset cotidieque productis copiis
25 pugnandi potestatem faceret, ut iam non solum hostibus in contemptionem Sabinus veniret, sed etiam nostrorum militum vocibus nonnihil carperetur; tantamque opinionem timoris praebuit, ut iam ad vallum castrorum hostes accedere auderent. Id ea de causa faciebat, quod cum tanta multitudine
30 hostium, praesertim eo absente, qui summam imperii teneret, nisi aequo loco aut opportunitate aliqua data legato dimicandum non existimabat. **18.** Hac confirmata opinione timoris idoneum quendam hominem et callidum delegit,

Gallum, ex iis, quos auxilii causa secum habebat. Huic magnis praemiis pollicitationibusque persuadet, uti ad hostes transeat, et, quid fieri velit, edocet. Qui ubi pro perfuga ad eos venit, timorem Romanorum proponit, quibus angustiis ipse Caesar a Venetis prematur, docet, neque longius abesse, quin proxima nocte Sabinus clam ex castris exercitum educat et ad Caesarem auxilii ferendi causa proficiscatur. Quod ubi auditum est, conclamant omnes occasionem negotii bene gerendi amittendam non esse: ad castra iri oportere. Multae res ad hoc consilium Gallos hortabantur: superiorum dierum Sabini cunctatio, perfugae confirmatio, inopia cibariorum, cui rei parum diligenter ab iis erat provisum, spes Venetici belli et quod fere libenter homines id, quod volunt, credunt. His rebus adducti non prius Viridovicem reliquosque duces ex consilio dimittunt, quam ab his sit concessum, arma uti capiant et ad castra contendant. Qua re concessa laeti, ut explorata victoria, sarmentis virgultisque collectis, quibus fossas Romanorum compleant, ad castra pergunt. 19. Locus erat castrorum editus et paulatim ab imo acclivis circiter passus mille. Huc magno cursu contenderunt, ut quam minimum spatii ad se colligendos armandosque Romanis daretur, exanimatique pervenerunt. Sabinus suos hortatus cupientibus signum dat. Impeditis hostibus propter ea, quae ferebant, onera subito duabus portis eruptionem fieri iubet. Factum est opportunitate loci, hostium inscientia ac defatigatione, virtute militum et superiorum pugnarum exercitatione, ut ne unum quidem nostrorum impetum ferrent ac statim terga verterent. Quos impeditos integris viribus milites nostri consecuti magnum numerum eorum occiderunt; reliquos equites consectati paucos, qui ex fuga evaserant, reliquerunt. Sic uno tempore et de navali pugna Sabinus et de Sabini victoria Caesar certior factus est, civitatesque omnes se statim Titurio dediderunt. Nam ut ad bella suscipienda Gallorum alacer ac promptus est animus, sic mollis ac minime resistens ad calamitates perferendas mens eorum est.

20. Eodem fere tempore P. Crassus, cum in Aquitaniam pervenisset, quae pars, ut ante dictum est, et regionum latitudine et multitudine hominum ex tertia parte Gallia est aestimanda, cum intellegeret in iis locis sibi bellum gerendum, ubi paucis ante annis L. Valerius Praeconinus legatus exercitu pulso interfectus esset, atque unde L. Mallius proconsul impedimentis amissis profugisset, non mediocrem sibi diligentiam adhibendam intellegebat. Itaque re frumentaria provisa, auxiliis equitatuque comparato, multis praeterea viris fortibus Tolosa et Narbone, quae sunt civitates Galliae provinciae finitimae his regionibus, nominatim evocatis in Sontiatum fines exercitum introduxit. Cuius adventu cognito Sontiates magnis copiis coactis equitatuque, quo plurimum valebant, in itinere agmen nostrum adorti primum equestre proelium commiserunt, deinde equitatu suo pulso atque insequentibus nostris subito pedestres copias, quas in convalle in insidiis collocaverant, ostenderunt. Hi nostros disiectos adorti proelium renovarunt. 21. Pugnatum est diu atque acriter, cum Sontiates superioribus victoriis freti in sua virtute totius Aquitaniae salutem positam putarent, nostri autem, quid sine imperatore et sine reliquis legionibus adulescentulo duce efficere possent, perspici cuperent: tandem confecti vulneribus hostes terga vertere. Quorum magno numero interfecto Crassus ex itinere oppidum Sontiatum oppugnare coepit. Quibus fortiter resistentibus vineas turresque egit. Illi alias eruptione temptata, alias cuniculis ad aggerem vineasque actis (cuius rei sunt longe peritissimi Aquitani, propterea quod multis locis apud eos aerariae securae sunt), ubi diligentia nostrorum nihil his rebus profici posse intellexerunt, legatos ad Crassum mittunt seque

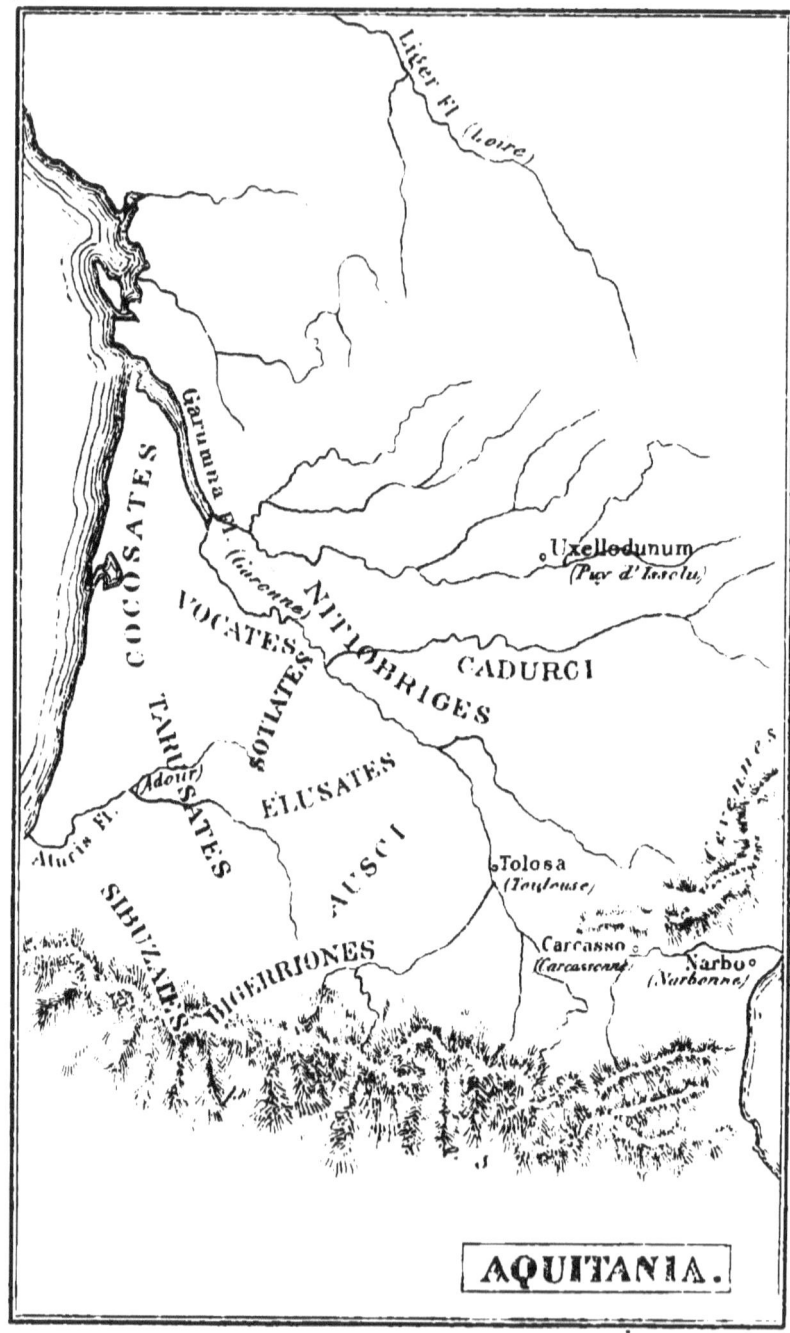

in deditionem ut recipiat, petunt. Qua re impetrata arma tradere iussi faciunt. 22. Atque in ea re omnium nostrorum intentis animis alia ex parte oppidi Adiatunnus, qui summam imperii tenebat, cum DC devotis, quos illi soldurios appellant, quorum haec est condicio, uti omnibus in vita commodis una cum iis fruantur, quorum se amicitiae dediderint, si quid his per vim accidat, aut eundem casum una ferant aut sibi mortem consciscant; neque adhuc hominum memoria repertus est quisquam, qui eo interfecto, cuius se amicitiae devovisset, mori recusaret: cum his Adiatunnus eruptionem facere conatus, clamore ab ea parte munitionis sublato, cum ad arma milites concurrissent vehementerque ibi pugnatum esset, repulsus in oppidum tamen, uti eadem deditionis condicione uteretur, a Crasso impetravit. 23. Armis obsidibusque acceptis Crassus in fines Vocatium et Tarusatium profectus est. Tum vero barbari commoti, quod oppidum et natura loci et manu munitum paucis diebus, quibus eo ventum erat, expugnatum cognoverant, legatos quoquoversum dimittere, coniurare, obsides inter se dare, copias parare coeperunt. Mittuntur etiam ad eas civitates legati, quae sunt citerioris Hispaniae finitimae Aquitaniae: inde auxilia ducesque arcessuntur. Quorum adventu magna cum auctoritate et magna cum hominum multitudine bellum gerere conantur. Duces vero ii deliguntur, qui una cum Q. Sertorio omnes annos fuerant summamque scientiam rei militaris habere existimabantur. Hi consuetudine populi Romani loca capere, castra munire, commeatibus nostros intercludere instituunt. Quod ubi Crassus animadvertit, suas copias propter exiguitatem non facile diduci, hostem et vagari et vias obsidere et castris satis praesidii relinquere, ob eam causam minus commode frumentum commeatumque sibi supportari, in dies hostium numerum augeri, non cunctandum existimavit, quin pugna decertaret. Hac re ad consilium delata ubi omnes idem sentire intellexit, posterum diem pugnae constituit. **24.** Prima luce productis omnibus copiis duplici acie instituta, auxiliis in mediam aciem coniectis, quid hostes consilii caperent, exspectabat. Illi, etsi propter multitudinem et veterem belli gloriam paucitatemque nostrorum se tuto dimicaturos existimabant, tamen tutius esse arbitrabantur obsessis viis commeatu intercluso sine ullo vulnere victoria potiri et, si propter inopiam rei frumentariae Romani sese recipere coepissent, impeditos in agmine et sub sarcinis infirmiore animo adoriri cogitabant. Hoc consilio probato ab ducibus productis Romanorum copiis sese castris tenebant. Hac re perspecta Crassus, cum sua cunctatione atque opinione timoris hostes nostros milites alacriores ad pugnandum effecissent, atque omnium voces audirentur, exspectari diutius non oportere, quin ad castra iretur, cohortatus suos omnibus cupientibus ad hostium castra contendit. **25.** Ibi cum alii fossas complerent, alii multis telis coniectis defensores vallo munitionibusque depellerent, auxiliaresque, quibus ad pugnam non multum Crassus confidebat, lapidibus telisque subministrandis et ad aggerem cespitibus comportandis speciem atque opinionem pugnantium praeberent, cum item ab hostibus constanter ac non timide pugnaretur telaque ex loco superiore missa non frustra acciderent, equites circumitis hostium castris Crasso renuntiaverunt non eadem esse diligentia ab decumana porta castra munita facilemque aditum habere. **26.** Crassus equitum praefectos cohortatus, ut magnis praemiis pollicitationibusque suos excitarent, quid fieri velit, ostendit. Illi, ut erat imperatum, eductis iis cohortibus, quae praesidio castris relictae intritae ab labore erant, et longiore itinere circumductis, ne ex hostium castris conspici possent, omnium oculis mentibusque ad pugnam intentis celeriter ad eas, quas diximus, munitiones pervenerunt atque his prorutis prius in hostium castris constiterunt, quam plane ab his videri aut, quid rei gereretur, cognosci posset. Tum vero clamore ab ea parte audito nostri redintegratis viribus, quod plerumque in spe victoriae accidere consuevit, acrius impugnare coeperunt. Hostes undique circumventi desperatis omnibus rebus se per munitiones deicere et fuga salutem petere intenderunt. Quos equitatus apertissimis campis consectatus ex milium L numero, quae ex Aquitania Cantabrisque convenisse constabat, vix quarta parte relicta multa nocte se in castra recipit. 27. Hac audita pugna maxima pars Aquitaniae sese Crasso dedidit obsidesque ultro misit; quo in numero fuerunt Tarbelli, Bigerriones, Ptianii, Vocates, Tarusates, Elusates, Gates, Garumni, Sibuzates, Cocosates: paucae ultimae nationes anni tempore confisae, quod hiems suberat, hoc facere neglexerunt.

    28. Eodem fere tempore Caesar, etsi prope exacta iam aestas erat, tamen, quod omni Gallia pacata Morini Menapiique supererant, qui in armis essent neque ad eum umquam legatos de pace misissent, arbitratus id bellum celeriter confici posse eo exercitum adduxit; qui longe alia ratione ac reliqui Galli bellum gerere coeperunt. Nam quod intellegebant maximas nationes, quae proelio contendissent, pulsas superatasque esse, continentesque silvas ac paludes habebant, eo se suaque omnia contulerunt. Ad quarum initium silvarum cum Caesar pervenisset castraque munire instituisset, neque hostis interim visus esset, dispersis in opere nostris subito ex omnibus partibus silvae evolaverunt et in nostros impetum fecerunt. Nostri celeriter arma ceperunt eosque in silvas repulerunt et compluribus interfectis longius impeditioribus locis secuti paucos ex suis deperdiderunt. 29. Reliquis deinceps diebus Caesar silvas caedere instituit, et ne quis inermibus imprudentibusque militibus ab latere impetus fieri posset, omnem eam materiam,

quae erat caesa, conversam ad hostem collocabat et pro vallo ad utrumque latus exstruebat. Incredibili celeritate magno spatio paucis diebus confecto, cum iam pecus atque extrema impedimenta ab nostris tenerentur, ipsi densiores
5 silvas peterent, eiusmodi sunt tempestates consecutae, uti opus necessario intermitteretur, et continuatione imbrium diutius sub pellibus milites contineri non possent. Itaque vastatis omnibus eorum agris, vicis aedificiisque incensis Caesar exercitum reduxit et in Aulercis Lexoviisque, reliquis
10 item civitatibus, quae proxime bellum fecerant, in hibernis collocavit.

C. IULII CAESARIS

DE BELLO GALLICO

COMMENTARIUS QUARTUS.

B.C. 55. A.U.C. 699.

Invasion of the Usipetes and Tenchteri. Passage of the Rhine.
First Failure in Britain.

1. EA, quae secuta est, hieme, qui fuit annus Gneo Pompeio, Marco Crasso consulibus, Usipetes Germani et item Tencteri magna cum multitudine hominum flumen Rhenum transierunt, non longe a mari, quo Rhenus influit. Causa transeundi fuit, quod ab Suebis complures annos 5 exagitati bello premebantur et agricultura prohibebantur.

Sueborum gens est longe maxima et bellicosissima Germanorum omnium. Hi centum pagos habere dicuntur, ex quibus quotannis singula milia armatorum bellandi causa ex finibus educunt. Reliqui, qui domi manserunt, se atque 10 illos alunt. Hi rursus in vicem anno post in armis sunt, illi domi remanent. Sic neque agricultura nec ratio atque usus belli intermittitur. Sed privati ac separati agri apud eos nihil est, neque longius anno remanere uno in loco incolendi causa licet. Neque multum frumento, sed maximam partem 15 lacte atque pecore vivunt multumque sunt in venationibus; quae res et cibi genere et cotidiana exercitatione et libertate vitae, cum a pueris nullo officio aut disciplina assuefacti nihil omnino contra voluntatem faciant, et vires alit et immani corporum magnitudine homines efficit. Atque in eam se consuetudinem adduxerunt, ut locis frigidissimis neque vestitus praeter pellis haberent quicquam, quarum propter 5 exiguitatem magna est corporis pars aperta, et lavarentur in fluminibus. 2. Mercatoribus est aditus magis eo, ut, quae bello ceperint, quibus vendant, habeant, quam quo ullam rem ad se importari desiderent. Quin etiam iumentis, quibus maxime Galli delectantur quaeque impenso parant 10 pretio, Germani importatis non utuntur, sed quae sunt apud eos nata, parva atque deformia, haec cotidiana exercitatione summi ut sint laboris efficiunt. Equestribus proeliis saepe ex equis desiliunt ac pedibus proeliantur, equosque eodem remanere vestigio assuefecerunt, ad quos se celeriter, cum 15 usus est, recipiunt; neque eorum moribus turpius quicquam aut inertius habetur, quam ephippiis uti. Itaque ad quemvis numerum ephippiatorum equitum quamvis pauci adire audent. Vinum ad se omnino importari non sinunt, quod ea re ad laborem ferendum remollescere homines atque 20 effeminari arbitrantur. 3. Publice maximam putant esse laudem, quam latissime a suis finibus vacare agros: hac re significari magnum numerum civitatum suam vim sustinere non posse. Itaque una ex parte a Suebis circiter milia passuum sexcenta agri vacare dicuntur. Ad alteram partem 25 succedunt Ubii, quorum fuit civitas ampla atque florens, ut est captus Germanorum, et paulo sunt eiusdem generis ceteris humaniores, propterea quod Rhenum attingunt, multumque ad eos mercatores ventitant, et ipsi propter propinquitatem Gallicis sunt moribus assuefacti. Hos cum 30 Suebi multis saepe bellis experti propter amplitudinem gravitatemque civitatis finibus expellere non potuissent, tamen vectigales sibi fecerunt ac multo humiliores infirmioresque redegerunt. 4. In eadem causa fuerunt Usipetes et Tencteri, quos supra diximus, qui complures annos Sueborum vim sustinuerunt; ad extremum tamen agris expulsi et multis locis Germaniae triennium vagati ad Rhenum pervenerunt; quas regiones Menapii incolebant et ad utramque ripam fluminis agros, aedificia vicosque habebant, sed tantae multitudinis aditu perterriti ex iis aedificiis, quae trans flumen habuerant, demigraverunt et cis Rhenum dispositis praesidiis Germanos transire prohibebant. Illi omnia experti cum neque vi contendere propter inopiam navium neque clam transire propter custodias Menapiorum possent, reverti se in suas sedes regionesque simulaverunt, et tridui viam progressi rursus reverterunt atque omni hoc itinere una nocte equitatu confecto inscios inopinantesque Menapios oppresserunt, qui de Germanorum discessu per exploratores certiores facti sine metu trans Rhenum in suos vicos remigraverant. His interfectis navibusque eorum occupatis, priusquam ea pars Menapiorum, quae citra Rhenum erat, certior fieret, flumen transierunt atque omnibus eorum aedificiis occupatis reliquam partem hiemis se eorum copiis aluerunt.

5. His de rebus Caesar certior factus et infirmitatem Gallorum veritus, quod sunt in consiliis capiendis mobiles et novis plerumque rebus student, nihil his committendum existimavit. Est enim hoc Gallicae consuetudinis, uti et viatores etiam invitos consistere cogant et, quid quisque eorum de quaque re audierit aut cognoverit, quaerant, et mercatores in oppidis vulgus circumsistat quibusque ex regionibus veniant quasque ibi res cognoverint, pronuntiare cogant. His rebus atque auditionibus permoti de summis saepe rebus consilia ineunt, quorum eos in vestigio poenitere necesse est, cum incertis rumoribus serviant, et plerique ad voluntatem eorum ficta respondeant. 6. Qua consuetudine cognita Caesar, ne graviori bello occurreret, maturius, quam consuerat, ad exerci-

tum proficiscitur. Eo cum venisset, ea quae fore suspicatus erat facta cognovit: missas legationes ab nonnullis civitatibus ad Germanos invitatosque eos, uti ab Rheno discederent, omniaque, quae postulassent, ab se fore parata. Qua spe
5 adducti Germani latius vagabantur et in fines Eburonum et Condrusorum, qui sunt Treverorum clientes, pervenerant. Principibus Galliae evocatis Caesar ea, quae cognoverat, dissimulanda sibi existimavit eorumque animis permulsis et confirmatis equitatuque imperato bellum cum Germanis
10 gerere constituit. 7. Re frumentaria comparata equitibusque delectis iter in ea loca facere coepit, quibus in locis esse Germanos audiebat. A quibus cum paucorum dierum iter abesset, legati ab his venerunt, quorum haec fuit oratio: Germanos neque priores populo Romano bellum inferre
15 neque tamen recusare, si lacessantur, quin armis contendant, quod Germanorum consuetudo sit a maioribus tradita, quicumque bellum inferant, resistere neque deprecari. Haec tamen dicere, venisse invitos, eiectos domo; si suam gratiam Romani velint, posse iis utiles esse amicos; vel sibi agros
20 attribuant vel patiantur eos tenere, quos armis possederint: sese unis Suebis concedere, quibus ne dii quidem immortales pares esse possint; reliquum quidem in terris esse neminem, quem non superare possint. 8. Ad haec quae visum est Caesar respondit; sed exitus fuit orationis: Sibi nullam
25 cum his amicitiam esse posse, si in Gallia remanerent; neque verum esse, qui suos fines tueri non potuerint, alienos occupare; neque ullos in Gallia vacare agros, qui dari tantae praesertim multitudini sine iniuria possint; sed licere, si velint, in Ubiorum finibus considere, quorum sint legati apud
30 se et de Sueborum iniuriis querantur et a se auxilium petant: hoc se Ubiis imperaturum. 9. Legati haec se ad suos relaturos dixerunt et re deliberata post diem tertium ad Caesarem reversuros: interea ne propius se castra moveret, petierunt.

Ne id quidem Caesar ab se impetrari posse dixit. Cognoverat enim magnam partem equitatus ab iis aliquot diebus ante praedandi frumentandique causa ad Ambivaritos trans Mosam missam; hos exspectari equites atque eius rei causa moram interponi arbitrabatur.

10. Mosa profluit ex monte Vosego, qui est in finibus Lingonum, et parte quadam ex Rheno recepta, quae appellatur Vacalus, insulam efficit Batavorum, neque longius ab eo milibus passuum LXXX in Oceanum influit. Rhenus autem oritur ex Lepontiis, qui Alpes incolunt, et longo spatio per fines Nantuatium, Helvetiorum, Sequanorum, Mediomatricum, Tribocorum, Treverorum citatus fertur et, ubi Oceano appropinquavit, in plures defluit partes multis ingentibusque insulis effectis, quarum pars magna a feris barbarisque nationibus incolitur, ex quibus sunt, qui piscibus atque ovis avium vivere existimantur, multisque capitibus in Oceanum influit.

11. Caesar cum ab hoste non amplius passuum XII milibus abesset, ut erat constitutum, ad eum legati revertuntur; qui in itinere congressi magnopere, ne longius progrederetur, orabant. Cum id non impetrassent, petebant, uti ad eos equites, qui agmen antecessissent, praemitteret eosque pugna prohiberet, sibique ut potestatem faceret in Ubios legatos mittendi; quorum si principes ac senatus sibi iureiurando fidem fecisset, ea condicione, quae a Caesare ferretur, se usuros ostendebant: ad has res conficiendas sibi tridui spatium daret. Haec omnia Caesar eodem illo pertinere arbitrabatur, ut tridui mora interposita equites eorum, qui abessent, reverterentur; tamen sese non longius milibus passuum quattuor aquationis causa processurum eo die dixit; huc postero die quam frequentissimi convenirent, ut de eorum postulatis cognosceret. Interim ad praefectos, qui cum omni equitatu antecesserant, mittit, qui nuntiarent, ne hostes

proelio lacesserent et, si ipsi lacesserentur, sustinerent, quoad ipse cum exercitu propius accessisset. 12. At hostes ubi primum nostros equites conspexerunt, quorum erat quinque milium numerus, cum ipsi non amplius octingentos equites
5 haberent, quod ii, qui frumentandi causa ierant trans Mosam, nondum redierant, nihil timentibus nostris, quod legati eorum paulo ante a Caesare discesserant atque is dies indutiis erat ab his petitus, impetu facto celeriter nostros perturbaverunt; rursus resistentibus consuetudine sua ad pedes desiluerunt,
10 subfossis equis compluribusque nostris deiectis reliquos in fugam coniecerunt atque ita perterritos egerunt, ut non prius fuga desisterent, quam in conspectum agminis nostri venissent. In eo proelio ex equitibus nostris interficiuntur quattuor et septuaginta, in his vir fortissimus, Piso Aquitanus, amplis-
15 simo genere natus, cuius avus in civitate sua regnum obtinu-erat amicus ab senatu nostro appellatus. Hic cum fratri intercluso ab hostibus auxilium ferret, illum ex periculo eripuit, ipse equo vulnerato deiectus, quoad potuit, fortissime restitit: cum circumventus multis vulneribus acceptis cecidis-
20 set, atque id frater, qui iam proelio excesserat, procul animadvertisset, incitato equo se hostibus obtulit atque interfectus est. 13. Hoc facto proelio Caesar neque iam sibi legatos audiendos neque condiciones accipiendas arbitrabatur ab iis, qui per dolum atque insidias petita pace ultro bellum
25 intulissent: exspectare vero, dum hostium copiae augerentur equitatusque reverteretur, summae dementiae esse iudicabat, et cognita Gallorum infirmitate, quantum iam apud eos hostes uno proelio auctoritatis essent consecuti, sentiebat; quibus ad consilia capienda nihil spatii dandum existimabat.
30 His constitutis rebus et consilio cum legatis et quaestore communicato, ne quem diem pugnae praetermitteret, opportunissima res accidit, quod postridie eius diei mane eadem et perfidia et simulatione usi Germani frequentes omnibus

principibus maioribusque natu adhibitis ad eum in castra venerunt, simul, ut dicebatur, sui purgandi causa, quod contra, atque esset dictum et ipsi petissent, proelium pridie commisissent, simul ut, si quid possent, de indutiis fallendo impetrarent. Quos sibi Caesar oblatos gavisus illos retineri iussit, ipse omnes copias castris eduxit equitatumque, quod recenti proelio perterritum esse existimabat, agmen subsequi iussit. **14.** Acie triplici instituta et celeriter VIII milium itinere confecto prius ad hostium castra pervenit, quam, quid ageretur, Germani sentire possent. Qui omnibus rebus subito perterriti et celeritate adventus nostri et discessu suorum, neque consilii habendi neque arma capiendi spatio dato, perturbantur, copiasne adversus hostem ducere, an castra defendere, an fuga salutem petere praestaret. Quorum timor cum fremitu et concursu significaretur, milites nostri pristini diei perfidia incitati in castra irruperunt. Quo loco qui celeriter arma capere potuerunt, paulisper nostris restiterunt atque inter carros impedimentaque proelium commiserunt: at reliqua multitudo puerorum mulierumque (nam cum omnibus suis domo excesserant Rhenumque transierant) passim fugere coepit; ad quos consectandos Caesar equitatum misit. **15.** Germani post tergum clamore audito, cum suos interfici viderent, armis abiectis signisque militaribus relictis se ex castris eiecerunt, et cum ad confluentem Mosae et Rheni pervenissent, reliqua fuga desperata magno numero interfecto reliqui se in flumen praecipitaverunt atque ibi timore, lassitudine, vi fluminis oppressi perierunt. Nostri ad unum omnes incolumes perpaucis vulneratis ex tanti belli timore, cum hostium numerus capitum CCCCXXX milium fuisset, se in castra receperunt. Caesar iis, quos in castris retinuerat, discedendi potestatem fecit. Illi supplicia cruciatusque Gallorum veriti, quorum agros vexaverant, remanere se apud eum velle dixerunt. His Caesar libertatem concessit.

16. Germanico bello confecto multis de causis Caesar statuit sibi Rhenum esse transeundum; quarum illa fuit iustissima, quod, cum videret Germanos tam facile impelli, ut in Galliam venirent, suis quoque rebus eos timere voluit, 5 cum intellegerent et posse et audere populi Romani exercitum Rhenum transire. Accessit etiam, quod illa pars equitatus Usipetum et Tencterorum, quam supra commemoravi praedandi frumentandique causa Mosam transisse neque proelio interfuisse, post fugam suorum se trans Rhenum in fines 10 Sugambrorum receperat seque cum iis coniunxerat. Ad quos cum Caesar nuntios misisset, qui postularent, eos, qui sibi Galliaeque bellum intulissent, sibi dederent, responderunt: Populi Romani imperium Rhenum finire: si se invito Germanos in Galliam transire non aequum existimaret, 15 cur sui quicquam esse imperii aut potestatis trans Rhenum postularet? Ubii autem, qui uni ex Transrhenanis ad Caesarem legatos miserant, amicitiam fecerant, obsides dederant, magnopere orabant, ut sibi auxilium ferret, quod graviter ab Suebis premerentur; vel, si id facere occupa- 20 tionibus reipublicae prohiberetur, exercitum modo Rhenum transportaret: id sibi ad auxilium spemque reliqui temporis satis futurum. Tantum esse nomen atque opinionem eius exercitus Ariovisto pulso et hoc novissimo proelio facto etiam ad ultimas Germanorum nationes, uti opinione et 25 amicitia populi Romani tuti esse possint. Navium magnam copiam ad transportandum exercitum pollicebantur. **17.** Caesar his de causis, quas commemoravi, Rhenum transire decreverat; sed navibus transire neque satis tutum esse arbitrabatur, neque suae neque populi Romani dignitatis 30 esse statuebat. Itaque, etsi summa difficultas faciendi pontis proponebatur propter latitudinem, rapiditatem altitudinemque fluminis, tamen id sibi contendendum aut aliter non traducendum exercitum existimabat. Rationem pontis hanc instituit. Tigna bina sesquipedalia paulum ab imo praeacuta dimensa ad altitudinem fluminis intervallo pedum duorum inter se iungebat. Haec cum machinationibus immissa in flumen defixerat fistucisque adegerat, non sublicae modo directe ad perpendiculum, sed prone ac fastigate, ut secun- 5 dum naturam fluminis procumberent, his item contraria duo ad eundem modum iuncta intervallo pedum quadragenum ab inferiore parte contra vim atque impetum fluminis conversa statuebat. Haec utraque insuper bipedalibus trabibus immissis, quantum eorum tignorum iunctura distabat, binis 10 utrimque fibulis ab extrema parte distinebantur; quibus disclusis atque in contrariam partem revinctis tanta erat operis firmitudo atque ea rerum natura, ut, quo maior vis aquae se incitavisset, hoc artius illigata tenerentur. Haec directa materia iniecta contexebantur ac longuriis cratibusque 15 consternebantur; ac nihilo secius sublicae et ad inferiorem partem fluminis oblique agebantur, quae pro ariete subiectae et cum omni opere coniunctae vim fluminis exciperent, et aliae item supra pontem mediocri spatio, ut, si arborum trunci sive naves deiciendi operis essent a barbaris missae, 20 his defensoribus earum rerum vis minueretur, neu ponti nocerent. 18. Diebus decem, quibus materia coepta erat comportari, omni opere effecto exercitus traducitur. Caesar ad utramque partem pontis firmo praesidio relicto in fines Sugambrorum contendit. Interim a compluribus civitatibus 25 ad eum legati veniunt; quibus pacem atque amicitiam petentibus liberaliter respondit obsidesque ad se adduci iubet. Sugambri ex eo tempore, quo pons institui coeptus est, fuga comparata hortantibus iis, quos ex Tencteris atque Usipetibus apud se habebant, finibus suis excesserant suaque 30 omnia exportaverant seque in solitudinem ac silvas abdiderant. 19. Caesar paucos dies in eorum finibus moratus omnibus vicis aedificiisque incensis frumentisque succisis se in fines

Ubiorum recepit, atque iis auxilium suum pollicitus, si ab Suebis premerentur, haec ab iis cognovit: Suebos, posteaquam per exploratores pontem fieri comperissent, more suo concilio habito nuntios in omnes partes dimisisse, uti de 5 oppidis demigrarent, liberos uxores suaque omnia in silvis deponerent, atque omnes, qui arma ferre possent, unum in locum convenirent: hunc esse delectum medium fere regionum earum, quas Suebi obtinerent: hic Romanorum adventum exspectare atque ibi decertare constituisse. Quod 10 ubi Caesar comperit, omnibus rebus iis confectis, quarum rerum causa traducere exercitum constituerat, ut Germanis metum iniceret, ut Sugambros ulcisceretur, ut Ubios obsidione liberaret, diebus omnino decem et octo trans Rhenum consumptis satis et ad laudem et ad utilitatem profectum 15 arbitratus se in Galliam recepit pontemque rescidit.

20. Exigua parte aestatis reliqua Caesar, etsi in his locis, quod omnis Gallia ad septentriones vergit, maturae sunt hiemes, tamen in Britanniam proficisci contendit, quod omnibus fere Gallicis bellis hostibus nostris inde subministrata 20 auxilia intellegebat et, si tempus anni ad bellum gerendum deficeret, tamen magno sibi usui fore arbitrabatur, si modo insulam adisset et genus hominum perspexisset, loca, portus, aditus cognovisset; quae omnia fere Gallis erant incognita. Neque enim temere praeter mercatores illo adit quisquam, 25 neque iis ipsis quicquam praeter oram maritimam atque eas regiones, quae sunt contra Gallias, notum est. Itaque vocatis ad se undique mercatoribus neque quanta esset insulae magnitudo, neque quae aut quantae nationes incolerent, neque quem usum belli haberent aut quibus institutis uterentur, 30 neque qui essent ad maiorem navium multitudinem idonei portus, reperire poterat. **21.** Ad haec cognoscenda, priusquam periculum faceret, idoneum esse arbitratus Gaium Volusenum cum navi longa praemittit. Huic mandat, ut

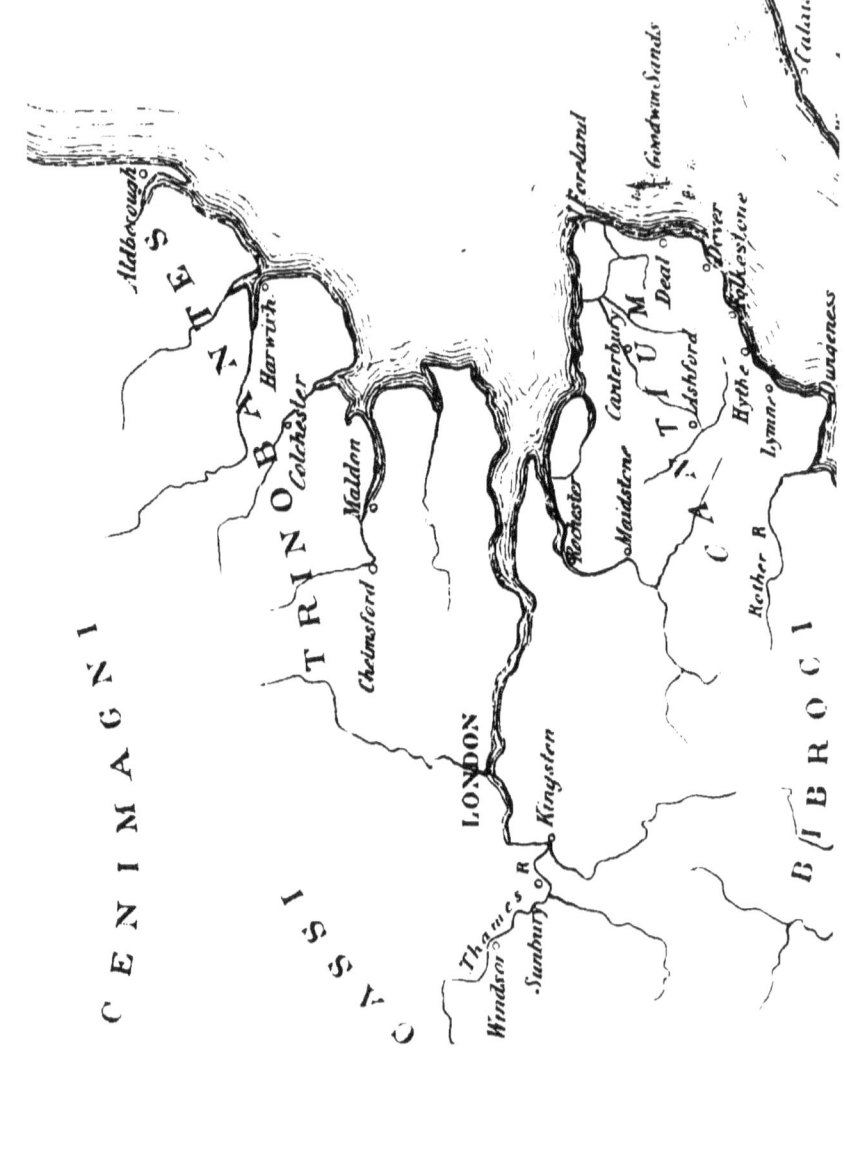

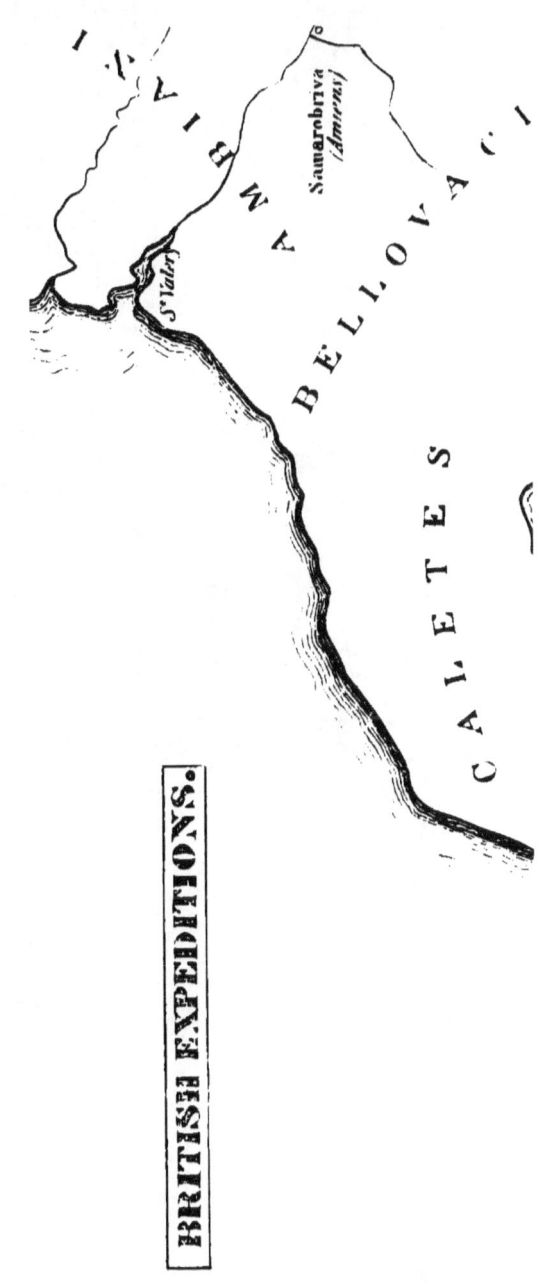

BRITISH EXPEDITIONS.

exploratis omnibus rebus ad se quam primum revertatur. Ipse cum omnibus copiis in Morinos proficiscitur, quod inde erat brevissimus in Britanniam traiectus. Huc naves undique ex finitimis regionibus et quam superiore aestate ad Veneticum bellum effecerat classem iubet convenire. Interim consilio eius cognito et per mercatores perlato ad Britannos a compluribus insulae civitatibus ad eum legati veniunt, qui polliceantur obsides dare atque imperio populi Romani obtemperare. Quibus auditis liberaliter pollicitus hortatusque, ut in ea sententia permanerent, eos domum remittit et cum iis una Commium, quem ipse Atrebatibus superatis regem ibi constituerat, cuius et virtutem et consilium probabat et quem sibi fidelem esse arbitrabatur, cuiusque auctoritas in his regionibus magni habebatur, mittit. Huic imperat, quas possit, adeat civitates horteturque, ut populi Romani fidem sequantur, seque celeriter eo venturum nuntiet. Volusenus perspectis regionibus omnibus, quantum ei facultatis dari potuit, qui navi egredi ac se barbaris committere non auderet, quinto die ad Caesarem revertitur quaeque ibi perspexisset renuntiat. 22. Dum in his locis Caesar navium parandarum causa moratur, ex magna parte Morinorum ad eum legati venerunt, qui se de superioris temporis consilio excusarent, quod homines barbari et nostrae consuetudinis imperiti bellum populo Romano fecissent, seque ea, quae imperasset, facturos pollicerentur. Hoc sibi Caesar satis opportune accidisse arbitratus, quod neque post tergum hostem relinquere volebat neque belli gerendi propter anni tempus facultatem habebat neque has tantularum rerum occupationes Britanniae anteponendas iudicabat, magnum iis numerum obsidum imperat.✓ Quibus adductis eos in fidem recepit. Navibus circiter LXXX onerariis coactis contractisque, quod satis esse ad duas transportandas legiones existimabat, quod praeterea navium longarum habebat, quaestori legatis prae-

fectisque distribuit. Huc accedebant XVIII onerariae naves, quae ex eo loco ab milibus passuum octo vento tenebantur, quo minus in eundem portum venire possent: has equitibus distribuit. Reliquum exercitum Q. Titurio Sabino et L. Au-
5 runculeio Cottae legatis in Menapios atque in eos pagos Morinorum, ab quibus ad eum legati non venerant, ducendum dedit; P. Sulpicium Rufum legatum cum eo praesidio, quod satis esse arbitrabatur, portum tenere iussit. 23. His constitutis rebus nactus idoneam ad navigandum tempestatem
10 tertia fere vigilia solvit equitesque in ulteriorem portum progredi et naves conscendere et se sequi iussit. A quibus cum paulo tardius esset administratum, ipse hora circiter diei quarta cum primis navibus Britanniam attigit atque ibi in omnibus collibus expositas hostium copias armatas conspexit.
15 Cuius loci haec erat natura, atque ita montibus angustis mare continebatur, uti ex locis superioribus in litus telum adigi posset. Hunc ad egrediendum nequaquam idoneum locum arbitratus, dum reliquae naves eo convenirent, ad horam nonam in ancoris exspectavit. Interim legatis tribunisque
20 militum convocatis et quae ex Voluseno cognosset, et quae fieri vellet, ostendit monuitque, ut rei militaris ratio, maxime ut maritimae res postularent, ut quae celerem atque instabilem motum haberent, ad nutum et ad tempus omnes res ab iis administrarentur. His dimissis et ventum et aestum uno
25 tempore nactus secundum dato signo et sublatis ancoris circiter milia passuum septem ab eo loco progressus aperto ac plano litore naves constituit. 24. At barbari consilio Romanorum cognito praemisso equitatu et essedariis, quo plerumque genere in proeliis uti consuerunt, reliquis copiis
30 subsecuti nostros navibus egredi prohibebant. Erat ob has causas summa difficultas, quod naves propter magnitudinem nisi in alto constitui non poterant, militibus autem ignotis locis, impeditis manibus, magno et gravi onere armorum

oppressis simul et de navibus desiliendum et in fluctibus consistendum et cum hostibus erat pugnandum, cum illi aut ex arido aut paulum in aquam progressi omnibus membris expeditis, notissimis locis audacter tela conicerent et equos insuefactos incitarent. Quibus rebus nostri perterriti atque huius omnino generis pugnae imperiti non eadem alacritate ac studio, quo in pedestribus uti proeliis consuerant, utebantur. **25.** Quod ubi Caesar animadvertit, naves longas, quarum et species erat barbaris inusitatior et motus ad usum expeditior, paulum removeri ab onerariis navibus et remis incitari et ad latus apertum hostium constitui atque inde fundis, sagittis, tormentis hostes propelli ac submoveri iussit; quae res magno usui nostris fuit. Nam et navium figura et remorum motu et inusitato genere tormentorum permoti barbari constiterunt ac paulum modo pedem retulerunt. Atque nostris militibus cunctantibus, maxime propter altitudinem maris, qui decimae legionis aquilam ferebat, contestatus deos, ut ea res legioni feliciter eveniret: 'Desilite,' inquit, 'milites, nisi vultis aquilam hostibus prodere: ego certe meum reipublicae atque imperatori officium praestitero.' Hoc cum voce magna dixisset, se ex navi proiecit atque in hostes aquilam ferre coepit. Tum nostri cohortati inter se, ne tantum dedecus admitteretur, universi ex navi desiluerunt. Hos item ex proximis primis navibus cum conspexissent, subsecuti hostibus appropinquarunt. **26.** Pugnatum est ab utrisque acriter. Nostri tamen, quod neque ordines servare neque firmiter insistere neque signa subsequi poterant, atque alius alia ex navi, quibuscumque signis occurrerat, se aggregabat, magnopere perturbabantur; hostes vero, notis omnibus vadis, ubi ex litore aliquos singulares et navi egredientes conspexerant, incitatis equis impeditos adoriebantur, plures paucos circumsistebant, alii ab latere aperto in universos tela coniciebant. Quod cum animadvertisset Caesar, scaphas

longarum navium, item speculatoria navigia militibus compleri iussit et, quos laborantes conspexerat, his subsidia submittebat. Nostri, simul in arido constiterunt, suis omnibus consecutis in hostes impetum fecerunt atque eos in fugam
5 dederunt, neque longius prosequi potuerunt, quod equites cursum tenere atque insulam capere non potuerant. Hoc unum ad pristinam fortunam Caesari defuit. **27.** Hostes proelio superati, simul atque se ex fuga receperunt, statim ad Caesarem legatos de pace miserunt, obsides daturos quaeque
10 imperasset facturos esse polliciti sunt. Una cum his legatis Commius Atrebas venit, quem supra demonstraveram a Caesare in Britanniam praemissum. Hunc illi e navi egressum, cum ad eos oratoris modo Caesaris mandata deferret, comprehenderant atque in vincula coniecerant, tum proelio
15 facto remiserunt. In petenda pace eius rei culpam in multitudinem coniecerunt, et propter imprudentiam ut ignosceretur petiverunt. Caesar questus, quod, cum ultro in continentem legatis missis pacem ab se petissent, bellum sine causa intulissent, ignoscere imprudentiae dixit obsidesque
20 imperavit; quorum illi partem statim dederunt, partem ex longinquioribus locis arcessitam paucis diebus sese daturos dixerunt. Interea suos remigrare in agros iusserunt, principesque undique convenire et se civitatesque suas Caesari commendare coeperunt.

25 **28.** His rebus pace confirmata post diem quartum, quam est in Britanniam ventum, naves XVIII, de quibus supra demonstratum est, quae equites sustulerant, ex superiore portu leni vento solverunt. Quae cum appropinquarent Britanniae et ex castris viderentur, tanta tempestas subito
30 coorta est, ut nulla earum cursum tenere posset, sed aliae eodem, unde erant profectae, referrentur, aliae ad inferiorem partem insulae, quae est propius solis occasum, magno sui cum periculo deicerentur; quae tamen ancoris iactis

cum fluctibus complerentur, necessario adversa nocte in altum profectae continentem petierunt. 29. Eadem nocte accidit, ut esset luna plena, qui dies maritimos aestus maximos in Oceano efficere consuevit, nostrisque id erat incognitum. Ita uno tempore et longas naves, quibus Caesar exercitum transportandum curaverat quasque in aridum subduxerat, aestus compleverat, et onerarias, quae ad ancoras erant deligatae, tempestas afflictabat, neque ulla nostris facultas aut administrandi aut auxiliandi dabatur. Compluribus navibus fractis reliquae cum essent funibus, ancoris reliquisque armamentis amissis ad navigandum inutiles, magna, id quod necesse erat accidere, totius exercitus perturbatio facta est. Neque enim naves erant aliae, quibus reportari possent, et omnia deerant, quae ad reficiendas naves erant usui, et, quod omnibus constabat hiemari in Gallia oportere, frumentum his in locis in hiemem provisum non erat.

30. Quibus rebus cognitis principes Britanniae, qui post proelium ad Caesarem convenerant, inter se collocuti, cum equites et naves et frumentum Romanis deesse intellegerent et paucitatem militum ex castrorum exiguitate cognoscerent, quae hoc erant etiam angustiora, quod sine impedimentis Caesar legiones transportaverat, optimum factu esse duxerunt rebellione facta frumento commeatuque nostros prohibere et rem in hiemem producere, quod his superatis aut reditu interclusis neminem postea belli inferendi causa in Britanniam transiturum confidebant. Itaque rursus coniuratione facta paulatim ex castris discedere ac suos clam ex agris deducere coeperunt. 31. At Caesar, etsi nondum eorum consilia cognoverat, tamen et ex eventu navium suarum et ex eo, quod obsides dare intermiserant, fore id, quod accidit, suspicabatur. Itaque ad omnes casus subsidia comparabat. Nam et frumentum ex agris cotidie in castra

conferebat et quae gravissime afflictae erant naves, earum
materia atque aere ad reliquas reficiendas utebatur et quae
ad eas res erant usui ex continenti comportari iubebat.
Itaque, cum summo studio a militibus administraretur,
5 duodecim navibus amissis, reliquis ut navigari commode
posset, effecit. 32. Dum ea geruntur, legione ex consuetudine una frumentatum missa, quae appellabatur septima,
neque ulla ad id tempus belli suspicione interposita, cum
pars hominum in agris remaneret, pars etiam in castra
10 ventitaret, ii, qui pro portis castrorum in statione erant,
Caesari nuntiaverunt pulverem maiorem, quam consuetudo
ferret, in ea parte videri, quam in partem legio iter fecisset.
Caesar id, quod erat, suspicatus, aliquid novi a barbaris
initum consilii, cohortes, quae in stationibus erant, secum
15 in eam partem proficisci, ex reliquis duas in stationem
cohortes succedere, reliquas armari et confestim sese subsequi iussit. Cum paulo longius a castris processissent, suos
ab hostibus premi atque aegre sustinere et conferta legione
ex omnibus partibus tela conici animadvertit. Nam quod
20 omni ex reliquis partibus demesso frumento pars una erat
reliqua, suspicati hostes huc nostros esse venturos noctu in
silvis delituerant; tum dispersos depositis armis in metendo
occupatos subito adorti paucis interfectis reliquos incertis
ordinibus perturbaverant, simul equitatu atque essedis
25 circumdederant. 33. Genus hoc est ex essedis pugnae.
Primo per omnes partes perequitant et tela coniciunt atque
ipso terrore equorum et strepitu rotarum ordines plerumque
perturbant, et cum se inter equitum turmas insinuaverunt,
ex essedis desiliunt et pedibus proeliantur. Aurigae interim
30 paulatim ex proelio excedunt atque ita currus collocant,
ut, si illi a multitudine hostium premantur, expeditum ad
suos receptum habeant. Ita mobilitatem equitum, stabilitatem peditum in proeliis praestant, ac tantum usu cotidiano

et exercitatione efficiunt, uti in declivi ac praecipiti loco incitatos equos sustinere et brevi moderari ac flectere et per temonem percurrere et in iugo insistere et se inde in currus citissime recipere consuerint. 34. Quibus rebus perturbatis nostris novitate pugnae tempore opportunissimo Caesar auxilium tulit: namque eius adventu hostes constiterunt, nostri se ex timore receperunt. Quo facto ad lacessendum et ad committendum proelium alienum esse tempus arbitratus suo se loco continuit et brevi tempore intermisso in castra legiones reduxit. Dum haec geruntur, nostris omnibus occupatis, qui erant in agris reliqui discesserunt. Secutae sunt continuos complures dies tempestates, quae et nostros in castris continerent et hostem a pugna prohiberent. Interim barbari nuntios in omnes partes dimiserunt paucitatemque nostrorum militum suis praedicaverunt, et, quanta praedae faciendae atque in perpetuum sui liberandi facultas daretur, si Romanos castris expulissent, demonstraverunt. His rebus celeriter magna multitudine peditatus equitatusque coacta ad castra venerunt. 35. Caesar etsi idem, quod superioribus diebus acciderat, fore videbat, ut, si essent hostes pulsi, celeritate periculum effugerent, tamen nactus equites circiter xxx, quos Commius Atrebas, de quo ante dictum est, secum transportaverat, legiones in acie pro castris constituit. Commisso proelio diutius nostrorum militum impetum hostes ferre non potuerant ac terga verterunt. Quos tanto spatio secuti, quantum cursu et viribus efficere potuerunt, complures ex iis occiderunt, deinde omnibus longe lateque aedificiis incensis se in castra receperunt. 36. Eodem die legati ab hostibus missi ad Caesarem de pace venerunt. His Caesar numerum obsidum, quem antea imperaverat, duplicavit eosque in continentem adduci iussit, quod propinqua die aequinoctii infirmis navibus hiemi navigationem subiciendam non existimabat. Ipse idoneam tempestatem nanctus paulo post mediam noctem naves solvit; quae omnes incolumes ad continentem pervenerunt; sed ex iis onerariae duae eosdem, quos reliqui, portus capere non potuerunt et paulo infra delatae sunt.

37. Quibus ex navibus cum essent expositi milites circiter trecenti atque in castra contenderent, Morini, quos Caesar in Britanniam proficiscens pacatos reliquerat, spe praedae adducti primo non ita magno suorum numero circumsteterunt ac, si sese interfici nollent, arma ponere iusserunt. Cum illi orbe facto sese defenderent, celeriter ad clamorem hominum circiter milia sex convenerunt. Qua re nuntiata Caesar omnem ex castris equitatum suis auxilio misit. Interim nostri milites impetum hostium sustinuerunt atque amplius horis quattuor fortissime pugnaverunt et paucis vulneribus acceptis complures ex his occiderunt. Postea vero quam equitatus noster in conspectum venit, hostes abiectis armis terga verterunt magnusque eorum numerus est occisus. 38. Caesar postero die T. Labienum legatum cum iis legionibus, quas ex Britannia reduxerat, in Morinos, qui rebellionem fecerant, misit. Qui cum propter siccitates paludum, quo se reciperent, non haberent, quo superiore anno perfugio fuerant usi, omnes fere in potestatem Labieni pervenerunt. At Q. Titurius et L. Cotta legati, qui in Menapiorum fines legiones duxerant, omnibus eorum agris vastatis, frumentis succisis, aedificiis incensis, quod Menapii se omnes in densissimas silvas abdiderant, se ad Caesarem receperunt. Caesar in Belgis omnium legionum hiberna constituit. Eo duae omnino civitates ex Britannia obsides miserunt; reliquae neglexerunt. His rebus gestis ex litteris Caesaris dierum viginti supplicatio a senatu decreta est.

C. IULII CAESARIS

DE BELLO GALLICO

COMMENTARIUS QUINTUS.

B.C. 54.   A.U.C. 700.

Second Failure in Britain. Ruin and Death of Cotta and Sabinus. Generalship of Q. Cicero against Ambiorix, and of Labienus against the Treviri.

1. L. DOMITIO, Ap. Claudio consulibus discedens ab hibernis Caesar in Italiam, ut quotannis facere consuerat, legatis imperat, quos legionibus praefecerat, uti quam plurimas possent hieme naves aedificandas veteresque reficiendas curarent. Earum modum formamque demonstrat. 5 Ad celeritatem onerandi subductionesque paulo facit humiliores, quam quibus in nostro mari uti consuevimus, atque id eo magis, quod propter crebras commutationes aestuum minus magnos ibi fluctus fieri cognoverat, ad onera ac multitudinem iumentorum transportandam paulo latiores, 10 quam quibus in reliquis utimur maribus. Has omnes actuarias imperat fieri, quam ad rem humilitas multum adiuvat. Ea, quae sunt usui ad armandas naves, ex Hispania apportari iubet. Ipse conventibus Galliae citerioris peractis in Illyricum proficiscitur, quod a Pirustis finitimam partem 15 provinciae incursionibus vastari audiebat. Eo cum venisset, civitatibus milites imperat certumque in locum convenire iubet. Qua re nuntiata Pirustae legatos ad eum mittunt,

qui doceant nihil earum rerum publico factum consilio, seseque paratos esse demonstrant omnibus rationibus de iniuriis satisfacere. Percepta oratione eorum Caesar obsides imperat eosque ad certam diem adduci iubet; nisi ita 5 fecerint, sese bello civitatem persecuturum demonstrat. Iis ad diem adductis, ut imperaverat, arbitros inter civitates dat, qui litem aestiment poenamque constituant.

2. His confectis rebus conventibusque peractis in citeriorem Galliam revertitur atque inde ad exercitum pro- 10 ficiscitur. Eo cum venisset, circuitis omnibus hibernis singulari militum studio in summa omnium rerum inopia circiter sexcentas eius generis, cuius supra demonstravimus, naves et longas XXVIII invenit instructas neque multum abesse ab eo, quin paucis diebus deduci possint. Col- 15 laudatis militibus atque iis, qui negotio praefuerant, quid fieri velit, ostendit atque omnes ad portum Itium convenire iubet, quo ex portu commodissimum in Britanniam traiectum esse cognoverat, circiter milium passuum XXX a continenti: huic rei quod satis esse visum est militum 20 reliquit. Ipse cum legionibus expeditis IIII et equitibus DCCC in fines Treverorum proficiscitur, quod hi neque ad concilia veniebant neque imperio parebant Germanosque Transrhenanos sollicitare dicebantur. 3. Haec civitas longe plurimum totius Galliae equitatu valet magnasque 25 habet copias peditum, Rhenumque, ut supra demonstravimus, tangit. In ea civitate duo de principatu inter se contendebant, Indutiomarus et Cingetorix; e quibus alter, simul atque de Caesaris legionumque adventu cognitum est, ad eum venit, se suosque omnes in officio futuros neque ab 30 amicitia populi Romani defecturos confirmavit quaeque in Treveris gererentur ostendit. At Indutiomarus equitatum peditatumque cogere iisque, qui per aetatem in armis esse non poterant, in silvam Arduennam abditis, quae ingenti

magnitudine per medios fines Treverorum a flumine Rheno
ad initium Remorum pertinet, bellum parare instituit, sed
posteaquam nonnulli principes ex ea civitate et familiaritate
Cingetorigis adducti et adventu nostri exercitus perterriti ad
Caesarem venerunt et de suis privatim rebus ab eo petere 5
coeperunt, quoniam civitati consulere non possent, veritus,
ne ab omnibus desereretur, [Indutiomarus] legatos ad
Caesarem mittit: Sese idcirco ab suis discedere atque ad
eum venire noluisse, quo facilius civitatem in officio contineret, ne omnis nobilitatis discessu plebs propter impru- 10
dentiam laberetur: itaque esse civitatem in sua potestate,
seseque, si Caesar permitteret, ad eum in castra venturum, suas civitatisque fortunas eius fidei permissurum.
4. Caesar, etsi intellegebat, qua de causa ea dicerentur,
quaeque eum res ab instituto consilio deterreret, tamen, 15
ne aestatem in Treveris consumere cogeretur omnibus ad
Britannicum bellum rebus comparatis, Indutiomarum ad se
cum ducentis obsidibus venire iussit. His adductis, in iis
filio propinquisque eius omnibus, quas nominatim evocaverat, consolatus Indutiomarum hortatusque est, uti in 20
officio maneret; nihilo tamen secius principibus Treverorum
ad se convocatis hos singillatim Cingetorigi conciliavit,
quod cum merito eius a se fieri intellegebat, tum magni
interesse arbitrabatur eius auctoritatem inter suos quam
plurimum valere, cuius tam egregiam in se voluntatem 25
perspexisset. Id tulit factum graviter Indutiomarus, suam
gratiam inter suos minui, et qui iam ante inimico in nos
animo fuisset, multo gravius hoc dolore exarsit. 5. His rebus
constitutis Caesar ad portum Itium cum legionibus pervenit.
Ibi cognoscit LX naves, quae in Meldis factae erant, tem- 30
pestate reiectas cursum tenere non potuisse atque eodem,
unde erant profectae, revertisse; reliquas paratas ad
navigandum atque omnibus rebus instructas invenit.

Eodem equitatus totius Galliae convenit numero milium quattuor principesque ex omnibus civitatibus; ex quibus perpaucos, quorum in se fidem perspexerat, relinquere in Gallia, reliquos obsidum loco secum ducere decreverat, quod, cum ipse abesset, motum Galliae verebatur. 6. Erat una cum ceteris Dumnorix Aeduus, de quo ante ab nobis dictum est. Hunc secum habere in primis constituerat, quod eum cupidum rerum novarum, cupidum imperii, magni animi, magnae inter Gallos auctoritatis cognoverat. Accedebat huc, quod in concilio Aeduorum Dumnorix dixerat sibi a Caesare regnum civitatis deferri; quod dictum Aedui graviter ferebant, neque recusandi aut deprecandi causa legatos ad Caesarem mittere audebant. Id factum ex suis hospitibus Caesar cognoverat. Ille omnibus primo precibus petere contendit, ut in Gallia relinqueretur, partim quod insuetus navigandi mare timeret, partim quod religionibus impediri sese diceret. Posteaquam id obstinate sibi negari vidit, omni spe impetrandi adempta principes Galliae sollicitare, sevocare singulos hortarique coepit, uti in continenti remanerent; metu territare: non sine causa fieri, ut Gallia omni nobilitate spoliaretur; id esse consilium Caesaris, ut, quos in conspectu Galliae interficere vereretur, hos omnes in Britanniam traductos necaret; fidem reliquis interponere, iusiurandum poscere, ut, quod esse ex usu Galliae intellexissent, communi consilio administrarent. Haec a compluribus ad Caesarem deferebantur. 7. Qua re cognita Caesar, quod tantum civitati Aeduae dignitatis tribuebat, coërcendum atque deterrendum, quibuscumque rebus posset, Dumnorigem statuebat; quod longius eius amentiam progredi videbat, prospiciendum, ne quid sibi ac reipublicae nocere posset. Itaque dies circiter xxv in eo loco commoratus, quod Corus ventus navigationem impediebat, qui magnam partem omnis temporis in his

locis flare consuevit, dabat operam, ut in officio Dumnorigem contineret, nihilo tamen secius omnia eius consilia cognosceret: tandem idoneam nactus tempestatem milites equitesque conscendere in naves iubet. At omnium impeditis animis Dumnorix cum equitibus Aeduorum a castris 5 insciente Caesare domum discedere coepit. Qua re nuntiata Caesar intermissa profectione atque omnis rebus postpositis magnam partem equitatus ad eum insequendum mittit retrahique imperat; si vim faciat neque pareat, interfici iubet, nihil hunc se absente pro sano facturum arbitratus, qui 10 praesentis imperium neglexisset. Ille enim revocatus resistere ac se manu defendere suorumque fidem implorare coepit saepe clamitans liberum se liberaeque esse civitatis. Illi, ut erat imperatum, circumsistunt hominem atque interficiunt; at equites Aedui ad Caesarem omnes revertuntur. 15
8. His rebus gestis Labieno in continente cum tribus legionibus et equitum milibus duobus relicto, ut portus tueretur et rem frumentariam provideret, quaeque in Gallia gererentur cognosceret consiliumque pro tempore et pro re caperet, ipse cum quinque legionibus et pari numero 20 equitum, quem in continenti reliquerat, ad solis occasum naves solvit et leni Africo provectus media circiter nocte vento intermisso cursum non tenuit et longius delatus aestu orta luce sub sinistra Britanniam relictam conspexit. Tum rursus aestus commutationem secutus remis con- 25 tendit, ut eam partem insulae caperet, qua optimum esse egressum superiore aestate cognoverat. Qua in re admodum fuit militum virtus laudanda, qui vectoriis gravibusque navigiis non intermisso remigandi labore longarum navium cursum adaequarunt. Accessum est ad Britanniam omni- 30 bus navibus meridiano fere tempore, neque in eo loco hostis est visus; sed, ut postea Caesar ex captivis cognovit, cum magnae manus eo convenissent, multitudine

navium perterritae, quae cum annotinis privatisque, quas sui quisque commodi fecerat, amplius octingentae uno erant visae tempore, a litore discesserant ac se in superiora loca abdiderant. 9. Caesar exposito exercitu et loco castris 5 idoneo capto, ubi ex captivis cognovit, quo in loco hostium copiae consedissent, cohortibus x ad mare relictis et equitibus ccc, qui praesidio navibus essent, de tertia vigilia ad hostes contendit; eo minus veritus navibus, quod in litore molli atque aperto deligatas ad ancoram relinque-
10 bat, et praesidio navibus Quintum Atrium praefecit. Ipse noctu progressus milia passuum circiter xii hostium copias conspicatus est. Illi equitatu atque essedis ad flumen progressi ex loco superiore nostros prohibere et proelium committere coeperunt. Repulsi ab equitatu se in silvas 15 abdiderunt locum nancti egregie et natura et opere munitum, quem domestici belli, ut videbantur, causa iam ante praeparaverant: nam crebris arboribus succisis omnes introitus erant praeclusi. Ipsi ex silvis rari propugnabant nostrosque intra munitiones ingredi prohibebant. At
20 milites legionis septimae testudine facta et aggere ad munitiones adiecto locum ceperunt eosque ex silvis expulerunt paucis vulneribus acceptis. Sed eos fugientes longius Caesar prosequi vetuit, et quod loci naturam ignorabat, et quod magna parte diei consumpta munitioni ca-
25 strorum tempus relinqui volebat. 10. Postridie eius diei mane tripertito milites equitesque in expeditionem misit, ut eos, qui fugerant, persequerentur. His aliquantum itineris progressis, cum iam extremi essent in prospectu, equites a Quinto Atrio ad Caesarem venerunt, qui nuntiarent su-
30 periore nocte maxuma coorta tempestate prope omnes naves afflictas atque in litore eiectas esse, quod neque ancorae funesque subsisterent, neque nautae gubernatoresque vim tempestatis pati possent: itaque ex eo concursu navium

magnum esse incommodum acceptum. 11. His rebus cognitis Caesar legiones equitatumque revocari atque itinere desistere iubet, ipse ad naves revertitur; eadem fere, quae ex nuntiis litterisque cognoverat, coram perspicit, sic ut amissis circiter XL navibus reliquae tamen refici posse magno negotio viderentur. Itaque ex legionibus fabros deligit et ex continenti alios arcessi iubet; Labieno scribit, ut, quam plurimas posset, iis legionibus, quae sunt apud eum, naves instituat. Ipse, etsi res erat multae operae ac laboris, tamen commodissimum esse statuit omnes naves subduci et cum castris una munitione coniungi. In his rebus circiter dies X consumit ne nocturnis quidem temporibus ad laborem militum intermissis. Subductis navibus castrisque egregie munitis easdem copias, quas ante, praesidio navibus reliquit, ipse eodem, unde redierat, proficiscitur. Eo cum venisset, maiores iam undique in eum locum copiae Britannorum convenerant summa imperii bellique administrandi communi consilio permissa Cassivellauno; cuius fines a maritimis civitatibus flumen dividit, quod appellatur Tamesis, a mari circiter milia passuum LXXX. Huic superiore tempore cum reliquis civitatibus continentia bella intercesserant; sed nostro adventu permoti Britanni hunc toti bello imperioque praefecerant.

12. Britanniae pars interior ab iis incolitur, quos natos in insula ipsi memoria proditum dicunt, maritima pars ab iis, qui praedae ac belli inferendi causa ex Belgio transierunt (qui omnes fere iis nominibus civitatum appellantur, quibus orti ex civitatibus eo pervenerunt) et bello illato ibi permanserunt atque agros colere coeperunt. Hominum est infinita multitudo creberrimaque aedificia fere Gallicis consimilia, pecorum magnus numerus. Utuntur [aut aere aut] taleis ferreis ad certum pondus examinatis pro nummo.

Nascitur ibi plumbum album in mediterraneis regionibus, in maritimis ferrum, sed eius exigua est copia; aere utuntur importato. Materia cuiusque generis, ut in Gallia, est praeter fagum atque abietem. Leporem et gallinam et 5 anserem gustare fas non putant; haec tamen alunt animi voluptatisque causa. Loca sunt temperatiora quam in Gallia remissioribus frigoribus. 13. Insula natura triquetra, cuius unum latus est contra Galliam. Huius lateris alter angulus, qui est ad Cantium, quo fere omnes ex Gallia 10 naves appelluntur, ad orientem solem, inferior ad meridiem spectat. Hoc pertinet circiter milia passuum quingenta. Alterum vergit ad Hispaniam atque occidentem solem; qua ex parte est Hibernia, dimidio minor, ut aestimatur, quam Britannia, sed pari spatio transmissus atque ex Gallia 15 est in Britanniam. In hoc medio cursu est insula, quae appellatur, Mona: complures praeterea minores subiectae insulae existimantur; de quibus insulis nonnulli scripserunt dies continuos xxx sub bruma esse noctem. Nos nihil de eo percontationibus reperiebamus, nisi certis ex aqua 20 mensuris breviores esse quam in continenti noctes videbamus. Huius est longitudo lateris, ut fert illorum opinio, DCC milium. Tertium est contra septentriones; cui parti nulla est obiecta terra, sed eius angulus lateris maxime ad Germaniam spectat. Hoc millia passuum octingenta in 25 longitudinem esse existimatur. Ita omnis insula est in circuitu vicies centum milium passuum. 14. Ex his omnibus longe sunt humanissimi, qui Cantium incolunt, quae regio est marituma omnis, neque multum a Gallica differunt consuetudine. Interiores plerique frumenta non serunt, 30 sed lacte et carne vivunt pellibusque sunt vestiti. Omnes vero se Britanni vitro inficiunt, quod caeruleum efficit colorem, atque hoc horridiores sunt in pugna aspectu; capilloque sunt promisso atque omni parte corporis rasa praeter caput et labrum superius. Uxores habent deni

duodenique inter se communes et maxime fratres cum
fratribus parentesque cum liberis; sed si qui sunt ex his
nati, eorum habentur liberi, quo primum virgo quaeque
deducta est.

15. Equites hostium essedariique acriter proelio cum
equitatu nostro in itinere conflixerunt, tamen ut nostri
omnibus partibus superiores fuerint atque eos in silvas
collesque compulerint; sed compluribus interfectis cupidius
insecuti nonnullos ex suis amiserunt. At illi intermisso
spatio imprudentibus nostris atque occupatis in munitione
castrorum subito se ex silvis eiecerunt impetuque in eos
facto, qui erant in statione pro castris collocati, acriter
pugnaverunt, duabusque missis subsidio cohortibus a Caesare atque his primis legionum duarum, cum hae perexiguo intermisso [loci] spatio inter se constitissent, novo
genere pugnae perterritis nostris per medios audacissime
perruperunt seque inde incolumes receperunt. Eo die
Q. Laberius Durus, tribunus militum, interficitur. Illi pluribus submissis cohortibus repelluntur. **16.** Toto hoc in
genere pugnae cum sub oculis omnium ac pro castris
dimicaretur, intellectum est nostros propter gravitatem armorum, quod neque insequi cedentes possent neque ab
signis discedere auderent, minus aptos esse ad huius generis hostem, equites autem magno cum periculo proelio
dimicare, propterea quod illi etiam consulto plerumque
cederent et, cum paulum ab legionibus nostros removissent,
ex essedis desilirent, et pedibus dispari proelio contenderent.
Equestris autem proelii ratio et cedentibus et insequentibus
par atque idem periculum inferebat. Accedebat huc, ut
numquam conferti, sed rari magnisque intervallis proeliarentur, stationesque dispositas haberent, atque alios alii
deinceps exciperent, integrique et recentes defatigatis succederent. **17.** Postero die procul a castris hostes in collibus
constiterunt rarique se ostendere et lenius quam pridie

nostros equites proelio lacessere coeperunt. Sed meridie cum Caesar pabulandi causa tres legiones atque omnem equitatum cum Gaio Trebonio legato misisset, repente ex omnibus partibus ad pabulatores advolaverunt, sicuti ab
5 signis legionibusque non absisterent. Nostri acriter in eos impetu facto reppulerunt neque finem sequendi fecerunt, quoad subsidio confisi equites, cum post se legiones viderent, praecipites hostes egerunt, magnoque eorum numero interfecto neque sui colligendi neque consistendi aut ex essedis
10 desiliendi facultatem dederunt. Ex hac fuga protinus, quae undique convenerant, auxilia discesserunt, neque post id tempus umquam summis nobiscum copiis hostes contenderunt. 18. Caesar cognito consilio eorum ad flumen Tamesim in fines Cassivellauni exercitum duxit; quod
15 flumen uno omnino loco pedibus, atque hoc aegre, transiri potest. Eo cum venisset, animum advertit ad alteram fluminis ripam magnas esse copias hostium instructas. Ripa autem erat acutis sudibus praefixis munita, eiusdemque generis sub aqua defixae sudes flumine tegebantur.
20 His rebus cognitis a captivis perfugisque Caesar praemisso equitatu confestim legiones subsequi iussit. Sed ea celeritate atque eo impetu milites ierunt, cum capite solo ex aqua exstarent, ut hostes impetum legionum atque equitum sustinere non possent ripasque dimitterent ac se fugae
25 mandarent. 19. Cassivellaunus, ut supra demonstravimus, omni deposita spe contentionis dimissis amplioribus copiis, milibus circiter quattuor essedariorum relictis, itinera nostra servabat paulumque ex via excedebat locisque impeditis ac silvestribus sese occultabat atque iis regionibus, quibus
30 nos iter facturos cognoverat, pecora atque homines ex agris in silvas compellebat et, cum equitatus noster liberius praedandi vastandique causa se in agros eiecerat, omnibus viis semitisque essedarios ex silvis emittebat et magno

cum periculo nostrorum equitum cum iis confligebat atque
hoc metu latius vagari prohibebat. Relinquebatur, ut neque
longius ab agmine legionum discedi Caesar pateretur, et
tantum in agris vastandis incendiisque faciendis hostibus
noceretur, quantum labore atque itinere legionarii milites ef- 5
ficere poterant. 20. Interim Trinobantes, prope firmissima
earum regionum civitas, ex qua Mandubracius adulescens
Caesaris fidem secutus ad eum in continentem Galliam
venerat, cuius pater in ea civitate regnum obtinuerat inter-
fectusque erat a Cassivellauno, ipse fuga mortem vitaverat, 10
legatos ad Caesarem mittunt pollicenturque sese ei dedi-
turos atque imperata facturos; petunt, ut Mandubracium
ab iniuria Cassivellauni defendat atque in civitatem mittat,
qui praesit imperiumque obtineat. His Caesar imperat
obsides quadraginta frumentumque exercitui Mandubra- 15
ciumque ad eos mittit. Illi imperata celeriter fecerunt,
obsides ad numerum frumentumque miserunt. 21. Trinobantibus defensis atque ab omni militum iniuria prohibitis
Cenimagni, Segontiaci, Ancalites, Bibroci, Cassi legationibus
missis sese Caesari dedunt. Ab his cognoscit non longe 20
ex eo loco oppidum Cassivellauni abesse silvis paludibus-
que munitum, quo satis magnus hominum pecorisque
numerus convenerit. Oppidum autem Britanni vocant,
cum silvas impeditas vallo atque fossa munierunt, quo
incursionis hostium vitandae causa convenire consuerunt. 25
Eo proficiscitur cum legionibus: locum reperit egregie
natura atque opere munitum; tamen hunc duabus ex partibus oppugnare contendit. Hostes paulisper morati militum
nostrorum impetum non tulerunt seseque alia ex parte
oppidi eiecerunt. Magnus ibi numerus pecoris repertus 30
multique in fuga sunt comprehensi atque interfecti. 22. Dum
haec in his locis geruntur, Cassivellaunus ad Cantium, quod
esse ad mare supra demonstravimus, quibus regionibus

quattuor reges praeerant, Cingetorix, Carvilius, Taximagulus, Segovax, nuntios mittit atque his imperat, uti coactis omnibus copiis castra navalia de improviso adoriantur atque oppugnent. Ii cum ad castra venissent, nostri eruptione 5 facta multis eorum interfectis, capto etiam nobili duce Lugotorige suos incolumes reduxerunt. Cassivellaunus hoc proelio nuntiato, tot detrimentis acceptis, vastatis finibus, maxime etiam permotus defectione civitatum, legatos per Atrebatem Commium de deditione ad Caesarem 10 mittit. Caesar, cum constituisset hiemare in continenti propter repentinos Galliae motus, neque multum aestatis superesset, atque id facile extrahi posse intellegeret, obsides imperat et quid in annos singulos vectigalis populo Romano Britannia penderet, constituit; interdicit atque imperat 15 Cassivellauno, ne Mandubracio neu Trinobantibus noceat.

23. Obsidibus acceptis exercitum reducit ad mare, naves invenit refectas. His deductis, quod et captivorum magnum numerum habebat, et nonnullae tempestate deperierant naves, duobus commeatibus exercitum reportare instituit. Ac sic 20 accidit, uti ex tanto navium numero tot navigationibus neque hoc neque superiore anno ulla omnino navis, quae milites portaret, desideraretur; at ex iis, quae inanes ex continenti ad eum remitterentur et prioris commeatus expositis militibus et quas postea Labienus faciendas cura-25 verat numero LX, perpaucae locum caperent, reliquae fere omnes reicerentur. Quas cum aliquamdiu Caesar frustra expectasset, ne anni tempore a navigatione excluderetur, quod aequinoctium suberat, necessario angustius milites collocavit ac summa tranquillitate consecuta, secunda inita 30 cum solvisset vigilia, prima luce terram attigit omnesque incolumes naves perduxit.

24. Subductis navibus concilioque Gallorum Samarobrivae peracto, quod eo anno frumentum in Gallia propter siccitates angustius provenerat, coactus est aliter ac superioribus annis exercitum in hibernis collocare legionesque in plures civitates distribuere./ Ex quibus unam in Morinos ducendam Gaio Fabio legato dedit, alteram in Nervios Quinto Ciceroni, tertiam in Esubios Lucio Roscio; quartam in Remis cum Tito Labieno in confinio Treverorum hiemare iussit; tres in Belgis collocavit: his Marcum Crassum quaestorem et Lucium Munatium Plancum et Gaium Trebonium legatos praefecit./ Unam legionem, quam proxime trans Padum conscripserat, et cohortes quinque in Eburones, quorum pars maxima est inter Mosam ac Rhenum, qui sub imperio Ambiorigis et Catuvolci erant, misit. His militibus Quintum Titurium Sabinum et Lucium Aurunculeium Cottam legatos praeesse iussit. Ad hunc modum distributis legionibus facillime inopiae frumentariae sese mederi posse existimavit. Atque harum tamen omnium legionum hiberna, praeter eam, quam Lucio Roscio in pacatissimam et quietissimam partem ducendam dederat, milibus passuum centum continebantur. Ipse interea, quoad legiones collocatas munitaque hiberna cognovisset, in Gallia morari constituit.

25. Erat in Carnutibus summo loco natus Tasgetius, cuius maiores in sua civitate regnum obtinuerant. Huic Caesar pro eius virtute atque in se benevolentia, quod in omnibus bellis singulari eius opera fuerat usus, maiorum locum restituerat. Tertium iam hunc annum regnantem inimici multis palam ex civitate auctoribus interfecerunt. Defertur ea res ad Caesarem. Ille veritus, quod ad plures pertinebat, ne civitas eorum impulsu deficeret, Lucium Plancum cum legione ex Belgio celeriter in Carnutes proficisci iubet ibique hiemare, quorumque opera cognoverat Tasgetium interfectum, hos comprehensos ad se mittere. Interim ab omnibus [legatis quaestoribusque], quibus legiones tradiderat, certior factus est in hiberna perventum locumque [hibernis] esse

munitum. 26. Diebus circiter xv, quibus in hiberna ventum est, initium repentini tumultus ac defectionis ortum est ab Ambiorige et Catuvolco; qui, cum ad fines regni sui Sabino Cottaeque praesto fuissent frumentumque in hiberna com-
5 portavissent, Indutiomari Treveri nuntiis impulsi suos concitaverunt subitoque oppressis lignatoribus magna manu ad castra oppugnatum venerunt. Cum celeriter nostri arma cepissent vallumque adscendissent atque una ex parte Hispanis equitibus emissis equestri proelio superiores fuissent,
10 desperata re hostes suos ab oppugnatione reduxerunt. Tum suo more conclamaverunt, uti aliqui ex nostris ad colloquium prodiret: habere sese, quae de re communi dicere vellent, quibus rebus controversias minui posse sperarent.
27. Mittitur ad eos colloquendi causa Gaius Arpineius,
15 eques Romanus, familiaris Quinti Titurii, et Quintus Iunius ex Hispania quidam, qui iam ante missu Caesaris ad Ambiorigem ventitare consuerat; apud quos Ambiorix ad hunc modum locutus est: Sese pro Caesaris in se beneficiis plurimum ei confiteri debere, quod eius opera stipendio liberatus
20 esset, quod Aduatucis, finitimis suis, pendere consuesset, quodque ei et filius et fratris filius ab Caesare remissi essent, quos Aduatuci obsidum numero missos apud se in servitute et catenis tenuissent; neque id, quod fecerit de oppugnatione castrorum, aut iudicio aut voluntate sua fecisse,
25 sed coactu civitatis, suaque esse eiusmodi imperia, ut non minus haberet iuris in se multitudo, quam ipse in multitudinem. Civitati porro hanc fuisse belli causam, quod repentinae Gallorum coniurationi resistere non potuerit. Id se facile ex humilitate sua probare posse, quod non
30 adeo sit imperitus rerum, ut suis copiis populum Romanum superari posse confidat. Sed esse Galliae commune consilium: omnibus hibernis Caesaris oppugnandis hunc esse dictum diem: ne qua legio alterae legioni subsidio venire

posset. Non facile Gallos Gallis negare potuisse, praesertim cum de recuperanda communi libertate consilium initum videretur. Quibus quoniam pro pietate satisfecerit, habere nunc se rationem officii pro beneficiis Caesaris: monere, orare Titurium pro hospitio, ut suae ac militum saluti con- 5 sulat. Magnam manum Germanorum conductam Rhenum transisse; hanc affore biduo. Ipsorum esse consilium, velintne prius, quam finitimi sentiant, eductos ex hibernis milites aut ad Ciceronem aut ad Labienum deducere, quorum alter milia passuum circiter quinquaginta, alter paulo amplius 10 ab iis absit. Illud se polliceri et iureiurando confirmare, tutum iter per fines daturum. Quod cum faciat, et civitati sese consulere, quod hibernis levetur, et Caesari pro eius meritis gratiam referre. Hac oratione habita discedit Ambiorix. **28.** Arpineius et Iunius, quae audierunt, ad legatos 15 deferunt. Illi repentina re perturbati, etsi ab hoste ea dicebantur, tamen non neglegenda existimabant, maximeque hac re permovebantur, quod civitatem ignobilem atque humilem Eburonum sua sponte populo Romano bellum facere ausam vix erat credendum. Itaque ad consilium rem de- 20 ferunt, magnaque inter eos exsistit controversia. Lucius Aurunculeius compluresque tribuni militum et primorum ordinum centuriones nihil temere agendum neque ex hibernis iniussu Caesaris discedendum existimabant: quantasvis copias etiam Germanorum sustineri posse munitis hibernis 25 docebant:¹ rem esse testimonio, quod primum hostium impetum multis ultro vulneribus illatis fortissime sustinuerint: re frumentaria non premi; interea et ex proximis hibernis et a Caesare conventura subsidia: postremo quid esse levius aut turpius, quam auctore hoste de summis rebus capere 30 consilium? **29.** Contra ea Titurius sero facturos clamitabat, cum maiores manus hostium adiunctis Germanis convenissent, aut cum aliquid calamitatis in proximis hibernis esset acceptum. Brevem consulendi esse occasionem. Caesarem arbitrari profectum in Italiam; neque aliter Carnutes interficiendi Tasgetii consilium fuisse capturos, neque Eburones, si ille adesset, tanta contemptione nostri ad castra venturos esse. Non hostem auctorem, sed rem spectare: subesse Rhenum: magno esse Germanis dolori Ariovisti mortem et superiores nostras victorias; ardere Galliam tot contumeliis acceptis sub populi Romani imperium redactam, superiore gloria rei militaris exstincta. Postremo quis hoc sibi persuaderet, sine certa re Ambiorigem ad eiusmodi consilium descendisse? Suam sententiam in utramque partem esse tutam: si nihil esset durius, nullo cum periculo ad proximam legionem perventuros; si Gallia omnis cum Germanis consentiret, unam esse in celeritate positam salutem. Cottae quidem atque eorum, qui dissentirent, consilium quem habere exitum? in quo si non praesens periculum, at certe longinqua obsidione fames esset timenda.

30. Hac in utramque partem disputatione habita, cum a Cotta primisque ordinibus acriter resisteretur: 'Vincite,' inquit, 'si ita vultis,' Sabinus, et id clariore voce, ut magna pars militum exaudiret; 'neque is sum,' inquit, 'qui gravissime ex vobis mortis periculo terrear; hi sapient; si gravius quid acciderit, abs te rationem reposcent, qui, si per te liceat, perendino die cum proximis hibernis coniuncti communem cum reliquis belli casum sustineant, non reiecti et relegati longe ab ceteris aut ferro aut fame intereant.'

31. Consurgitur ex consilio; comprehendunt utrumque et orant, ne sua dissensione et pertinacia rem in summum periculum deducant: facilem esse rem, seu maneant, seu proficiscantur, si modo unum omnes sentiant ac probent; contra in dissensione nullam se salutem perspicere. Res disputatione ad mediam noctem perducitur. Tandem dat Cotta permotus manus: superat sententia Sabini. Pronuntiatur prima luce ituros. Consumitur vigiliis reliqua pars

noctis, cum sua quisque miles circumspiceret, quid secum portare posset, quid ex instrumento hibernorum relinquere cogeretur. Omnia excogitantur, quare nec sine periculo maneatur et languore militum et vigiliis periculum augeatur. Prima luce sic ex castris proficiscuntur, ut quibus esset persuasum non ab hoste, sed ab homine amicissimo Ambiorige consilium datum, longissimo agmine maximisque impedimentis. 32. At hostes, posteaquam ex nocturno fremitu vigiliisque de profectione eorum senserunt, collocatis insidiis bipertito in silvis opportuno atque occulto loco a milibus passuum circiter duobus Romanorum adventum exspectabant, et cum se maior pars agminis in magnam convallem demisisset, ex utraque parte eius vallis subito se ostenderunt novissimosque premere et primos prohibere ascensu atque iniquissimo nostris loco proelium committere coeperunt. 33. Tum demum Titurius, qui nihil ante providisset, trepidare et concursare cohortesque disponere, haec tamen ipsa timide atque ut eum omnia deficere viderentur; quod plerumque iis accidere consuevit, qui in ipso negotio consilium capere coguntur. At Cotta, qui cogitasset haec posse in itinere accidere atque ob eam causam profectionis auctor non fuisset, nulla in re communi saluti deerat et in appellandis cohortandisque militibus imperatoris et in pugna militis officia praestabat. Cum propter longitudinem agminis minus facile omnia per se obire et, quid quoque loco faciendum esset, providere possent, iusserunt pronuntiare, ut impedimenta relinquerent atque in orbem consisterent. Quod consilium etsi in eiusmodi casu reprehendendum non est, tamen incommode accidit: nam et nostris militibus spem minuit et hostes ad pugnam alacriores effecit, quod non sine summo timore et desperatione id factum videbatur. Praeterea accidit, quod fieri necesse erat, ut volgo milites ab signis discederent, quae

quisque eorum carissima haberet, ab impedimentis petere atque arripere properaret, clamore et fletu omnia complerentur. 34. At barbaris consilium non defuit. Nam duces eorum tota acie pronuntiare iusserunt, ne quis ab loco
5 discederet: illorum esse praedam atque illis reservari, quaecumque Romani reliquissent: proinde omnia in victoria posita existimarent. Erant et virtute et numero pugnando pares nostri; tametsi ab duce et a fortuna deserebantur, tamen omnem spem salutis in virtute ponebant
10 et quotiens quaeque cohors procurrerat, ab ea parte magnus numerus hostium cadebat. Qua re animadversa Ambiorix pronuntiari iubet, ut procul tela coniciant neu propius accedant et, quam in partem Romani impetum fecerint, cedant (levitate armorum et cotidiana exercitatione nihil iis
15 noceri posse), rursus se ad signa recipientes insequantur. 35. Quo praecepto ab iis diligentissime observato, cum quaepiam cohors ex orbe excesserat atque impetum fecerat, hostes velocissime refugiebant. Interim eam partem nudari necesse erat et ab latere aperto tela recipi. Rursus, cum in eum
20 locum, unde erant egressi, reverti coeperant, et ab iis, qui cesserant, et ab iis, qui proximi steterant, circumveniebantur; sin autem locum tenere vellent, nec virtuti locus relinquebatur, neque ab tanta multitudine coniecta tela conferti vitare poterant. Tamen tot incommodis conflictati, multis
25 vulneribus acceptis resistebant et magna parta diei consumpta, cum a prima luce ad horam octavam pugnaretur, nihil, quod ipsis esset indignum, committebant. Tum Tito Balventio, qui superiore anno primum pilum duxerat, viro forti et magnae auctoritatis, utrumque femur tragula traicitur;
30 Quintus Lucanius, eiusdem ordinis, fortissime pugnans, dum circumvento filio subvenit, interficitur; Lucius Cotta legatus omnes cohortes ordinesque adhortans in adversum os funda vulneratur. 36. His rebus permotus Quintus

Titurius, cum procul Ambiorigem suos cohortantem conspexisset, interpretem suum Gneum Pompeium ad eum mittit rogatum, ut sibi militibusque parcat. Ille appellatus respondit: Si velit secum colloqui, licere; sperare a multitudine impetrari posse, quod ad militum salutem pertineat; ipsi vero nihil nocitum iri, inque eam rem se suam fidem interponere. Ille cum Cotta saucio communicat, si videatur, pugna ut excedant et cum Ambiorige una colloquantur: sperare ab eo de sua ac militum salute impetrari posse. Cotta se ad armatum hostem iturum negat atque in eo perseverat. 37. Sabinus quos in praesentia tribunos militum circum se habebat et primorum ordinum centuriones se sequi iubet et, cum propius Ambiorigem accessisset, iussus arma abicere imperatum facit suisque, ut idem faciant, imperat. Interim, dum de condicionibus inter se agunt longiorque consulto ab Ambiorige instituitur sermo, paulatim circumventus interficitur. Tum vero suo more victoriam conclamant atque ululatum tollunt impetuque in nostros facto ordines perturbant. Ibi Lucius Cotta pugnans interficitur cum maxima parte militum. Reliqui se in castra recipiunt, unde erant egressi. Ex quibus Lucius Petrosidius aquilifer, cum magna multitudine hostium premeretur, aquilam intra vallum proiecit, ipse pro castris fortissime pugnans occiditur. Illi aegre ad noctem oppugnationem sustinent; noctu ad unum omnes desperata salute se ipsi interficiunt. Pauci ex proelio elapsi incertis itineribus per silvas ad Titum Labienum legatum in hiberna perveniunt atque eum de rebus gestis certiorem faciunt. 38. Hac victoria sublatus Ambiorix statim cum equitatu in Aduatucos, qui erant eius regno finitumi, proficiscitur; neque noctem neque diem intermittit peditatumque sese subsequi iubet. Re demonstrata Aduatucisque concitatis postero die in Nervios pervenit hortaturque, ne sui in perpetuum liberandi atque ulciscendi Romanos pro iis, quas acceperint, iniuriis occasionem dimittant: interfectos esse legatos duos magnamque partem exercitus interisse demonstrat; nihil esse negotii subito oppressam legionem, quae cum Cicerone hiemet, interfici; se ad eam rem profitetur adiutorem. Facile hac oratione Nerviis persuadet. **39.** Itaque confestim dimissis nuntiis ad Ceutrones, Grudios, Levacos, Pleumoxios, Geidumnos, qui omnes sub eorum imperio sunt, quam maximas manus possunt cogunt et de improviso ad Ciceronis hiberna advolant, nondum ad eum fama de Titurii morte perlata. Huic quoque accidit, quod fuit necesse, ut nonnulli milites, qui lignationis munitionisque causa in silvas discessissent, repentino equitum adventu interciperentur. His circumventis magna manu Eburones, Nervii, Aduatuci atque horum omnium socii et clientes legionem oppugnare incipiunt. Nostri celeriter ad arma concurrunt, vallum conscendunt. Aegre is dies sustentatur, quod omnem spem hostes in celeritate ponebant atque hanc adepti victoriam in perpetuum se fore victores confidebant. **40.** Mittuntur ad Caesarem confestim ab Cicerone litterae magnis propositis praemiis, si pertulissent: obsessis omnibus viis missi intercipiuntur. Noctu ex materia, quam munitionis causa comportaverant, turres admodum cxx excitantur incredibili celeritate; quae deesse operi videbantur, perficiuntur. Hostes postero die multo maioribus coactis copiis castra oppugnant, fossam complent. Eadem ratione, qua pridie, ab nostris resistitur. Hoc idem reliquis deinceps fit diebus. Nulla pars nocturni temporis ad laborem intermittitur; non aegris, non vulneratis facultas quietis datur. Quaecumque ad proximi diei oppugnationem opus sunt, noctu comparantur; multae praeustae sudes, magnus muralium pilorum numerus instituitur: turres contabulantur, pinnae loricaeque ex cratibus attexuntur. Ipse Cicero, cum tenuissima valetudine esset, ne nocturnum quidem sibi tempus ad quietem relinquebat, ut ultro militum concursu ac vocibus sibi parcere cogeretur. 41. Tunc duces principesque Nerviorum, qui aliquem sermonis aditum causamque amicitiae cum Cicerone habebant, colloqui sese velle dicunt. Facta potestate eadem, quae Ambiorix cum Titurio egerat, commemorant: omnem esse in armis Galliam; Germanos Rhenum transisse; Caesaris reliquorumque hiberna oppugnari. Addunt etiam de Sabini morte: Ambiorigem ostentant fidei faciundae causa. Errare eos dicunt, si quicquam ab his praesidii sperent, qui suis rebus diffidant; sese tamen hoc esse in Ciceronem populumque Romanum animo, ut nihil nisi hiberna recusent atque hanc inveterascere consuetudinem nolint: licere illis incolumibus per se ex hibernis discedere et, quascumque in partes velint, sine metu proficisci. Cicero ad haec unum modo respondit: non esse consuetudinem populi Romani accipere ab hoste armato condicionem: si ab armis discedere velint, se adiutore utantur legatosque ad Caesarem mittant; sperare pro eius iustitia, quae petierint, impetraturos. 42. Ab hac spe repulsi Nervii vallo pedum IX et fossa pedum XV hiberna cingunt. Haec et superiorum annorum consuetudine ab nobis cognoverant et, quos de exercitu habebant captivos, ab iis docebantur; sed nulla ferramentorum copia, quae esset ad hunc usum idonea, gladiis cespites circumcidere, manibus sagulisque terram exhaurire nitebantur. Qua quidem ex re hominum multitudo cognosci potuit: nam minus horis tribus milium passuum XV in circuitu munitionem perfecerunt, reliquisque diebus turres ad altitudinem valli, falces testudinesque, quas idem captivi docuerant, parare ac facere coeperunt. 43. Septimo oppugnationis die maximo coorto vento ferventes fusili ex argilla glandes fundis et fervefacta iacula in casas, quae more Gallico stramentis erant tectae, iacere coeperunt. Hae celeriter ignem comprehenderunt et venti magnitudine in omnem locum castrorum distulerunt. Hostes maximo clamore sicuti parta iam atque explorata victoria turres testudinesque agere et scalis vallum ascendere coeperunt. At tanta 5 militum virtus atque ea praesentia animi fuit, ut, cum undique flamma torrerentur maximaque telorum multitudine premerentur suaque omnia impedimenta atque omnes fortunas conflagrare intellegerent, non modo demigrandi causa de vallo decederet nemo, sed paene ne respiceret quidem 10 quisquam, ac tum omnes acerrime fortissimeque pugnarent. Hic dies nostris longe gravissimus fuit; sed tamen hunc habuit eventum, ut eo die maximus numerus hostium vulneraretur atque interficeretur, ut se sub ipso vallo constipaverant recessumque primis ultimi non dabant. Paulum 15 quidem intermissa flamma et quodam loco turri adacta et contingente vallum tertiae cohortis centuriones ex eo, quo stabant, loco recesserunt suosque removerunt, nutu vocibusque hostes, si introire vellent, vocare coeperunt; quorum progredi ausus est nemo. Tum ex omni parte lapidibus 20 coniectis deturbati, turrisque succensa est. 44. Erant in ea legione fortissimi viri, centuriones, qui iam primis ordinibus appropinquarent, Titus Pulio et Lucius Vorenus. Hi perpetuas inter se controversias habebant, quinam anteferretur, omnibusque annis de locis summis simultatibus 25 contendebant. Ex his Pulio, cum acerrime ad munitiones pugnaretur, 'Quid dubitas,' inquit, 'Vorene? aut quem locum tuae probandae virtutis exspectas? hic dies de nostris controversiis iudicabit.' Haec cum dixisset, procedit extra munitiones quaque parte hostium confertissima est vis, ea 30 irrumpit. Ne Vorenus quidem sese vallo continet, sed omnium veritus existimationem subsequitur. Tum mediocri spatio relicto Pulio pilum in hostes immittit atque unum ex multitudine procurrentem traicit: quo percusso et exanimato hunc scutis protegunt, in hostem tela universi coniciunt neque dant regrediendi facultatem. Transfigitur scutum Pulioni et verutum in balteo defigitur. Avertit hic casus vaginam et gladium educere conanti dextram moratur manum, impeditumque hostes circumsistunt. Succurrit inimicus illi Vorenus et laboranti subvenit. Ad hunc se confestim a Pulione omnis multitudo convertit: illum veruto arbitrantur occisum. Gladio comminus rem gerit Vorenus atque uno interfecto reliquos paulum propellit; dum cupidius instat, in locum deiectus inferiorem concidit. Huic rursus circumvento fert subsidium Pulio, atque ambo incolumes compluribus interfectis summa cum laude sese intra munitiones recipiunt. Sic fortuna in contentione et certamine utrumque versavit, ut alter alteri inimicus auxilio salutique esset neque diiudicari posset, uter utri virtute anteferendus videretur. **45.** Quanto erat in dies gravior atque asperior oppugnatio, et maxime quod magna parte militum confecta vulneribus res ad paucitatem defensorum pervenerat, tanto crebriores litterae nuntiique ad Caesarem mittebantur; quorum pars deprehensa in conspectu nostrorum militum cum cruciatu necabatur. Erat unus intus Nervius nomine Vertico, loco natus honesto, qui a prima obsidione ad Ciceronem perfugerat suamque ei fidem praestiterat. Hic servo spe libertatis magnisque persuadet praemiis, ut litteras ad Caesarem deferat. Has ille in iaculo illigatas effert et Gallus inter Gallos sine ulla suspicione versatus ad Caesarem pervenit. Ab eo de periculis Ciceronis legionisque cognoscitur. **46.** Caesar acceptis litteris hora circiter XI diei statim nuntium in Bellovacos ad M. Crassum quaestorem mittit, cuius hiberna aberant ab eo milia passuum XXV; iubet media nocte legionem proficisci celeriterque ad se venire. Exit cum nuntio Crassus. Alterum ad Gaium Fabium legatum mittit, ut in Atrebatum fines legionem

abducat, qua sibi scit iter faciendum. Scribit Labieno, si reipublicae commodo facere posset, cum legione ad fines Nerviorum veniat. Reliquam partem exercitus, quod paulo aberat longius, non putat exspectandam; equites circiter quadr-
5 ingentos ex proximis hibernis colligit. **47.** Hora circiter tertia ab antecursoribus de Crassi adventu certior factus eo die milia passuum xx procedit. Crassum Samarobrivae praeficit legionemque attribuit, quod ibi impedimenta exercitus, obsides civitatum, litteras publicas frumentumque
10 omne, quod eo tolerandae hiemis causa devexerat, relinquebat. Fabius, ut imperatum erat, non ita multum moratus in itinere cum legione occurrit. Labienus interitu Sabini et caede cohortium cognita, cum omnes ad eum Treverorum copiae venissent, veritus, si ex hibernis fugae similem pro-
15 fectionem fecisset, ut hostium impetum sustinere posset, praesertim quos recenti victoria efferri sciret, litteras Caesari remittit, quanto cum periculo legionem ex hibernis educturus esset, rem gestam in Eburonibus perscribit, docet omnes equitatus peditatusque copias Treverorum tria milia passuum
20 longe ab suis castris consedisse. **48.** Caesar consilio eius probato, etsi opinione trium legionum deiectus ad duas redierat, tamen unum communis salutis auxilium in celeritate ponebat. Venit magnis itineribus in Nerviorum fines. Ibi ex captivis cognoscit, quae apud Ciceronem gerantur quant-
25 oque in periculo res sit. Tum cuidam ex equitibus Gallis magnis praemiis persuadet, uti ad Ciceronem epistolam deferat. Hanc Graecis conscriptam litteris mittit, ne intercepta epistola nostra ab hostibus consilia cognoscantur. Si adire non possit, monet, ut tragulam cum epistola ad
30 amentum deligata intra munitionem castrorum abiciat. In litteris scribit se cum legionibus profectum celeriter affore; hortatur, ut pristinam virtutem retineat. Gallus periculum veritus, ut erat praeceptum, tragulam mittit. Haec casu

ad turrim adhaesit neque ab nostris biduo animadversa tertio die a quodam milite conspicitur, dempta ad Ciceronem defertur. Ille perlectam in conventu militum recitat maximaque omnes laetitia afficit. Tum fumi incendiorum procul videbantur; quae res omnem dubitationem adventus legionum expulit. 49. Galli re cognita per exploratores obsidionem relinquunt, ad Caesarem omnibus copiis contendunt. Hae erant armata circiter milia LX. Cicero data facultate Gallum ab eodem Verticone, quem supra demonstravimus, repetit, qui litteras ad Caesarem deferat; hunc admonet, iter caute diligenterque faciat: perscribit in litteris hostes ab se discessisse omnemque ad eum multitudinem convertisse. Quibus litteris circiter media nocte Caesar allatis suos facit certiores eosque ad dimicandum animo confirmat. Postero die luce prima movet castra et circiter milia passuum quattuor progressus trans vallem et rivum multitudinem hostium conspicatur. Erat magni periculi res tantulis copiis iniquo loco dimicare; tum, quoniam obsidione liberatum Ciceronem sciebat, aequo animo remittendum de celeritate existimabat: consedit et, quam aequissimo loco potest, castra communit atque haec, etsi erant exigua per se, vix hominum milium septem praesertim nullis cum impedimentis, tamen angustiis viarum, quam maxime potest, contrahit, eo consilio, ut in summam contemptionem hostibus veniat. Interim speculatoribus in omnes partes dimissis explorat, quo commodissime itinere vallem transire possit. 50. Eo die parvulis equestribus proeliis ad aquam factis utrique sese suo loco continent: Galli, quod ampliores copias, quae nondum convenerant, exspectabant; Caesar, si forte timoris simulatione hostes in suum locum elicere posset, ut citra vallem pro castris proelio contenderet; si id efficere non posset, ut exploratis itineribus minore cum periculo vallem rivumque transiret. Prima luce hostium equitatus ad castra accedit proeliumque cum nostris equitibus committit. Caesar consulto equites cedere seque in castra recipere iubet; simul ex omnibus partibus castra altiore vallo muniri portasque obstrui atque in his administrandis rebus quam maxime concursari et cum simulatione agi timoris iubet. 51. Quibus omnibus rebus hostes invitati copias traducunt aciemque iniquo loco constituunt, nostris vero etiam de vallo deductis propius accedunt et tela intra munitionem ex omnibus partibus coniciunt praeconibusque circummissis pronuntiari iubent, seu quis Gallus seu Romanus velit ante horam tertiam ad se transire, sine periculo licere; post id tempus non fore potestatem: ac sic nostros contempserunt, ut obstructis in speciem portis singulis ordinibus cespitum, quod ea non posse introrumpere videbantur, alii vallum manu scindere, alii fossas complere inciperent. Tum Caesar omnibus portis eruptione facta equitatuque emisso celeriter hostes in fugam dat, sic uti omnino pugnandi causa resisteret nemo, magnumque ex eis numerum occidit atque omnes armis exuit.

52. Longius prosequi veritus, quod silvae paludesque intercedebant neque etiam parvulo detrimento illorum locum relinqui videbat, omnibus suis incolumibus copiis eodem die ad Ciceronem pervenit. Institutas turres, testudines munitionesque hostium admiratur; legione producta cognoscit non decimum quemque esse reliquum militem sine vulnere: ex his omnibus iudicat rebus, quanto cum periculo et quanta cum virtute res sint administratae: Ciceronem pro eius merito legionemque collaudat; centuriones singillatim tribunosque militum appellat, quorum egregiam fuisse virtutem testimonio Ciceronis cognoverat. De casu Sabini et Cottae certius ex captivis cognoscit. Postero die contione habita rem gestam proponit, milites consolatur et confirmat: quod detrimentum culpa et temer-

itate legati sit acceptum, hoc aequiore animo ferendum docet, quod beneficio deorum immortalium et virtute eorum expiato incommodo neque hostibus diutina laetatio neque ipsis longior dolor relinquatur. 53. Interim ad Labienum per Remos incredibili celeritate de victoria Caesaris fama perfertur, ut, cum ab hibernis Ciceronis milia passuum abesset circiter LX, eoque post horam nonam diei Caesar pervenisset, ante mediam noctem ad portas castrorum clamor oreretur, quo clamore significatio victoriae gratulatioque ab Remis Labieno fieret. Hac fama ad Treveros perlata Indutiomarus, qui postero die castra Labieni oppugnare decreverat, noctu profugit copiasque omnes in Treveros reducit. Caesar Fabium cum sua legione remittit in hiberna, ipse cum tribus legionibus circum Samarobrivam trinis hibernis hiemare constituit et, quod tanti motus Galliae exstiterant, totam hiemem ipse ad exercitum manere decrevit. Nam illo incommodo de Sabini morte perlato omnes fere Galliae civitates de bello consultabant, nuntios legationesque in omnes partes dimittebant et, quid reliqui consilii caperent atque unde initium belli fieret, explorabant nocturnaque in locis desertis concilia habebant. Neque ullum fere totius hiemis tempus sine sollicitudine Caesaris intercessit, quin aliquem de consiliis ac motu Gallorum nuntium acciperet. In his ab L. Roscio, quem legioni tertiaedecimae praefecerat, certior factus est magnas Gallorum copias earum civitatum, quae Aremoricae appellantur, oppugnandi sui causa convenisse neque longius milia passuum octo ab hibernis suis afuisse, sed nuntio allato de victoria Caesaris discessisse adeo ut fugae similis discessus videretur. 54. At Caesar principibus cuiusque civitatis ad se evocatis alias territando, cum se scire, quae fierent, denuntiaret, alias cohortando magnam partem Galliae in officio tenuit. Tamen Senones,

quae est civitas imprimis firma et magnae inter Gallos auctoritatis, Cavarinum, quem Caesar apud eos regem constituerat, cuius frater Moritasgus adventu in Galliam Caesaris cuiusque maiores regnum obtinuerant, interficere publico
5 consilio conati, cum ille praesensisset ac profugisset, usque ad fines insecuti regno domoque expulerunt et, missis ad Caesarem satisfaciendi causa legatis, cum is omnem ad se senatum venire iussisset, dicto audientes non fuerunt. Tantum apud homines barbaros valuit, esse aliquos reper-
10 tos principes inferendi belli, tantamque omnibus voluntatum commutationem attulit, ut praeter Aeduos et Remos, quos praecipuo semper honore Caesar habuit, alteros pro vetere ac perpetua erga populum Romanum fide, alteros pro recentibus Gallici belli officiis, nulla fere civitas fuerit
15 non suspecta nobis. Idque adeo haud scio mirandumne sit, cum compluribus aliis de causis, tum maxime, quod ei, qui virtute belli omnibus gentibus praeferebantur, tantum se eius opinionis deperdidisse, ut a populo Romano imperia perferrent, gravissime dolebant. **55.** Treveri vero
20 atque Indutiomarus totius hiemis nullum tempus intermiserunt, quin trans Rhenum legatos mitterent, civitates sollicitarent, pecunias pollicerentur, magna parte exercitus nostri interfecta multo minorem superesse dicerent partem. Neque tamen ulli civitati Germanorum persuaderi potuit,
25 ut Rhenum transiret, cum se bis expertos dicerent, Ariovisti bello et Tencterorum transitu: non esse amplius fortunam temptaturos. Hac spe lapsus Indutiomarus nihilo minus copias cogere, exercere, a finitimis equos parare, exules damnatosque tota Gallia magnis praemiis
30 ad se allicere coepit. Ac tantam sibi iam his rebus in Gallia auctoritatem comparaverat, ut undique ad eum legationes concurrerent, gratiam atque amicitiam publice privatimque peterent. **56.** Ubi intellexit ultro ad se veniri,

altera ex parte Senones Carnutesque conscientia facinoris instigari, altera Nervios Aduatucosque bellum Romanis parare, neque sibi voluntariorum copias defore, si ex finibus suis progredi coepisset, armatum concilium indicit. Hoc more Gallorum est initium belli: quo lege communi omnes puberes armati convenire consuerunt; qui ex iis novis simus convenit, in conspectu multitudinis omnibus cruciatibus affectus necatur. In eo concilio Cingetorigem, alterius principem factionis, generum suum, quem supra demonstravimus Caesaris secutum fidem ab eo non discessisse, hostem iudicat bonaque eius publicat. His rebus confectis in concilio pronuntiat arcessitum se a Senonibus et Carnutibus aliisque compluribus Galliae civitatibus; huc iturum per fines Remorum eorumque agros populaturum ac, priusquam id faciat, castra Labieni oppugnaturum. Quae fieri velit, praecipit. **57.** Labienus, cum et loci natura et manu munitissimis castris sese teneret, de suo ac legionis periculo nihil timebat; ne quam occasionem rei bene gerendae dimitteret, cogitabat. Itaque a Cingetorige atque eius propinquis oratione Indutiomari cognita, quam in concilio habuerat, nuntios mittit ad finitimas civitates equitesque undique evocat: his certum diem conveniendi dicit. Interim prope cotidie cum omni equitatu Indutiomarus sub castris eius vagabatur, alias ut situm castrorum cognosceret, alias colloquendi aut territandi causa: equites plerumque omnes tela intra vallum coniciebant. Labienus suos intra munitionem continebat timorisque opinionem, quibuscumque poterat rebus, augebat. **58.** Cum maiore in dies contemptione Indutiomarus ad castra accederet, nocte una intromissis equitibus omnium finitimarum civitatum, quos arcessendos curaverat, tanta diligentia omnes suos custodiis intra castra continuit, ut nulla ratione ea res enuntiari aut ad Treveros perferri

posset. Interim ex consuetudine cotidiana Indutiomarus ad castra accedit atque ibi magnam partem diei consumit; equites tela coniciunt et magna cum contumelia verborum nostros ad pugnam evocant. Nullo ab nostris dato re-
5 sponso, ubi visum est, sub vesperum dispersi ac dissipati discedunt. Subito Labienus duabus portis omnem equitatum emittit: praecipit atque interdicit, proterritis hostibus atque in fugam coniectis (quod fore, sicut accidit, videbat) unum omnes peterent Indutiomarum, neu quis quem prius
10 vulneret, quam illum interfectum viderit, quod mora reliquorum spatium nactum illum effugere nolebat; magna proponit iis, qui occiderint, praemia; submittit cohortes equitibus subsidio. Comprobat hominis consilium fortuna, et cum unum omnes peterent, in ipso fluminis vado depre-
15 hensus Indutiomarus interficitur, caputque eius refertur in castra: redeuntes equites, quos possunt, consectantur atque occidunt. Hac re cognita omnes Eburonum et Nerviorum, quae convenerant, copiae discedunt, pauloque habuit post id factum Caesar quietiorem Galliam.

C. IULII CAESARIS

DE BELLO GALLICO

COMMENTARIUS SEXTUS.

B.C. 53. A.U.C. 701.

Threatenings of the great revolt. Second passage of the Rhine. Descriptions of Gaul and Germany. Hunt for Ambiorix. Inroad of the Sugambri.

1. MULTIS de causis Caesar maiorem Galliae motum exspectans per Marcum Silanum, Gaium Antistium Reginum, Titum Sextium legatos delectum habere instituit; simul ab Gneo Pompeio proconsule petit, quoniam ipse ad urbem cum imperio reipublicae causa remaneret, quos ex Cisalpina 5 Gallia consulis sacramento rogavisset, ad signa convenire et ad se proficisci iuberet, magni interesse etiam in reliquum tempus ad opinionem Galliae existimans tantas videri Italiae facultates, ut, si quid esset in bello detrimenti acceptum, non modo id brevi tempore resarciri, sed etiam maioribus augeri 10 copiis posset. Quod cum Pompeius et reipublicae et amicitiae tribuisset, celeriter confecto per suos delectu tribus ante exactam hiemem et constitutis et adductis legionibus duplicatoque earum cohortium numero, quas cum Q. Titurio amiserat, et celeritate et copiis docuit, quid populi Romani 15 disciplina atque opes possent.

2. Interfecto Indutiomaro, ut docuimus, ad eius propinquos a Treveris imperium defertur. Illi finitimos Germanos

sollicitare et pecuniam polliceri non desistunt. Cum ab
proximis impetrare non possent, ulteriores temptant. Inventis nonnullis civitatibus iureiurando inter se confirmant
obsidibusque de pecunia cavent: Ambiorigem sibi societate
5 et foedere adiungunt. Quibus rebus cognitis Caesar cum
undique bellum parari videret, Nervios, Aduatucos, [ac]
Menapios adiunctis Cisrhenanis omnibus Germanis esse
in armis, Senones ad imperatum non venire et cum Carnutibus finitimisque civitatibus consilia communicare, a Tre-
10 veris Germanos crebris legationibus sollicitari, maturius sibi
de bello cogitandum putavit. 3. Itaque nondum hieme
confecta proximis quattuor coactis legionibus de improviso
in fines Nerviorum contendit et, priusquam illi aut convenire
aut profugere possent, magno pecoris atque hominum num-
15 ero capto atque ea praeda militibus concessa vastatisque
agris in deditionem venire atque obsides sibi dare coëgit.
Eo celeriter confecto negotio rursus in hiberna legiones
reduxit. Concilio Galliae primo vere, ut instituerat, indicto,
cum reliqui praeter Senones Carnutes Treverosque venissent,
20 initium belli ac defectionis hoc esse arbitratus, ut omnia
postponere videretur, concilium Lutetiam Parisiorum trans-
fert. Confines erant hi Senonibus civitatemque patrum
memoria coniunxerant, sed ab hoc consilio afuisse existimabantur. Hac re pro suggestu pronuntiata eodem die
25 cum legionibus in Senones proficiscitur magnisque itineribus
eo pervenit. 4. Cognito eius adventu Acco, qui princeps
eius consilii fuerat, iubet in oppida multitudinem convenire.
Conantibus, priusquam id effici posset, adesse Romanos
nuntiatur. Necessario sententia desistunt legatosque deprec-
30 andi causa ad Caesarem mittunt: adeunt per Aeduos,
quorum antiquitus erat in fide civitas. Libenter Caesar
petentibus Aeduis dat veniam excusationemque accipit, quod
aestivum tempus instantis belli, non quaestionis esse arbitra-

tur. Obsidibus imperatis centum hos Aeduis custodiendos tradit. Eodem Carnutes legatos obsidesque mittunt usi deprecatoribus Remis, quorum erant in clientela : eadem ferunt responsa. Peragit concilium Caesar equitesque imperat civitatibus. **5.** Hac parte Galliae pacata totus et mente et animo in bellum Treverorum et Ambiorigis insistit. Cavarinum cum equitatu Senonum secum proficisci iubet, ne quis aut ex huius iracundia aut ex eo, quod meruerat, odio civitatis motus exsistat. His rebus constitutis, quod pro explorato habebat Ambiorigem proelio non esse concertaturum, reliqua eius consilia animo circumspiciebat. Erant Menapii propinqui Eburonum finibus, perpetuis paludibus silvisque muniti, qui uni ex Gallia de pace ad Caesarem legatos numquam miserant. Cum his esse hospitium Ambiorigi sciebat; item per Treveros venisse Germanis in amicitiam cognoverat. Haec prius illi detrahenda auxilia existimabat quam ipsum bello lacesseret, ne desperata salute aut se in Menapios abderet aut cum Transrhenanis congredi cogeretur. Hoc inito consilio totius exercitus impedimenta ad Labienum in Treveros mittit duasque legiones ad eum proficisci iubet; ipse cum legionibus expeditis quinque in Menapios proficiscitur. Illi nulla coacta manu loci praesidio freti in silvas paludesque confugiunt suaque eodem conferunt. **6.** Caesar partitis copiis cum Gaio Fabio legato et Marco Crasso quaestore celeriterque effectis pontibus adit tripertito, aedificia vicosque incendit, magno pecoris atque hominum numero potitur. Quibus rebus coacti Menapii legatos ad eum pacis petendae causa mittunt. Ille obsidibus acceptis hostium se habiturum numero confirmat, si aut Ambiorigem aut eius legatos finibus suis recepissent. His confirmatis rebus Commium Atrebatem cum equitatu custodis loco in Menapiis relinquit; ipse in Treveros proficiscitur.

7. Dum haec a Caesare geruntur, Treveri magnis coactis

peditatus equitatusque copiis Labienum cum una legione, quae in eorum finibus hiemaverat, adoriri parabant, iamque ab eo non longius bidui via aberant, cum duas venisse legiones missu Caesaris cognoscunt. Positis castris a milibus pas-
5 suum XV auxilia Germanorum exspectare constituunt. Labienus hostium cognito consilio sperans temeritate eorum fore aliquam dimicandi facultatem, praesidio quinque cohortium impedimentis relicto, cum viginti quinque cohortibus magnoque equitatu contra hostem proficiscitur et mille
10 passuum intermisso spatio castra communit. Erat inter Labienum atque hostem difficili transitu flumen ripisque praeruptis. Hoc neque ipse transire habebat in animo neque hostes transituros existimabat. Augebatur auxiliorum cotidie spes. Loquitur in concilio palam, quoniam Germani
15 appropinquare dicantur, sese suas exercitusque fortunas in dubium non devocaturum et postero die prima luce castra moturum. Celeriter haec ad hostes deferuntur, ut ex magno Gallorum equitum numero nonnullos Gallicis rebus favere natura cogebat. Labienus noctu tribunis militum primisque
20 ordinibus convocatis, quid sui sit consilii, proponit et, quo facilius hostibus timoris det suspicionem, maiore strepitu et tumultu, quam populi Romani fert consuetudo, castra moveri iubet. His rebus fugae similem profectionem effecit. Haec quoque per exploratores ante lucem in tanta propin-
25 quitate castrorum ad hostes deferuntur. 8. Vix agmen novissimum extra munitiones processerat, cum Galli cohortati inter se, ne speratam praedam ex manibus dimitterent: longum esse perterritis Romanis Germanorum auxilium exspectare, neque suam pati dignitatem, ut tantis
30 copiis tam exiguam manum praesertim fugientem atque impeditam adoriri non audeant, flumen transire et iniquo loco committere proelium non dubitant. Quae fore suspicatus Labienus, ut omnes citra flumen eliceret, eadem usus

simulatione itineris placide progrediebatur. Tum praemissis paulum impedimentis atque in tumulo quodam collocatis. 'Habetis,' inquit, 'milites, quam petistis, facultatem: hostem impedito atque iniquo loco tenetis: praestate eandem nobis ducibus virtutem, quam saepenumero imperatori prae- 5 stitistis, atque illum adesse et haec coram cernere existimate.' Simul signa ad hostem converti aciemque dirigi iubet et paucis turmis praesidio ad impedimenta dimissis reliquos equites ad latera disponit. Celeriter nostri clamore sublato pila in hostes immittunt. Illi, ubi praeter spem quos fugere 10 credebant infestis signis ad se ire viderunt, impetum modo ferre non potuerunt ac primo concursu in fugam coniecti proximas silvas petierunt. Quos Labienus equitatu consectatus magno numero interfecto. compluribus captis paucis post diebus civitatem recepit. Nam Germani, qui auxilio 15 veniebant, percepta Treverorum fuga sese domum receperunt. Cum his propinqui Indutiomari, qui defectionis auctores fuerant, comitati eos ex civitate excesserunt. Cingetorigi, quem ab initio permansisse in officio demonstravimus, principatus atque imperium est traditum. 20

9. Caesar, postquam ex Menapiis in Treveros venit, duabus de causis Rhenum transire constituit; quarum una erat, quod auxilia contra se Treveris miserant, altera, ne ad eos Ambiorix receptum haberet. His constitutis rebus paulum supra eum locum, quo ante exercitum traduxerat, 25 facere pontem instituit. Nota atque instituta ratione magno militum studio paucis diebus opus efficitur. Firmo in Treveris ad pontem praesidio relicto, ne quis ab his subito motus oreretur, reliquas copias equitatumque traducit. Ubii, qui ante obsides dederant atque in deditionem venerant, purg- 30 andi sui causa ad eum legatos mittunt, qui doceant neque auxilia ex sua civitate in Treveros missa neque ab se fidem laesam: petunt atque orant, ut sibi parcat, ne communi

odio Germanorum innocentes pro nocentibus poenas pendant; si amplius obsidum vellet, dare pollicentur. Cognita Caesar causa reperit ab Suebis auxilia missa esse; Ubiorum satisfactionem accipit, aditus viasque in Suebos perquirit. 10. Interim paucis post diebus fit ab Ubiis certior Suebos omnes in unum locum copias cogere atque iis nationibus, quae sub eorum sint imperio, denuntiare, ut auxilia peditatus equitatusque mittant. His cognitis rebus rem frumentariam providet, castris idoneum locum deligit; Ubiis imperat, ut pecora deducant suaque omnia ex agris in oppida conferant, sperans barbaros atque imperitos homines inopia cibariorum adductos ad iniquam pugnandi condicionem posse deduci: mandat, ut crebros exploratores in Suebos mittant quaeque apud eos gerantur cognoscant. Illi imperata faciunt et paucis diebus intermissis referunt: Suebos omnes, posteaquam certiores nuntii de exercitu Romanorum venerint, cum omnibus suis sociorumque copiis, quas coëgissent, penitus ad extremos fines se recepisse: silvam esse ibi infinita magnitudine, quae appellatur Bacenis; hanc longe introrsus pertinere et pro nativo muro obiectam Cheruscos ab Suebis Suebosque ab Cheruscis iniuriis incursionibusque prohibere; ad eius initium silvae Suebos adventum Romanorum exspectare constituisse.

11. Quoniam ad hunc locum perventum est, non alienum esse videtur de Galliae Germaniaeque moribus et, quo differant hae nationes inter sese, proponere.

In Gallia non solum in omnibus civitatibus atque in omnibus pagis partibusque, sed paene etiam in singulis domibus factiones sunt, earumque factionum principes sunt, qui summam auctoritatem eorum iudicio habere existimantur, quorum ad arbitrium iudiciumque summa omnium rerum consiliorumque redeat. Itaque eius rei causa antiquitus institutum videtur, ne quis ex plebe contra potentiorem auxilii egeret: suos enim quisque opprimi et circumveniri non patitur, neque, aliter si faciat, ullam inter suos habet auctoritatem. Haec eadem ratio est in summa totius Galliae: namque omnes civitates in partes divisae sunt duas. **12.** Cum Caesar in Galliam venit, alterius factionis principes erant Aedui, alterius Sequani. Hi cum per se minus valerent, quod summa auctoritas antiquitus erat in Aeduis magnaeque eorum erant clientelae, Germanos atque Ariovistum sibi adiunxerant eosque ad se magnis iacturis pollicitationibusque perduxerant. Proeliis vero compluribus factis secundis atque omni nobilitate Aeduorum interfecta tantum potentia antecesserant, ut magnam partem clientium ab Aeduis ad se traducerent obsidesque ab iis principum filios acciperent et publice iurare cogerent, nihil se contra Sequanos consilii inituros et partem finitimi agri per vim occupatam possiderent Galliaeque totius principatum obtinerent. Qua necessitate adductus Diviciacus auxilii petendi causa Romam ad senatum profectus imperfecta re redierat. Adventu Caesaris facta commutatione rerum, obsidibus Aeduis redditis, veteribus clientelis restitutis, novis per Caesarem comparatis, quod hi, qui se ad eorum amicitiam aggregaverant, meliore condicione atque aequiore imperio se uti videbant, reliquis rebus eorum gratia dignitateque amplificata, Sequani principatum dimiserant. In eorum locum Remi successerant: quos quod adaequare apud Caesarem gratia intellegebatur, ii, qui propter veteres inimicitias nullo modo cum Aeduis coniungi poterant, se Remis in clientelam dicabant. Hos illi diligenter tuebantur: ita et novam et repente collectam auctoritatem tenebant. Eo tum statu res erat, ut longe principes haberentur Aedui, secundum locum dignitatis Remi obtinerent. **13.** In omni Gallia eorum hominum, qui aliquo sunt numero atque honore, genera sunt duo. Nam plebes paene servorum habetur loco, quae nihil audet per se, nullo adhibetur consilio. Plerique, cum aut aere alieno aut magnitudine tributorum aut iniuria potentiorum premuntur, sese in servitutem dicant nobilibus. In hos eadem omnia sunt iura, quae 5 dominis in servos. Sed de his duobus generibus alterum est druidum, alterum equitum. Illi rebus divinis intersunt, sacrificia publica ac privata procurant, religiones interpretantur: ad eos magnus adulescentium numerus disciplinae causa concurrit, magnoque hi sunt apud eos honore. Nam 10 fere de omnibus controversiis publicis privatisque constituunt et, si quod est admissum facinus, si caedes facta, si de hereditate, de finibus controversia est, idem decernunt, praemia poenasque constituunt; si qui aut privatus aut populus eorum decreto non stetit, sacrificiis interdicunt. 15 Haec poena apud eos est gravissima. Quibus ita est interdictum, hi numero impiorum ac sceleratorum habentur, his omnes decedunt, aditum sermonemque defugiunt, ne quid ex contagione incommodi accipiant, neque his petentibus ius redditur neque honos ullus communicatur. His autem 20 omnibus druidibus praeest unus, qui summam inter eos habet auctoritatem. Hoc mortuo aut si qui ex reliquis excellit dignitate, succedit, aut, si sunt plures pares, suffragio druidum, nonnunquam etiam armis de principatu contendunt. Hi certo anni tempore in finibus Carnutum, 25 quae regio totius Galliae media habetur, considunt in loco consecrato. Huc omnes undique, qui controversias habent, conveniunt eorumque decretis iudiciisque parent. Disciplina in Britannia reperta atque inde in Galliam translata esse existimatur, et nunc, qui diligentius eam rem cognoscere 30 volunt, plerumque illo discendi causa proficiscuntur. **14.** Druides a bello abesse consuerunt neque tributa una cum reliquis pendunt, militiae vacationem omniumque rerum habent immunitatem. Tantis excitati praemiis et sua sponte multi in disciplinam conveniunt et a parentibus propinquisque mittuntur. Magnum ibi numerum versuum ediscere dicuntur. Itaque annos nonnulli vicenos in disciplina permanent. Neque fas esse existimant ea litteris mandare, cum in reliquis fere rebus, publicis privatisque rationibus 5 Graecis litteris utantur. Id mihi duabus de causis instituisse videntur, quod neque in vulgum disciplinam efferri velint neque eos, qui discunt, litteris confisos minus memoriae studere; quod fere plerisque accidit, ut praesidio litterarum diligentiam in perdiscendo ac memoriam remittant. Imprim- 10 is hoc volunt persuadere, non interire animas, sed ab aliis post mortem transire ad alios, atque hoc maxime ad virtutem excitari putant, metu mortis neglecto. Multa praeterea de sideribus atque eorum motu, de mundi ac terrarum magnitudine, de rerum natura, de deorum immortalium vi ac potestate 15 disputant et iuventuti tradunt. **15.** Alterum genus est equitum. Hi, cum est usus atque aliquod bellum incidit (quod fere ante Caesaris adventum quotannis accidere solebat, uti aut ipsi iniurias inferrent aut illatas propulsarent), omnes in bello versantur, atque eorum ut quisque est genere copiisque 20 amplissimus, ita plurimos circum se ambactos clientesque habet. Hanc unam gratiam potentiamque noverunt. **16.** Natio est omnis Gallorum admodum dedita religionibus, atque ob eam causam qui sunt affecti gravioribus morbis quique in proeliis periculisque versantur, aut pro victimis 25 homines immolant aut se immolaturos vovent administrisque ad ea sacrificia druidibus utuntur, quod, pro vita hominis nisi hominis vita reddatur, non posse deorum immortalium numen placari arbitrantur, publiceque eiusdem generis habent instituta sacrificia. Alii immani magnitudine simul- 30 acra habent, quorum contexta viminibus membra vivis hominibus complent; quibus succensis circumventi flamma exanimantur homines. Supplicia eorum, qui in furto aut in latrocinio aut aliqua noxa sint comprehensi, gratiora dis immortalibus esse arbitrantur; sed cum eius generis copia defecit, etiam ad innocentium supplicia descendunt. **17.** Deum maxime Mercurium colunt: huius sunt plurima simulacra; hunc omnium inventorem artium ferunt, hunc viarum atque itinerum ducem, hunc ad quaestus pecuniae mercaturasque habere vim maximam arbitrantur. ·Post hunc Apollinem et Martem et Iovem et Minervam. De his eandem fere, quam reliquae gentes, habent opinionem: Apollinem morbos depellere, Minervam operum atque artificiorum initia tradere, Iovem imperium caelestium tenere, Martem bella regere. Huic, cum proelio dimicare constituerunt, ea, quae bello ceperint, plerumque devovent: cum superaverunt, animalia capta immolant reliquasque res in unum locum conferunt. Multis in civitatibus harum rerum exstructos tumulos locis consecratis conspicari licet; neque saepe accidit, ut neglecta quispiam religione aut capta apud se occultare aut posita tollere auderet, gravissimumque ei rei supplicium cum cruciatu constitutum est. **18.** Galli se omnes ab Dite patre prognatos praedicant idque ab druidibus proditum dicunt. Ob eam causam spatia omnis temporis non numero dierum, sed noctium finiunt; dies natales et mensium et annorum initia sic observant, ut noctem dies subsequatur. In reliquis vitae institutis hoc fere ab reliquis differunt, quod suos liberos, nisi cum adoleverunt, ut munus militiae sustinere possint, palam ad se adire non patiuntur filiumque puerili aetate in publico in conspectu patris assistere turpe ducunt. **19.** Viri, quantas pecunias ab uxoribus dotis nomine acceperunt tantas ex suis bonis aestimatione facta cum dotibus communicant. Huius omnis pecuniae coniunctim ratio habetur fructusque servantur: uter eorum vita superavit, ad eum pars utriusque cum fructibus superiorum temporum pervenit. Viri in uxores, sicuti in liberos, vitae necisque habent potestatem; et cum paterfamiliae illustriore loco natus decessit, eius propinqui conveniunt et, de morte si res in suspicionem venit, de uxoribus in servilem modum quaestionem habent et, si compertum est, igni atque omnibus tormentis excruciatas interficiunt. Funera sunt pro cultu Gallorum magnifica et sumptuosa; omniaque, quae vivis cordi fuisse arbitrantur, in ignem inferunt, etiam animalia; ac paulo supra hanc memoriam servi et clientes, quos ab iis dilectos esse constabat, iustis funeribus confectis una cremabantur. 20. Quae civitates commodius suam rem publicam administrare existimantur, habent legibus sanctum, si quis quid de re publica a finitimis rumore aut fama acceperit, uti ad magistratum deferat neve cum quo alio communicet, quod saepe homines temerarios atque imperitos falsis rumoribus terreri et ad facinus impelli et de summis rebus consilium capere cognitum est. Magistratus quae visa sunt occultant, quaeque esse ex usu iudicaverunt, multitudini produnt. De re publica nisi per concilium loqui non conceditur.

21. Germani multum ab hac consuetudine differunt. Nam neque druides habent, qui rebus divinis praesint, neque sacrificiis student. Deorum numero eos solos ducunt, quos cernunt et quorum aperte opibus iuvantur, Solem et Vulcanum et Lunam; reliquos ne fama quidem acceperunt. Vita omnis in venationibus atque in studiis rei militaris consistit: ab parvulis labori ac duritiae student. Qui diutissime impuberes permanserunt, maximam inter suos ferunt laudem: hoc ali staturam, ali vires nervosque confirmari putant. Intra annum vero vicesimum feminae notitiam habuisse in turpissimis habent rebus; cuius rei nulla est occultatio, quod et promiscue in fluminibus perluuntur et pellibus aut parvis rhenonum tegimentis utuntur magna corporis parte nuda. 22. Agriculturae non student, maiorque pars eorum victus in lacte, caseo, carne consistit.

Neque quisquam agri modum certum aut fines habet proprios; sed magistratus ac principes in annos singulos gentibus cognationibusque hominum, qui una coierunt, quantum et quo loco visum est agri attribuunt atque anno
5 post alio transire cogunt. Eius rei multas afferunt causas: ne assidua consuetudine capti studium belli gerendi agricultura commutent; ne latos fines parare studeant, potentioresque humiliores possessionibus expellant; ne accuratius ad frigora atque aestus vitandos aedificent; ne qua oriatur
10 pecuniae cupiditas, qua ex re factiones dissensionesque nascuntur; ut animi aequitate plebem contineant, cum suas quisque opes cum potentissimis aequari videat. 23. Civitatibus maxima laus est quam latissime circum se vastatis finibus solitudines habere. Hoc proprium
15 virtutis existimant, expulsos agris finitimos cedere, neque quemquam prope audere consistere; simul hoc se fore tutiores arbitrantur, repentinae incursionis timore sublato. Cum bellum civitas aut illatum defendit aut infert, magistratus, qui ei bello praesint, ut vitae necisque habeant
20 potestatem, deliguntur. In pace nullus est communis magistratus, sed principes regionum atque pagorum inter suos ius dicunt controversiasque minuunt. Latrocinia nullam habent infamiam, quae extra fines cuiusque civitatis fiunt, atque ea iuventutis exercendae ac desidiae minuen-
25 dae causa fieri praedicant. Atque ubi quis ex principibus in concilio dixit se ducem fore, qui sequi velint, profiteantur, consurgunt ii, qui et causam et hominem probant, suumque auxilium pollicentur atque ab multitudine collaudantur: qui ex his secuti non sunt, in desertorum ac proditorum numero
30 ducuntur, omniumque his rerum postea fides derogatur. Hospitem violare fas non putant; qui quaque de causa ad eos venerunt, ab iniuria prohibent, sanctos habent, hisque omnium domus patent victusque communicatur. 24. Ac

fuit antea tempus, cum Germanos Galli virtute superarent, ultro bella inferrent, propter hominum multitudinem agrique inopiam trans Rhenum colonias mitterent. Itaque ea, quae fertilissima Germaniae sunt, loca circum Hercyniam silvam, quam Eratostheni et quibusdam Graecis fama notam esse video, quam illi Orcyniam appellant, Volcae Tectosages occupaverunt atque ibi consederunt; quae gens ad hoc tempus his sedibus sese continet summamque habet iustitiae et bellicae laudis opinionem. Nunc, quod in eadem inopia, egestate patientiaque Germani permanent, eodem victu et cultu corporis utuntur, Gallis autem provinciarum propinquitas et transmarinarum rerum notitia multa ad copiam atque usus largitur, paulatim assuefacti superari multisque victi proeliis ne se quidem ipsi cum illis virtute comparant.

25. Huius Hercyniae silvae, quae supra demonstrata est, latitudo novem dierum iter expedito patet: non enim aliter finiri potest, neque mensuras itinerum noverunt. Oritur ab Helvetiorum et Nemetum et Rauracorum finibus rectaque fluminis Danuvii regione pertinet ad fines Dacorum et Anartium; hinc se flectit sinistrorsus diversis ab flumine regionibus multarumque gentium fines propter magnitudinem attingit; neque quisquam est huius Germaniae, qui se aut adisse ad initium eius silvae dicat, cum dierum iter LX processerit, aut, quo ex loco oriatur, acceperit; multaque in ea genera ferarum nasci constat, quae reliquis in locis visa non sint; ex quibus quae maxime differant ab ceteris et memoriae prodenda videantur, haec sunt. **26.** Est bos cervi figura, cuius a media fronte inter aures unum cornu exsistit excelsius magisque directum his, quae nobis nota sunt, cornibus: ab eius summo sicut palmae ramique late diffunduntur. Eadem est feminae marisque natura, eadem forma magnitudoque cornuum. Sunt item, quae appellantur alces. **27.** Harum est consimilis capris figura et varietas pellium, sed magnitudine paulo antecedunt mutilaeque sunt cornibus et crura sine nodis articulisque habent, neque quietis causa procumbunt, neque, si quo afflictae casu 5 conciderunt, erigere sese aut sublevare possunt. His sunt arbores pro cubilibus: ad eas se applicant atque ita paulum modo reclinatae quietem capiunt. Quarum ex vestigiis cum est animadversum a venatoribus, quo se recipere consuerint, omnes eo loco aut ab radicibus subruunt aut 10 accidunt arbores, tantum ut summa species earum stantium relinquatur. Huc cum se consuetudine reclinaverunt, infirmas arbores pondere affligunt atque una ipsae concidunt. **28.** Tertium est genus eorum, qui uri appellantur. Hi sunt magnitudine paulo infra elephantos, specie et colore 15 et figura tauri. Magna vis eorum est et magna velocitas, neque homini neque ferae, quam conspexerunt, parcunt. Hos studiose foveis captos interficiunt; hoc se labore durant adulescentes atque hoc genere venationis exercent, et qui plurimos ex his interfecerunt, relatis in publicum cornibus, 20 quae sint testimonio, magnam ferunt laudem. Sed assuescere ad homines et mansuefieri ne parvuli quidem excepti possunt. Amplitudo cornuum et figura et species multum a nostrorum boum cornibus differt. Haec studiose conquisita ab labris argento circumcludunt atque in amplissimis 25 epulis pro poculis utuntur.

29. Caesar, postquam per Ubios exploratores comperit Suebos sese in silvas recepisse, inopiam frumenti veritus, quod, ut supra demonstravimus, minime omnes Germani agriculturae student, constituit non progredi longius; sed 30 ne omnino metum reditus sui barbaris tolleret atque ut eorum auxilia tardaret, reducto exercitu partem ultimam pontis, quae ripas Ubiorum contingebat, in longitudinem pedum ducentorum rescindit, atque in extremo ponte turrim tabulatorum quattuor constituit praesidiumque cohortium duodecim pontis tuendi causa ponit magnisque eum locum munitionibus firmat. Ei loco praesidioque Gaium Volcatium Tullum adulescentem praefecit. Ipse, cum maturescere frumenta inciperent, ad bellum Ambiorigis profectus per 5 Arduennam silvam, quae est totius Galliae maxima atque ab ripis Rheni finibusque Treverorum ad Nervios pertinet milibusque amplius quingentis in longitudinem patet, L. Minucium Basilum cum omni equitatu praemittit, si quid celeritate itineris atque opportunitate temporis proficere 10 posset, monet, ut ignes in castris fieri prohibeat, ne qua eius adventus procul significatio fiat: sese confestim subsequi dicit. Basilus, ut imperatum est, facit. 30. Celeriter contraque omnium opinionem confecto itinere multos in agris inopinantes deprehendit: eorum indicio ad ipsum 15 Ambiorigem contendit, quo in loco cum paucis equitibus esse dicebatur. Multum cum in omnibus rebus, tum in re militari potest fortuna. Nam sicut magno accidit casu, ut in ipsum incautum etiam atque imparatum incideret, priusque eius adventus ab omnibus videretur, quam fama 20 ac nuntius afferretur, sic magnae fuit fortunae omni militari instrumento, quod circum se habebat, erepto, redis equisque comprehensis ipsum effugere mortem. Sed hoc quoque factum est, quod aedificio circumdato silva, ut sunt fere domicilia Gallorum, qui vitandi aestus causa plerumque 25 silvarum atque fluminum petunt propinquitates, comites familiaresque eius angusto in loco paulisper equitum nostrorum vim sustinuerunt. His pugnantibus illum in equum quidam ex suis intulit: fugientem silvae texerunt. Sic et ad subeundum periculum et ad vitandum multum fortuna 30 valuit. 31. Ambiorix copias suas iudicione non conduxerit, quod proelio dimicandum non existimarit, an tempore exclusus et repentino equitum adventu prohibitus, cum reliquum exercitum subsequi crederet, dubium est; sed certe dimissis per agros nuntiis sibi quemque consulere iussit. Quorum pars in Arduennam silvam, pars in continentes paludes profugit; qui proximi Oceano fuerunt, hi 5 insulis sese occultaverunt, quas aestus efficere consuerunt: multi ex suis finibus egressi se suaque omnia alienissimis crediderunt. Catuvolcus, rex dimidiae partis Eburonum, qui una cum Ambiorige consilium inierat, aetate iam confectus cum laborem belli aut fugae ferre non posset, omnibus 10 precibus detestatus Ambiorigem, qui eius consilii auctor fuisset, taxo, cuius magna in Gallia Germaniaque copia est, se exanimavit. **32.** Segni Condrusique ex gente et numero Germanorum, qui sunt inter Eburones Treverosque, legatos ad Caesarem miserunt oratum, ne se in hostium 15 numero duceret neve omnium Germanorum, qui essent citra Rhenum, unam esse causam iudicaret: nihil se de bello cogitasse, nulla Ambiorigi auxilia misisse. Caesar explorata re quaestione captivorum, si qui ad eos Eburones ex fuga convenissent, ad se ut reducerentur, imperavit: si 20 ita fecissent, fines eorum se violaturum negavit. Tum copiis in tris partes distributis impedimenta omnium legionum Aduatucam contulit. Id castelli nomen est. Hoc fere est in mediis Eburonum finibus, ubi Titurius atque Aurunculeius hiemandi causa consederant. Hunc cum 25 reliquis rebus locum probarat, tum quod superioris anni munitiones integrae manebant, ut militum laborem sublevaret. Praesidio impedimentis legionem quartamdecimam reliquit, unam ex his tribus, quas proxime conscriptas ex Italia traduxerat. Ei legioni castrisque Quintum Tullium 30 Ciceronem praeficit ducentosque equites attribuit. **33.** Partito exercitu T. Labienum cum legionibus tribus ad Oceanum versus in eas partes, quae Menapios attingunt, proficisci iubet; Gaium Trebonium cum pari legionum numero ad eam regionem, quae ad Aduatucos adiacet, depopulandam mittit; ipse cum reliquis tribus ad flumen Scaldim, quod influit in Mosam, extremasque Arduennae partis ire constituit, quo cum paucis equitibus profectum Ambiorigem audiebat. Discedens post diem septimum sese reversurum confirmat; quam ad diem ei legioni, quae in praesidio relinquebatur, deberi frumentum sciebat. Labienum Treboniumque hortatur, si reipublicae commodo facere possint, ad eum diem revertantur, ut rursus communicato consilio exploratisque hostium rationibus aliud initium belli capere possint. 34. Erat, ut supra demonstravimus, manus certa nulla, non oppidum, non praesidium, quod se armis defenderet, sed in omnis partis dispersa multitudo. Ubi cuique aut valles abdita aut locus silvestris aut palus impedita spem praesidii aut salutis aliquam offerebat, consederat. Haec loca vicinitatibus erant nota, magnamque res diligentiam requirebat non in summa exercitus tuenda (nullum enim poterat universis ab perterritis ac dispersis periculum accidere), sed in singulis militibus conservandis; quae tamen ex parte res ad salutem exercitus pertinebat. Nam et praedae cupiditas multos longius evocabat, et silvae incertis occultisque itineribus confertos adire prohibebant. Si negotium confici stirpemque hominum sceleratorum interfici vellet, dimittendae plures manus diducendique erant milites; si continere ad signa manipulos vellet, ut instituta ratio et consuetudo exercitus Romani postulabat, locus ipse erat praesidio barbaris, neque ex occulto insidiandi et dispersos circumveniendi singulis deerat audacia. Ut in eiusmodi difficultatibus, quantum diligentia provideri poterat, providebatur, ut potius in nocendo aliquid praetermitteretur, etsi omnium animi ad ulciscendum ardebant, quam cum aliquo militum detrimento noceretur. Dimittit ad finitimas civitates nuntios Caesar: omnes evocat spe praedae ad diripiendos Eburones, ut potius in silvis Gallorum vita quam legionarius miles periclitetur, simul ut magna multitudine circumfusa pro tali facinore stirps ac nomen civitatis tollatur. Magnus undique numerus celeriter convenit.

35. Haec in omnibus Eburonum partibus gerebantur, diesque appetebat septimus, quem ad diem Caesar ad impedimenta legionemque reverti constituerat. Hic, quantum in bello fortuna possit et quantos afferat casus, cognosci potuit. Dissipatis ac perterritis hostibus, ut demonstravimus, manus erat nulla, quae parvam modo causam timoris afferret. Trans Rhenum ad Germanos pervenit fama, diripi Eburones atque ultro omnes ad praedam evocari. Cogunt equitum duo milia Sugambri, qui sunt proximi Rheno, a quibus receptos ex fuga Tencteros atque Usipetes supra docuimus. Transeunt Rhenum navibus ratibusque triginta milibus passuum infra eum locum, ubi pons erat perfectus praesidiumque ab Caesare relictum: primos Eburonum fines adeunt; multos ex fuga dispersos excipiunt, magno pecoris numero, cuius sunt cupidissimi barbari, potiuntur. Invitati praeda longius procedunt. Non hos palus in bello latrociniisque natos, non silvae morantur. Quibus in locis sit Caesar, ex captivis quaerunt; profectum longius reperiunt omnemque exercitum discessisse cognoscunt. Atque unus ex captivis: 'Quid vos,' inquit, 'hanc miseram ac tenuem sectamini praedam, quibus licet iam esse fortunatissimis? Tribus horis Aduatucam venire potestis: huc omnes suas fortunas exercitus Romanorum contulit: praesidii tantum est, ut ne murus quidem cingi possit, neque quisquam egredi extra munitiones audeat.' Oblata spe Germani quam nacti erant praedam in occulto relinquunt; ipsi Aduatucam contendunt usi eodem duce, cuius haec indicio cognoverant.

36. Cicero, qui per omnes superiores dies praeceptis Caesaris cum summa diligentia milites in castris continuisset ac ne calonem quidem quemquam extra munitionem egredi passus esset, septimo die diffidens de numero dierum Caesarem fidem servaturum, quod longius progressum audiebat neque ulla de reditu eius fama afferebatur, simul eorum permotus vocibus, qui illius patientiam paene obsessionem appellabant, siquidem ex castris egredi non liceret, nullum eiusmodi casum exspectans, quo novem oppositis legionibus maximoque equitatu dispersis ac paene deletis hostibus in milibus passuum tribus offendi posset, quinque cohortes frumentatum in proximas segetes mittit, quas inter et castra unus omnino collis intercrat. Complures erant ex legionibus aegri relicti; ex quibus qui hoc spatio dierum convaluerant, circiter ccc, sub vexillo una mittuntur; magna praeterea multitudo calonum, magna vis iumentorum, quae in castris subsederant, facta potestate sequitur. **37.** Hoc ipso tempore et casu Germani equites interveniunt protinusque eodem illo, quo venerant, cursu ab decumana porta in castra irrumpere conantur, nec prius sunt visi obiectis ab ea parte silvis, quam castris appropinquarent, usque eo, ut qui sub vallo tenderent mercatores recipiendi sui facultatem non haberent. Inopinantes nostri re nova perturbantur, ac vix primum impetum cohors in statione sustinet. Circumfunduntur ex reliquis hostes partibus, si quem aditum reperire possent. Aegre portas nostri tuentur, reliquos aditus locus ipse per se munitioque defendit. Totis trepidatur castris, atque alius ex alio causam tumultus quaerit; neque quo signa ferantur, neque quam in partem quisque conveniat, provident. Alius iam castra capta pronuntiat, alius deleto exercitu atque imperatore victores barbaros venisse contendit; plerique novas sibi ex loco religiones fingunt Cottaeque et Titurii calamitatem, qui in

eodem occiderint castello, ante oculos ponunt. Tali timore omnibus perterritis confirmatur opinio barbaris, ut ex captivo audierant, nullum esse intus praesidium. Perrumpere nituntur seque ipsi adhortantur, ne tantam fortun-
5 am ex manibus dimittant. 38. Erat aeger cum praesidio relictus Publius Sextius Baculus, qui primum pilum ad Caesarem duxerat, cuius mentionem superioribus proeliis fecimus, ac diem iam quintum cibo caruerat. Hic diffisus suae atque omnium saluti inermis ex tabernaculo prodit:
10 videt imminere hostes atque in summo esse rem discrimine: capit arma a proximis atque in porta consistit. Consequuntur hunc centuriones eius cohortis, quae in statione erat: paulisper una proelium sustinent. Relinquit animus Sextium gravibus acceptis vulneribus: aegre per manus
15 tractus servatur. Hoc spatio interposito reliqui sese confirmant tantum, ut in munitionibus consistere audeant speciemque defensorum praebeant. 39. Interim confecta frumentatione milites nostri clamorem exaudiunt: praecurrunt equites; quanto res sit in periculo cognoscunt.
20 Hic vero nulla munitio est, quae perterritos recipiat: modo conscripti atque usus militaris imperiti ad tribunum militum centurionesque ora convertunt: quid ab his praecipiatur exspectant. Nemo est tam fortis, quin rei novitate perturbetur. Barbari signa procul conspicati oppugnatione
25 desistunt: rediisse primo legiones credunt, quas longius discessisse ex captivis cognoverant: postea despecta paucitate ex omnibus partibus impetum faciunt. 40. Calones in proximum tumulum procurrunt. Hinc celeriter deiecti se in signa manipulosque coniciunt: eo magis timidos
30 perterrent milites. Alii, cuneo facto ut celeriter perrumpant, censent, quoniam tam propinqua sint castra, et si pars aliqua circumventa ceciderit, at reliquos servari posse confidunt; alii, ut in iugo consistant atque eundem omnes

ferant casum. Hoc veteres non probant milites, quos sub
vexillo una profectos docuimus. Itaque inter se cohortati
duce Gaio Trebonio, equite Romano, qui eis erat praeposit-
us, per medios hostes perrumpunt incolumesque ad unum
omnes in castra perveniunt. Hos subsecuti calones equi- 5
tesque eodem impetu militum virtute servantur. At ii, qui
in iugo constiterant, nullo etiam nunc usu rei militaris
percepto neque in eo, quod probaverant, consilio permanere,
ut se loco superiore defenderent, neque eam quam prod-
esse aliis vim celeritatemque viderant imitari potuerunt, 10
sed se in castra recipere conati iniquum in locum demiserunt.
Centuriones, quorum nonnulli ex inferioribus ordinibus
reliquarum legionum virtutis causa in superiores erant
ordines huius legionis traducti, ne ante partam rei militaris
laudem amitterent, fortissime pugnantes conciderunt. Milit- 15
um pars horum virtute submotis hostibus praeter spem
incolumis in castra pervenit, pars a barbaris circumventa
periit. 41. Germani desperata expugnatione castrorum,
quod nostros iam constitisse in munitionibus videbant, cum
ea praeda, quam in silvis deposuerant, trans Rhenum 20
sese receperunt. Ac tantus fuit etiam post discessum
hostium terror, ut ea nocte, cum Gaius Volusenus missus
cum equitatu ad castra venisset, fidem non faceret adesse
cum incolumi Caesarem exercitu. Sic omnino animos
timor praeoccupaverat, ut paene alienata mente deletis 25
omnibus copiis equitatum se ex fuga recepisse dicerent
neque incolumi exercitu Germanos castra oppugnaturos
fuisse contenderent. 42. Quem timorem Caesaris adventus sustulit. Reversus ille eventus belli non ignorans
unum, quod cohortes ex statione et praesidio essent emissae, 30
questus—ne minimo quidem casu locum relinqui debuisse
—multum fortunam in repentino hostium adventu potuisse
iudicavit, multo etiam amplius, quod paene ab ipso vallo
portisque castrorum barbaros avertisset. Quarum omnium

rerum maxime admirandum videbatur, quod Germani, qui eo consilio Rhenum transierant, ut Ambiorigis fines depopularentur, ad castra Romanorum delati optatissimum Ambiorigi beneficium obtulerunt.

43. Caesar rursus ad vexandos hostes profectus magno coacto numero ex finitimis civitatibus in omnes partes dimittit. Omnes vici atque omnia aedificia, quae quisque conspexerat, incendebantur; praeda ex omnibus locis agebatur; frumenta non solum a tanta multitudine iumentorum atque hominum consumebantur, sed etiam anni tempore atque imbribus procubuerant, ut, si qui etiam in praesentia se occultassent, tamen his deducto exercitu rerum omnium inopia pereundum videretur. Ac saepe in eum locum ventum est tanto in omnis partis diviso equitatu, ut modo visum ab se Ambiorigem in fuga circumspicerent captivi nec plane etiam abisse ex conspectu contenderent, ut spe consequendi illata atque infinito labore suscepto, qui se summam ab Caesare gratiam inituros putarent, paene naturam studio vincerent, semperque paulum ad summam felicitatem defuisse videretur, atque ille latebris aut saltibus se eriperet et noctu occultatus alias regiones partesque peteret non maiore equitum praesidio quam quattuor quibus solis vitam suam committere audebat.

44. Tali modo vastatis regionibus exercitum Caesar duarum cohortium damno Durocortorum Remorum reducit, concilioque in eum locum Galliae indicto de coniuratione Senonum et Carnutum quaestionem habere instituit, et de Accone, qui princeps eius consilii fuerat, graviore sententia pronuntiata more maiorum supplicium sumpsit. Nonnulli iudicium veriti profugerunt. Quibus cum aqua atque igni interdixisset, duas legiones ad fines Treverorum, duas in Lingonibus, sex reliquas in Senonum finibus Agedinci in hibernis collocavit frumentoque exercitui proviso, ut instituerat, in Italiam ad conventus agendos profectus est.

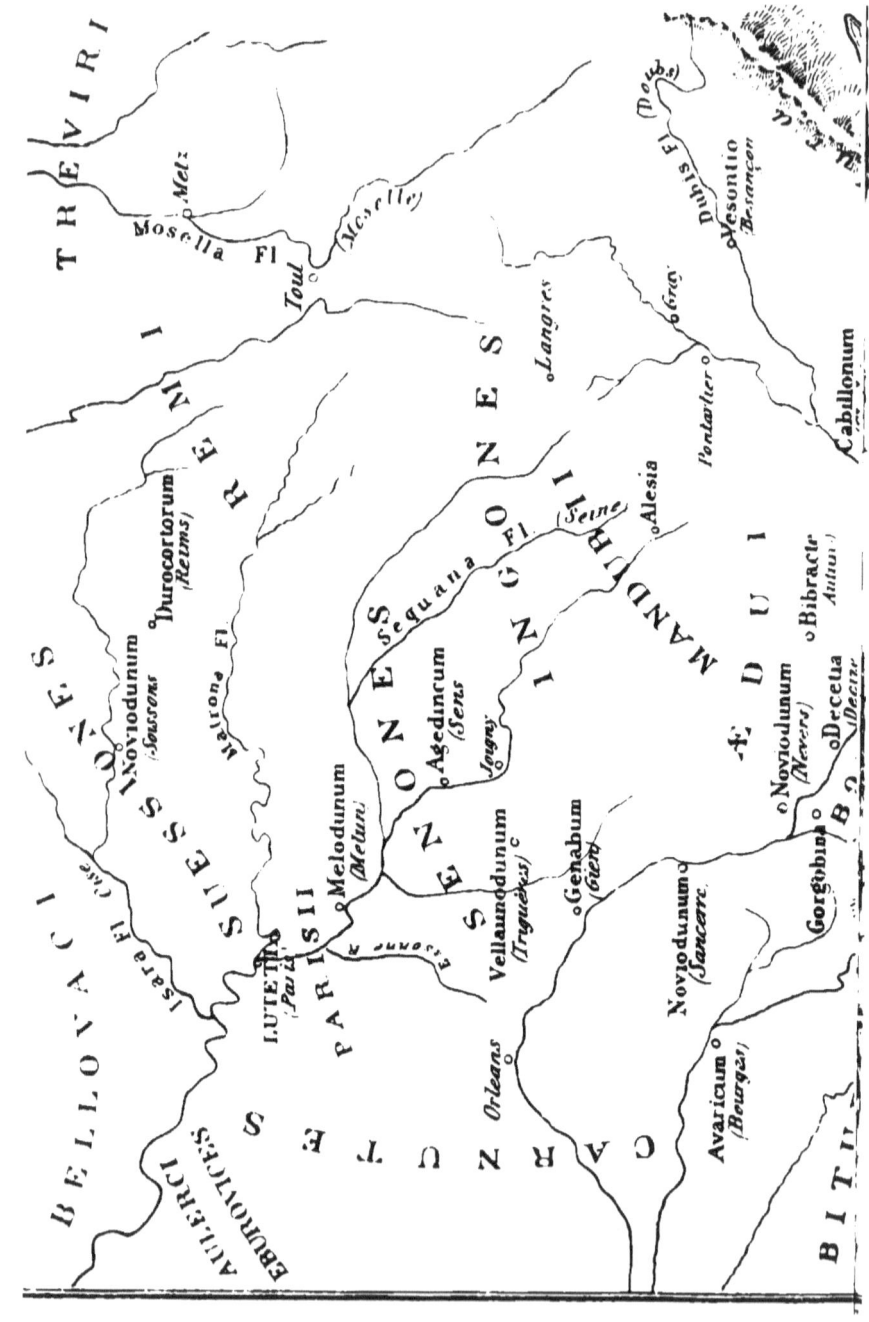

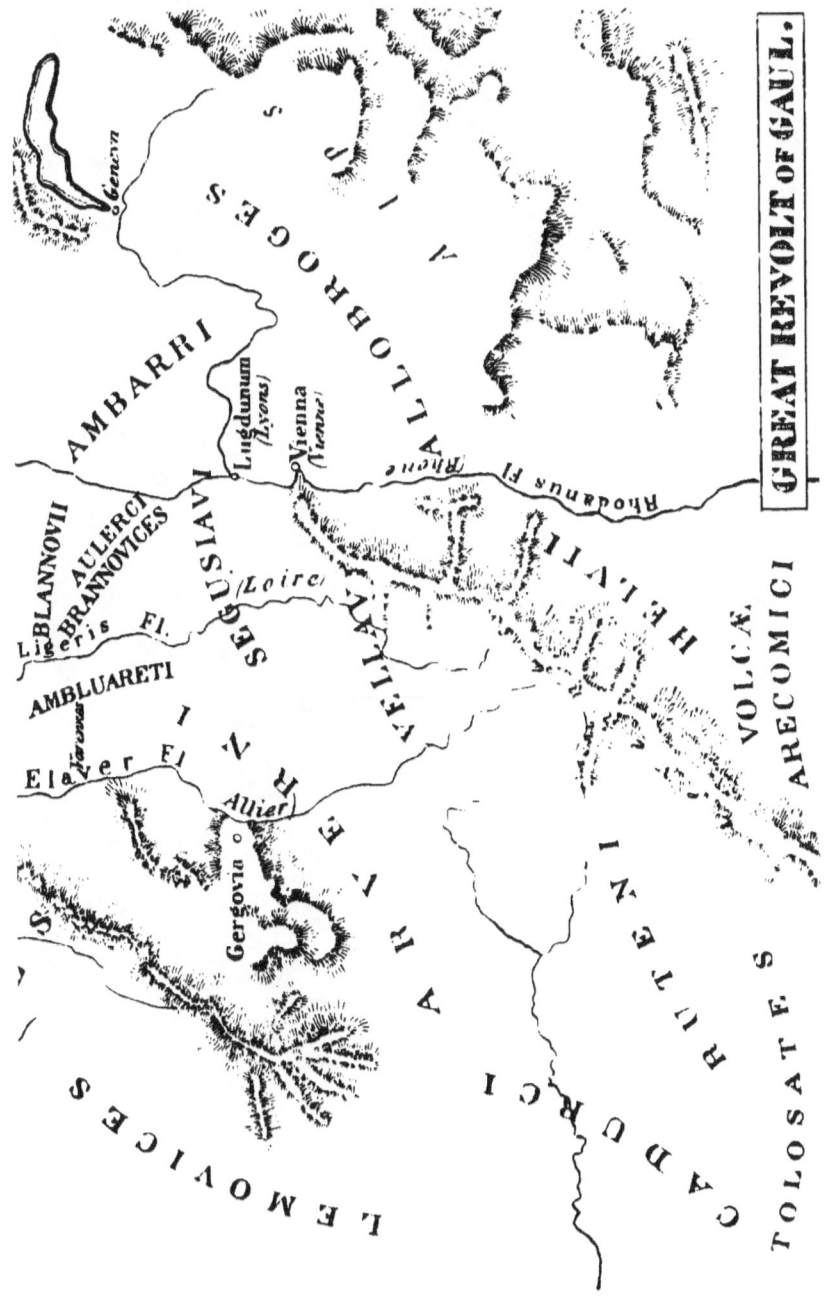

C. IULII CAESARIS

DE BELLO GALLICO

COMMENTARIUS SEPTIMUS.

B.C. 52.   A.U.C. 702.

Great Revolt of Gaul, and Massacre of Roman civilians. Roman passage of the Cevennes. Fall of Avaricum. Failure at Gergovia. Revolt of Aedui. Retreat of Labienus from Lutetia. Siege of Alesia.

1. QUIETA Gallia Caesar, ut constituerat, in Italiam ad conventus agendos proficiscitur. Ibi cognoscit de Clodii caede, de senatusque consulto certior factus, ut omnes iuniores Italiae coniurarent, delectum tota provincia habere instituit. Eae res in Galliam Transalpinam celeriter perferuntur. Addunt ipsi et affingunt rumoribus Galli, quod res poscere videbatur, retineri urbano motu Caesarem neque in tantis dissensionibus ad exercitum venire posse. Hac impulsi occasione, qui iam ante se populi Romani imperio subiectos dolerent, liberius atque audacius de bello consilia inire incipiunt. Indictis inter se principes Galliae conciliis silvestribus ac remotis locis queruntur de Acconis morte; posse hunc casum ad ipsos recidere demonstrant: miserantur communem Galliae fortunam: omnibus pollicitationibus ac praemiis deposcunt, qui belli initium faciant et sui capitis periculo Galliam in libertatem vindicent. Imprimis rationem esse habendam dicunt, priusquam eorum clandestina consilia efferantur, ut Caesar ab exercitu intercludatur. Id esse

facile, quod neque legiones audeant absente imperatore ex hibernis egredi, neque imperator sine praesidio ad legiones pervenire possit. Postremo in acie praestare interfici, quam non veterem belli gloriam libertatemque, quam a maioribus acceperint, recuperare. 2. His rebus agitatis profitentur Carnutes se nullum periculum communis salutis causa recusare principesque ex omnibus bellum facturos pollicentur et, quoniam in praesentia obsidibus cavere inter se non possint, ne res efferatur, ut iureiurando ac fide sanciatur, petunt, collatis militaribus signis, quo more eorum gravissima caerimonia continetur, ne facto initio belli ab reliquis deserantur. Tum collaudatis Carnutibus, dato iureiurando ab omnibus, qui aderant, tempore eius rei constituto ab concilio disceditur. 3. Ubi ea dies venit, Carnutes Gutruato et Conconnetodumno ducibus, desperatis hominibus, Cenabum signo dato concurrunt civesque Romanos, qui negotiandi causa ibi constiterant, in his Gaium Fufium Citam, honestum equitem Romanum, qui rei frumentariae iussu Caesaris praeerat, interficiunt bonaque eorum diripiunt. Celeriter ad omnes Galliae civitates fama perfertur. Nam ubicumque maior atque illustrior incidit res, clamore per agros regionesque significant; hunc alii deinceps excipiunt et proximis tradunt, ut tum accidit. Nam quae Cenabi oriente sole gesta essent, ante primam confectam vigiliam in finibus Arvernorum audita sunt, quod spatium est milium passuum circiter CLX.

4. Simili ratione ibi Vercingetorix, Celtilli filius, Arvernus, summae potentiae adulescens, cuius pater principatum Galliae totius obtinuerat et ob eam causam, quod regnum appetebat, ab civitate erat interfectus, convocatis suis clientibus facile incendit. Cognito eius consilio ad arma concurritur. Prohibetur ab Gobannitione, patruo suo, reliquisque principibus, qui hanc temptandam fortunam non existima-

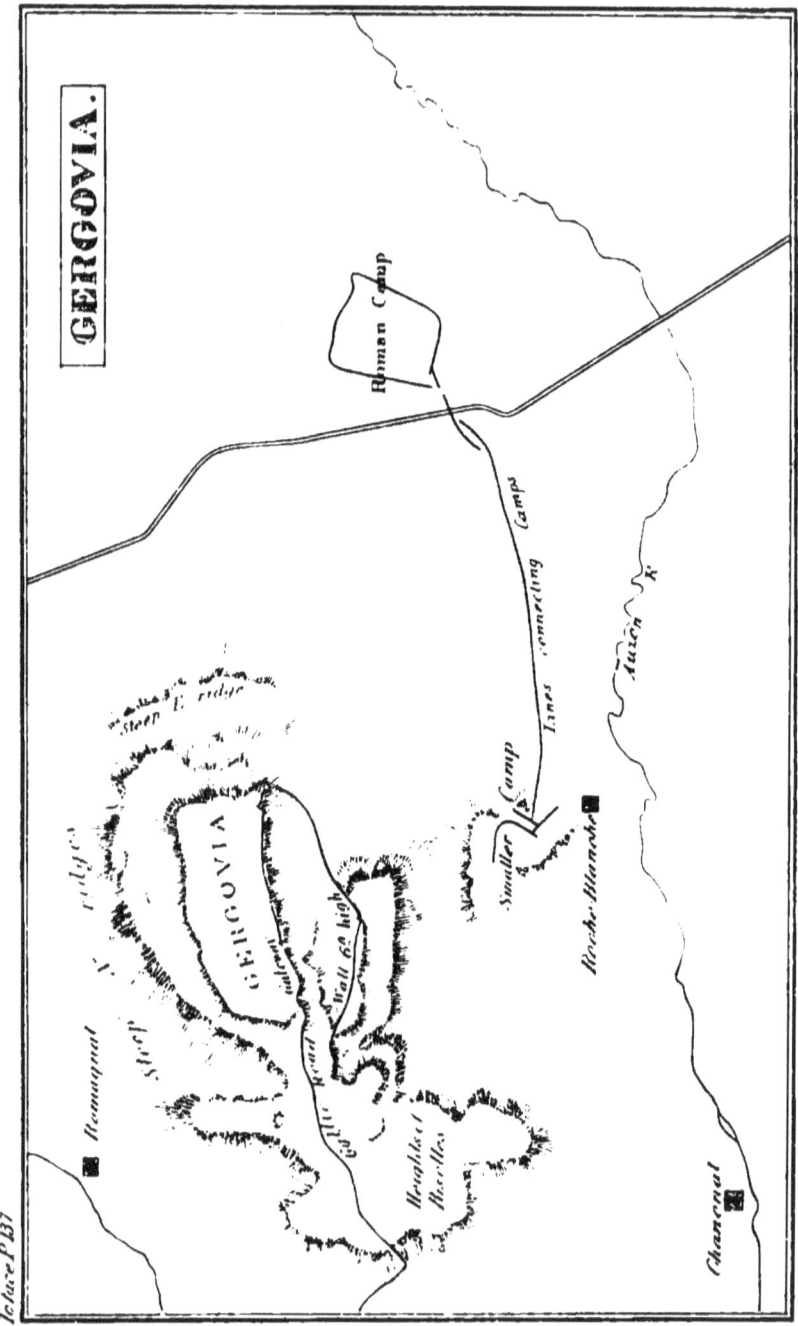

bant, expellitur ex oppido Gergovia; non destitit tamen atque in agris habet delectum egentium ac perditorum. Hac coacta manu, quoscumque adit ex civitate, ad suam sententiam perducit; hortatur, ut communis libertatis causa arma capiant, magnisque coactis copiis adversarios suos, a quibus paulo ante erat eiectus, expellit ex civitate. Rex ab suis appellatur. Dimittit quoqueversus legationes; obtestatur, ut in fide maneant. Celeriter sibi Senones, Parisios, Pictones, Cadurcos, Turonos, Aulercos, Lemovices, Andos reliquosque omnes, qui Oceanum attingunt, adiungit: omnium consensu ad eum defertur imperium. Qua oblata potestate omnibus his civitatibus obsides imperat, certum numerum militum ad se celeriter adduci iubet, armorum quantum quaeque civitas domi quodque ante tempus efficiat, constituit; imprimis equitatui studet. Summae diligentiae summam imperii severitatem addit; magnitudine supplicii dubitantes cogit. Nam maiore commisso delicto igni atque omnibus tormentis necat, leviore de causa auribus desectis aut singulis effossis oculis domum remittit, ut sint reliquis documento et magnitudine poenae perterreant alios. 5. His suppliciis celeriter coacto exercitu Lucterium Cadurcum, summae hominem audaciae, cum parte copiarum in Rutenos mittit; ipse in Bituriges proficiscitur. Eius adventu Bituriges ad Aeduos, quorum erant in fide, legatos mittunt subsidium rogatum, quo facilius hostium copias sustinere possint. Aedui de consilio legatorum, quos Caesar ad exercitum reliquerat, copias equitatus peditatusque subsidio Biturigibus mittunt. Qui cum ad flumen Ligerim venissent, quod Bituriges ab Aeduis dividit, paucos dies ibi morati neque flumen transire ausi domum revertuntur legatisque nostris renuntiant se Biturigum perfidiam veritos revertisse, quibus id consilii fuisse cognoverint, ut, si flumen transissent, una ex parte ipsi, altera Arverni se circumsisterent. Id eane de causa, quam legatis pronuntiarunt, an perfidia adducti fecerint, quod nihil nobis constat, non videtur pro certo esse proponendum. Bituriges eorum discessu statim cum Arvernis iunguntur.

5 6. His rebus in Italiam Caesari nuntiatis, cum iam ille urbanas res virtute Gnei Pompei commodiorem in statum pervenisse intellegeret, in Transalpinam Galliam profectus est. Eo cum venisset, magna difficultate afficiebatur, qua ratione ad exercitum pervenire posset. Nam si legiones 10 in provinciam arcesseret, se absente in itinere proelio dimicaturas intellegebat; si ipse ad exercitum contenderet, ne iis quidem eo tempore, qui quieti viderentur, suam salutem recte committi videbat. 7. Interim Lucterius Cadurcus in Rutenos missus eam civitatem Arvernis conciliat. Pro-15 gressus in Nitiobroges et Gabalos ab utrisque obsides accipit et magna coacta manu in provinciam Narbonem versus eruptionem facere contendit. Qua re nuntiata Caesar omnibus consiliis antevertendum existimavit, ut Narbonem proficisceretur. Eo cum venisset, timentes confirmat, praesidia 20 in Rutenis provincialibus, Volcis Arecomicis, Tolosatibus circumque Narbonem, quae loca hostibus erant finitima, constituit, partem copiarum ex provincia supplementumque, quod ex Italia adduxerat, in Helvios, qui fines Arvernorum contingunt, convenire iubet. 8. His rebus comparatis re-25 presso iam Lucterio et remoto, quod intrare intra praesidia periculosum putabat, in Helvios proficiscitur. Etsi mons Cevenna, qui Arvernos ab Helviis discludit, durissimo tempore anni altissima nive iter impediebat, tamen discussa nive sex in altitudinem pedum atque ita viis patefactis summo 30 militum sudore ad fines Arvernorum pervenit. Quibus oppressis inopinantibus, quod se Cevenna ut muro munitos existimabant, ac ne singulari quidem umquam homini eo tempore anni semitae patuerant, equitibus imperat, ut quam

latissime possint vagentur et quam maximum hostibus terrorem inferant. Celeriter haec fama ac nuntiis ad Vercingetorigem perferuntur; quem perterriti omnes Arverni circumsistunt atque obsecrant, ut suis fortunis consulat, neu se ab hostibus diripi patiatur, praesertim cum videat omne ad se bellum translatum. Quorum ille precibus permotus castra ex Biturigibus movet in Arvernos versus. 9. At Caesar biduum in his locis moratus, quod haec de Vercingetorige usu ventura opinione praeceperat, per causam supplementi equitatusque cogendi ab exercitu discedit, Brutum adulescentem his copiis praeficit; hunc monet, ut in omnis partes equites quam latissime pervagentur: daturum se operam, ne longius triduo ab castris absit. His constitutis rebus suis inopinantibus quam maximis potest itineribus Viennam pervenit. Ibi nactus recentem equitatum, quem multis ante diebus eo praemiserat, neque diurno neque nocturno itinere intermisso per fines Aeduorum in Lingones contendit, ubi duae legiones hiemabant, ut, si quid etiam de sua salute ab Aeduis iniretur consilii, celeritate praecurreret. Eo cum pervenisset, ad reliquas legiones mittit priusque omnes in unum locum cogit, quam de eius adventu Arvernis nuntiari possit. Hac re cognita Vercingetorix rursus in Bituriges exercitum reducit atque inde profectus Gorgobinam, Boiorum oppidum, quos ibi Helvetico proelio victos Caesar collocaverat Aeduisque attribuerat, oppugnare instituit. 10. Magnam haec res Caesari difficultatem ad consilium capiendum afferebat, si reliquam partem hiemis uno loco legiones contineret, ne stipendiariis Aeduorum expugnatis cuncta Gallia deficeret, quod nullum amicis in eo praesidium videret positum esse: si maturius ex hibernis educeret, ne ab re frumentaria duris subvectionibus laboraret. Praestare visum est tamen omnis difficultates perpeti, quam tanta contumelia accepta omnium suorum voluntates alienare.

Itaque cohortatus Aeduos de supportando commeatu praemittit ad Boios, qui de suo adventu doceant hortenturque, ut in fide maneant atque hostium impetum magno animo sustineant. Duabus Agedinci legionibus atque impedimentis
5 totius exercitus relictis ad Boios proficiscitur. 11. Altero die cum ad oppidum Senonum Vellaunodunum venisset, ne quem post se hostem relinqueret, quo expeditiore re frumentaria uteretur, oppugnare instituit idque biduo circumvallavit; tertio die missis ex oppido legatis de deditione
10 arma conferri, iumenta produci, DC obsides dari iubet. Ea qui conficeret, Gaium Trebonium legatum relinquit. Ipse, ut quam primum iter faceret, Cenabum Carnutum proficiscitur; qui tum primum allato nuntio de oppugnatione Vellaunoduni, cum longius eam rem ductum iri existimarent,
15 praesidium Cenabi tuendi causa, quod eo mitterent, comparabant. Huc biduo pervenit. Castris ante oppidum positis diei tempore exclusus in posterum oppugnationem differt quaeque ad eam rem usui sint militibus imperat et quod oppidum Cenabum pons fluminis Ligeris continebat,
20 veritus, ne noctu ex oppido profugerent, duas legiones in armis excubare iubet. Cenabenses paulo ante mediam noctem silentio ex oppido egressi flumen transire coeperunt. Qua re per exploratores nuntiata Caesar legiones, quas expeditas esse iusserat, portis incensis intromittit atque
25 oppido potitur perpaucis ex hostium numero desideratis, quin cuncti caperentur, quod pontis atque itinerum angustiae multitudinis fugam intercluserant. Oppidum diripit atque incendit, praedam militibus donat, exercitum Ligerem traducit atque in Biturigum fines pervenit. 12. Vercingetorix,
30 ubi de Caesaris adventu cognovit, oppugnatione destitit atque obviam Caesari proficiscitur. Ille oppidum Biturigum positum in via Noviodunum oppugnare instituerat. Quo ex oppido cum legati ad eum venissent oratum, ut sibi

ignosceret suaeque vitae consuleret, ut celeritate reliquas
res conficeret, qua pleraque erat consecutus, arma conferri,
equos produci, obsides dari iubet. Parte iam obsidum
tradita, cum reliqua administrarentur, centurionibus et paucis
militibus intromissis, qui arma iumentaque conquirerent,
equitatus hostium procul visus est, qui agmen Vercingetorigis antecesserat. Quem simul atque oppidani conspexerunt
atque in spem auxilii venerunt, clamore sublato arma capere, portas claudere, murum complere coeperunt. Centuriones in oppido cum ex significatione Gallorum novi
aliquid ab iis iniri consilii intellexissent, gladiis destrictis
portas occupaverunt suosque omnes incolumes receperunt.
13. Caesar ex castris equitatum educi iubet, proelium equestre committit: laborantibus iam suis Germanos equites
circiter cccc submittit, quos ab initio habere secum instituerat. Eorum impetum Galli sustinere non potuerunt atque
in fugam coniecti multis amissis se ad agmen receperunt.
Quibus profligatis rursus oppidani perterriti comprehensos
eos, quorum opera plebem concitatam existimabant, ad
Caesarem perduxerunt seseque ei dediderunt. Quibus rebus
confectis Caesar ad oppidum Avaricum, quod erat maximum
munitissimumque in finibus Biturigum atque agri fertilissima
regione, profectus est, quod eo oppido recepto civitatem
Biturigum se in potestatem redacturum confidebat.

14. Vercingetorix tot continuis incommodis Vellaunoduni,
Cenabi, Novioduni acceptis suos ad concilium convocat.
Docet longe alia ratione esse bellum gerendum atque antea
gestum sit. Omnibus modis huic rei studendum, ut pabulatione et commeatu Romani prohibeantur. Id esse facile,
quod equitatu ipsi abundent et quod anni tempore sublevent-
ur. Pabulum secari non posse; necessario dispersos hostes
ex aedificiis petere: hos omnes cotidie ab equitibus deleri
posse. Praeterea salutis causa rei familiaris commoda neg-

legenda: vicos atque aedificia incendi oportere hoc spatio [a Boia] quoquoversus, quo pabulandi causa adire posse videantur. Harum ipsis rerum copiam suppetere, quod, quorum in finibus bellum geratur, eorum opibus sublevent-
5 ur; Romanos aut inopiam non laturos aut magno cum periculo longius ab castris processuros: neque interesse, ipsosne interficiant impedimentisne exuant, quibus amissis bellum geri non possit. Praeterea oppida incendi oportere, quae non munitione et loci natura ab omni sint periculo tuta, neu
10 suis sint ad detractandam militiam receptacula neu Romanis proposita ad copiam commeatus praedamque tollendam. Haec si gravia aut acerba videantur, multo illa gravius aestimare, liberos, coniuges in servitutem abstrahi, ipsos interfici; quae sit necesse accidere victis. 15. Omnium con-
15 sensu hac sententia probata uno die amplius xx urbes Biturigum incenduntur. Hoc idem fit in reliquis civitatibus: in omnibus partibus incendia conspiciuntur; quae etsi magno cum dolore omnes ferebant, tamen hoc sibi solacii proponebant, quod se prope explorata victoria celeriter amissa
20 reciperaturos confidebant. Deliberatur de Avarico in communi concilio, incendi placeret, an defendi. Procumbunt omnibus Gallis ad pedes Bituriges, ne pulcherrimam prope totius Galliae urbem, quae praesidio et ornamento sit civitati, suis manibus succendere cogerentur: facile se loci natura
25 defensuros dicunt, quod prope ex omnibus partibus flumine et palude circumdata unum habeat et perangustum aditum. Datur petentibus venia dissuadente primo Vercingetorige, post concedente et precibus ipsorum et misericordia volgi. Defensores oppido idonei deliguntur. 16. Vercingetorix
30 minoribus Caesarem itineribus subsequitur et locum castris deligit paludibus silvisque munitum ab Avarico longe milia passuum xvi. Ibi per certos exploratores in singula diei tempora, quae ad Avaricum agerentur, cognoscebat et, quid

fieri vellet, imperabat. Omnis nostras pabulationes frumentationesque observabat dispersosque, cum longius necessario procederent, adoriebatur magnoque incommodo afficiebat, etsi, quantum ratione provideri poterat, ab nostris occurrebatur, ut incertis temporibus diversisque itineribus iretur. **17.** Castris ad eam partem oppidi positis Caesar, quae intermissa a flumine et a paludibus aditum, ut supra diximus, angustum habebat, aggerem apparare, vineas agere, turres duas constituere coepit: nam circumvallare loci natura prohibebat. De re frumentaria Boios atque Aeduos adhortari non destitit: quorum alteri, quod nullo studio agebant, non multum adiuvabant, alteri non magnis facultatibus, quod civitas erat exigua et infirma, celeriter, quod habuerunt, consumpserunt. Summa difficultate rei frumentariae affecto exercitu tenuitate Boiorum, indiligentia Aeduorum, incendiis aedificiorum, usque eo ut complures dies frumento milites caruerint et pecore ex longinquioribus vicis adacto extremam famem sustentarent, nulla tamen vox est ab iis audita populi Romani maiestate et superioribus victoriis indigna. Quin etiam Caesar cum in opere singulas legiones appellaret et, si acerbius inopiam ferrent, se dimissurum oppugnationem diceret, universi ab eo, ne id faceret, petebant: sic se complures annos illo imperante meruisse, ut nullam ignominiam acciperent, nusquam infecta re discederent: hoc se ignominiae laturos loco, si inceptam oppugnationem reliquissent: praestare omnes perferre acerbitates, quam non civibus Romanis, qui Cenabi perfidia Gallorum interissent, parentarent. Haec eadem centurionibus tribunisque militum mandabant, ut per eos ad Caesarem deferrentur. **18.** Cum iam muro turres appropinquassent, ex captivis Caesar cognovit Vercingetorigem consumpto pabulo castra movisse propius Avaricum atque ipsum cum

equitatu expeditisque, qui inter equites proeliari consuessent, insidiarum causa eo profectum, quo nostros postero die pabulatum venturos arbitraretur. Quibus rebus cognitis media nocte silentio profectus ad hostium castra mane pervenit.
5 Illi celeriter per exploratores adventu Caesaris cognito carros impedimentaque sua in artiores silvas abdiderunt, copias omnis in loco edito atque aperto instruxerunt. Qua re nuntiata Caesar celeriter sarcinas conferri, arma expediri iussit. 19. Collis erat leniter ab infimo acclivis. Hunc
10 ex omnibus fere partibus palus difficilis atque impedita cingebat non latior pedibus quinquaginta. Hoc se colle interruptis pontibus Galli fiducia loci continebant generatimque distributi in civitates omnia vada ac saltus [eius paludis] obtinebant sic animo parati, ut, si eam paludem Romani
15 perrumpere conarentur, haesitantes premerent ex loco superiore; ut, qui propinquitatem loci videret, paratos prope aequo Marte ad dimicandum existimaret, qui iniquitatem condicionis perspiceret, inani simulatione sese ostentare cognosceret. Indignantes milites Caesar, quod conspectum
20 suum hostes perferre possent tantulo spatio interiecto, et signum proelii exposcentes edocet, quanto detrimento et quot virorum fortium morte necesse sit constare victoriam; quos cum sic animo paratos videat, ut nullum pro sua laude periculum recusent, summae se iniquitatis condemnari
25 debere, nisi eorum vitam sua salute habeat cariorem. Sic milites consolatus eodem die reducit in castra reliquaque, quae ad oppugnationem pertinebant oppidi, administrare instituit.

20. Vercingetorix, cum ad suos redisset, proditionis in-
30 simulatus, quod castra propius Romanos movisset, quod cum omni equitatu discessisset, quod sine imperio tantas copias reliquisset, quod eius discessu Romani tanta opportunitate et celeritate venissent: non haec omnia fortuito aut

sine consilio accidere potuisse; regnum illum Galliae malle Caesaris concessu quam ipsorum habere beneficio—tali modo accusatus ad haec respondit: Quod castra movisset, factum inopia pabuli etiam ipsis hortantibus: quod propius Romanos accessisset, persuasum loci opportunitate, qui se ipsum munitione defenderet: equitum vero operam neque in loco palustri desiderari debuisse et illic fuisse utilem, quo sint profecti. Summam imperii se consulto nulli discedentem tradidisse, ne is multitudinis studio ad dimicandum impelleretur, cui rei propter animi mollitiem studere omnes videret, quod diutius laborem ferre non possent. Romani si casu intervenerint, fortunae, si alicuius indicio vocati, huic habendam gratiam, quod et paucitatem eorum ex loco superiore cognoscere et virtutem despicere potuerint, qui dimicare non ausi turpiter se in castra receperint. Imperium se ab Caesare per proditionem nullum desiderare, quod habere victoria posset, quae iam esset sibi atque omnibus Gallis explorata: quin etiam ipsis remittere, si sibi magis honorem tribuere, quam ab se salutem accipere videantur. 'Haec ut intellegatis,' inquit, 'a me sincere pronuntiari, audite Romanos milites.' Producit servos, quos in pabulatione paucis ante diebus exceperat et fame vinculisque excruciaverat. Hi iam ante edocti, quae interrogati pronuntiarent, milites se esse legionarios dicunt; fame et inopia adductos clam ex castris exisse, si quid frumenti aut pecoris in agris reperire possent: simili omnem exercitum inopia premi, nec iam vires sufficere cuiusquam nec ferre operis laborem posse: itaque statuisse imperatorem, si nihil in oppugnatione oppidi profecissent, triduo exercitum deducere. 'Haec,' inquit, 'a me,' Vercingetorix, 'beneficia habetis, quem proditionis insimulatis; cuius opera sine vestro sanguine tantum exercitum victorem fame consumptum videtis; quem turpiter se ex fuga recipientem ne qua civitas suis finibus recipiat, a me provisum est.' **21.** Conclamat omnis multitudo et suo more armis concrepat, quod facere in eo consuerunt, cuius orationem approbant; summum esse Vercingetorigem ducem nec de eius fide dubitandum, nec maiore ratione bellum administrari posse. Statuunt, ut decem milia hominum delecta ex omnibus copiis in oppidum mittantur, nec solis Biturigibus communem salutem committendam censent, quod paene in eo, si id oppidum retinuissent, summam victoriae constare intellegebant.

22. Singulari militum nostrorum virtuti consilia cuiusquemodi Gallorum occurrebant, ut est summae genus sollertiae atque ad omnia imitanda et efficienda, quae ab quoque traduntur, aptissimum. Nam et laqueis falces avertebant, quas, cum destinaverant, tormentis introrsus reducebant, et aggerem cuniculis subtrahebant, eo scientius, quod apud eos magnae sunt ferrariae atque omne genus cuniculorum notum atque usitatum est. Totum autem murum ex omni parte turribus contabulaverant atque has coriis intexerant. Tum crebris diurnis nocturnisque eruptionibus aut aggeri ignem inferebant aut milites occupatos in opere adoriebantur et nostrarum turrium altitudinem, quantum has cotidianus agger expresserat, commissis suarum turrium malis adaequabant, et apertos cuniculos praeusta et praeacuta materia et pice fervefacta et maximi ponderis saxis morabantur moenibusque appropinquare prohibebant. **23.** Muri autem omnes Gallici hac fere forma sunt. Trabes directae, perpetuae in longitudinem paribus intervallis, distantes inter se binos pedes in solo collocantur. Hae revinciuntur introrsus et multo aggere vestiuntur; ea autem, quae diximus, intervalla grandibus in fronte saxis effarciuntur. His collocatis et coagmentatis alius insuper ordo additur, ut idem illud intervallum servetur neque inter se contingant trabes, sed paribus intermissae spatiis singulae singulis saxis interiectis arte contineantur. Sic deinceps omne opus contexitur, dum iusta muri altitudo expleatur. Hoc cum in speciem varietatemque opus deforme non est alternis trabibus ac saxis, quae rectis lineis suos ordines servant, tum ad utilitatem et defensionem urbium summam habet opportunitatem, quod et ab incendio lapis et ab ariete materia defendit, quae perpetuis trabibus pedes quadragenos plerumque introrsus revincta neque perrumpi neque distrahi potest. **24.** His tot rebus impedita oppugnatione milites, cum toto tempore frigore et assiduis imbribus tardarentur, tamen continenti labore omnia haec superaverunt et diebus XXV aggerem latum pedes CCCXXX, altum pedes LXXX exstruxerunt. Cum is murum hostium paene contingeret, et Caesar ad opus consuetudine excubaret militesque hortaretur, ne quod omnino tempus ab opere intermitteretur, paulo ante tertiam vigiliam est animadversum fumare aggerem, quem cuniculo hostes succenderant, eodemque tempore toto muro clamore sublato duabus portis ab utroque latere turrium eruptio fiebat: alii faces atque aridam materiem de muro in aggerem eminus iaciebant, picem reliquasque res, quibus ignis excitari potest, fundebant, ut, quo primum curreretur aut cui rei ferretur auxilium, vix ratio iniri posset. Tamen, quod instituto Caesaris semper duae legiones pro castris excubabant pluresque partitis temporibus erant in opere, celeriter factum est, ut alii eruptionibus resisterent, alii turres reducerent aggeremque interscinderent, omnis vero ex castris multitudo ad restinguendum concurreret. **25.** Cum in omnibus locis consumpta iam reliqua parte noctis pugnaretur semperque hostibus spes victoriae redintegraretur, eo magis, quod deustos pluteos turrium videbant nec facile adire apertos ad auxiliandum animadvertebant, semperque ipsi recentes defessis succederent omnemque Galliae salutem in illo vestigio temporis positam arbitrarentur, accidit inspec-

tantibus nobis, quod dignum memoria visum praetereundum non existimavimus. Quidam ante portam oppidi Gallus per manus sevi ac picis traditas glebas in ignem e regione turris proiciebat: scorpione ab latere dextro traiectus ex-
5 animatusque concidit. Hunc ex proximis unus iacentem transgressus eodem illo munere fungebatur; eadem ratione ictu scorpionis exanimato alteri successit tertius et tertio quartus, nec prius ille est a propugnatoribus vacuus relictus locus, quam restincto aggere atque omni ex parte summotis
10 hostibus finis est pugnandi factus. 26. Omnia experti Galli, quod res nulla successerat, postero die consilium ceperunt ex oppido profugere, hortante et iubente Vercingetorige. Id silentio noctis conati non magna iactura suorum sese effecturos sperabant, propterea quod neque longe ab oppido
15 castra Vercingetorigis aberant, et palus, quae perpetua intercedebat, Romanos ad insequendum tardabat. Iamque hoc facere noctu apparabant, cum matresfamiliae repente in publicum procurrerunt flentesque proiectae ad pedes suorum omnibus precibus petierunt, ne se et communes
20 liberos hostibus ad supplicium dederent, quos ad capiendam fugam naturae et virium infirmitas impediret. Ubi eos in sententia perstare viderunt, quod plerumque in summo periculo timor misericordiam non recipit, conclamare et significare de fuga Romanis coeperunt. Quo timore
25 perterriti Galli, ne ab equitatu Romanorum viae praeoccuparentur, consilio destiterunt. 27. Postero die Caesar promota turri directisque operibus, quae facere instituerat, magno coorto imbre non inutilem hanc ad capiendum consilium tempestatem arbitratus est, quod paulo incautius
30 custodias in muro dispositas videbat, suosque languidius in opere versari iussit et, quid fieri vellet, ostendit. Legionibusque inter castra vineasque in occulto expeditis cohortatus, ut aliquando pro tantis laboribus fructum victoriae percip-

erent, iis, qui primi murum ascendissent, praemia proposuit militibusque signum dedit. Illi subito ex omnibus partibus evolaverunt murumque celeriter compleverunt. 28. Hostes re nova perterriti, muro turribusque deiecti in foro ac locis patentioribus cuneatim constiterunt, hoc animo, ut, si qua ex parte obviam veniretur, acie instructa depugnarent. Ubi neminem in aequum locum sese demittere, sed toto undique muro circumfundi viderunt, veriti, ne omnino spes fugae tolleretur, abiectis armis ultimas oppidi partes continenti impetu petiverunt, parsque ibi, cum angusto exitu portarum se ipsi premerent, a militibus, pars iam egressa portis ab equitibus est interfecta. Nec fuit quisquam, qui praedae studeret. Sic et Cenabi caede et labore operis incitati non aetate confectis, non mulieribus, non infantibus pepercerunt. Denique omni ex numero, qui fuit circiter milium XL, vix DCCC, qui primo clamore audito se ex oppido eiecerunt, incolumes ad Vercingetorigem pervenerunt. Quos ille multa iam nocte silentio ex fuga excepit veritus, ne qua in castris ex eorum concursu et misericordia vulgi seditio oreretur, ut procul in via dispositis familiaribus suis principibusque civitatum disparandos deducendosque ad suos curaret, quae cuique civitati pars castrorum ab initio obvenerat. 29. Postero die concilio convocato consolatus cohortatusque est, ne se admodum animo demitterent, ne perturbarentur incommodo. Non virtute neque in acie vicisse Romanos, sed artificio quodam et scientia oppugnationis, cuius rei fuerint ipsi imperiti. Errare, si qui in bello omnis secundos rerum proventus expectent. Sibi numquam placuisse Avaricum defendi, cuius rei testes ipsos haberet; sed factum imprudentia Biturigum et nimia obsequentia reliquorum, uti hoc incommodum acciperetur. Id tamen se celeriter maioribus commodis sanaturum. Nam quae ab reliquis Gallis civitates dissentirent, has sua

diligentia adiuncturum atque unum consilium totius Galliae effecturum, cuius consensui ne orbis quidem terrarum possit obsistere; idque se prope iam effectum habere. Interea aequum esse ab iis communis salutis causa impetrari, ut
5 castra munire instituerent, quo facilius repentinos hostium impetus sustinerent. 30. Fuit haec oratio non ingrata Gallis, et maxime, quod ipse animo non defecerat tanto accepto incommodo, neque se in occultum abdiderat et conspectum multitudinis fugerat; plusque animo providere
10 et praesentire existimabatur, quod re integra primo incendendum Avaricum, post deserendum censuerat. Itaque ut reliquorum imperatorum res adversae auctoritatem minuunt, sic huius ex contrario dignitas incommodo accepto in dies augebatur. Simul in spem veniebant eius affirmatione de
15 reliquis adiungendis civitatibus; primumque eo tempore Galli castra munire instituerunt, et sic sunt animo consternati homines insueti laboris, ut omnia, quae imperarentur, sibi patienda existimarent. 31. Nec minus, quam est pollicitus, Vercingetorix animo laborabat, ut reliquas
20 civitates adiungeret, atque eas donis pollicitationibusque alliciebat. Huic rei idoneos homines deligebat, quorum quisque aut oratione subdola aut amicitia facillime capere posset. Qui Avarico expugnato refugerant, armandos vestiendosque curat; simul, ut deminutae copiae redintegraren-
25 tur, imperat certum numerum militum civitatibus, quem et quam ante diem in castra adduci velit, sagittariosque omnes, quorum erat permagnus numerus in Gallia, conquiri et ad se mitti iubet. His rebus celeriter id, quod Avarici deperierat, expletur. Interim Teutomatus, Olloviconis filius,
30 rex Nitiobrogum, cuius pater ab senatu nostro amicus erat appellatus, cum magno equitum suorum numero et quos ex Aquitania conduxerat ad eum pervenit.

32. Caesar Avarici complures dies commoratus sum-

namque ibi copiam frumenti et reliqui commeatus nanctus exercitum ex labore atque inopia refecit. Iam prope hieme confecta cum ipso anni tempore ad gerendum bellum vocaretur et ad hostem proficisci constituisset, sive eum ex paludibus silvisque elicere sive obsidione premere posset, 5 legati ad eum principes Aeduorum veniunt oratum, ut maxime necessario tempore civitati subveniat: summo esse in periculo rem, quod, cum singuli magistratus antiquitus creari atque regiam potestatem annum obtinere consuessent, duo magistratum gerant et se uterque eorum legibus creatum 10 esse dicat. Horum esse alterum Convictolitavem, florentem et illustrem adulescentem, alterum Cotum, antiquissima familia natum atque ipsum hominem summae potentiae et magnae cognationis, cuius frater Valetiacus proximo anno eundem magistratum gesserit. Civitatem esse omnem in 15 armis; divisum senatum, divisum populum, suas cuiusque eorum clientelas. Quod si diutius alatur controversia, fore uti pars cum parte civitatis confligat. Id ne accidat, positum in eius diligentia atque auctoritate. 33. Caesar, etsi a bello atque hoste discedere detrimentosum esse existimabat, 20 tamen non ignorans, quanta ex dissensionibus incommoda oriri consuessent, ne tanta et tam coniuncta populo Romano civitas, quam ipse semper aluisset omnibusque rebus ornasset, ad vim atque arma descenderet, atque ea pars, quae minus sibi confideret, auxilia a Vercingetorige arces- 25 seret, huic rei praevertendum existimavit, et, quod legibus Aeduorum iis, qui summum magistratum obtinerent, excedere ex finibus non liceret, ne quid de iure aut de legibus eorum deminuisse videretur, ipse in Aeduos proficisci statuit senatumque omnem et quos inter controversia esset ad se 30 Decetiam evocavit. Cum prope omnis civitas eo convenisset docereturque, paucis clam convocatis alio loco, alio tempore atque oportuerit fratrem a fratre renuntiatum, cum

leges duo ex una familia vivo utroque non solum magistratus creari vetarent, sed etiam in senatu esse prohiberent, Cotum imperium deponere coëgit, Convictolitavem, qui per sacerdotes more civitatis intermissis magistratibus esset creatus,
5 potestatem obtinere iussit.

34. Hoc decreto interposito cohortatus Aeduos, ut controversiarum ac dissensionis obliviscerentur atque omnibus omissis rebus huic bello servirent eaque, quae meruissent, praemia ab se, devicta Gallia, exspectarent equitatumque
10 omnem et peditum milia decem sibi celeriter mitterent, quae in praesidiis rei frumentariae causa disponeret, exercitum in duas partes divisit: quattuor legiones in Senones Parisiosque Labieno ducendas dedit, sex ipse in Arvernos ad oppidum Gergoviam secundum flumen Elaver duxit;
15 equitatus partem illi attribuit, partem sibi reliquit. Qua re cognita Vercingetorix omnibus interruptis eius fluminis pontibus ab altera fluminis parte iter facere coepit. 35. Cum uterque utrimque exisset exercitus in conspectu fereque e regione castris castra ponebant, dispositis exploratoribus,
20 necubi effecto ponte Romani copias traducerent, erat in magnis Caesaris difficultatibus res, ne maiorem aestatis partem flumine impediretur, quod non fere ante autumnum Elaver vado transiri solet. Itaque, ne id accideret, silvestri loco castris positis e regione unius eorum pontium, quos Vercinget-
25 orix rescindendos curaverat, postero die cum duabus legionibus in occulto restitit; reliquas copias cum omnibus impedimentis, ut consueverat, misit captis quibusdam cohortibus, uti numerus legionum constare videretur. His quam longissime possent egredi iussis, cum iam ex diei tempore
30 coniecturam ceperat in castra perventum, isdem sublicis, quarum pars inferior integra remanebat, pontem reficere coepit. Celeriter effecto opere legionibusque traductis et loco castris idoneo delecto reliquas copias revocavit. Ver-

cingetorix re cognita, ne contra suam voluntatem dimicare cogeretur, magnis itineribus antecessit. **36.** Caesar ex eo loco quintis castris Gergoviam pervenit equestrique eo die proelio levi facto, perspecto urbis situ, quae posita in altissimo monte omnis aditus difficiles habebat, de expugn- atione desperavit, de obsessione non prius agendum constituit, quam rem frumentariam expedisset. At Vercingetorix castris prope oppidum positis mediocribus circum se intervallis separatim singularum civitatium copias collocaverat, atque omnibus eius iugi collibus occupatis, qua despici poterat, horribilem speciem praebebat principesque earum civitatium, quos sibi ad consilium capiendum delegerat, prima luce cotidie ad se convenire iubebat, seu quid communicandum, seu quid administrandum videretur, neque ullum fere diem intermittebat, quin equestri proelio interiectis sagittariis, quid in quoque esset animi ac virtutis suorum, perspiceret. Erat e regione oppidi collis sub ipsis radicibus montis egregie munitus atque ex omni parte circumcisus; quem si tenerent nostri, et aquae magna parte et pabulatione libera prohibituri hostes videbantur. Sed is locus praesidio ab his non nimis firmo tenebatur. Tamen silentio noctis Caesar ex castris egressus, priusquam subsidio ex oppido veniri posset, deiecto praesidio potitus loco duas ibi legiones collocavit fossamque duplicem duodenum pedum a maioribus castris ad minora perduxit, ut tuto ab repentino hostium incursu etiam singuli commeare possent.

37. Dum haec ad Gergoviam geruntur, Convictolitavis Aeduus, cui magistratum adiudicatum a Caesare demonstravimus, sollicitatus ab Arvernis pecunia cum quibusdam adulescentibus colloquitur; quorum erat princeps Litaviccus atque eius fratres, amplissima familia nati adulescentes. Cum his praemium communicat hortaturque, ut se liberos et imperio natos meminerint. Unam esse Aeduorum civi-

tatem, quae certissimam Galliae victoriam detineat; eius auctoritate reliquas contineri; qua traducta locum consistendi Romanis in Gallia non fore. Esse nonnullo se Caesaris beneficio affectum, sic tamen, ut iustissimam apud eum causam
5 obtinuerit; sed plus communi libertati tribuere. Cur enim potius Aedui de suo iure et de legibus ad Caesarem disceptatorem, quam Romani ad Aeduos veniant? Celeriter adulescentibus et oratione magistratus et praemio deductis, cum se vel principes eius consilii fore profiterentur, ratio
10 perficiendi quaerebatur, quod civitatem temere ad suscipiendum bellum adduci posse non confidebant. Placuit, uti Litaviccus decem illis milibus, quae Caesari ad bellum mitterentur, praeficeretur atque ea ducenda curaret, fratresque eius ad Caesarem praecurrerent. Reliqua qua
15 ratione agi placeat, constituunt. 38. Litaviccus accepto exercitu, cum milia passuum circiter xxx ab Gergovia abesset, convocatis subito militibus lacrimans: 'Quo proficiscimur,' inquit, 'milites? Omnis noster equitatus, omnis nobilitas interiit; principes civitatis, Eporedorix et Viridomarus, in-
20 simulati proditionis, ab Romanis indicta causa interfecti sunt. Haec ab ipsis cognoscite, qui ex ipsa caede fugerunt: nam ego fratribus atque omnibus meis propinquis interfectis dolore prohibeor, quae gesta sunt, pronuntiare.' Producuntur ii, quos ille edocuerat, quae dici vellet, atque eadem,
25 quae Litaviccus pronuntiaverat, multitudini exponunt: equites Aeduorum interfectos, quod collocuti cum Arvernis dicerentur; ipsos se inter multitudinem militum occultasse atque ex media caede fugisse. Conclamant Aedui et Litaviccum obsecrant, ut sibi consulat. 'Quasi vero,' in-
30 quit ille, 'consilii sit res, ac non necesse sit nobis Gergoviam contendere et cum Arvernis nosmet coniungere. An dubitamus, quin nefario facinore admisso Romani iam ad nos interficiendos concurrant? Proinde, si quid in

nobis animi est, persequamur eorum mortem, qui indignissime interierunt, atque hos latrones interficiamus.' Ostendit cives Romanos, qui eius praesidii fiducia una erant: magnum numerum frumenti commeatusque diripit, ipsos crudeliter excruciatos interficit. Nuntios tota civitate Aeduorum dimittit, eodem mendacio de caede equitum et principum permovet; hortatur, ut simili ratione, atque ipse fecerit, suas iniurias persequantur. **39.** Eporedorix Aeduus, summo loco natus adulescens et summae domi potentiae, et una Viridomarus, pari aetate et gratia, sed genere dispari, quem Caesar ab Divitiaco sibi traditum ex humili loco ad summam dignitatem perduxerat, in equitum numero convenerant nominatim ab eo evocati. His erat inter se de principatu contentio, et in illa magistratuum controversia alter pro Convictolitavi, alter pro Coto summis opibus pugnaverant. Ex his Eporedorix cognito Litavicci consilio media fere nocte rem ad Caesarem defert; orat, ne patiatur civitatem pravis adulescentium consiliis ab amicitia populi Romani deficere; quod futurum provideat, si se tot hominum milia cum hostibus coniunxerint, quorum salutem neque propinqui neglegere neque civitas levi momento aestimare posset. **40.** Magna affectus sollicitudine hoc nuntio Caesar, quod semper Aeduorum civitati praecipue indulserat, nulla interposita dubitatione legiones expeditas quattuor equitatumque omnem ex castris educit, nec fuit spatium tali tempore ad contrahenda castra, quod res posita in celeritate videbatur: Gaium Fabium legatum cum legionibus duabus castris praesidio relinquit. Fratres Litavicci cum comprehendi iussisset, paulo ante reperit ad hostes fugisse. Adhortatus milites, ne necessario tempore itineris labore permoveantur, cupidissimis omnibus progressus milia passuum xxv agmen Aeduorum conspicatus immisso equitatu iter eorum moratur atque impedit interdicitque omnibus, ne quemquam interficiant. Eporedorigem et Viridomarum, quos illi interfectos existimabant, inter equites versari suosque appellare iubet. His cognitis et Litavicci fraude perspecta Aedui manus tendere, deditionem significare et proiectis armis mortem deprecari incipiunt. Litaviccus cum suis clientibus, quibus more Gallorum nefas est etiam in extrema fortuna deserere patronos, Gergoviam profugit. 41. Caesar nuntiis ad civitatem Aeduorum missis, qui suo beneficio conservatos docerent, quos iure belli interficere potuisset, tribusque horis [noctis] exercitui ad quietem datis castra ad Gergoviam movit. Medio fere itinere equites a Fabio missi, quanto res in periculo fuerit, exponunt. Summis copiis castra oppugnata demonstrant, cum crebro integri defessis succederent nostrosque assiduo labore defatigarent, quibus propter magnitudinem castrorum perpetuo esset iisdem in vallo permanendum. Multitudine sagittarum atque omnis generis telorum multos vulneratos; ad haec sustinenda magno usui fuisse tormenta. Fabium discessu eorum duabus relictis portis obstruere ceteras pluteosque vallo addere et se in posterum diem similemque casum apparare. His rebus cognitis Caesar summo studio militum ante ortum solis in castra pervenit.

42. Dum haec ad Gergoviam geruntur, Aedui primis nuntiis ab Litavicco acceptis nullum sibi ad cognoscendum spatium relinquunt. Impellit alios avaritia, alios iracundia et temeritas, quae maxime illi hominum generi est innata, ut levem auditionem habeant pro re comperta. Bona civium Romanorum diripiunt, caedes faciunt, in servitutem abstrahunt. Adiuvat rem proclinatam Convictolitavis plebemque ad furorem impellit, ut facinore admisso ad sanitatem reverti pudeat. Marcum Aristium, tribunum militum, iter ad legionem facientem fide data ex oppido Cabillono educunt:

idem facere cogunt eos, qui negotiandi causa ibi constiterant. Hos continuo in itinere adorti omnibus impedimentis exuunt; repugnantes diem noctemque obsident; multis utrimque interfectis maiorem multitudinem armatorum concitant. 43. Interim nuntio allato, omnes eorum milites in potestate Caesaris teneri, concurrunt ad Aristium, nihil publico factum consilio demonstrant; quaestionem de bonis direptis decernunt, Litavicci fratrumque bona publicant, legatos ad Caesarem sui purgandi gratia mittunt. Haec faciunt reciperandorum suorum causa; sed contaminati facinore et capti compendio ex direptis bonis, quod ea res ad multos pertinebat, timore poenae exterriti consilia clam de bello inire incipiunt civitatesque reliquas legationibus sollicitant. Quae tametsi Caesar intellegebat, tamen quam mitissime potest legatos appellat: nihil se propter inscientiam levitatemque vulgi gravius de civitate iudicare neque de sua in Aeduos benevolentia deminuere. Ipse maiorem Galliae motum exspectans, ne ab omnibus civitatibus circumsisteretur, consilia inibat, quemadmodum ab Gergovia discederet ac rursus omnem exercitum contraheret, ne profectio nata ab timore defectionis similis fugae videretur. 44. Haec cogitanti accidere visa est facultas bene rei gerendae. Nam cum in minora castra operis perspiciendi causa venisset, animadvertit collem, qui ab hostibus tenebatur, nudatum hominibus, qui superioribus diebus vix prae multitudine cerni poterat. Admiratus quaerit ex perfugis causam, quorum magnus ad eum cotidie numerus confluebat. Constabat inter omnes, quod iam ipse Caesar per exploratores cognoverat, dorsum esse eius iugi prope aequum, sed hunc silvestrem et angustum, qua esset aditus ad alteram partem oppidi; vehementer huic illos loco timere nec iam aliter sentire, uno colle ab Romanis occupato, si alterum amisissent, quin paene circumvallati atque omni exitu et pabulatione interclusi viderentur: ad hunc muniendum omnes a Vercingetorige evocatos. **45.** Hac re cognita Caesar mittit complures equitum turmas eodem media nocte : imperat, ut paulo tumultuosius omnibus locis vagarentur. Prima luce magnum numerum impedimentorum ex castris mulorumque produci deque his stramenta detrahi mulionesque cum cassidibus equitum specie ac simulatione collibus circumvehi iubet. His paucos addit equites, qui latius ostentationis causa vagarentur. Longo circuitu omnes iubet petere regiones. Haec procul ex oppido videbantur, ut erat a Gergovia despectus in castra, neque tanto spatio, certi quid esset, explorari poterat. Legionem unam eodem iugo mittit et paulum progressam inferiore constituit loco silvisque occultat. Augetur Gallis suspicio atque omnes illo munitionum copiae traducuntur. Vacua castra hostium Caesar conspicatus tectis insignibus suorum occultatisque signis militaribus raros milites, ne ex oppido animadverterentur, ex maioribus castris in minora traducit legatisque, quos singulis legionibus praefecerat, quid fieri velit, ostendit: imprimis monet, ut contineant milites, ne studio pugnandi aut spe praedae longius progrediantur; quid iniquitas loci habeat incommodi proponit: hoc una celeritate posse mutari; occasionis esse rem, non proelii. His rebus expositis signum dat et ab dextra parte alio ascensu eodem tempore Aeduos mittit. **46.** Oppidi murus ab planicie atque initio ascensus recta regione, si nullus amfractus intercederet, MCC passus aberat: quidquid huic circuitus ad molliendum clivum accesserat, id spatium itineris augebat. A medio fere colle in longitudinem, ut natura montis ferebat, ex grandibus saxis sex pedum murum, qui nostrorum impetum tardaret, praeduxerant Galli atque inferiore omni spatio vacuo relicto superiorem partem collis usque ad murum oppidi densissimis castris compleverant. Milites

dato signo celeriter ad munitionem perveniunt eamque
transgressi trinis castris potiuntur; ac tanta fuit in castris
capiendis celeritas, ut Teutomatus, rex Nitiobrogum, subito
in tabernaculo oppressus, ut meridie conquieverat, superiore
corporis parte nudata, vulnerato equo vix se ex manibus praed- 5
antium militum eriperet. **47.** Consecutus id, quod animo
proposuerat Caesar, receptui cani iussit, legionisque decimae,
quacum erat, contionatus signa constituit. Ac reliquarum
legionum milites non exaudito sono tubae, quod satis
magna valles intercedebat, tamen ab tribunis militum 10
legatisque, ut erat a Caesare praeceptum, retinebantur.
Sed elati spe celeris victoriae et hostium fuga et superiorum
temporum secundis proeliis nihil adeo arduum sibi esse
existimaverunt, quod non virtute consequi possent, neque
finem prius sequendi fecerunt, quam muro oppidi portisque 15
appropinquarunt. Tum vero ex omnibus urbis partibus
orto clamore qui longius aberant repentino tumultu perterriti, cum hostem intra portas esse existimarent, sese ex
oppido eiecerunt. Matresfamiliae de muro vestem argent-
umque iactabant et pectore nudo prominentes passis 20
manibus obtestabantur Romanos, ut sibi parcerent neu,
sicut Avarici fecissent, ne a mulieribus quidem atque
infantibus abstinerent: nonnullae de muris per manus
demissae sese militibus tradebant. L. Fabius, centurio
legionis VIII, quem inter suos eo die dixisse constabat, ex- 25
citari se Avaricensibus praemiis neque commissurum, ut
prius quisquam murum ascenderet, tres suos nactus mani-
pulares atque ab iis sublevatus murum ascendit: hos ipse
rursus singulos exceptans in murum extulit. **48.** Interim
ii, qui ad alteram partem oppidi, ut supra demonstravimus, 30
munitionis causa convenerant, primo exaudito clamore, inde
etiam crebris nuntiis incitati, oppidum a Romanis teneri,
praemissis equitibus magno concursu eo contenderunt.

Eorum ut quisque primus venerat, sub muro consistebat suorumque pugnantium numerum augebat. Quorum cum magna multitudo eo venissent, matresfamiliae, quae paulo ante Romanis de muro manus tendebant, suos obtestari et
5 more Gallico passum capillum ostentare liberosque in conspectum proferre coeperunt. Erat Romanis nec loco nec numero aequa contentio: simul et cursu et spatio pugnae defatigati non facile recentes atque integros sustinebant. **49.** Caesar cum iniquo loco pugnari hostiumque
10 augeri copias videret, praemetuens suis ad T. Sextium legatum, quem minoribus castris praesidio reliquerat, misit, ut cohortes ex castris celeriter educeret et sub infimo colle ab dextro latere hostium constitueret, ut, si nostros loco depulsos vidisset, quo minus libere hostes insequerentur,
15 terreret. Ipse paulum ex eo loco cum legione progressus, ubi constiterat, eventum pugnae exspectabat. **50.** Cum acerrime comminus pugnaretur, hostes loco et numero, nostri virtute confiderent, subito sunt Aedui visi ab latere nostris aperto, quos Caesar ab dextra parte alio ascensu
20 manus distinendae causa miserat. Hi similitudine armorum vehementer nostros perterruerunt, ac tametsi dextris humeris exsertis animadvertebantur, quod insigne pacatum esse consuerat, tamen id ipsum sui fallendi causa milites ab hostibus factum existimabant. Eodem tempore L. Fabius
25 centurio quique una murum ascenderant circumventi atque interfecti muro praecipitabantur. M. Petronius, eiusdem legionis centurio, cum portas excidere conatus esset, a multitudine oppressus ac sibi desperans multis iam vulneribus acceptis manipularibus suis, qui illum secuti erant:
30 'Quoniam,' inquit, 'me una vobiscum servare non possum, vestrae quidem certe vitae prospiciam, quos cupiditate gloriae adductus in periculum deduxi. Vos data facultate vobis consulite.' Simul in medios hostes irrupit duobusque

interfectis reliquos a porta paulum submovit. Conantibus auxiliari suis: 'Frustra,' inquit, 'meae vitae subvenire conamini, quem iam sanguis viresque deficiunt. Proinde abite, dum est facultas, vosque ad legionem recipite.' Ita pugnans post paulum concidit ac suis saluti fuit. 51. Nostri, cum undique premerentur, XLVI centurionibus amissis deiecti sunt loco. Sed intolerantius Gallos insequentes legio decima tardavit, quae pro subsidio paulo aequiore loco constiterat. Hanc rursus XIII legionis cohortes exceperunt, quae ex castris minoribus eductae cum T. Sextio legato ceperant locum superiorem. Legiones, ubi primum planiciem attigerunt, infestis contra hostes signis constiterunt. Vercingetorix ab radicibus collis suos intra munitiones reduxit. Eo die milites sunt paulo minus septingenti desiderati.

52. Postero die Caesar contione advocata temeritatem cupiditatemque militum reprehendit, quod sibi ipsi iudicavissent, quo procedendum aut quid agendum videretur, neque signo recipiendi dato constitissent neque ab tribunis militum legatisque retineri potuissent. Exposuit, quid iniquitas loci posset, quid ipse ad Avaricum sensisset, cum sine duce et sine equitatu deprehensis hostibus exploratam victoriam dimisisset, ne parvum modo detrimentum in contentione propter iniquitatem loci accideret. Quanto opere eorum animi magnitudinem admiraretur, quos non castrorum munitiones, non altitudo montis, non murus oppidi tardare potuisset, tanto opere licentiam arrogantiamque reprehendere, quod plus se quam imperatorem de victoria atque exitu rerum sentire existimarent; nec minus se ab milite modestiam et continentiam quam virtutem atque animi magnitudinem desiderare. 53. Hac habita contione et ad extremam orationem confirmatis militibus, ne ob hanc causam animo permoverentur neu,

quod iniquitas loci attulisset, id virtuti hostium tribuerent, eadem de profectione cogitans, quae ante senserat, legiones ex castris eduxit aciemque idoneo loco constituit. Cum Vercingetorix nihilo magis in aequum locum descenderet, 5 levi facto equestri proelio atque secundo in castra exercitum reduxit. Cum hoc idem postero die fecisset, satis ad Gallicam ostentationem minuendam militumque animos confirmandos factum existimans in Aeduos movit castra. Ne tum quidem insecutis hostibus tertio die ad flumen 10 Elaver pontes reficit eoque exercitum traduxit. 54. Ibi a Viridomaro atque Eporedorige Aeduis appellatus discit cum omni equitatu Litaviccum ad sollicitandos Aeduos profectum: opus esse ipsos antecedere ad confirmandam civitatem. Etsi multis iam rebus perfidiam Aeduorum 15 perspectam habebat atque horum discessu admaturari defectionem civitatis existimabat, tamen eos retinendos non constituit, ne aut inferre iniuriam videretur aut dare timoris aliquam suspicionem. Discedentibus his breviter sua in Aeduos merita exposuit, quos et quam humiles accepisset, 20 compulsos in oppida, multatos agris, omnibus ereptis copiis, imposito stipendio, obsidibus summa cum contumelia extortis, quam in fortunam quamque in amplitudinem deduxisset, ut non solum in pristinum statum redissent, sed omnium temporum dignitatem et gratiam antecessisse 25 viderentur. His datis mandatis eos ab se dimisit.

55. Noviodunum erat oppidum Aeduorum ad ripas Ligeris opportuno loco positum. Huc Caesar omnes obsides Galliae, frumentum, pecuniam publicam, suorum atque exercitus impedimentorum magnam partem con30 tulerat; huc magnum numerum equorum huius belli causa in Italia atque Hispania coemptum miserat. Eo cum Eporedorix Viridomarusque venissent et de statu civitatis cognovissent, Litaviccum Bibracti ab Aeduis receptum,

quod est oppidum apud eos maximae auctoritatis, Convictolitavim magistratum magnamque partem senatus ad cum convenisse, legatos ad Vercingetorigem de pace et amicitia concilianda publice missos, non praetermittendum tantum commodum existimaverunt. Itaque interfectis Novioduni custodibus quique eo negotiandi causa convenerant pecuniam atque equos inter se partiti sunt; obsides civitatum Bibracte ad magistratum deducendos curaverunt; oppidum, quod a se teneri non posse iudicabant, ne cui esset usui Romanis, incenderunt; frumenti quod subito potuerunt navibus avexerunt, reliquum flumine atque incendio corruperunt. Ipsi ex finitimis regionibus copias cogere, praesidia custodiasque ad ripas Ligeris disponere equitatumque omnibus locis iniciendi timoris causa ostentare coeperunt, si ab re frumentaria Romanos excludere aut adductos inopia in provinciam expellere possent. Quam ad spem multum eos adiuvabat, quod Liger ex nivibus creverat, ut omnino vado non posse transiri videretur.
56. Quibus rebus cognitis Caesar maturandum sibi censuit, si esset in perficiendis pontibus periclitandum, ut prius, quam essent maiores eo coactae copiae, dimicaret. Nam ne commutato consilio iter in provinciam converteret, ut nemo non tum quidem necessario faciendum existimabat, cum infamia atque indignitas rei et oppositus mons Cevenna viarumque difficultas impediebat, tum maxime quod abiuncto Labieno atque iis legionibus, quas una miserat, vehementer timebat. Itaque admodum magnis diurnis nocturnisque itineribus confectis contra omnium opinionem ad Ligerem venit, vadoque per equites invento pro rei necessitate opportuno, ut brachia modo atque humeri ad sustinenda arma liberi ab aqua esse possent, disposito equitatu, qui vim fluminis refringeret, atque hostibus primo aspectu perturbatis incolumem exercitum traduxit frument-

umque in agris et pecoris copiam nactus repleto his rebus exercitu iter in Senones facere instituit.

57. Dum haec apud Caesarem geruntur, Labienus eo supplemento, quod nuper ex Italia venerat, relicto Agedinci, ut esset impedimentis praesidio, cum quattuor legionibus Lutetiam proficiscitur. Id est oppidum Parisiorum, quod positum est in insula fluminis Sequanae. Cuius adventu ab hostibus cognito magnae ex finitimis civitatibus copiae convenerunt. Summa imperii traditur Camulogeno Aulerco, qui prope confectus aetate tamen propter singularem scientiam rei militaris ad eum est honorem evocatus. Is cum animadvertisset perpetuam esse paludem, quae influeret in Sequanam atque illum omnem locum magnopere impediret, hic consedit nostrosque transitu prohibere instituit. **58.** Labienus primo vineas agere, cratibus atque aggere paludem explere atque iter munire conabatur. Postquam id difficilius confieri animadvertit, silentio e castris tertia vigilia egressus eodem, quo venerat, itinere Melodunum pervenit. Id est oppidum Senonum in insula Sequanae positum, ut paulo ante de Lutetia diximus. Deprensis navibus circiter quinquaginta celeriterque coniunctis atque eo militibus iniectis et rei novitate perterritis oppidanis, quorum magna pars erat ad bellum evocata, sine contentione oppido potitur. Refecto ponte, quem superioribus diebus hostes resciderant, exercitum traducit et secundo flumine ad Lutetiam iter facere coepit. Hostes re cognita ab iis, qui Meloduno fugerant, Lutetiam incendi pontesque eius oppidi rescindi iubent; ipsi profecti a palude ad ripas Sequanae e regione Lutetiae contra Labieni castra considunt. **59.** Iam Caesar a Gergovia discessisse audiebatur, iam de Aeduorum defectione et secundo Galliae motu rumores afferebantur, Gallique in colloquiis interclusum itinere et Ligeri Caesarem inopia frumenti coactum in

provinciam contendisse confirmabant. Bellovaci autem
defectione Aeduorum cognita, qui ante erant per se infid-
eles, manus cogere atque aperte bellum parare coeperunt.
Tum Labienus tanta rerum commutatione longe aliud sibi
capiendum consilium, atque antea senserat, intellegebat, 5
neque iam, ut aliquid acquireret proelioque hostes lacesseret, sed ut incolumem exercitum Agedincum reduceret,
cogitabat. Namque altera ex parte Bellovaci, quae civitas
in Gallia maximam habet opinionem virtutis, instabant,
alteram Camulogenus parato atque instructo exercitu tene- 10
bat; tum legiones a praesidio atque impedimentis interclusas
maximum flumen distinebat. Tantis subito difficultatibus
obiectis ab animi virtute auxilium petendum videbat. 60.
Sub vesperum consilio convocato cohortatus, ut ea, quae
imperasset, diligenter industrieque administrarent, naves, 15
quas Meloduno deduxerat, singulas equitibus Romanis
attribuit et prima confecta vigilia quattuor milia passuum
secundo flumine silentio progredi ibique se exspectari iubet.
Quinque cohortes, quas minime firmas ad dimicandum
esse existimabat, castris praesidio relinquit; quinque eius- 20
dem legionis reliquas de media nocte cum omnibus
impedimentis adverso flumine magno tumultu proficisci
imperat. Conquirit etiam lintres: has magno sonitu
remorum incitatas in eandem partem mittit. Ipse post
paulo silentio egressus cum tribus legionibus eum locum 25
petit, quo naves appelli iusserat. 61. Eo cum esset ventum,
exploratores hostium, ut omni fluminis parte erant dispositi,
inopinantes, quod magna subito erat coorta tempestas, ab
nostris opprimuntur; exercitus equitatusque equitibus Romanis administrantibus, quos ei negotio praefecerat, celeriter 30
transmittitur. Uno fere tempore sub lucem hostibus nuntiatur in castris Romanorum praeter consuetudinem tumultuari
et magnum ire agmen adverso flumine sonitumque remo-

rum in eadem parte exaudiri et paulo infra milites navibus transportari. Quibus rebus auditis, quod existimabant tribus locis transire legiones atque omnes perturbatos defectione Aeduorum fugam parare, suas quoque copias
5 in tres partes distribuerunt. Nam praesidio e regione castrorum relicto et parva manu Melodunum versus missa, quae tantum progrediatur, quantum naves processissent, reliquas copias contra Labienum duxerunt. 62. Prima luce et nostri omnes erant transportati et hostium acies cerneba-
10 tur. Labienus milites cohortatus, ut suae pristinae virtutis et secundissimorum proeliorum memoriam retinerent atque ipsum Caesarem, cuius ductu saepenumero hostes superassent, praesentem adesse existimarent, dat signum proelii. Primo concursu ab dextro cornu, ubi septima legio con-
15 stiterat, hostes pelluntur atque in fugam coniciuntur; ab sinistro, quem locum duodecima legio tenebat, cum primi ordines hostium transfixi telis concidissent, tamen acerrime reliqui resistebant, nec dabat suspicionem fugae quisquam. Ipse dux hostium Camulogenus suis aderat atque eos
20 cohortabatur. Incerto nunc etiam exitu victoriae, cum septimae legionis tribunis esset nuntiatum, quae in sinistro cornu gererentur, post tergum hostium legionem ostenderunt signaque intulerunt. Ne eo quidem tempore quisquam loco cessit, sed circumventi omnes interfectique
25 sunt. Eandem fortunam tulit Camulogenus. At ii, qui praesidio contra castra Labieni erant relicti, cum proelium commissum audissent, subsidio suis ierunt collemque ceperunt, neque nostrorum militum victorum impetum sustinere potuerunt. Sic cum suis fugientibus permixti, quos non
30 silvae montesque texerunt, ab equitatu sunt interfecti. Hoc negotio confecto Labienus revertitur Agedincum, ubi impedimenta totius exercitus relicta erant: inde cum omnibus copiis ad Caesarem pervenit.

63. Defectione Aeduorum cognita bellum augetur. Legationes in omnes partes circummittuntur: quantum gratia, auctoritate, pecunia valent, ad sollicitandas civitates nituntur; nacti obsides, quos Caesar apud eos deposuerat, horum supplicio dubitantes territant. Petunt a Vercingetorige Aedui, ut ad se veniat rationesque belli gerendi communicet. Re impetrata contendunt, ut ipsis summa imperii tradatur, et re in controversiam deducta totius Galliae concilium Bibracte indicitur. Eodem conveniunt undique frequentes. Multitudinis suffragiis res permittitur: ad unum omnes Vercingetorigem probant imperatorem. Ab hoc concilio Remi, Lingones, Treveri afuerunt: illi, quod amicitiam Romanorum sequebantur; Treveri, quod aberant longius et ab Germanis premebantur, quae fuit causa, quare toto abessent bello et neutris auxilia mitterent. Magno dolore Aedui ferunt se deiectos principatu, queruntur fortunae commutationem et Caesaris indulgentiam in se requirunt, neque tamen suscepto bello suum consilium ab reliquis separare audent. Inviti summae spei adulescentes, Eporedorix et Viridomarus, Vercingetorigi parent. **64.** Ipse imperat reliquis civitatibus obsides diemque huic rei constituit. Omnes equites, quindecim milia numero, celeriter convenire iubet: peditatu, quem antea habuerat, se fore contentum dicit, neque fortunam temptaturum aut in acie dimicaturum, sed, quoniam abundet equitatu, perfacile esse factu frumentationibus pabulationibusque Romanos prohibere; aequo modo animo sua ipsi frumenta corrumpant aedificiaque incendant, qua rei familiaris iactura perpetuum imperium libertatemque se consequi videant. His constitutis rebus Aeduis Segusiavisque, qui sunt finitimi provinciae, decem milia peditum imperat; huc addit equites octingentos. His praeficit fratrem Eporedorigis bellumque inferri Allobrogibus iubet. Altera ex parte Gabalos proximosque pagos Arvernorum

in Helvios, item Rutenos Cadurcosque ad fines Volcarum Arecomicorum depopulandos mittit. Nihilo minus clandestinis nuntiis legationibusque Allobrogas sollicitat, quorum mentes nondum ab superiore bello resedisse sperabat.
5 Horum principibus pecunias, civitati autem imperium totius provinciae pollicetur. 65. Ad hos omnes casus provisa erant praesidia cohortium duarum et viginti, quae ex ipsa provincia ab L. Caesare legato ad omnes partes opponebantur. Helvii sua sponte cum finitimis proelio congressi
10 pelluntur et Gaio Valerio Donnotauro, Caburi filio, principe civitatis, compluribusque aliis interfectis intra oppida ac muros compelluntur. Allobroges crebris ad Rhodanum dispositis praesidiis magna cum cura et diligentia suos fines tuentur. Caesar, quod hostes equitatu superiores esse
15 intellegebat et interclusis omnibus itineribus nulla re ex provincia atque Italia sublevari poterat, trans Rhenum in Germaniam mittit ad eas civitates, quas superioribus annis pacaverat, equitesque ab his arcessit et levis armaturae pedites, qui inter eos proeliari consuerant. Eorum adventu,
20 quod minus idoneis equis utebantur, a tribunis militum reliquisque sed et equitibus Romanis atque evocatis equos sumit Germanisque distribuit.

66. Interea, dum haec geruntur, hostium copiae ex Arvernis equitesque, qui toti Galliae erant imperati, con-
25 veniunt. Magno horum coacto numero, cum Caesar in Sequanos per extremos Lingonum fines iter faceret, quo facilius subsidium provinciae ferri posset, circiter milia passuum decem ab Romanis trinis castris Vercingetorix consedit convocatisque ad concilium praefectis equitum
30 venisse tempus victoriae demonstrat. Fugere in provinciam Romanos Galliaque excedere. Id sibi ad praesentem obtinendam libertatem satis esse; ad reliqui temporis pacem atque otium parum profici: maioribus enim coactis copiis

reversuros neque finem bellandi facturos. Proinde agmine impeditos adorirentur. Si pedites suis auxilium ferant atque in eo morentur, iter facere non posse; si, id quod magis futurum confidat, relictis impedimentis suae saluti consulant, et usu rerum necessariarum et dignitate spoliatum iri; nam 5 de equitibus hostium, quin nemo eorum progredi modo extra agmen audeat, et ipsos quidem non debere dubitare. Id quo maiore faciant animo, copias se omnes pro castris habiturum et terrori hostibus futurum. Conclamant equites: sanctissimo iureiurando confirmari oportere, ne tecto recip- 10 iatur, ne ad liberos, ne ad parentes, ad uxorem aditum habeat, qui non bis per agmen hostium perequitasset. 67. Probata re atque omnibus iureiurando adactis postero die in tres partes distributo equitatu duae se acies ab duobus lateribus ostendunt, una a primo agmine iter impedire coepit. 15 Qua re nuntiata Caesar suum quoque equitatum tripertito divisum contra hostem ire iubet. Pugnatur una omnibus in partibus. Consistit agmen; impedimenta intra legiones recipiuntur. Si qua in parte nostri laborare aut gravius premi videbantur, eo signa inferri Caesar aciemque constitui 20 iubebat: quae res et hostes ad insequendum tardabat et nostros spe auxilii confirmabat. Tandem Germani ab dextro latere summum iugum nacti hostes loco depellunt; fugientes usque ad flumen, ubi Vercingetorix cum pedestribus copiis consederat, persequuntur compluresque inter- 25 ficiunt. Qua re animadversa reliqui, ne circumirentur veriti, se fugae mandant. Omnibus locis fit caedes. Tres nobilissimi Aedui capti ad Caesarem perducuntur: Cotus, praefectus equitum, qui controversiam cum Convictolitavi proximis comitiis habuerat, et Cavarillus, qui post defectionem 30 Litavicci pedestribus copiis praefuerat, et Eporedorix, quo duce ante adventum Caesaris Aedui cum Sequanis bello contenderant.

68. Fugato omni equitatu Vercingetorix copias, ut pro castris collocaverat, reduxit protinusque Alesiam, quod est oppidum Mandubiorum, iter facere coepit celeriterque impedimenta ex castris educi et se subsequi iussit. Caesar impedimentis in proximum collem deductis duabus legionibus praesidio relictis secutus, quantum diei tempus est passum, circiter tribus milibus hostium ex novissimo agmine interfectis altero die ad Alesiam castra fecit. Perspecto urbis situ perterritisque hostibus, quod equitatu, qua maxime parte exercitus confidebant, erant pulsi, adhortatus ad laborem milites circumvallare instituit. **69.** Ipsum erat oppidum Alesia in colle summo admodum edito loco, ut nisi obsidione expugnari non posse videretur; cuius collis radices duo duabus ex partibus flumina subluebant. Ante id oppidum planicies circiter milia passuum tria in longitudinem patebat: reliquis ex omnibus partibus colles mediocri interiecto spatio pari altitudinis fastigio oppidum cingebant. Sub muro, quae pars collis ad orientem solem spectabat, hunc omnem locum copiae Gallorum compleverant fossamque et maceriam sex in altitudinem pedum praeduxerant. Eius munitionis, quae ab Romanis instituebatur, circuitus xi milia passuum tenebat. Castra opportunis locis erant posita ibique castella xxiii facta; quibus in castellis interdiu stationes ponebantur, ne qua subito eruptio fieret: haec eadem noctu excubitoribus ac firmis praesidiis tenebantur. **70.** Opere instituto fit equestre proelium in ea planicie, quam intermissam collibus tria milia passuum in longitudinem patere supra demonstravimus. Summa vi ab utrisque contenditur. Laborantibus nostris Caesar Germanos submittit legionesque pro castris constituit, ne qua subito irruptio ab hostium peditatu fiat. Praesidio legionum addito nostris animus augetur: hostes in fugam coniecti se ipsi multitudine impediunt atque angustioribus portis relictis

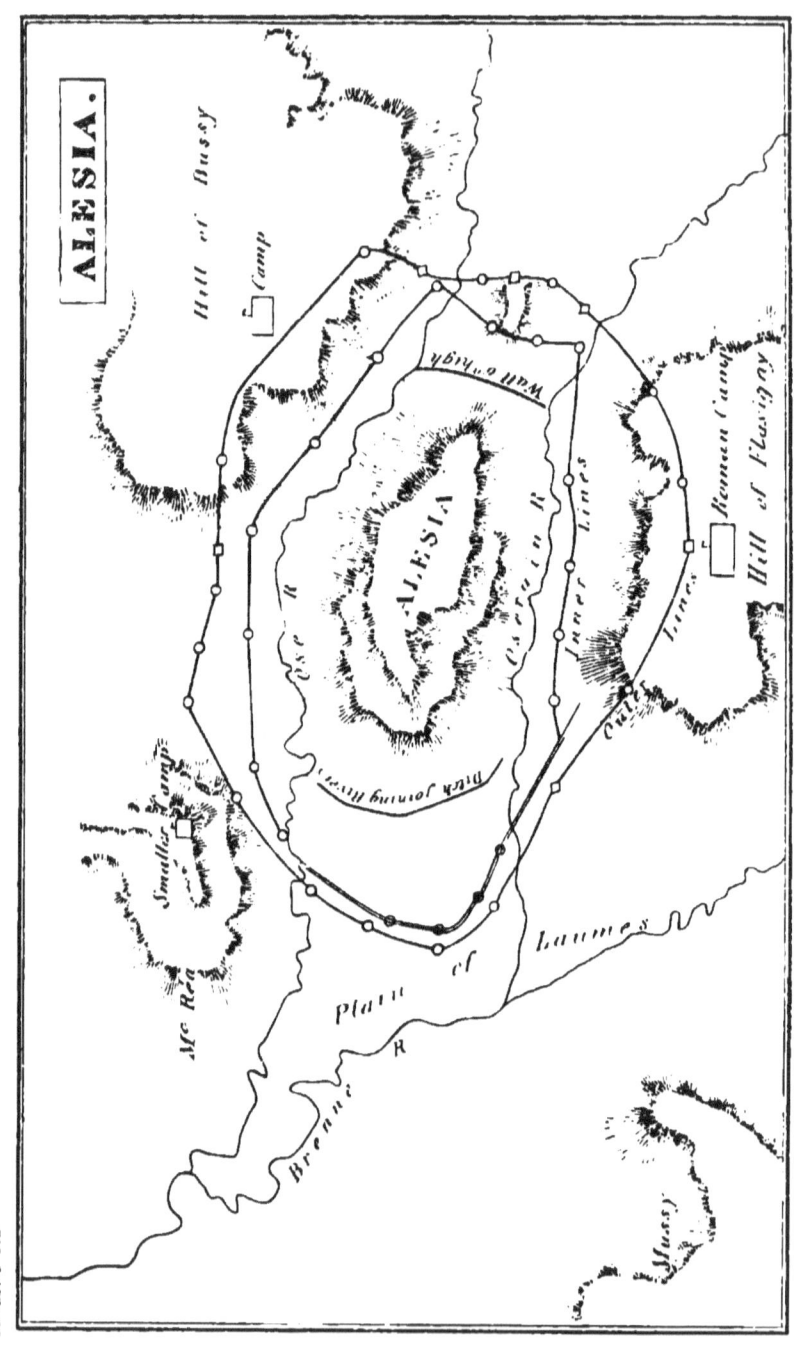

coacervantur. Germani acrius usque ad munitiones sequuntur. Fit magna caedes: nonnulli relictis equis fossam transire et maceriam transcendere conantur. Paulum legiones Caesar, quas pro vallo constituerat, promoveri iubet. Non minus, qui intra munitiones erant, perturbantur Galli: veniri ad se confestim existimantes ad arma conclamant; nonnulli perterriti in oppidum irrumpunt. Vercingetorix iubet portas claudi, ne castra nudentur. Multis interfectis, compluribus equis captis Germani sese recipiunt.

71. Vercingetorix, priusquam munitiones ab Romanis perficiantur, consilium capit, omnem ab se equitatum noctu dimittere. Discedentibus mandat, ut suam quisque eorum civitatem adeat omnesque, qui per aetatem arma ferre possint, ad bellum cogant. Sua in illos merita proponit obtestaturque, ut suae salutis rationem habeant neu se optime de communi libertate meritum hostibus in cruciatum dedant. Quod si indiligentiores fuerint, milia hominum delecta LXXX una secum interitura demonstrat. Ratione inita se exigue dierum XXX habere frumentum, sed paulo etiam longius tolerari posse parcendo. His datis mandatis, qua opus erat intermissum, secunda vigilia silentio equitatum mittit. Frumentum omne ad se referri iubet; capitis poenam iis, qui non paruerint, constituit: pecus, cuius magna erat copia ab Mandubiis compulsa, viritim distribuit; frumentum parce et paulatim metiri instituit. Copias omnes quas pro oppido collocaverat in oppidum recepit. His rationibus auxilia Galliae exspectare et bellum parat administrare.

72. Quibus rebus cognitis ex perfugis et captivis Caesar haec genera munitionis instituit. Fossam pedum viginti directis lateribus duxit, ut eius fossae solum tantundem pateret, quantum summae fossae labra distarent; reliquas omnes munitiones ab ea fossa pedes CCCC reduxit, id hoc

consilio, quoniam tantum esset necessario spatium complexus, nec facile totum corpus corona militum cingeretur, ne de improviso aut noctu ad munitiones hostium multitudo advolaret, aut interdiu tela in nostros operi destinatos
5 conicere possent. Hoc intermisso spatio duas fossas xv pedes latas, eadem altitudine perduxit; quarum interiorem campestribus ac demissis locis aqua ex flumine derivata complevit. Post eas aggerem ac vallum xii pedum exstruxit. Huic loricam pinnasque adiecit, grandibus cervis
10 eminentibus ad commissuras pluteorum atque aggeris, qui ascensum hostium tardarent, et turres toto opere circumdedit, quae pedes lxxx inter se distarent. 73. Erat eodem tempore et materiari et frumentari et tantas muniones fieri necesse deminutis nostris copiis, quae longius
15 ab castris progrediebantur; ac nonnumquam opera nostra Galli temptare atque eruptionem ex oppido pluribus portis summa vi facere conabantur. Quare ad haec rursus opera addendum Caesar putavit, quo minore numero militum munitiones defendi possent. Itaque truncis arborum ad-
20 modum firmis ramis abscisis atque horum delibratis ac praeacutis cacuminibus perpetuae fossae quinos pedes altae ducebantur. Huc illi stipites demissi et ab infimo revincti, ne revelli possent, ab ramis eminebant. Quini erant ordines coniuncti inter se atque implicati; quo qui intraverant, se
25 ipsi acutissimis vallis induebant. Hos cippos appellabant. Ante quos obliquis ordinibus in quincuncem dispositis scrobes tres in altitudinem pedes fodiebantur paulatim angustiore ad infimum fastigio. Huc teretes stipites feminis crassitudine ab summo praeacuti et praeusti demittebantur
30 ita, ut non amplius digitis quattuor ex terra eminerent; simul confirmandi et stabiliendi causa singuli ab infimo solo pedes terra exculcabantur, reliqua pars scrobis ad occultandas insidias viminibus ac virgultis integebatur.

Huius generis octoni ordines ducti ternos inter se pedes distabant. Id ex similitudine floris lilium appellabant. Ante haec taleae pedem longae ferreis hamis infixis totae in terram infodiebantur mediocribusque intermissis spatiis omnibus locis disserebantur; quos stimulos nominabant.

74. His rebus perfectis regiones secutus quam potuit aequissimas pro loci natura xiv milia passuum complexus pares eiusdem generis munitiones, diversas ab his, contra exteriorem hostem perfecit, ut ne magna quidem multitudine, si ita accidat, [eius discessu] munitionum praesidia circumfundi possent; ac ne cum periculo ex castris egredi cogatur, dierum xxx pabulum frumentumque habere omnes convectum iubet.

75. Dum haec apud Alesiam geruntur, Galli concilio principum indicto non omnes eos, qui arma ferre possent, ut censuit Vercingetorix, convocandos statuunt, sed certum numerum cuique ex civitate imperandum, ne tanta multitudine confusa nec moderari nec discernere suos nec frumentandi rationem habere possent. Imperant Aeduis atque eorum clientibus, Segusiavis, Ambivaretis, Aulercis Brannovicibus, Brannoviis, milia xxxv; parem numerum Arvernis adiunctis Eleutetis, Cadurcis, Gabalis, Vellavis, qui sub imperio Arvernorum esse consuerunt; Sequanis, Senonibus, Biturigibus, Santonis, Rutenis, Carnutibus duodena milia; Bellovacis x; octona Pictonibus et Turonis et Parisiis et Helvetiis; Ambianis, Mediomatricis, Petrocoriis, Nerviis, Morinis, Nitiobrogibus quina milia; Aulercis Cenomanis totidem; Atrebatibus iv; Veliocassis totidem; Lemovicibus et Aulercis Eburovicibus terna; Rauracis et Boiis bina; xxx universis civitatibus, quae Oceanum attingunt quaeque eorum consuetudine Aremoricae appellantur, quo sunt in numero Curiosolites, Redones, Ambibarii, Caletes, Osismi, Lexovii, Venelli. Ex his Bellovaci suum

numerum non compleverunt, quod se suo nomine atque arbitrio cum Romanis bellum gesturos dicebant neque cuiusquam imperio obtemperaturos; rogati tamen ab Commio pro eius hospitio duo milia una miserunt. 76. Huius
5 opera Commii, ut antea demonstravimus, fideli atque utili superioribus annis erat usus in Britannia Caesar; quibus ille pro meritis civitatem eius immunem esse iusserat, iura legesque reddiderat atque ipsi Morinos attribuerat. Tamen tanta universae Galliae consensio fuit libertatis vindicandae
10 et pristinae belli laudis recuperandae, ut neque beneficiis neque amicitiae memoria moverentur, omnesque et animo et opibus in id bellum incumberent. Coactis equitum VIII milibus et peditum circiter CCL haec in Aeduorum finibus recensebantur, numerusque inibatur, praefecti constitue-
15 bantur. Commio Atrebati, Viridomaro et Eporedorigi Aeduis, Vercassivellauno Arverno, consobrino Vercingetorigis, summa imperii traditur. His delecti ex civitatibus attribuuntur, quorum consilio bellum administraretur. Omnes alacres et fiduciae pleni ad Alesiam proficiscuntur,
20 neque erat omnium quisquam, qui aspectum modo tantae multitudinis sustineri posse arbitraretur, praesertim ancipiti proelio, cum ex oppido eruptione pugnaretur, foris tantae copiae equitatus peditatusque cernerentur.

77. At ii, qui Alesiae obsidebantur, praeterita die, qua
25 auxilia suorum exspectaverant, consumpto omni frumento, inscii quid in Aeduis gereretur, concilio coacto de exitu suarum fortunarum consultabant. Ac variis dictis sententiis, quarum pars deditionem, pars, dum vires suppeterent, eruptionem censebat, non praetereunda oratio Critognati
30 videtur propter eius singularem et nefariam crudelitatem. Hic summo in Arvernis ortus loco et magnae habitus auctoritatis: 'Nihil,' inquit, 'de eorum sententia dicturus sum, qui turpissimam servitutem deditionis nomine appel-

lant, neque hos habendos civium loco neque ad consilium
adhibendos censeo. Cum his mihi res sit, qui eruptionem
probant; quorum in consilio omnium vestrum consensu
pristinae residere virtutis memoria videtur. Animi est ista
mollitia, non virtus, paulisper inopiam ferre non posse. 5
Qui se ultro morti offerant, facilius reperiuntur, quam qui
dolorem patienter ferant. Atque ego hanc sententiam
probarem (tantum apud me dignitas potest), si nullam
praeterquam vitae nostrae iacturam fieri viderem: sed in
consilio capiendo omnem Galliam respiciamus, quam ad 10
nostrum auxilium concitavimus. Quid hominum milibus
LXXX uno loco interfectis propinquis consanguineisque
nostris animi fore existimatis, si paene in ipsis cadaveribus
proelio decertare cogentur? Nolite hos vestro auxilio
exspoliare, qui vestrae salutis causa suum periculum 15
neglexerunt, nec stultitia ac temeritate vestra aut animi
imbecillitate omnem Galliam prosternere et perpetuae
servituti subicere. An, quod ad diem non venerunt, de
eorum fide constantiaque dubitatis? Quid ergo? Romanos
in illis ulterioribus munitionibus animine causa cotidie 20
exerceri putatis? Si illorum nuntiis confirmari non potestis
omni aditu praesepto, his utimini testibus appropinquare
eorum adventum; cuius rei timore exterriti diem noctemque
in opere versantur. Quid ergo mei consilii est? Facere,
quod nostri maiores nequaquam pari bello Cimbrorum 25
Teutonumque fecerunt; qui in oppida compulsi ac simili
inopia subacti eorum corporibus, qui aetate ad bellum
inutiles videbantur, vitam toleraverunt neque se hostibus
tradiderunt. Cuius rei si exemplum non haberemus, tamen
libertatis causa institui et posteris prodi pulcherrimum 30
iudicarem. Nam quid illi simile bello fuit? Depopulata
Gallia Cimbri magnaque illata calamitate finibus quidem
nostris aliquando excesserunt atque alias terras petierunt;

iura, leges, agros, libertatem nobis reliquerunt. Romani vero quid petunt aliud aut quid volunt, nisi invidia adducti, quos fama nobiles potentesque bello cognoverunt, horum in agris civitatibusque considere atque his aeternam in-
5 iungere servitutem? Neque enim ulla alia condicione bella gesserunt. Quod si ea, quae in longinquis nationibus geruntur, ignoratis, respicite finitimam Galliam, quae in provinciam redacta, iure et legibus commutatis securibus subiecta perpetua premitur servitute.' 78. Sententiis dictis
10 constituunt, ut ii, qui valetudine aut aetate inutiles sunt bello, oppido excedant, atque omnia prius experiantur, quam ad Critognati sententiam descendant: illo tamen potius utendum consilio, si res cogat atque auxilia morentur, quam aut deditionis aut pacis subeundam condicionem.
15 Mandubii, qui eos oppido receperant, cum liberis atque uxoribus exire coguntur. Hi cum ad munitiones Romanorum accessissent, flentes omnibus precibus orabant, ut se in servitutem receptos cibo iuvarent. At Caesar dispositis in vallo custodibus recipi prohibebat. 79. Interea
20 Commius reliquique duces, quibus summa imperii permissa erat, cum omnibus copiis ad Alesiam perveniunt et colle exteriore occupato non longius mille passibus ab nostris munitionibus considunt. Postero die equitatu ex castris educto omnem eam planiciem, quam in longitudinem tria
25 milia passuum patere demonstravimus, complent pedestresque copias paulum ab eo loco abditas in locis superioribus constituunt. Erat ex oppido Alesia despectus in campum. Concurrunt his auxiliis visis; fit gratulatio inter eos atque omnium animi ad laetitiam excitantur. Itaque
30 productis copiis ante oppidum considunt et proximam fossam cratibus integunt atque aggere explent seque ad eruptionem atque omnes casus comparant.

80. Caesar omni exercitu ad utramque partem muni-

tionum disposito, ut, si usus veniat, suum quisque locum teneat et noverit, equitatum ex castris educi et proelium committi iubet. Erat ex omnibus castris, quae summum undique iugum tenebant, despectus, atque omnes milites intenti pugnae proventum exspectabant. Galli inter equites raros sagittarios expeditosque levis armaturae interiecerant, qui suis cedentibus auxilio succurrerent et nostrorum equitum impetus sustinerent. Ab his complures de improviso vulnerati proelio excedebant. Cum suos pugna superiores esse Galli confiderent et nostros multitudine premi viderent, ex omnibus partibus et ii, qui munitionibus continebantur, et hi, qui ad auxilium convenerant, clamore et ululatu suorum animos confirmabant. Quod in conspectu omnium res gerebatur neque recte ac turpiter factum celari poterat, utrosque et laudis cupiditas et timor ignominiae ad virtutem excitabat. Cum a meridie prope ad solis occasum dubia victoria pugnaretur, Germani una in parte confertis turmis in hostes impetum fecerunt eosque propulerunt; quibus in fugam coniectis sagittarii circumventi interfectique sunt. Item ex reliquis partibus nostri cedentes usque ad castra insecuti sui colligendi facultatem non dederunt. At ii, qui ab Alesia processerant, maesti prope victoria desperata se in oppidum receperunt. 81. Uno die intermisso Galli atque hoc spatio magno cratium, scalarum, harpagonum numero effecto media nocte silentio ex castris egressi ad campestres munitiones accedunt. Subito clamore sublato, qua significatione qui in oppido obsidebantur de suo adventu cognoscere possent, crates proicere, fundis, sagittis, lapidibus nostros de vallo proturbare reliquaque, quae ad oppugnationem pertinent, parant administrare. Eodem tempore clamore exaudito dat tuba signum suis Vercingetorix atque ex oppido educit. Nostri, ut superioribus diebus, ut cuique erat locus attributus, ad munitiones accedunt; fundis librilibus sudibusque, quas in opere disposuerant, ac glandibus Gallos proterrent. Prospectu tenebris adempto multa utrimque vulnera accipiuntur. Complura tormentis tela coniciuntur. At Marcus Antonius 5 et Gaius Trebonius legati, quibus hae partes ad defendendum obvenerant, qua ex parte nostros premi intellexerant, his auxilio ex ulterioribus castellis deductos submittebant. **82.** Dum longius ab munitione aberant Galli, plus multitudine telorum proficiebant; posteaquam propius successerunt, 10 aut se stimulis inopinantes induebant aut in scrobes delati transfodiebantur aut ex vallo et turribus traiecti pilis muralibus interibant. Multis undique vulneribus acceptis nulla munitione perrupta, cum lux appeteret, veriti, ne ab latere aperto ex superioribus castris eruptione circumvenirentur, 15 se ad suos receperunt. At interiores, dum ea, quae a Vercingetorige ad eruptionem praeparata erant, proferunt, priores fossas explent, diutius in his rebus administrandis morati prius suos discessisse cognoverunt, quam munitionibus appropinquarent. Ita re infecta in oppidum reverterunt.

83. Bis magno cum detrimento repulsi Galli, quid agant, consulunt; locorum peritos adhibent: ex his superiorum castrorum situs munitionesque cognoscunt. Erat a septentrionibus collis, quem propter magnitudinem circuitus 25 opere circumplecti non potuerant nostri: necessario paene iniquo loco et leniter declivi castra fecerunt. Haec Gaius Antistius Reginus et Gaius Caninius Rebilus legati cum duabus legionibus obtinebant. Cognitis per exploratores regionibus duces hostium LX milia ex omni numero deligunt 30 earum civitatum, quae maximam virtutis opinionem habebant; quid quoque pacto agi placeat, occulte inter se constituunt; adeundi tempus definiunt, cum meridies esse videatur. His copiis Vercassivellaunum Arvernum, unum ex quattuor ducibus, propinquum Vercingetorigis, praeficiunt. Ille ex castris prima vigilia egressus prope confecto sub lucem itinere post montem se occultavit militesque ex nocturno labore sese reficere iussit. Cum iam meridies appropinquare videretur, ad ea castra, quae supra demonstravimus, contendit; eodemque tempore equitatus ad campestres munitiones accedere et reliquae copiae pro castris sese ostendere coeperunt. **84.** Vercingetorix ex arce Alesiae suos conspicatus ex oppido egreditur; cratis, longurios, musculos, falces reliquaque, quae eruptionis causa paraverat, profert. Pugnatur uno tempore omnibus locis, atque omnia temptantur: quae minime visa pars firma est, huc concurritur. Romanorum manus tantis munitionibus distinetur nec facile pluribus locis occurrit. Multum ad terrendos nostros valet clamor, qui post tergum pugnantibus exstitit, quod suum periculum in aliena vident salute constare: omnia enim plerumque, quae absunt, vehementius hominum mentes perturbant. **85.** Caesar idoneum locum nactus, quid quaque ex parte geratur, cognoscit; laborantibus submittit. Utrisque ad animum occurrit, unum esse illud tempus, quo maxime contendi conveniat: Galli, nisi perfregerint munitiones, de omni salute desperant; Romani si rem obtinuerint, finem laborum omnium exspectant. Maxime ad superiores munitiones laboratur, quo Vercassivellaunum missum demonstravimus. Iniquum loci ad declivitatem fastigium magnum habet momentum. Alii tela coniciunt, alii testudine facta subeunt; defatigatis in vicem integri succedunt. Agger ab universis in munitionem coniectus et ascensum dat Gallis et ea, quae in terra occultaverant Romani, contegit; nec iam arma nostris nec vires suppetunt. **86.** His rebus cognitis Caesar Labienum cum cohortibus sex subsidio laborantibus mittit: imperat, si sustinere non posset, deductis cohortibus eruptione pugnaret; id nisi necessario ne faciat. Ipse adit reliquos, cohortatur, ne labori succumbant; omnium superiorum dimicationum fructum in eo die atque hora docet consistere. Interiores desperatis campestribus locis propter magnitudinem munitionum loca praerupta ex ascensu temptant: huc ea, quae paraverant, conferunt. Multitudine telorum ex turribus propugnantes deturbant, aggere et cratibus fossas explent, falcibus vallum ac loricam rescindunt. **87.** Mittit primo Brutum adulescentem cum cohortibus Caesar, post cum aliis Gaium Fabium legatum; postremo ipse, cum vehementius pugnaretur, integros subsidio adducit. Restituto proelio ac repulsis hostibus eo, quo Labienum miserat, contendit; cohortes quattuor ex proximo castello deducit, equitum partem se sequi, partem circumire exteriores munitiones et ab tergo hostes adoriri iubet. Labienus postquam neque aggeres neque fossae vim hostium sustinere poterant, coactis una XL cohortibus, quas ex proximis praesidiis deductas fors obtulit, Caesarem per nuntios facit certiorem, quid faciendum existimet. Accelerat Caesar, ut proelio intersit. **88.** Eius adventu ex colore vestitus cognito, quo insigni in proeliis uti consuerat, turmisque equitum et cohortibus visis, quas se sequi iusserat, ut de locis superioribus haec declivia et devexa cernebantur, nostri proelium committunt. Utrimque clamore sublato excipit rursus ex vallo atque omnibus munitionibus clamor. Nostri omissis pilis gladiis rem gerunt. Repente post tergum equitatus cernitur; cohortes aliae appropinquant. Hostes terga vertunt; fugientibus equites occurrunt. Fit magna caedes. Sedulius, dux et princeps Lemovicum, occiditur; Vercassivellaunus Arvernus vivus in fuga comprehenditur; signa militaria LXXIV ad Caesarem referuntur: pauci ex tanto numero se incolumes in castra recipiunt. Conspicati ex oppido caedem et fugam suorum desperata salute copias a munitionibus reducunt. Fit protinus hac re audita ex castris Gallorum fuga. Quod nisi crebris subsidiis ac totius diei labore milites essent defessi, omnes hostium copiae deleri potuissent. De media nocte missus equitatus novissimum agmen consequitur: magnus numerus capitur atque interficitur; reliqui ex fuga in civitates discedunt. 89. Postero die Vercingetorix concilio convocato id bellum se suscepisse non suarum necessitatium, sed communis libertatis causa demonstrat, et quoniam sit fortunae cedendum, ad utramque rem se illis offerre, seu morte sua Romanis satisfacere seu vivum tradere velint. Mittuntur de his rebus ad Caesarem legati. Iubet arma tradi, principes produci. Ipse in munitione pro castris consedit: eo duces producuntur; Vercingetorix deditur, arma proiciuntur. Reservatis Aeduis atque Arvernis, si per eos civitates reciperare posset, ex reliquis captivis toto exercitui capita singula praedae nomine distribuit.

90. His rebus confectis in Aeduos proficiscitur; civitatem recipit. Eo legati ab Arvernis missi quae imperaret se facturos pollicentur. Imperat magnum numerum obsidum. Legiones in hiberna mittit. Captivorum circiter xx milia Aeduis Arvernisque reddit. T. Labienum duabus cum legionibus et equitatu in Sequanos proficisci iubet: huic M. Sempronium Rutilum attribuit. Gaium Fabium legatum et Lucium Minucium Basilum cum legionibus duabus in Remis collocat, ne quam ab finitimis Bellovacis calamitatem accipiant. Gaium Antistium Reginum in Ambivaretos, Titum Sextium in Bituriges, Gaium Caninium Rebilum in Rutenos cum singulis legionibus mittit. Q. Tullium Ciceronem et P. Sulpicium Cabilloni et Matiscone in Aeduis ad Ararim rei frumentariae causa collocat. Ipse Bibracte hiemare constituit. His [litteris] cognitis Romae dierum viginti supplicatio redditur.

A. HIRTII
DE BELLO GALLICO

COMMENTARIUS OCTAVUS.

B.C. 51. A.U.C. 703.

Renewal of war by the Carnutes and Bellovaci. Siege of Uxellodunum. Reduction of Aquitania. Pacification of Gaul. Preparations for civil war.

Coactus assiduis tuis vocibus, Balbe, cum cotidiana mea recusatio non difficultatis excusationem, sed inertiae videretur deprecationem habere, rem difficillimam suscepi. Caesaris nostri commentarios rerum gestarum Galliae non 5 cohaerentibus superioribus atque insequentibus eius scriptis contexui novissimumque imperfectum ab rebus gestis Alexandriae confeci usque ad exitum non quidem civilis dissensionis, cuius finem nullum videmus, sed vitae Caesaris. Quos utinam qui legent scire possint quam invitus sus-10 ceperim scribendos, quo facilius caream stultitiae atque arrogantiae crimine, qui me mediis interposuerim Caesaris scriptis. Constat enim inter omnes nihil tam operose ab aliis esse perfectum, quod non horum elegantia commentariorum superetur. Qui sunt editi, ne scientia tantarum 15 rerum scriptoribus deesset, adeoque probantur omnium iudicio, ut praerepta, non praebita facultas scriptoribus videatur. Cuius tamen rei maior nostra, quam reliquorum est admiratio: ceteri enim, quam bene atque emendate, nos etiam, quam facile atque celeriter eos perfecerit, scimus. Erat autem in Caesare cum facultas atque elegantia summa scribendi, tum verissima scientia suorum consiliorum explicandorum. Mihi ne illud quidem accidit, ut Alexandrino atque Africano bello interessem; quae bella quamquam ex parte nobis Caesaris sermone sunt nota, tamen aliter audimus ea, quae rerum novitate aut admiratione nos capiunt, aliter, quae pro testimonio sumus dicturi. Sed ego nimirum, dum omnes excusationis causas colligo, ne cum Caesare conferar, hoc ipsum crimen arrogantiae subeo, quod me iudicio cuiusquam existimem posse cum Caesare comparari. Vale.

1. Omni Gallia devicta Caesar cum a superiore aestate nullum bellandi tempus intermisisset militesque hibernorum quiete reficere a tantis laboribus vellet, complures eodem tempore civitates renovare belli consilia nuntiabantur coniurationesque facere. Cuius rei verisimilis causa afferebatur, quod Gallis omnibus cognitum esset neque ulla multitudine in unum locum coacta resisti posse Romanis, nec, si diversa bella complures eodem tempore intulissent civitates, satis auxilii aut spatii aut copiarum habiturum exercitum populi Romani ad omnia persequenda; non esse autem alicui civitati sortem incommodi recusandam, si tali mora reliquae possent se vindicare in libertatem. 2. Quae ne opinio Gallorum confirmaretur, Caesar M. Antonium quaestorem suis praefecit hibernis; ipse equitum praesidio pridie Kal. Ianuarias ab oppido Bibracte proficiscitur ad legionem XIII, quam non longe a finibus Aeduorum collocaverat in finibus Biturigum, eique adiungit legionem XI, quae proxima fuerat. Binis cohortibus ad impedimenta tuenda relictis reliquum exercitum in copiosissimos agros Biturigum inducit, qui, cum latos fines et complura oppida haberent, unius legionis hibernis non potuerint contineri, quin bellum pararent coniura-

tionesque facerent. 3. Repentino adventu Caesaris accidit, quod imparatis disiectisque accidere fuit necesse, ut sine timore ullo rura colentes prius ab equitatu opprimerentur, quam confugere in oppida possent. Namque etiam illud vulgare incursionis hostium signum, quod incendiis aedificiorum intellegi consuevit, Caesaris erat interdicto sublatum, ne aut copia pabuli frumentique, si longius progredi vellet, deficeretur, aut hostes incendiis terrerentur. Multis hominum milibus captis perterriti Bituriges, qui primum adventum potuerant effugere Romanorum, in finitimas civitates aut privatis hospitiis confisi aut societate consiliorum confugerant. Frustra: nam Caesar magnis itineribus omnibus locis occurrit nec dat ulli civitati spatium de aliena potius, quam de domestica salute cogitandi; qua celeritate et fideles amicos retinebat et dubitantes terrore ad condiciones pacis adducebat. Tali condicione proposita Bituriges, cum sibi viderent clementia Caesaris reditum patere in eius amicitiam finitimasque civitates sine ulla poena dedisse obsides atque in fidem receptas esse, idem fecerunt.

4. Caesar militibus pro tanto labore ac patientia, qui brumalibus diebus, itineribus difficillimis, frigoribus intolerandis studiosissime permanserant in labore, ducenos sestertios, centurionibus tot milia nummum praedae nomine condonanda pollicetur legionibusque in hiberna remissis ipse se recipit die quadragesimo Bibracte. Ibi cum ius diceret, Bituriges ad eum legatos mittunt auxilium petitum contra Carnutes, quos intulisse bellum sibi querebantur. Qua re cognita cum dies non amplius decem et octo in hibernis esset moratus, legiones XIV et VI ex hibernis ab Arare educit, quas ibi collocatas explicandae rei frumentariae causa superiore commentario demonstratum est: ita cum duabus legionibus ad persequendos Carnutes proficiscitur. 5. Cum fama exercitus ad hostes esset perlata, calamitate ceterorum

docti Carnutes desertis vicis oppidisque, quae tolerandae hiemis causa constitutis repente exiguis ad necessitatem aedificiis incolebant (nuper enim devicti complura oppida dimiserant), dispersi profugiunt. Caesar erumpentes eo maxime tempore acerrimas tempestates cum subire milites 5 nollet, in oppido Carnutum Cenabo castra ponit atque in tecta partim Gallorum, partim quae coniectis celeriter stramentis tentoriorum integendorum gratia erant inaedificata, milites contegit. Equites tamen et auxiliarios pedites in omnes partes mittit, quascumque petisse diceban- 10 tur hostes; nec frustra: nam plerumque magna praeda potiti nostri revertuntur. Oppressi Carnutes hiemis difficultate, terrore periculi, cum tectis expulsi nullo loco diutius consistere auderent nec silvarum praesidio tempestatibus durissimis tegi possent, dispersi magna parte amissa suorum 15 dissipantur in finitimas civitates.

6. Caesar tempore anni difficillimo cum satis haberet convenientes manus dissipare, ne quod initium belli nasceretur, quantumque in ratione esset, exploratum haberet sub tempus aestivorum nullum summum bellum posse conflari, 20 Gaium Trebonium cum duabus legionibus, quas secum habebat, in hibernis Cenabi collocavit: ipse cum crebris legationibus Remorum certior fieret Bellovacos, qui belli gloria Gallos omnes Belgasque praestabant, finitimasque his civitates duce Correo Bellovaco et Commio Atrebate exercitus comparare 25 atque in unum locum cogere, ut omni multitudine in fines Suessionum, qui Remis erant attributi, facerent impressionem, pertinere autem non tantum ad dignitatem, sed etiam ad salutem suam iudicaret, nullam calamitatem socios optime de republica meritos accipere, legionem ex hibernis 30 evocat rursus XI, litteras autem ad Gaium Fabium mittit, ut in fines Suessionum legiones duas, quas habebat, adduceret, alteramque ex duabus ab Labieno arcessit. Ita,

quantum hibernorum opportunitas bellique ratio postulabat, perpetuo suo labore in vicem legionibus expeditionum onus iniungebat. 7. His copiis coactis ad Bellovacos proficiscitur castrisque in eorum finibus positis equitum turmas dimittit in omnes partes ad aliquos excipiendos, ex quibus hostium consilia cognosceret. Equites officio functi renuntiant paucos in aedificiis esse inventos, atque hos, non qui agrorum colendorum causa remansissent (namque esse undique diligenter demigratum), sed qui speculandi causa essent remissi. A quibus cum quaereret Caesar, quo loco multitudo esset Bellovacorum quodve esset consilium eorum, inveniebat: Bellovacos omnes, qui arma ferre possent, in unum locum convenisse, itemque Ambianos, Aulercos, Caletos, Veliocassis, Atrebatas; locum castris excelsum in silva circumdata palude delegisse, impedimenta omnia in ulteriores silvas contulisse. Complures esse principes belli auctores, sed multitudinem maxime Correo obtemperare, quod ei summo esse odio nomen populi Romani intellexissent. Paucis ante diebus ex his castris Atrebatem Commium discessisse ad auxilia Germanorum adducenda; quorum et vicinitas propinqua et multitudo esset infinita. Constituisse autem Bellovacos omnium principum consensu, summa plebis cupiditate, si, ut diceretur, Caesar cum tribus legionibus veniret, offerre se ad dimicandum, ne miseriore ac duriore postea condicione cum toto exercitu decertare cogerentur; si maiores copias adduceret, in eo loco permanere, quem delegissent, pabulatione autem, quae propter anni tempus cum exigua tum disiecta esset, et frumentatione et reliquo commeatu ex insidiis prohibere Romanos. 8. Quae Caesar consentientibus pluribus cum cognosset atque ea, quae proponerentur, consilia plena prudentiae longeque a temeritate barbarorum remota esse iudicaret, omnibus rebus inserviendum statuit, quo celerius hostes contempta

suorum paucitate prodirent in aciem. Singularis enim
virtutis veterrimas legiones VII, VIII, VIIII habebat, summae
spei delectaeque iuventutis XI, quae octavo iam stipendio
tamen in collatione reliquarum nondum eandem vetustatis
ac virtutis ceperat opinionem. Itaque consilio advocato
rebus iis, quae ad se essent delatae, omnibus expositis
animos multitudinis confirmat. Si forte hostes trium
legionum numero posset elicere ad dimicandum, agminis
ordinem ita constituit, ut legio septima, octava, nona ante
omnia irent impedimenta, deinde omnium impedimentorum
agmen, quod tamen erat mediocre, ut in expeditionibus
esse consuevit, cogeret undecima, ne maioris multitudinis
species accidere hostibus posset, quam ipsi depoposcissent.
Hac ratione paene quadrato agmine instructo in conspectum
hostium celerius opinione eorum exercitum adducit. 9. Cum
repente instructas velut in acie certo gradu legiones accedere Galli viderent, quorum erant ad Caesarem plena
fiduciae consilia perlata, sive certaminis periculo sive
subito adventu sive exspectatione nostri consilii copias
instruunt pro castris nec loco superiore decedunt.
Caesar, etsi dimicare optaverat, tamen admiratus tantam
multitudinem hostium valle intermissa magis in altitudinem depressa quam late patente castra castris hostium
confert. Haec imperat vallo pedum XII muniri, loriculam pro (hac) ratione eius altitudinis inaedificari; fossam duplicem pedum denum quinum lateribus deprimi
directis; turris excitari crebras in altitudinem trium tabulatorum, pontibus traiectis constratisque coniungi, quorum
frontes viminea loricula munirentur: ut ab hostibus duplici
fossa, duplici propugnatorum ordine defenderentur, quorum
alter ex pontibus, quo tutior altitudine esset, hoc audacius
longiusque permitteret tela, alter, qui propior hostem in ipso
vallo collocatus esset, ponte ab incidentibus telis tegeretur.

Portis fores altioresque turres imposuit. 10. Huius munitionis duplex erat consilium. Namque et operum magnitudinem et timorem suum sperabat fiduciam barbaris allaturum, et cum pabulatum frumentatumque longius esset
5 proficiscendum, parvis copiis castra munitione ipsa videbat posse defendi. Interim crebro paucis utrimque procurrentibus inter bina castra palude interiecta contendebatur; quam tamen paludem nonnumquam aut nostra auxilia Gallorum Germanorumque transibant acriusque hostes
10 insequebantur, aut vicissim hostes eadem transgressi nostros longius submovebant. Accidebat autem cotidianis pabulationibus (id quod accidere erat necesse, cum raris disiectisque ex aedificiis pabulum conquireretur), ut impeditis locis dispersi pabulatores circumvenirentur; quae res, etsi
15 mediocre detrimentum iumentorum ac servorum nostris afferebat, tamen stultas cogitationes incitabat barbarorum, atque eo magis, quod Commius, quem profectum ad auxilia Germanorum arcessenda docui, cum equitibus venerat; qui tametsi numero non amplius erant quingenti, tamen Ger-
20 manorum adventu barbari nitebantur. 11. Caesar, cum animadverteret hostem complures dies castris palude et loci natura munitis se tenere neque oppugnari castra eorum sine dimicatione perniciosa nec locum munitionibus claudi nisi a maiore exercitu posse, litteras ad Trebonium mittit,
25 ut quam celerrime posset legionem XIII, quae cum T. Sextio legato in Biturigibus hiemabat, arcesseret atque ita cum tribus legionibus magnis itineribus ad se veniret; ipse equites in vicem Remorum ac Lingonum reliquarumque civitatum, quorum magnum numerum evocaverat, praesidio
30 pabulationibus mittit, qui subitas hostium incursiones sustinerent. 12. Quod cum cotidie fieret, ac iam consuetudine diligentia minueretur, quod plerumque accidit diuturnitate, Bellovaci delecta manu peditum cognitis stationibus coti-

dianis equitum nostrorum silvestribus locis insidias disponunt eodemque equites postero die mittunt, qui primum elicerent nostros, deinde circumventos aggrederentur. Cuius mali sors incidit Remis, quibus ille dies fungendi muneris obvenerat. Namque hi, cum repente hostium equites animadvertissent ac numero superiores paucitatem contempsissent, cupidius insecuti peditibus undique sunt circumdati. Quo facto perturbati celerius, quam consuetudo fert equestris proelii, se receperunt amisso Vertisco, principe civitatis, praefecto equitum; qui cum vix equo propter aetatem posset uti, tamen consuetudine Gallorum neque aetatis excusatione in suscipienda praefectura usus erat neque dimicari sine se voluerat. Inflantur atque incitantur hostium animi secundo proelio, principe et praefecto Remorum interfecto, nostrique detrimento admonentur diligentius exploratis locis stationes disponere ac moderatius cedentem insequi hostem. 13. Non intermittunt interim cotidiana proelia in conspectu utrorumque castrorum, quae ad vada transitusque fiebant paludis. Qua contentione Germani, quos propterea Caesar traduxerat Rhenum, ut equitibus interpositi proeliarentur, cum constantius universi paludem transissent paucisque resistentibus interfectis pertinacius reliquam multitudinem essent insecuti, perterriti non solum ii, qui aut comminus opprimebantur aut eminus vulnerabantur, sed etiam, qui longius subsidiari consuerant, turpiter refugerunt nec prius finem fugae fecerunt saepe amissis superioribus locis, quam se aut in castra suorum reciperent, aut nonnulli pudore coacti longius profugerent. Quorum periculo sic omnes copiae sunt perturbatae, ut vix iudicari posset, utrum secundis minimisque rebus insolentiores, an adverso mediocri casu timidiores essent. 14. Compluribus diebus isdem in castris consumptis, cum propius accessisse legiones et Gaium Trebonium legatum

cognossent, duces Bellovacorum veriti similem obsessionem
Alesiae noctu dimittunt eos, quos aut aetate aut viribus
inferiores aut inermes habebant, unaque reliqua impedimenta.
Quorum perturbatum et confusum dum explicant agmen
5 (magna enim multitudo carrorum etiam expeditos sequi
Gallos consuevit), oppressi luce copias armatorum pro suis
instruunt castris, ne prius Romani persequi se inciperent,
quam longius agmen impedimentorum suorum processisset.
At Caesar neque resistentes aggrediendos tanto collis
10 ascensu iudicabat, neque non usque eo legiones admovendas,
ut discedere ex eo loco sine periculo barbari militibus instan-
tibus non possent. Ita, cum palude impedita a castris
castra dividi videret, quae transeundi difficultas celeritatem
insequendi tardare posset, atque id iugum, quod trans
15 paludem paene ad hostium castra pertineret, mediocri valle
a castris eorum intercisum animum adverteret, pontibus
palude constrata legiones traducit celeriterque in summam
planiciem iugi prevenit, quae declivi fastigio duobus ab lateribus muniebatur. Ibi legionibus instructis ad ultimum
20 iugum pervenit aciemque eo loco constituit, unde tormento
missa tela in hostium cuneos conici possent. 15. Barbari
confisi loci natura cum dimicare non recusarent, si forte
Romani subire collem conarentur, paulatim copias distributas
dimittere non possent, ne dispersi perturbarentur, in acie
25 permanserunt. Quorum pertinacia cognita Caesar viginti
cohortibus instructis castrisque eo loco metatis muniri iubet
castra. Absolutis operibus pro vallo legiones instructas
collocat, equites frenatis equis in statione disponit. Bellovaci, cum Romanos ad insequendum paratos viderent neque
30 pernoctare aut diutius permanere sine periculo eodem loco
possent, tale consilium sui recipiendi ceperunt. Fasces, ut
consueverant (namque in acie sedere Gallos consuesse,
superioribus commentariis Caesaris declaratum est) per

manus stramentorum ac virgultorum, quorum summa erat in castris copia, inter se traditos ante aciem collocarunt extremoque tempore diei signo pronuntiato uno tempore incenderunt. Ita continens flamma copias omnes repente a conspectu texit Romanorum. Quod ubi accidit, barbari vehementissimo cursu refugerunt. 16. Caesar, etsi discessum hostium animadvertere non poterat incendiis oppositis, tamen id consilium cum fugae causa initum suspicaretur, legiones promovet, turmas mittit ad insequendum; ipse veritus insidias, ne forte in eodem loco subsistere hostis atque elicere nostros in locum conaretur iniquum, tardius procedit. Equites cum intrare fumum et flammam densissimam timerent ac, si qui cupidius intraverant, vix suorum ipsi priores partes animadverterent equorum, insidias veriti liberam facultatem sui recipiendi Bellovacis dederunt. Ita fuga timoris simul calliditatisque plena sine ullo detrimento milia non amplius decem progressi hostes loco munitissimo castra posuerunt. Inde cum saepe in insidiis equites peditesque disponerent, magna detrimenta Romanis in pabulationibus inferebant. 17. Quod cum crebrius accideret, ex captivo quodam comperit Caesar Correum, Bellovacorum ducem, fortissimorum milia sex peditum delegisse equitesque ex omni numero mille, quos in insidiis eo loco collocaret, quem in locum propter copiam frumenti ac pabuli Romanos missuros suspicaretur. Quo cognito consilio legiones plures, quam solebat, educit equitatumque, qua consuetudine pabulatoribus mittere praesidio consuerat, praemittit: huic interponit auxilia levis armaturae; ipse cum legionibus quam potest maxime appropinquat. 18. Hostes in insidiis dispositi, cum sibi delegissent campum ad rem gerendam non amplius patentem in omnes partes passibus mille, silvis undique aut impeditissimo flumine munitum, velut indagine hunc insidiis circumdederunt. Explorato

hostium consilio nostri ad proeliandum animo atque armis
parati cum subsequentibus legionibus nullam dimicationem
recusarent, turmatim in eum locum devenerunt. Quorum
adventu cum sibi Correus oblatam occasionem rei gerendae
5 existimaret, primum cum paucis se ostendit atque in proximas turmas impetum fecit. Nostri constanter incursum
sustinent insidiatorum, neque plures in unum locum conveniunt; quod plerumque equestribus proeliis cum propter
aliquem timorem accidit, tum multitudine ipsorum detrimen-
10 tum accipitur. 19. Cum dispositis turmis in vicem rari
proeliarentur neque ab lateribus circumveniri suos paterentur, erumpunt ceteri Correo proeliante ex silvis. Fit magna
contentione diversum proelium. Quod cum diutius pari
Marte iniretur, paulatim ex silvis instructa multitudo procedit
15 peditum, quae nostros coëgit cedere equites. Quibus
celeriter subveniunt levis armaturae pedites, quos ante legiones missos docui, turmisque nostrorum interpositi constanter proeliantur. Pugnatur aliquamdiu pari contentione;
deinde, ut ratio postulabat proelii, qui sustinuerant primos
20 impetus insidiarum, hoc ipso fiunt superiores, quod nullum
ab insidiantibus imprudentes acceperant detrimentum.
Accedunt propius interim legiones, crebrique eodem tempore et nostris et hostibus nuntii afferuntur, imperatorem
instructis copiis adesse. Qua re cognita praesidio cohor-
25 tium confisi nostri acerrime proeliantur, ne, si tardius rem
gessissent, victoriae gloriam communicasse cum legionibus
viderentur; hostes concidunt animis atque itineribus diversis
fugam quaerunt nequiquam : nam quibus difficultatibus locorum Romanos claudere voluerant, iis ipsi tenebantur. Victi
30 tamen perculsique maiore parte amissa consternati profugiunt partim silvis petitis, partim flumine, qui tamen in fuga
a nostris acriter insequentibus conficiuntur, cum interim nulla
calamitate victus Correus excedere proelio silvasque petere
aut invitantibus nostris ad deditionem potuit adduci, quin

fortissime proeliando compluresque vulnerando cogeret elatos iracundia victores in se tela conicere. **20.** Tali modo re gesta recentibus proelii vestigiis ingressus Caesar, cum victos tanta calamitate existimaret hostes nuntio accepto locum castrorum relicturos, quae non longius ab ea caede abesse passuum octo milibus dicebantur, tametsi flumine impeditum transitum videbat, tamen exercitu traducto progreditur. At Bellovaci reliquaeque civitates repente ex fuga paucis atque his vulneratis receptis, qui silvarum beneficio casum evitaverant, omnibus adversis, [cognita calamitate,] interfecto Correo, amisso equitatu et fortissimis peditibus, cum adventare Romanos existimarent, concilio repente cantu tubarum convocato conclamant, legati obsidesque ad Caesarem mittantur. **21.** Hoc omnibus probato consilio Commius Atrebas ad eos confugit Germanos, a quibus ad id bellum auxilia mutuatus erat. Ceteri e vestigio mittunt ad Caesarem legatos petuntque, ut ea poena sit contentus hostium, quam si sine dimicatione inferre integris posset, pro sua clementia atque humanitate numquam profecto esset illaturus. Afflictas opes equestri proelio Bellovacorum esse; delectorum peditum multa milia interisse, vix refugisse nuntios caedis. Tamen magnum, ut in tanta calamitate, Bellovacos eo proelio commodum esse consecutos, quod Correus, auctor belli, concitator multitudinis, esset interfectus. Numquam enim senatum tantum in civitate illo vivo, quantum imperitam plebem potuisse. **22.** Haec orantibus legatis commemorat Caesar: Eodem tempore superiore anno Bellovacos ceterasque Galliae civitates suscepisse bellum: pertinacissime hos ex omnibus in sententia permansisse neque ad sanitatem reliquorum deditione esse perductos. Scire atque intellegere se causam peccati facillime mortuis delegari. Neminem vero tantum pollere, ut invitis principibus, resistente senatu, omnibus bonis repugnantibus infirma manu plebis bellum concitare et

gerere posset; sed tamen se contentum fore ea poena, quam sibi ipsi contraxissent. **23.** Nocte insequenti legati responsa ad suos referunt, obsides conficiunt. Concurrunt reliquarum civitatium legati, quae Bellovacorum speculabantur eventum.
5 Obsides dant, imperata faciunt excepto Commio, quem timor prohibebat cuiusquam fidei suam committere salutem. Nam superiore anno Titus Labienus Caesare in Gallia citeriore ius dicente, cum Commium comperisset sollicitare civitates et coniurationem contra Caesarem facere, infide-
10 litatem eius sine ulla perfidia iudicavit comprimi posse. Quem quia non arbitrabatur vocatum in castra venturum, ne temptando cautiorem faceret, Gaium Volusenum Quadratum misit, qui eum per simulationem colloquii curaret interficiendum. Ad eam rem delectos idoneos ei tradit centuriones.
15 Cum in colloquium ventum esset et, ut convenerat, manum Commii Volusenus arripuisset, centurio vel insueta re permotus vel celeriter a familiaribus prohibitus Commii conficere hominem non potuit; graviter tamen primo ictu gladio caput percussit. Cum utrimque gladii destricti
20 essent, non tam pugnandi, quam diffugiendi fuit utrorumque consilium: nostrorum, quod mortifero vulnere Commium credebant affectum, Gallorum, quod insidiis cognitis plura, quam videbant, extimescebant. Quo facto statuisse Commius dicebatur numquam in conspectum cuiusquam Romani
25 venire.

24. Bellicosissimis gentibus devictis Caesar cum videret nullam iam esse civitatem, quae bellum pararet, quo sibi resisteret, sed nonnullos ex oppidis demigrare, ex agris diffugere ad praesens imperium evitandum, plures in partes
30 exercitum dimittere constituit. M. Antonium quaestorem cum legione duodecima sibi coniungit. C. Fabium legatum cum cohortibus xxv mittit in diversissimam partem Galliae, quod ibi quasdam civitates in armis esse audiebat, neque C. Caninium Rebilum legatum, qui in illis regionibus erat,

satis firmas duas legiones habere existimabat. T. Labienum
ad se evocat; legionem autem xv, quae cum eo fuerat in
hibernis, in togatam Galliam mittit ad colonias civium
Romanorum tuendas, ne quod simile incommodum accideret decursione barbarorum, ac superiore aestate Terges-
tinis acciderat, qui repentino latrocinio atque impetu
eorum erant oppressi. Ipse ad vastandos depopulandosque
fines Ambiorigis proficiscitur; quem perterritum ac fugientem cum redigi posse in suam potestatem desperasset,
proximum suae dignitatis esse ducebat, adeo fines eius
vastare civibus, aedificiis, pecore, ut odio suorum Ambiorix, si quos fortuna reliquos fecisset, nullum reditum
propter tantas calamitates haberet in civitatem. **25.** Cum
in omnes partes finium Ambiorigis aut legiones aut auxilia
dimisisset atque omnia caedibus, incendiis, rapinis vastasset,
magno numero hominum interfecto aut capto Labienum
cum duabus legionibus in Treveros mittit; quorum civitas
propter Germaniae vicinitatem cotidianis exercitata bellis
cultu et feritate non multum a Germanis differebat neque
imperata umquam nisi exercitu coacta faciebat.

26. Interim Gaius Caninius legatus, cum magnam multitudinem convenisse hostium in fines Pictonum litteris
nuntiisque Durati cognosceret, qui perpetuo in amicitia
manserat Romanorum, cum pars quaedam civitatis eius
defecisset, ad oppidum Lemonum contendit. Quo cum
adventaret atque ex captivis certius cognosceret multis
hominum milibus a Dumnaco, duce Andium, Duratium
clausum Lemoni oppugnari neque infirmas legiones hostibus committere auderet, castra posuit loco munito.
Dumnacus, cum appropinquare Caninium cognosset, copiis
omnibus ad legiones conversis castra Romanorum oppugnare instituit. Cum complures dies in oppugnatione
consumpsisset et magno suorum detrimento nullam partem
munitionum convellere potuisset, rursus ad obsidendum

Lemonum redit. **27.** Eodem tempore C. Fabius legatus complures civitates in fidem recipit, obsidibus firmat litterisque Gai Canini Rebili fit certior, quae in Pictonibus gerantur. Quibus rebus cognitis proficiscitur ad auxilium
5 Duratio ferendum. At Dumnacus adventu Fabii cognito desperata salute, si tempore eodem coactus esset et Romanum externum sustinere hostem et respicere ac timere oppidanos, repente ex eo loco cum copiis recedit nec se satis tutum fore arbitratur, nisi flumine Ligeri, quod erat
10 ponte propter magnitudinem transeundum, copias traduxisset. Fabius, etsi nondum in conspectum venerat hostibus neque se Caninio coniunxerat, tamen doctus ab iis, qui locorum noverant naturam, potissimum credidit hostes perterritos eum locum, quem petebant, petituros.
15 Itaque cum copiis ad eundem pontem contendit equitatumque tantum procedere ante agmen imperat legionum, quantum cum processisset, sine defetigatione equorum in eadem se reciperet castra. Consequuntur equites nostri, ut erat praeceptum, invaduntque Dumnaci agmen et fu-
20 gientes perterritosque sub sarcinis in itinere aggressi magna praeda multis interfectis potiuntur. Ita re bene gesta se recipiunt in castra. **28.** Insequenti nocte Fabius equites praemittit sic paratos, ut confligerent atque omne agmen morarentur, dum consequeretur ipse. Cuius prae-
25 ceptis ut res gereretur, Quintus Atius Varus, praefectus equitum, singularis et animi et prudentiae vir, suos hortatur agmenque hostium consecutus turmas partim idoneis locis disponit, partim equitum proelium committit. Confligit audacius equitatus hostium succedentibus sibi peditibus;
30 qui toto agmine subsistentes equitibus suis contra nostros ferunt auxilium. Fit proelium acri certamine. Namque nostri contemptis pridie superatis hostibus, cum subsequi legiones meminissent, et pudore cedendi et cupiditate per se conficiendi proelii fortissime contra pedites proeliantur,

hostesque nihil amplius copiarum accessurum credentes, ut pridie cognoverant, delendi equitatus nostri nancti occasionem videbantur. 29. Cum aliquamdiu summa contentione dimicaretur, Dumnacus instruit aciem, quae suis esset equitibus in vicem praesidio: cum repente confertae 5 legiones in conspectum hostium veniunt. Quibus visis perculsae barbarorum turmae ac perterritae acies hostium perturbato impedimentorum agmine magno clamore discursuque passim fugae se mandant. At nostri equites, qui paulo ante cum resistentibus fortissime conflixerant, 10 laetitia victoriae elati magno undique clamore sublato cedentibus circumfusi, quantum equorum vires ad persequendum dextraeque ad caedendum valent, tantum eo proelio interficiunt. Itaque amplius milibus XII aut armatorum aut eorum, qui eo timore arma proiecerant, interfectis 15 omnis multitudo capitur impedimentorum.

30. Qua ex fuga cum constaret Drappetem Senonem, qui, ut primum defecerat Gallia, collectis undique perditis hominibus, servis ad libertatem vocatis, exulibus omnium civitatum ascitis, receptis latronibus impedimenta et com- 20 meatus Romanorum interceperat, non amplius hominum milibus ex fuga quinque collectis provinciam petere unaque consilium cum eo Lucterium Cadurcum cepisse, quem superiore commentario prima defectione Galliae facere in provinciam voluisse impetum cognitum est, Caninius legatus 25 cum legionibus duabus ad eos persequendos contendit, ne detrimento aut timore provinciae magna infamia perditorum hominum latrociniis caperetur. 31. Gaius Fabius cum reliquo exercitu in Carnutes ceterasque proficiscitur civitates, quarum eo proelio, quod cum Dumnaco fecerat, copias 30 esse accisas sciebat. Non enim dubitabat, quin recenti calamitate submissiores essent futurae, dato vero spatio ac tempore eodem instigante Dumnaco possent concitari. Qua in re summa felicitas celeritasque in recipiendis

civitatibus Fabium consequitur. Nam Carnutes, qui saepe vexati numquam pacis fecerant mentionem, datis obsidibus veniunt in deditionem, ceteraeque civitates positae in ultimis Galliae finibus, Oceano coniunctae, quae Aremo-
5 ricae appellantur, auctoritate adductae Carnutum adventu Fabii legionumque imperata sine mora faciunt. Dumnacus suis finibus expulsus errans latitansque solus extremas Galliae regiones petere est coactus.

32. At Drappes unaque Lucterius cum legiones Canini-
10 umque adesse cognoscerent nec se sine certa pernicie persequente exercitu putarent provinciae fines intrare posse nec iam libere vagandi latrociniorumque faciendorum facultatem haberent, in finibus consistunt Cadurcorum. Ibi cum Lucterius apud suos cives quondam integris rebus
15 multum potuisset semperque auctor novorum consiliorum magnam apud barbaros auctoritatem haberet, oppidum Uxellodunum, quod in clientela fuerat eius, egregie natura loci munitum, occupat suis et Drappetis copiis oppidanosque sibi coniungit. 33. Quo cum confestim Gaius Caninius
20 venisset animadverteretque omnes oppidi partes praeruptissimis saxis esse munitas, quo defendente nullo tamen armatis ascendere esset difficile, magna autem impedimenta oppidanorum videret, quae si clandestina fuga subtrahere conarentur, effugere non modo equitatum, sed ne legiones
25 quidem possent, tripertito cohortibus divisis trina excelsissimo loco castra fecit; a quibus paulatim, quantum copiae patiebantur, vallum in oppidi circuitum ducere instituit. 34. Quod cum animadverterent oppidani miserrimaque Alesiae memoria solliciti similem casum obsessionis
30 vererentur, maximeque ex omnibus Lucterius, qui fortunae illius periculum fecerat, moneret frumenti rationem esse habendam, constituunt omnium consensu parte ibi relicta copiarum ipsi cum expeditis ad importandum frumentum proficisci. Eo consilio probato proxima nocte duobus

milibus armatorum relictis reliquos ex oppido Drappes et
Lucterius educunt. Hi paucos dies morati ex finibus
Cadurcorum, qui partim re frumentaria sublevare eos cupiebant, partim prohibere, quo minus sumerent, non poterant,
magnum numerum frumenti comparant, nonnumquam
autem expeditionibus nocturnis castella nostrorum adoriuntur. Quam ob causam Gaius Caninius toto oppido
munitiones circumdare moratur, ne aut opus effectum tueri
non possit aut plurimis in locis infirma disponat praesidia.
35. Magna copia frumenti comparata considunt Drappes
et Lucterias non longius ab oppido x milibus, unde
paulatim frumentum in oppidum supportarent. Ipsi inter
se provincias partiuntur: Drappes castris praesidio cum
parte copiarum restitit, Lucterius agmen iumentorum ad
oppidum ducit. Dispositis ibi praesidiis hora noctis circiter
decima silvestribus angustisque itineribus frumentum importare in oppidum instituit. Quorum strepitum vigiles
castrorum cum sensissent, exploratoresque missi, quae
gererentur, renuntiassent, Caninius celeriter cum cohortibus armatis ex proximis castellis in frumentarios sub ipsam
lucem impetum fecit. Ii repentino malo perterriti diffugiunt
ad sua praesidia; quae nostri ut viderunt, acrius contra
armatos incitati neminem ex eo numero vivum capi patiuntur. Profugit inde cum paucis Lucterius nec se recipit
in castra. 36. Re bene gesta Caninius ex captivis comperit partem copiarum cum Drappete esse in castris a
milibus longe non amplius XII. Qua re ex compluribus
cognita, cum intellegeret fugato duce altero perterritos
reliquos facile opprimi posse, magnae felicitatis esse
arbitrabatur neminem ex caede refugisse in castra, qui de
accepta calamitate nuntium Drappeti perferret. Sed in experiundo cum periculum nullum videret, equitatum omnem
Germanosque pedites, summae velocitatis homines, ad
castra hostium praemittit; ipse legionem unam in trina

castra distribuit, alteram secum expeditam ducit. Cum propius hostes accessisset, ab exploratoribus, quos praemiserat, cognoscit castra eorum, ut barbarorum fere consuetudo est, relictis locis superioribus ad ripas fluminis esse demissa, at Germanos equitesque imprudentibus omnibus de improviso advolasse proeliumque commisisse. Qua re cognita legionem armatam instructamque adducit. Ita repente omnibus ex partibus signo dato loca superiora capiuntur. Quod ubi accidit, Germani equitesque signis legionis visis vehementissime proeliantur. Confestim cohortes undique impetum faciunt omnibusque aut interfectis aut captis magna praeda potiuntur. 37. Capitur ipse eo proelio Drappes. Caninius felicissime re gesta sine ullo paene militis vulnere ad obsidendos oppidanos revertitur externoque hoste deleto, cuius timore antea dividere praesidia et munitione oppidanos circumdare prohibitus erat, opera undique imperat administrari. Venit eodem cum suis copiis postero die Gaius Fabius partemque oppidi sumit ad obsidendum.

38. Caesar interim M. Antonium quaestorem cum cohortibus xv in Bellovacis relinquit, ne qua rursus novorum consiliorum capiendorum Belgis facultas daretur. Ipse reliquas civitates adit, obsides plures imperat, timentes omnium animos consolatione sanat. Cum in Carnutes venisset, quorum in civitate superiore commentario Caesar exposuit initium belli esse ortum, quod praecipue eos propter conscientiam facti timere animadvertebat, quo celerius civitatem timore liberaret, principem sceleris illius et concitatorem belli, Gutruatum, ad supplicium deposcit. Qui etsi ne civibus quidem suis se committebat, tamen celeriter omnium cura quaesitus in castra perducitur. Cogitur in eius supplicium Caesar contra suam naturam concursu maximo militum, qui omnia pericula et detrimenta belli Gutruato accepta referebant, adeo ut verberibus

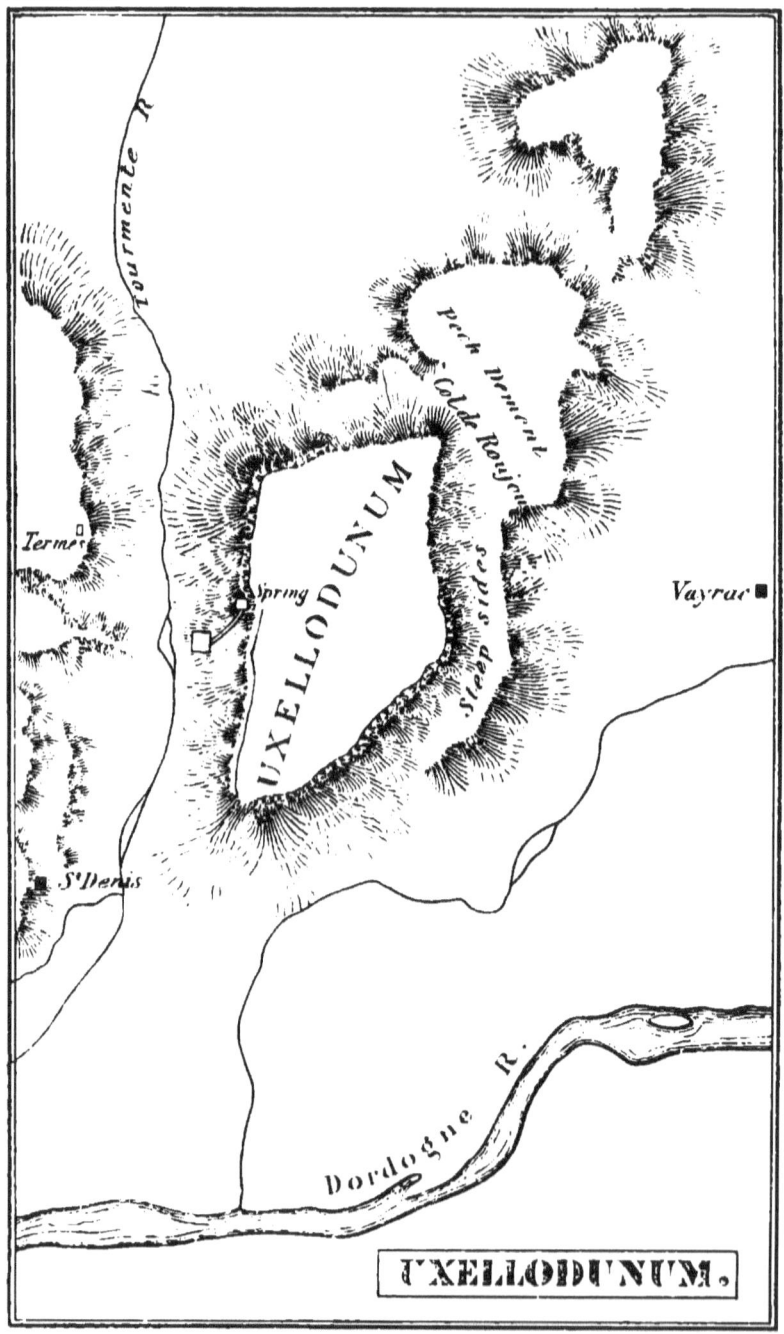

exanimatum corpus securi feriretur. **39.** Ibi crebris litteris Caninii fit certior, quae de Drappete et Lucterio gesta essent, quoque in consilio remanerent oppidani. Quorum etsi paucitatem contemnebat, tamen pertinaciam magna poena esse afficiendam iudicabat, ne universa Gallia non sibi vires defuisse ad resistendum Romanis, sed constantiam putaret, neve hoc exemplo ceterae civitates locorum opportunitate fretae se vindicarent in libertatem, cum omnibus Gallis notum esse sciret reliquam esse unam aestatem suae provinciae, quam si sustinere potuissent, nullum ultra periculum vererentur. Itaque Q. Calenum legatum cum legionibus reliquit, qui iustis itineribus subsequeretur; ipse cum omni equitatu quam potest celerrime ad Caninium contendit. **40.** Cum contra exspectationem omnium Caesar Uxellodunum venisset oppidumque operibus clausum animadverteret neque ab oppugnatione recedi videret ulla condicione posse, magna autem copia frumenti abundare oppidanos ex perfugis cognosset, aqua prohibere hostem temptare coepit. Flumen infimam vallem dividebat, quae totum paene montem cingebat, in quo positum erat praeruptum undique oppidum Uxellodunum. Hoc avertere loci natura prohibebat; in infimis enim sic radicibus montis ferebatur, ut nullam in partem depressis fossis derivari posset. Erat autem oppidanis difficilis et praeruptus eo descensus, ut prohibentibus nostris sine vulneribus ac periculo vitae neque adire flumen neque arduo se recipere possent ascensu. Qua difficultate eorum cognita Caesar sagittariis funditoribusque dispositis, tormentis etiam quibusdam locis contra facillimos descensus collocatis, aqua fluminis prohibebat oppidanos. **41.** Quorum omnis postea multitudo aquatorum unum in locum conveniebat sub ipsius oppidi murum, ubi magnus fons aquae prorumpebat ab ea parte, quae fere pedum CCC intervallo fluminis circuitu vacabat. Hoc fonte prohiberi posse oppidanos cum optarent reliqui, Caesar unus videret, e regione eius vineas agere adversus montem et aggerem instruere coepit magno cum labore et continua dimicatione. Oppidani enim loco superiore decurrunt et eminus sine periculo proeliantur multosque pertinaciter succedentes vulnerant; non deterrentur tamen milites nostri vineas proferre et labore atque operibus locorum vincere difficultates. Eodem tempore cuniculos tectos ab vineis agunt ad caput fontis; quod genus operis sine ullo periculo, sine suspicione hostium facere licebat. Exstruitur agger in altitudinem pedum sexaginta, collocatur in eo turris decem tabulatorum, non quidem quae moenibus aequaret (id enim nullis operibus effici poterat,) sed quae superare fontis fastigium posset. Ex ea cum tela tormentis iacerentur ad fontis aditum, nec sine periculo possent aquari oppidani, non tantum pecora atque iumenta, sed etiam magna hostium multitudo siti consumebatur. 42. Quo malo perterriti oppidani cupas sevo, pice, scandulis complent; eas ardentes in opera provolvunt, eodemque tempore acerrime proeliantur, ut ab incendio restinguendo dimicationis periculo deterreant Romanos. Magna repente in ipsis operibus flamma exstitit. Quaecumque enim per locum praecipitem missa erant, ea vineis et aggere suppressa comprehendebant id ipsum, quod morabatur. Milites contra nostri quamquam periculoso genere proelii locoque iniquo premebantur, tamen omnia fortissimo sustinebant animo. Res enim gerebatur et excelso loco et in conspectu exercitus nostri magnusque utrimque clamor oriebatur. Ita quisque, ut erat maxime insignis, quo notior testatiorque virtus esset eius, telis hostium flammaeque se offerebat. 43. Caesar cum complures suos vulnerari videret, ex omnibus oppidi partibus cohortes montem ascendere et simulatione moenium occupandorum clamorem undique iubet tollere. Quo facto perterriti oppidani, cum, quid ageretur in locis

reliquis, essent suspensi, revocant ab impugnandis operibus
armatos in murisque disponunt. Ita nostri fine proelii
facto celeriter opera flamma comprehensa partim restin-
guunt, partim interscindunt. Cum pertinaciter resisterent
oppidani, magna etiam parte amissa siti suorum in sen- 5
tentia permanerent, ad postremum cuniculis venae fontis
intercisae sunt atque aversae. Quo facto repente perennis
exaruit fons tantamque attulit oppidanis salutis despera-
tionem, ut id non hominum consilio, sed deorum voluntate
factum putarent. Itaque se necessitate coacti tradiderunt. 10

44. Caesar, cum suam lenitatem cognitam omnibus
sciret neque vereretur, ne quid crudelitate naturae videretur
asperius fecisse, neque exitum consiliorum suorum animadverteret, si tali ratione diversis in locis plures consilia
inissent exemplo supplicii deterrendos reliquos existimavit. 15
Itaque omnibus, qui arma tulerant, manus praecidit vitam-
que concessit, quo testatior esset poena improborum.
Drappes, quem captum esse a Caninio docui, sive indigni-
tate et dolore vinculorum sive timore gravioris supplicii
paucis diebus cibo se abstinuit atque ita interiit. Eodem 20
tempore Lucterius, quem profugisse ex proelio scripsi,
cum in potestatem venisset Epasnacti Arverni (crebro
enim mutandis locis multorum fidei se committebat, quod
nusquam diutius sine periculo commoraturus videbatur,
cum sibi conscius esset, quam inimicum deberet Caesarem 25
habere), hunc Epasnactus Arvernus, amicissimus populo
Romano, sine dubitatione ulla vinctum ad Caesarem deduxit.

45. Labienus interim in Treveris equestre proelium facit
secundum compluribusque Treveris interfectis et Germanis,
qui nullis adversus Romanos auxilia denegabant, principes 30
eorum vivos redigit in suam potestatem atque in his
Surum Aeduum, qui et virtutis et generis summam nobilitatem habebat solusque ex Aeduis ad id tempus perman-
serat in armis.

46. Ea re cognita Caesar cum in omnibus partibus Galliae bene res geri videret iudicaretque superioribus aestivis Galliam devictam subactamque esse, Aquitaniam numquam adisset, per P. Crassum quadam ex parte 5 devicisset, cum duabus legionibus in eam partem Galliae est profectus, ut ibi extremum tempus consumeret aestivorum. Quam rem sicuti cetera celeriter feliciterque confecit. Namque omnes Aquitaniae civitates legatos ad Caesarem miserunt obsidesque ei dederunt. Quibus rebus 10 gestis ipse equitum praesidio Narbonem profectus est, exercitum per legatos in hiberna deduxit: quattuor legiones in Belgio collocavit cum M. Antonio et C. Trebonio et P. Vatinio legatis, duas legiones in Aeduos deduxit, quorum in omni Gallia summam esse auctoritatem sciebat, duas 15 in Turonis ad fines Carnutum posuit, quae omnem illam regionem coniunctam Oceano continerent, duas reliquas in Lemovicum finibus non longe ab Arvernis, ne qua pars Galliae vacua ab exercitu esset. Paucos dies ipse in provincia moratus, cum celeriter omnes conventus percu-20 currisset, publicas controversias cognosset, bene meritis praemia tribuisset (cognoscendi enim maximam facultatem habebat, quali quisque fuisset animo in totius Galliae defectione, quam sustinuerat fidelitate atque auxiliis provinciae illius), his confectis rebus ad legiones in Belgium 25 se recipit hibernatque Nemetocennae. **47.** Ibi cognoscit Commium Atrebatem proelio cum equitatu suo contendisse. Nam cum Antonius in hiberna venisset, civitasque Atrebatum in officio esset, Commius, qui post illam vulnerationem, quam supra commemoravi, semper ad omnes motus 30 paratus suis civibus esse consuesset, ne consilia belli quaerentibus auctor armorum duxque deesset, parente Romanis civitate cum suis equitibus latrociniis se suosque alebat infestisque itineribus commeatus complures, qui comportabantur in hiberna Romanorum, intercipiebat.

48. Erat attributus Antonio praefectus equitum C. Volusenus Quadratus, qui cum eo hibernaret. Hunc Antonius ad persequendum equitatum hostium mittit. Volusenus ad eam virtutem, quae singularis erat in eo, magnum odium Commii adiungebat, quo libentius id faceret, quod impera- batur. Itaque dispositis insidiis saepius equites eius aggressus secunda proelia faciebat. Novissime, cum vehementius contenderetur ac Volusenus ipsius intercipiendi Commii cupiditate pertinacius eum cum paucis insecutus esset, ille autem fuga vehementi Volusenum produxisset longius, inimicus homini suorum invocat fidem atque auxilium, ne sua vulnera per fidem imposita paterentur impunita, conversoque equo se a ceteris incautius permittit in praefectum. Faciunt hoc idem omnes eius equites paucosque nostros convertunt atque insequuntur. Commius incensum calcaribus equum coniungit equo Quadrati lanceaque infesta magnis viribus medium femur traiicit Voluseni. Praefecto vulnerato non dubitant nostri resistere et conversis equis hostem pellere. Quod ubi accidit, complures hostium magno nostrorum impetu perculsi vulnerantur ac partim in fuga proteruntur, partim intercipiuntur; quod malum dux equi velocitate evitavit: ac sic proelio secundo graviter ab eo vulneratus praefectus, ut vitae periculum aditurus videretur, refertur in castra. Commius autem sive expiato suo dolore sive magna parte amissa suorum legatos ab Antonium mittit seque et ibi futurum, ubi praescripserit, et ea facturum, quae imperarit, obsidibus firmat, unum illud orat, ut timori suo concedatur, ne in conspectum veniat cuiusquam Romani. Cuius postulationem Antonius cum iudicaret ab iusto nasci timore, veniam petenti dedit, obsides accepit.

Scio Caesarem singulorum annorum singulos commentarios confecisse; quod ego non existimavi mihi esse faciendum, propterea quod insequens annus, L. Paulo,

C. Marcello consulibus, nullas habet magnopere Galliae res gestas. Ne quis tamen ignoraret, quibus in locis Caesar exercitusque eo tempore fuissent, pauca esse scribenda coniungendaque huic commentario statui.

49. Caesar in Belgio cum hiemaret, unum illud propositum habebat, continere in amicitia civitates, nulli spem aut causam dare armorum. Nihil enim minus volebat, quam sub decessu suo necessitatem sibi aliquam imponi belli gerendi, ne, cum exercitum deducturus esset, bellum aliquod reliqueretur, quod omnis Gallia libenter sine praesenti periculo susciperet. Itaque honorifice civitates appellando, principes maximis praemiis afficiendo, nulla onera iniungendo defessam tot adversis proeliis Galliam condicione parendi meliore facile in pace continuit.

50. Ipse hibernis peractis contra consuetudinem in Italiam quam maximis itineribus est profectus, ut municipia et colonias appellaret, quibus M. Antonii, quaestoris sui, commendaverat sacerdotii petitionem. Contendebat enim gratia cum libenter pro homine sibi coniunctissimo, quem paulo ante praemiserat ad petitionem, tum acriter contra factionem et potentiam paucorum, qui M. Antonii repulsa Caesaris decedentis gratiam convellere cupiebant. Hunc etsi augurem prius factum, quam Italiam attingeret, in itinere audierat, tamen non minus iustam sibi causam municipia et colonias adeundi existimavit, ut iis gratias ageret, quod frequentiam atque officium suum Antonio praestitissent, simulque se et honorem suum sequentis anni commendaret, propterea quod insolenter adversarii sui gloriarentur L. Lentulum et C. Marcellum consules creatos, qui omnem honorem et dignitatem Caesaris spoliarent, ereptum Ser. Galbae consulatum, cum is multo plus gratia suffragiisque valuisset, quod sibi coniunctus et familiaritate et consuetudine legationis esset.

51. Exceptus est Caesaris adventus ab omnibus municipiis et coloniis incredibili honore atque amore. Tum primum enim veniebat ab illo universae Galliae bello. Nihil relinquebatur, quod ad ornatum portarum, itinerum, locorum omnium, qua Caesar iturus erat, excogitari poterat. Cum liberis omnis multitudo obviam procedebat, hostiae omnibus locis immolabantur, tricliniis stratis fora templaque occupa- 5 bantur, ut vel spectatissimi triumphi laetitia praecipi posset. Tanta erat magnificentia apud opulentiores, cupiditas apud humiliores.

52. Cum omnes regiones Galliae togatae Caesar percucurrisset, summa celeritate ad exercitum Nemetocennam 10 rediit legionibusque ex omnibus hibernis ad fines Treverorum evocatis eo profectus est ibique exercitum lustravit. T. Labienum Galliae praefecit togatae, quo maiore commendatione conciliaretur ad consulatus petitionem. Ipse tantum itinerum faciebat, quantum satis esse ad mutationem locorum 15 propter salubritatem existimabat. Ibi quamquam crebro audiebat Labienum ab inimicis suis sollicitari certiorque fiebat id agi paucorum consiliis, ut interposita senatus auctoritate aliqua parte exercitus spoliaretur, tamen neque de Labieno credidit quicquam neque, contra senatus auctori- 20 tatem ut aliquid faceret, adduci potuit. Iudicabat enim liberis sententiis patrum conscriptorum causam suam facile obtineri. Nam C. Curio, tribunus plebis, cum Caesaris causam dignitatemque defendendam suscepisset, saepe erat senatui pollicitus, si quem timor armorum Caesaris laederet, 25 quoniam Pompei dominatio atque arma non minimum terrorem foro inferrent, discederet uterque ab armis exercitusque dimitteret: fore eo facto liberam et sui iuris civitatem. Neque hoc tantum pollicitus est, sed etiam per se discessionem facere coepit; quod ne fieret consules amicique 30 Pompei iusserunt, atque ita rem moderando discusserunt.

53. Magnum hoc testimonium senatus erat universi conveniensque superiori facto. Nam Marcellus proximo anno cum impugnaret Caesaris dignitatem, contra legem Pompei

et Crassi retulerat ante tempus ad senatum de Caesaris provinciis, sententiisque dictis discessionem faciente Marcello, qui sibi omnem dignitatem ex Caesaris invidia quaerebat, senatus frequens in alia omnia transiit. Quibus non frangebantur animi inimicorum Caesaris, sed admonebantur, quo maiores pararent necessitates, quibus cogi posset senatus id probare, quod ipsi constituissent. 54. Fit deinde senatusconsultum, ut ad bellum Parthicum legio una a Cn. Pompeio, altera a C. Caesare mitteretur; neque obscure duae legiones uni detrahuntur. Nam Cn. Pompeius legionem primam, quam ad Caesarem miserat, confectam ex delectu provinciae Caesaris, eam tamquam ex suo numero dedit. Caesar tamen, cum de voluntate minime dubium esset adversariorum suorum, Pompeio legionem remisit et suo nomine quintamdecimam, quam in Gallia citeriore habuerat, ex senatusconsulto iubet tradi. In eius locum tertiamdecimam legionem in Italiam mittit, quae praesidia tueretur, ex quibus praesidiis quintadecima deducebatur. Ipse exercitui distribuit hiberna: C. Trebonium cum legionibus quattuor in Belgio collocat, C. Fabium cum totidem in Aeduos deducit. Sic enim existimabat tutissimam fore Galliam, si Belgae, quorum maxima virtus, Aedui, quorum auctoritas summa esset, exercitibus continerentur. Ipse in Italiam profectus est. 55. Quo cum venisset, cognoscit per C. Marcellum consulem legiones duas ab se remissas, quae ex senatusconsulto deberent ad Parthicum bellum duci, Cn. Pompeio traditas atque in Italia retentas esse. Hoc facto quamquam nulli erat dubium, quidnam contra Caesarem pararetur, tamen Caesar omnia patienda esse statuit, quoad sibi spes aliqua relinqueretur iure potius disceptandi quam belli gerundi. Contendit . . . .

NOTES.

BOOK I.

BATTLES OF AUTUN AND CERNAY.

The references in brackets refer to chapter and note:
e.g. [c. 1. n. 1.] = chapter 1. note 1.

Page 1. line 1. [chap. 1. note 1.] Gallia omnis. According to Zeuss, the word 'gal' means a battle; hence might come 'gala,' a warrior; plural, 'galat.' Of Γαλάτης the form Κέλτης appears to be a contraction, much as Genf is of Geneva in German, and ὀμφή of ἐνοπή in Greek[1]. It is to be remarked that Gallia was a name given to the whole country only by foreign settlers, probably the Massaliots. So the names of Greece and Germany were in early times unknown to the inhabitants of these countries.

l. 1. [2.] divisa in partes tres. These three parts are, according to Caesar, the Belgians from the Seine and Marne to the Rhine, the Aquitanians from the Pyrenees to the Garonne, and the Gauls proper occupying the rest of the country with the exception of the Roman province; the indigenes of which were mainly Ligurians and of the same stock with the Aquitanians.

l. 2. [3.] Belgae: see 2. 1, note 2. Aquitani: see 3. 20, note 1.

l. 3. [4.] Galli. These Gauls, Galatians, or Celts, would appear from their position to have been the oldest settlers in the country except the Aquitani; but to have been pressed toward the west and south by later immigrations of Ligurians, Belgae, and Germans.

l. 3. [5.] lingua, institutis. The Aquitanian language was the extraordinary Basque or Iberian, which still remains on both sides of the Pyrenees (3. 11, note 2). The Belgians, as we learn from Tacit. Germ. 28, were anxious to be considered Germans and not Gauls; and so may have affected the German language, in spite of their warlike relations with the nations beyond the Rhine. But their genuine language must unquestionably have been Gallic; as this is sufficiently

---

[1] The gutturals *g* and *k* are frequently confused in proper names, as in Gaius, Caius; Callaeci, Gallicia: compare also 'chamois' with 'gems' κυβερνάω with 'guberno.'

proved by the Gallic character of the names of places in the Belgic territory both in Gaul and in Britain. See 2. 1, note 2.

l. 8. [6.] **mercatores minime saepe commeant.** The main line of trade in Gaul followed the course of the Saone and Loire, with Genabum for an entrepot. The Belgians lay out of this line.

l. 8. [7.] **atque ... important,** 'or bring in articles tending to weaken men's courage and spirit.'

l. 13. [8.] **cum aut ... prohibent,** 'either in keeping them off from their own territories' (a temporal sentence for the gerund).

l. 15. [9.] **eorum una pars,** 'one part, that is, of the inhabitants of Gaul as above enumerated.'

P. 2. l. 2. [10.] **ab Sequanis,** &c., 'on the side of the Sequani and Helvetii.' The meaning is, that the Belgian immigration had not gone down as low as Franche Comté: hence this part of the country was still occupied by Gauls as far as the Rhine.

l. 3. [11.] **vergit ad septentriones,** 'its slope is northerly.' That is, the rivers of the true Galli, the Loire, Allier, &c., run in a northerly direction from the boundary of the province.

l. 5. [12.] **septentrionem et orientem solem;** so the Sambre, Scheldt, &c., the Belgian rivers, run to the north-east, and those of Aquitania, the Garonne and Adour, to the north-west.

l. 11. [c. 2. n. 1.] **Orgetorix,** 'king of a hundred mountains,' according to Thierry's somewhat off-hand derivation of the name. The more accurate Zeuss would lead us to the conclusion that the name is connected with ' org,' to slay[1], and therefore it is, as he remarks, partly equivalent to 'Caesar.' Orgetorix was chieftain of a powerful tribe, and had so many sources of influence, that he would naturally have been king of the country. But a series of revolutions, like those of an earlier period in Greece, had supplanted monarchism by popular governments. Hence his discontent, and his wish to induce Casticus and Dumnorix to aim at monarchy. Hence also the intense hatred with which such restorations were always regarded when made by Caesar. See 5. 54, note 4, and Introd. p. ix.

l. 11. [2.] **M. Messala et L. Pisone coss.;** B.C. 61, three years before this time, while Caesar was occupying the province of Spain.

l. 16. [3.] **loci natura,** 'by the character of their country.'

l. 18. [4.] **monte Iura altissimo,** 'by the very lofty range of the Jura.'

l. 19. [5.] **lacu Lemanno;** the frontier of the Roman province at this time followed nearly the line of the Maritime and Cottian Alps, until it struck the lake of Geneva near Thonon. Then turning to the left it

---

[1] The derivation is probably from 'orgiat,' a slayer, compounded with 'rig,' a king. So Zeuss.

took a south-western direction to the Rhone at Vienne, constituting the southern boundary of Helvetia here described. The Rhine bounded that country on the north and east; the Jura on the west.

l. 23. [6.] **homines bellandi cupidi.** The word 'homines' is in apposition to 'Helvetii' understood; and is therefore adjectival and equivalent to 'cum essent homines.' It is consequently best omitted in English; translate 'from their being so fond of war.' 'Qua ex parte' means 'and from considering this fact;' and there is no need to alter, as some editors do, to 'qua de causa.'

l. 24. [7.] **pro multitudine,** 'considering the extent of their population.'

l. 25. [8.] **angustos** is a predicate; 'considering that the territories which they occupied were *too* narrow.' The positive for the comparative, as in Xen. Mem. 3. 13, 3. ψυχρόν, ὥστε λούσασθαι, ἐστίν.

l. 26. [9.] **qui... patebant,** &c., 'since these extended *only* 240 miles in length.' This would be about the distance from Fort de l'Ecluse, below Geneva, to Bregenz, on the Lake of Constance. Switzerland is now reckoned to be 200 miles long, 140 broad.

l. 30. [c. 3. n. 1.] **sementes quam maximas facere,** 'to sow the greatest possible breadth of corn.'

l. 31. [2.] **ut... suppeteret,** 'that they might have supplies of corn for the journey.' The word 'suppeto' means literally 'to come up to,' as 'utinam dictis facta suppetant.'

P. 3. l. 1 [3.] **lege;** 'by a popular resolution.'

l. 13. [4.] **quin.. plurimum.. possent,** 'that the Helvetii were the most powerful nation of Gaul.' 'Possum' means here absolutely 'to be powerful:' not prolatively, 'to be able to do a thing.' So 'valeo' is used in 2. 17. See also ch. 36, note 8.

l. 16. [5.] **regno occupato,** conditionally; 'if they could seize the royal power.'

l. 17. [6.] **sese potiri posse sperant;** as 'possum' has no supine, its infinitive present is used, as here, for the future. Its conditionals are generally, but not always, expressed absolutely, as 'possum persequi multa oblectamenta rerum rusticarum, sed ea, quae dixi, sentio fuisse longiora,' Cic. de Sen. 55. See Madv. Lat. Gr. 410, Obs. 1, 348. e.

l. 18. [c. 4. n. 1.] **ea res,** 'this conspiracy.' The generic word 'res' is constantly used in Caesar, where in English we should use the specific words, 'occurrence,' 'movement,' 'exploit,' 'misfortune,' 'undertaking,' 'intelligence,' 'fact,' 'heads of a summary,' 'mode of life,' 'supplies,' &c., according to the context.

l. 19. [2.] **moribus suis,** 'according to their custom:' ablativus normae: as in the phrases 'more majorum,' 'ea lege,' 'mea sententia.'

l. 20. [3.] **damnatum poenam sequi oportebat.** Punishment in a criminal cause, like property in a civil cause, was said by the Romans to 'follow' the person to whom it was adjudged by law. Cp. Livy 33. 13.

10, 'ut belli praeda Romanos, urbes captae Aetolos sequerentur,' and Hor. Sat. 1. 8, 13, 'haeredes monumentum ne sequeretur.'

l. 20. [4.] ut igni cremaretur, in apposition with 'poenam.' The ending in *i* probably indicates the meaning 'in the fire.' So we have 'in C. Verris supellectili,' and 'navi processit,' 'he went by sea.'

l. 21. [5.] die constituta causae dictionis; the genitive on genitive is more frequently used by Caesar than by any other writer. Thus we have (3. 18) 'superiorum dierum Sabini cunctatio.' The genitives 'dictionis' and 'dierum' seem to mean 'belonging to,' like 'fiducia virium,' 'aditus laudis,' 'contentio honorum,' and the like.

l. 22. [6.] familia, 'all his dependants:' the word, as being connected with 'famulus,' properly means 'a body of slaves;' and is opposed to the 'liberi,' who constitute the family, as now understood. For the 'obaerati,' see 6. 13.

l. 28. [7.] suspīcio; the length of the *i* probably comes by contraction for 'suspicitio;' cp. 'convicia and pervīcax.'

l. 29. [8.] quin ipse sibi mortem consciverit; the negative 'quin' is carried on to the dependent sentence from the negative character of the main sentence 'neque abest suspicio.' Cp. the French construction 'je ne doutais pas que vous n'eussiez raison.'

l. 29. [9.] consciverit; the meaning of 'conscisco' is 'to decree or settle with oneself' (CENSUIT, CONSENSIT, CONSCIVIT, is a formula in Liv. 1. 3), hence this phrase for 'to commit suicide.'

l. 29. [10.] ipse sibi, not 'sibi ipsi.' 'Ipse' is more elegantly used as a subject than as an object.

l. 31. [c. 5. n. 1.] ut e finibus suis exeant; an objective sentence in apposition with 'id quod constituerant,' namely, to leave their own territory.

P. 4. l. 2. [2.] ut ... paratiores essent; 'ut' is used instead of 'quo' here, because so many words intervene between it and the comparative.

l. 4. [3.] mensum, an older form of mensium. A comparison of the words menstruus, μήν, μείs, makes it probable that the *i* was no part of the original word. (Cp. Ovid Met. 8, 500, Fast. 5. 187, 424, Liv. 8. 2, 10. 5, Kraner.)

l. 5. [4.] Rauraci, near Basle. Tulingi, near Schaffhausen. Latovices, on the upper Danube in the Black Forest.

l. 7. [5.] una cum iis; if 'secum' had been used there would have been a confusion with the 'suis' immediately preceding. The words 'Rauraci,' 'Tulingi,' 'Latovices,' are the subjects for the time most prominent, and therefore take the reflexive pronouns.

l. 8. [6.] Noreiam oppugnarant. The Boii had originally been expelled from Italy by the victories of Scipio Africanus. B.C. 161. Seizing the opportunity of these times of disturbance, they had established themselves at Noreia, in Styria, on the German side of the Brenner Pass;

and now detached one tribe of their nation to help the Helvetii. For their original immigration into Italy, see c. 28, note 6.

l. 10. [c. 6. n. 1.] **itinera duo quibus itineribus**. This fulness of expression is frequent in Latin where distinctness is required. It may be abridged by omitting either the former or the latter of the two antecedents.

l. 11. [2.] **unum .. alterum**. The first of these directions was along the right bank of the Rhone to the Pas de l'Ecluse and Culoz, the line of the present railway to Macon and Paris. To take the other direction, the Helvetii must have overwhelmed the legion which guarded the Rhone at Geneva, forced the passage of the river there, and so gained the road to Vienne and Lyons by way of Annecy and Chambéry. (See Bertrand Voies Rom. en Gaule, p. 58.)

l. 12. [3.] **vix qua singuli carri**, hyperbaton; for 'qua vix singuli carri,' like Ovid's 'ultor ad ipse suos coelo descendit honores;' and Horace Sat. 2. 3, 110, 'metuensque velut contingere sacrum.'

l. 15. [4.] **facilius multo;** for their immediate purpose, that is, of leaving Switzerland, not for their ultimate object; as every mile further south, into what is now Savoy, would make them enter France at a point more disadvantageous for turning the great barrier of the Cevennes on their way to Santogne.

l. 24. [5.] **ante diem V. Kal. April**. 'Cette date correspond' (says M. Leverrier in Jules César, vol. 2. app. A) 'au 2 ; Mars Julien, jour où tombait l'équinoxe du printemps. Les Helvétes avaient pris cette époque naturelle: César l'a rapportée au calendrier Romain.' The learned astronomer proves this by computing the days of the old style backwards from March B.C. 45, when it was superseded by the Julian era, to the 5th of the Kalends of April, B.C. 58. (On the means adopted by barbarous nations for ascertaining the equinox, see Prescott, Peru, 1. p. 119.)

l. 26. [c. 7. n. 1.] **Caesari cum id nuntiatum .. imperat**, an unusual omission of the nominative with the principal verb.

l. 29. [2.] **Genava** appears from inscriptions to be the right orthography. The word, according to Glück (Keltische Namen, p. 106), is from 'gena,' the Celtic word for 'mouth;' and well expresses the position of Geneva, where the green waters of the lake crowd and hurry into the narrowing river course.

P. 5. l. 5. [3.] **L. Cassium**. This had occurred in the early part of the fearful invasion of the Cimbri and Teutones, B.C. 106, and Cassius' army was one of six swept away by these barbarians.

l. 13. [c. 8. n. 1.] **ea legione;** the simple instrumental ablative, as Kraner remarks, because a legion is a kind of warlike implement.

l. 17. [2.] **murum fossamque**. According to the elaborate researches of an imperial author, these lines consisted of a series of redoubts defending the left or southern bank of the river, and connected together by a palisaded entrenchment cut in the bank itself. The Sequani were to guard, as they easily could, the narrow Pas de l'Ecluse; and the Helvetii were to be hindered from taking the Savoyard roads by the breaking of the bridge at Geneva and by the strength of the works defending the fords. See the map at p. 5 of the text.

l. 21. [3.] **et legati**, better than ' et ii.'

l. 22. [4.] **si vim facere conarentur**, a remote supposition, 'if they were to attempt the passage by force.' 'Navibus junctis' seems to mean ' by making bridges of boats.'

l. 27. [5.] **operis munitione**, ' by the strength of the works.' See chap. 38, note 4.

l. 28. [c. 9. n. 1.] **una per Sequanos via**. Being unable to force their way at once into the province, they resolved to try the north bank of the Rhone, by the former of the two ways described above.

l. 30. [2.] **sua sponte**. If this word is, as Donaldson supposes, a collateral form of 'pondus,' we can see how the idea of ' by their own weight' would branch into the two meanings of ' by their own influence' (as here) and ' of their own accord,' as usual.

l. 31. [3.] **ut eo deprecatore impetrarent**, ' that by his intercession they might obtain what they wanted.'

P. 6. l. 2. [4.] **novis rebus studebat**, 'was anxious for revolution.' So 'tabulae novae ' is the common phrase for ' the abolition of debts.'

l. 9. [c. 10. n. 1.] **non longe a Tolosatium finibus**; about forty miles. Kraner supposes the distance to have been greater, and Caesar to have understated it on purpose, so as to exaggerate the danger. See, however, the statement in 'Jules César' ad loc.

l. 11. [2.] **magno cum periculo provinciae futurum, ut . . . haberet**. The periphrasis with ' futurum esse' or ' fore,' and the subjunctive, instead of the future infinitive 'sese habiturum,' often indicates that the result expected will spring from various causes unspecified. The meaning is therefore ' that things would so turn out, that he would find great danger in having,' &c.

l. 17. [3.] **qua proximum iter . . . per Alpes**. That is, by Turin, Susa, and Mont Genevre to Briançon and Embrun. The more direct road by Mont Cenis (the Cottian Alps) began to be used only in Augustus' time (Merivale Hist. Rom. vol. 1, p. 296).

l. 30. [c. 11. n. 1.] **ita se de populo Romano meritos**. Kraner quotes Tacit. Ann. 11. 25, 'soli Gallorum (Aedui) fraternitatis nomen cum populo Romano usurpant.' Lucan Phars. 1. 427 speaks of the Arverni as 'ausi Latio se fingere fratres
 Sanguine ab Iliaco populi.'
He perhaps confounds the Arverni with the Aedui; and the legend was probably invented as a Roman explanation of the Gallic idea of brotherhood, which signified close political and military federation, not common descent.

NOTES. BOOK I, CHAP. 12.

l. 33. [2.] **Aedui Ambarri**, that is, the Aedui round the Arar or Saone,' as 'ambh' is the Greek ἀμφί. The main body of the nation were on the east of the middle Loire. Their dominions contained Bibracte (Autun), the great druidical capital, and Noviodunum (Nevers), one of the great commercial cities of Gaul.

P. 7. l. 1. [3.] **necessarii**, 'close connections,' ἀναγκαῖοι. Hence 'necessitudo' for 'friendship.' It was remarked at Rome, as a peculiarity in Caesar's style, that he used the word 'necessitas' in the sense of 'necessitudo' (Meyer. Orat. Rom. Fragm. p. 412).

l. 2. [4.] **sese depopulatis agris**, &c., 'that their lands had been ravaged, and that now they could hardly keep the enemy from their walls.'

l. 5. [5.] **nihil esse reliqui**; a partitive genitive, like Livy 34. 49, 'nec quidquam iis pensi est, quid faciant.'

l. 9. [c. 12. n. 1.] **flumen est Arar**, &c., 'the Saone is a river which flows,' &c.

l. 10. [2.] **incredibili lenitate**[1]; as compared with the Rhone, Adige, Po, or Tiber, the Saone would seem very slow in its course. At the time when these events took place, Caesar knew no streams 'waving their lazy lilies;' and his allowing the expression to stand after the time of his British expedition favours the view that he wrote each book of the Commentaries at the close of the year in which its events occurred, and afterwards made no change in it.

l. 15. [3.] **de tertia vigilia**, 'in the course of the third watch.' The passage was at Villefranche, or thereabouts. See 16, note 2.

l. 27. [4.] **eius soceri**. L. Calp. Piso, father of that Calpurnia who is familiar to us from Shakspeare. For the word 'pagus,' see 4. 1, note 5, and for 'eius,' 2. 15, note 4. The Tigurini have become the prominent subject; whence the determinative, and not the reflexive, is used to refer to Caesar.

l. 27. [5.] **iniurias**: Pliny, Suetonius, and later writers use this word in the simple sense of 'damage.' That Caesar here uses it in its proper sense, of damage done contrary to law, will be evident from a comparison of chap. 14. See the notes on that chapter. The assumption here is that all offensive warfare against Romans is necessarily wrong; combined with a second that it becomes a Roman family to maintain, generation after generation, the same attitude towards particular foreign nations. This would sometimes be kindly and protective (Dict. Antiq. Art. HOSPITIUM ad fin.), sometimes hostile, as in the case of the Flaminini towards Greece.

---

[1] Dr. Prichard derives the name of Arar from the Celtic 'arav,' 'gentle' (ἀραιός), and that of the Garonne from 'garw,' 'rough,' 'impetuous.' The name 'Saone' is, also, probably from the Gallic 'soghan' (segnis).

l. 31. [c. 13. n. 1.] **pontem faciendum curat.** Lit. 'he takes care of a bridge, as in the way of making.' Hence the double meaning, active and passive, of the future in ' dus,' as shewn in ' secundus ' on the one hand and ' amandus ' on the other. So in Greek we have μενετός, ὕποπτος, and a few other verbals in an active as well as a passive sense.

P. 8. l. 1. [2.] **ut flumen transirent,** in apposition with ' id.'

l. 6. [3.] **ubi eos Caesar constituisset.** Divico's words, stated directly, would have been ' ubi nos constitueris,' in the future perfect.

l. 11. [4.] **aut ipsos despiceret.** This pronoun refers distinctly to the Helvetii, the 'suae' to Caesar, the subject. Cp. c. 40, ' cur de sua virtute aut de ipsius diligentia desperarent ?'

l. 13. [5.] **magis virtute (contenderent),** &c., 'that they had been so instructed, as rather (to do their work) by valour, than make their way by artifice, or rely on ambuscades.' (Zeugma.)

l. 14. [6.] **ne committeret,** &c., ' let him not so act, that the place on which they stood should bear a name or hand down a tradition from an overthrow of the Roman people, and the destruction of their army.'

l. 19. [c. 14. n. 1.] **quo minus merito populi Romani accidissent,** ' because they had been so little deserved by the Roman people.'

l. 20. [2.] **qui si alicuius iniuriae conscius fuisset;** an ordinary and characteristic expression of Roman diplomacy, which always made a point of professing its own purity, (much as Achilles in the Iliad assures his friends that it is a grave mistake to imagine that he loves war). Thus in the Tiburtine inscription (engraved during the Samnite wars), the Senate accepts in the following terms a disclaimer of that people; ' Ea nos animum nostrum non inducebamus ita facta esse, quod scibamus ea vos *merito nostro facere non potuisse.*' In the case of the Helvetii the missing ' injuria' might have been found, if the history of Roman kidnapping parties in the Alps could have been written.

l. 21. [3.] **non fuisse difficile cavere,** the oblique form of the direct ' non erat difficile cavere,' ' it would not have been difficult.' So Cic. de Inv. 2. 135, ' non fuisse grave nec difficile,' and below, in 5. 29, we have ' venturos esse,' as the oblique of ' venturi erant.' In phrases expressing necessity, possibility, difficulty, care, right, wrong, and desirableness, the conditionals are mostly expressed in this absolute way. Thus we say ' par erat,' for ' it would have been right,' ' quanto melius fuerat,' how ' much better would it have been.' See chap. 3, note 5, for the application of this principle to the word ' possum ;' and Jelf's Greek Grammar, 858. 3, for the omission of ἄν in the corresponding Greek phrases.

l. 24. [4.] **num memoriam deponere posse?** the oblique form of ' can I lay aside?' See the last notes of 5. 28 and 5. 29. The infinitive form in oblique interrogatives marks that the question is in the first or third person, the conjunctive that it is in the second person.

Thus 'quid tandem vererentur' is the oblique of 'why do *you* fear?' 'num Caesarem deponere posse,' 'could Caesar lay aside?' See Madvig Lat. Gr. p. 359, and the examples there given. The reason for this rule is that in the former case 'quaerebat,' in the latter 'censent' is understood.

l. 27. [5.] **quod sua victoria gloriarentur,** ' as for their boasting of their victory.' This sentence is the subject of the infinitive 'eodem pertinere.'

l. 29. [6.] **consuesse enim deos immortales.** These sentences will repay attentive study. Their oratorical character is evident enough; as marked by the anaphora of 'quod' with 'Aeduos,' 'Ambarros,' 'Allobrogas;' by the sonorous period beginning with 'consuesse enim deos immortales,' and by the transition from the common to the dramatic oblique at 'cum ea ita sint.' Kraner has well remarked that Divico had not said anything in the way of direct boasting. This eloquent passage was perhaps an answer to his manner, or to the fact that he was the same Divico who had slain L. Cassius.

l. 33. [7.] **dentur ... intelligat ... intulerint ... satisfaciant;** observe how this lighter and more dramatic form of the oblique construction retains the tenses actually used by the speaker, instead of depressing them into darentur ... intelligeret ... intulissent ... satisfacerent; and thus brings out the difference between the general considerations which precede and the practical ones here entered upon.

P. 9. l. 12. [c. 15. n. 1.] **alieno loco,** 'on unfavourable ground.' So 'favourable' may be expressed by 'suus.' Cic. pro Quint. 29, 'Alphenus utebatur populo sane suo,' 'Alphenus had the people quite on his side.' And below, in 5. 50, 'suus locus' means 'ground chosen by himself.'

l. 15. [2.] **subsistere;** here 'to make a stand,' not like Livy's 'feras subsistere.' (1. 4.) That is, 'gradum' is understood.

l. 15. [3.] **nonnumquam et,** &c., asyndeton; (and) 'sometimes even to offer battle at their rear.' The 'et' expressed is an adverb.

l. 21. [4.] **quinis aut senis;** collectives. So 'bina castra,' generally, when both camps belong to the same army; 'trinae catenae,' when all three chains are on the same person.

l. 22. [c. 16. n. 1.] **flagitare;** 'kept asking;' lit. 'began to ask frequently.'

l. 25. [2.] **ne pabuli quidem.** This shows how remarkably the climate of the south of France must have changed since Caesar's time. He had waited near Geneva till the 24th of March and a few days after. Then, crossing the Alps in person, he had levied two legions and mobilised three more at Aquileia. This, with the time necessary for the march from Aquileia to Lugdunum, must have occupied not less than two months, and the date of his arrival at Lugdunum must have been about June 6. Meanwhile the Helvetii had followed the right bank of the Rhone as far as Culoz, and then gone by Amberieux to the Saone at Villefranche. After this they had occupied twenty days in crossing the Saone; yet the crops of the year were not far advanced.

l. 29. [3.] **conferri, comportari,** 'that it was collecting and conveying to Caesar.'

l. 31. [4.] **frumentum metiri,** 'to give the soldiers their monthly allowance of 50 lbs. of corn.'

P. 10. l. 1. [5.] **quem vergobretum appellant,** 'the holder of which office they call the Guerg-breath' (strong in judgment). We learn from 7. 33, that the 'vergobret' could not leave the state during his term of office: and that no one could be elected, if a living member of his family had held the post. It seems probable that the adjective 'guerg' is the origin of 'quercus' (the strong tree).

l. 4. [6.] **tam necessario tempore,** 'at a time of such urgency.'

l. 6. [7.] **multo etiam gravius,** 'with still greater vehemence.' The punctuation in the text, which is that of Kraner and Nipperdey, seems undoubtedly correct. The common way of expressing the same sense would be 'quo magis eorum precibus adductus bellum susceperit; eo etiam gravius ... queritur.' The 'et' before praesertim is omitted, as in c. 23, 'eo magis quod proelium non commisissent.'

l. 10. [c. 17. n. 1.] **qui privatim plus possint**: an unhallowed alliance like that of Ap. Claudius Censor at Rome, between the high aristocrats and the common people against the republican government. See chap. 2, note 1.

l. 12. [2.] **quod praestare debeant.** The relative clearly should agree with 'frumentum,' 'the corn which they had to supply.' It is then better in the next clause to read 'praeferre,' and translate 'if they could not occupy thrones themselves, they thought the dominion of Gauls better than that of the Romans.' 'Praeferre' seems in this case to be the same as 'priora habere.' It is, however, possible that 'perferre malle' may be the true reading; there are obvious reasons why the second word might have dropped out.

l. 14. [3.] **neque dubitare (debeant).** It seems plain that the last word should be omitted, being a copyist repetition from the end of the preceding clause.

l. 14. [4.] **quin ... sint erepturi;** the strong future subjunctive for which the present subjunctive 'eripiant' might be substituted in a lighter style.

l. 18. [5.] **necessario ... coactus;** some MSS. and editions read 'necessarium,' apparently with the intention of avoiding tautology. It appears, however, simpler to translate 'when he could not help it, and on express compulsion.' Cp. Bell. Civ. 3. 49, 'necessario loca sequi demissa cogebantur,' and Ter. Andr. 4. 1. 8, 'tum coacti necessario se aperiunt.'

NOTES. BOOK I, CHAP. 18, 19. 219

l. 26. [c. 18. n. 1.] **ipsum esse Dumnorigem**, 'that Dumnorix was the particular or exact person meant.' Cp. Cic. Att. 3. 21, 'triginta dies erant ipsi, cum has dabam literas.'

l. 27. [2.] **summa audacia**; the appellative 'virum' omitted, as in Liv. 22. 60, 'Tum Tit. Manlius Torquatus, priscae et nimis durae severitatis, ita locutus fertur.'

l. 30. [3.] **liceri**. The root of this verb seems to be the same as that of the verb 'linquo.' (Curtius Griech Etym. vol. 2. p. 50.) Hence we have, first, the middle or deponent form 'liceor,' 'to get a thing left to oneself,' and thence 'to bid for it,' and secondly, the intransitive form 'liceo,' meaning 'to be left (that is, sold) at a given price.' On the revenues farmed by Dumnorix, see Mr. Long's interesting note.

l. 33. [4.] **numerum equitatus**: so 'numerus pecudum,' or 'impedimentorum,' the *numbering* of cavalry, baggage-animals, or cattle, being a familiar idea; but 'multitudo hominum, populorum, telorum,' and the like.

P. 11. l. 6. [5.] **favere et cupere Helvetiis**. The full phrase would be 'cupere omnia Helvetiorum causa,' or 'cupere omnia quae Helvetii,' like Hor. Sat. 1. 9, 5, 'cupio omnia quae vis.'

l. 7. [6.] **suo nomine**, lit. 'on an entry of his own,' that is, 'on his own account.'

l. 8. [7.] **potentia eius**. In chap. 5, note 4 we have seen 'cum iis' used for 'secum,' in order to prevent confusion as to the subject referred to. Here the object of writing 'eius' instead of 'sua,' seems to have been to express distinctly that the power of Dumnorix had been really diminished: 'potentia sua' might have meant only that he *said* it had been diminished.

l. 10. [8.] **si quid accidat Romanis**: litotes, a gentle way of saying anything ill-omened; like 'animadvertere,' 'to punish,' εἴ τι πάθοιεν, 'if they were slain;' εἰ δ' ἀντέχοιεν οἱ ἐχθροί, 'if the enemy got the better' (lit. held out).

l. 11. [9.] **imperio populi Romani**, 'as long as the empire of the Romans lasted;' ablative of circumstance, like 'leni fuit Austro captus,' Hor. Sat. 2. 8, 7; 'quid hoc populo obtineri potest?' Cic. de Leg. 3. 16.

l. 13. [10.] **in quaerendo**, 'in the course of his enquiries.'

l. 13. [11.] **quod proelium equestre adversum** is equivalent to 'quae fuga equitum,' whence the following construction, 'initium eius fugae.'

l. 19. [c. 19. n. 1.] **quod traduxisset**, 'namely that he had given a passage.' The subjunctive implies that the fact is well known and not new to the reader. Where this is not the case we have 'quod cognoverat' a few lines down.

l. 22. [2.] **quod accusaretur**, 'an offence of which he was accused.'

NOTES. BOOK I, CHAP. 20, 21.

l. 25. [3.] **his omnibus rebus**, to all these considerations;' see chap. 4, note 3.

l. 25. [4.] **Divitiaci fratris.** Divitiacus, though a Druid of high rank, was the most Romanized of all the Gauls. In B.C. 63 he had gone to Rome to obtain help for his country against Ariovistus (6. 12). The Senate being occupied at the time with Catiline's conspiracy, deferred their answer; and Divitiacus remained at Rome, frequenting the best society, and enjoying the acquaintance of Cicero, who consulted him, as a Druid, on the subject of his treatise de Divinatione (de Div. 1. 41, and Thierry, book 5. chap. 3). The name is derived from the Celtic 'diu,' a god, whence 'deadhach,' 'religious' (Glück, p. 5).

l. 30. [5.] **quotidianis interpretibus**, &c., 'dismissing the ordinary interpreters.'

P. 12. l. 3. [6.] **sine eius offensione animi**: see 3. 18, note 4; 'offensione animi' is taken as if it were one word. The 'ipse' which follows refers to Caesar.

l. 7. [c. 20. n. 1.] **scire se**, an elegant omission of 'dixit.'

l. 10. [2.] **per se crevisset;** understand 'opibus et nervis.'

l. 14. [3.] **si quid accidisset**: see chap. 13, note 3.

l. 16. [4.] **futurum uti averterentur;** chap. 10, note 2.

l. 19. [5.] **rogat finem orandi faciat.** As in chap. 14, it is well to remark the graceful way in which the historic presents at the end of this chapter relieve and lighten the strict oblique constructions at the beginning; and how the short successive sentences bring the narrative to an agreeable close, with the air of a complete summary.

l. 21. [6.] **eius voluntati condonet**, &c., 'that in consideration of his good-will he would not punish the wrong done to the republic or his own personal annoyances.'

l. 28. [c. 21. n. 1.] **hostes sub monte consedisse.** After crossing the Saone near Villefranche the Helvetii had passed by S. Vallier; and were now encamping at the foot of Mont Tauffrin, near Issy l'Evêque. The road up to this point had been one on which no military manœuvre was possible.

l. 30. [2.] **qualis esset natura montis**, &c., 'he sent scouts to ascertain the character of the hill, and the chance of ascending it on its various sides.' The Mont Tauffrin was apparently the first height sufficiently parallel with the road to conceal a flank movement slightly to the left of it, made for the purpose of heading the Helvetii and barring the road in advance of them.

l 32. [3.] **de tertia vigilia;** the night-watches began at sunset and ended at sunrise. At this season the sun set nearly at 8 p.m., and therefore rose nearly at 4 a.m. The third watch therefore began at midnight, and the fourth at 2 a.m. See M. Leverrier's table of the military hours (Jules César, vol. 2. app. B).

l. 32. [4.] **legatum pro praetore**, propraetor and lieutenant-general commanding a legion.

l. 33. [5.] **iis ducibus, qui iter cognoverant,** 'using as guides the same persons whom he had sent to reconnoitre the way.'

P. 13. l. 1. [6.] **quid sui consilii**, like 'nihil reliqui,' in chap. 11, and 'nec quidquam iis pensi est,' Liv. 34. 49. Observe Caesar's effective method in narrating. He states here only that he gave Labienus his orders: what these orders were, the sequel brings out in a more telling way than a detailed account of the orders as given would do.

l. 10. [c. 22. n. 1.] **equo admisso**, 'with his horse at full speed.'

l. 12. [2.] **insignibus Gallicis**, the devices on their shields and helmets. Observe that 'Gallic' is equivalent to 'Helvetian' here. The inference which Caesar drew from Considius' information was, that Labienus had been repulsed, perhaps destroyed; and that he must expect an attack at once.

l. 18. [3.] **multo die,** 'when the day was *much*,' that is, ' far advanced.'

l. 20. [4.] **quod non vidisset, pro viso**, an amount of bewilderment hard to imagine. Was Caesar always generous in his account of the proceedings of his subordinates? He certainly does not spare Cotta and Sabinus in 5. 29 foll.: yet a general now-a-days would hardly blame so violently officers who had paid for their fault with their lives. But cp. Chesney's Campaign in Virginia (vol. 2. p. 65), where Napoleon, Frederic the Great, and Wellington are compared as regards this point.

l. 22. [5.] **milia passuum tria**; just like the phrase ' hasta sex pedes longa,' 'a lance (to) six feet in length;' so a distance may be expressed as extending *to* six miles, and therefore by the accusative case. On the form ' milia,' see 8. 4, note 2.

l. 24. [c. 23. n. 1.] **postridie ejus diei;** ' posteri' is the ablative agreeing with ' die' (cp. posteā, and anteā). The pleonasm of ' diei' is like ' perfacile factu esse probat conata perficere' in chap. 3.

l. 24. [2.] **biduum** is an abridgement of ' bidivum.' When this is reduced to a dissyllable, the first syllable becomes long by position.

l. 28. [3.] **iter avertit**, asyndeton: 'he therefore turned his march aside.'

l. 29. [4.] **Bibracte**. The main road pursued by the Helvetii would have left a little on the right this city, so celebrated as the druidical capital of Gaul. Its ancient name still remains in the Mont Beuvray, which appears, by recent excavations[1], to have been its site. On the peculiarity of its position for a capital, see Jules César, vol. 2. p. 67,

---

[1] These excavations have discovered the traces of numerous Gallic roads, all converging upon Mont Beuvray, as the roads leading to a capital would naturally have done.

and Michelet, Hist. de France (vol. 2. p. 301) for the contrast between it and Lyons. 'Lyon,' says M. Michelet, 'assis sur la grande route des peuples, a toujours prospéré et grandi; Autun, chaste et sévère, est resté seul sur son torrentueux Arroux, dans l'épaisseur de ses forêts, entre ses cristaux et ses laves.' The Roman name, Augustodunum, of the modern town near its site, has been corrupted into Autun.

l. 29. [5.] **fugitivos L. Aemilii**, 'deserters *from* L. Aemilius.' The whole allied cavalry was divided into ten turmae; to each of these were appointed three decuriones. Aemilius was the senior of the three in his turma.

P. 14. l. 1. [6.] **intercludi posse confiderent**. The Helvetii, that is, believed that they could bring the Romans to a stand, and so hinder their reaching Bibracte, where their supplies were.

l. 3. [c. 24. n. 1.] **id animum advertit**; tmesis, as in Lucret. 2. 124, 'Hoc etiam magis haec animum te advertere par est.'

l. 4. [2.] **in proximum collem**; this was a hill nearly west of Bibracte; for Caesar had not turned to the right till the Helvetii were some distance past the turn in a north-west direction: see Jules César, plan 5.

l. 5. [3.] **qui sustineret hostium impetum**, 'to harass the enemy while forming,' and so leave time for his own dispositions: 'sustineo' means 'to check.'

l. 6. [4.] **in colle medio**, 'half way up the hill.'

l. 7. [5.] **in summo iugo**, 'on the table land at the top.' After 'veteranarum' the MSS. read 'ita uti supra, sed in summo iugo,' &c. If the first words are not a gloss, they mean 'as he had done the day before.' But it is better to read as in the text.

l. 9. [6.] **ac totum ... montem complevit**, 'and so covered the whole of the hill with his forces.'

l. 12. [7.] **cum omnibus suis carris**; it may therefore be doubtful whether they had with them 8,000 waggons, as the author of Jules César supposes.

l. 13. [8.] **confertissima acie**. This ablative appears to be adverbial to the 'successerunt' which follows, 'after repelling our cavalry and forming their phalanx, they ascended in very close order.' For the multiplication of participles, cp. 'suppliciter locuti flentes pacem petierunt,' in chap. 27, and Xen. Anab. 5. 1, 2, ἐπιθυμῶ ἐκταθείς, ὥσπερ 'Οδυσσεύς, καθεύδων ἀφικέσθαι εἰς τὴν Ἑλλάδα.

l. 15. [c. 25. n. 1.] **suo, deinde omnium remotis equis**; that is, the horses of all his staff and chief officers. Plutarch records that Caesar ordered the groom who took the horse to bring him back for the pursuit as soon as the enemy were routed.

l. 20. [2.] **magno ad pugnam erat impedimento**, i.e. 'loco impedimenti,' 'it was a great hindrance in the way of their fighting.'

l. 24. [3.] **praeoptarent, &c.,** 'after pulling for a long time at the shields so pinned together, many of them chose to drop their shield and fight unprotected' (rather than endure such trouble any longer).

l. 26. [4.] **circiter mille passuum,** accusative governed by the 'distabat' which is implied in 'suberat.'

l. 27. [5.] **capto monte.** This hill they occupied; the Montagne du Chateau de la Garde, a little east of Autun and north of the road on which the armies were marching.

l. 28. [6.] **qui agmen hostium claudebant:** the Tulingi, who had originally occupied the van of the march, and therefore were left in the rear when the Helvetii suddenly turned to follow Caesar.

l. 30. [7.] **latere aperto aggressi circumvenire,** 'attempted to turn our right flank,' the side on which the men's shields were not.

l. 33. [8.] **conversa signa bipartito intulerunt;** as the Tulingi can hardly have got quite to the *rear* of Caesar's reserves, this must mean that the third line formed up 'en potence,' at right angles, that is, to the main body. Lit. 'changed their front so as to face two different ways.'

P. 15. l. 2. [c. 26. n. 1.] **ancipiti proelio, &c.,** 'so the conflict long continued; maintained very fiercely in both directions.'

l. 5. [2.] **nam hoc toto proelio, &c.,** 'they fell back in order' (se contulerunt); 'for (nam) in all this battle no one saw the back of an enemy.'

l. 9. [3.] **et e loco superiore, &c.,** 'and *thus* from a vantage-ground threw their javelins.' The mean cast of a javelin being about twenty-five yards, it would gain great strength even from so small an elevation as the height of the carts.

l. 11. [4.] **matara;** called 'materis' in Livy. The word is Celtic (derived from medrydd, 'to aim at a mark').

l. 16. [5.] **in fines Lingonum;** they fled (by Lormes and Avalon) to Tonnerre on the edge of the Plateau of Langres.

l. 20. [6.] **qui si,** i.e. 'nam si ii juvissent.' Eodem loco, that is 'hostium loco.' Dr. Kennedy has well pointed out that the dative of the purpose cannot be used when the substantive implies a person. Accordingly the phrase 'hostis loco habere' supplies the place of 'hosti habere,' which is not Latin.

l. 24. [c. 27. n. 1.] **cum eum convenissent.** 'Convenio' with the accusative means 'to meet or call upon,' as in Cic. de Sen. 10, 'nemo adhuc convenire me voluit cui fuerim occupatus.'

l. 24. [2.] **qui ... eos ... paruerunt;** the first of these words relates to the ambassadors, the two last to the main body, by a rather loose construction.

l. 30. [3.] **nocte intermissa,** 'a night having intervened,' for the collection of the men and weapons (ea) required.

l. 31. [4.] **Verbigenus,** from Soleure, Lucerne, Aargau, and part of Berne.

224   *NOTES. BOOK I, CHAP.* 28-30.

P. 16. l. 2. [5.] **finesque Germanorum**, where their first step would have been to induce the Germans to enter the dispeopled Switzerland.

l. 5. [c. 28. n. 1.] **si sibi purgati esse vellent**, 'if they wished to be clear before him.'

l. 5. [2.] **hostium numero habuit**, a sternly simple euphemism, death by the sword; they had broken a capitulation: cp. 2. 33.

l. 8. [3.] **reverti iussit**, 'as a shepherd drives back his wandering flock,' so Florus delicately states it (Jules César, vol. 2. p. 72).

l. 10. [4.] **ut iis frumenti copiam facerent**, 'to give them supplies of corn for the year.'

l. 13. [5.] **bonitatem agrorum**; the lands, that is, of the great western plain of Switzerland, just east of the Jura; and lying along the present railway from Berne to Basle. The cultivation there is now like that of a garden.

l. 16. [6.] **Boios.** A section of this nation had in A.U.C. 364 crossed the Great St. Bernard in company with the Lingones, and occupied part of the Etruscan territory (Liv. 5. 35). We thus trace their connection with the Aeduan part of Gaul; and understand the motive of kindred which induced the Aeduans to retain them. Besides this, they would be useful to them as a rampart against the Arverni, their ancient rivals. D'Anville, in fact, places the new settlement now made at Gorgobina in the angle between the Loire and the Allier; and this is confirmed by 7. 9. (ad fin.): see the general map of Gaul.

Aduatuci: see the map inserted at 4. 1.

l. 21. [c. 29. n. 1.] **tabulae Graecis literis confectae**; the neighbourhood of Marseilles had made the Greek alphabet familiar; and the Gallic words of the muster-roll in question were written in this character. No Gallic alphabet is known. A specimen of the mode of writing may be seen on the coins discovered at Alesia; where we have the names ΔEIVICIACOS, along with DUBNOREX and VERCINGETORIXS. Cp. 6. 14.

l. 24. [2.] **quarum omnium rerum**, 'under all these various heads,' the grand total was 368,000; of whom exactly a fourth part were capable of bearing arms. As 110,000 returned home, and the Boii, who had originally been 32,000, were spared, it would appear that about 226,000 Helvetii perished in this four months' campaign.

l. 28. [3.] **summa fuerunt ad milia**; the verb is in the plural by attraction to the complement 'milia.'

P. 17. l. 1. [c. 30. n. 1.] **intellegere sese**, (dixerunt): as in c. 20 (init.).

l. 1. [2.] **Helvetiorum iniuriis populi Romani**; the subjective and the objective genitive in the same phrase: see chap. 4, note 5.

l. 7. [3.] **ex magna copia**, out of the many localities which lay open to their choice.

l. 10. [4.] **idque Caesaris voluntate,** that he might not suppose that this meeting meant conspiracy against him: see chap. 35, note 2.

l. 13. [5.] **ne quis enuntiaret** is the object of the verb 'sanxerunt.'

l. 15. [6.] **concilio;** this assembly was one in which all cities of Gaul, without exception, were represented. (Thierry, book 4, chap. 1, p. 312).

l. 17. [c. 31. n. 1.] **secreto in occulto,** in a private place, and with all other precautions for secrecy.

l. 19. [2.] **contendere et laborare,** &c., 'that they were as earnestly and as desperately anxious that their secret should be kept as they were that their request should be granted.'

l. 20. [3.] **ea quae dixissent,** 'what they should say,' oblique second future.

l. 22. [4.] **in cruciatum se venturos;** so Caesar uses 'venire in spem' or 'periculum.'

l. 23. [5.] **Divitiacus:** see chap. 19, note 4. He had been the leader of the Aedui in their battle with Ariovistus.

l. 26. [6.] **factum esse uti:** see chap. 10, note 2. So 'futurum ut,' below in this chapter.

l. 27. [7.] **arcesserentur;** on the etymology of this verb see Donaldson's Varronianus, p. 352, and Kritz on Sall. Cat. 40. 6. Donaldson considers it to be a compound of 'accedere sino,' another form being 'accerso.'

l. 29. [8.] **homines feri et barbari,** 'this fierce and barbarous people:' see chap. 2, 'homines bellandi cupidi,' with the note.

P. 18. l. 7. [9.] **neque recusaturos quo minus.** The use of 'quominus' springs from the euphemistic courtesy of the Latin language. It is more polite to say, 'I will hinder you so that you shall *the less* do what you wish,' than to say, 'quin (ut non) facias,' 'so that you shall *not* do it.' So after 'recuso' the refusal is less point blank, as far as expression goes, with 'quominus' than it would be with 'quin.'

l. 14. [10.] **Ariovistus.** Zeuss and Grimm both agree that the first syllable of this name is probably 'Aar,' an eagle, as in the name of the Arii, a tribe of the Suevi. In that case as First is a form of Horst (a nest), the name Ariovistus may be like the modern name 'Falkenhorst;' the last *r* being naturally omitted by a Roman.

l. 15. [11.] **tertiam partem agri,** a common mulct in ancient times. Porsena cut off from Rome ten out of her thirty tribes. Liv. 2. 41, init., imagines that two-thirds of their lands were taken from the Latins and Hernici by Sp. Cassius.

l. 16. [12.] **optimus totius Galliae.** 'La Franche Comté,' says Michelet (Hist. de France, vol. 2. p. 296), 'est le pays le plus boisé de

Q

In France. On y compte trente forêts.' As the main commerce of the Sequani consisted in the export of hams (Thierry, vol. 1. p. 443) we may assume that that country was in the same state then. The manner of feeding swine in those times is cleverly described by Hume (Essay 10).

l. 21. [13.] neque conferendum esse, &c., 'the soil of Gaul was *too good* to be compared with that of Germany.' On the other hand, Cicero generally uses the expression 'conferre parva magnis, minima cum maximis,' &c., yet in Tusc. 1. 1, ' quae natura, non literis, assecuti sunt Romani cum Graecia non sunt conferenda' (as being superior). For the use of 'comparo,' see Cic. de Orat. 2. 172.

l. 23. [14.] hanc consuetudinem victus. Divitiacus said, 'haec consuetudo' in the sense of 'nostra' (as 'iste' means that of yours, 'ille' that of his). So Livy, 1. 56, expresses 'our present magnificence' by 'nova haec magnificentia.'

l. 23. [15.] Ariovistum autem .. factum sit, elegant and natural change to the dramatic oblique: see chap. 14, note 7.

l. 25. [16.] quod proelium: see chap. 6, note 1.

l. 25. [17.] Magetobrigae, ' the great mountain,' (from ' maith' the Celtic form of μέγας and 'brig,' or 'bry,' 'a fell'). As the letter *g* would be pronounced with a light guttural sound, we see that the name would naturally be soon spelt Magetobria, as in many editions. The locality is not known.

l. 27. [18.] exempla cruciatusque, ' all kinds of punishments and torments;' op. Tacit. Ann. 12. 20, ' meritum novissima exempla Mithridatem,' that Mithridates had deserved capital punishment.

l. 30. [19.] nisi si quid auxilii sit, ' unless, indeed, they could obtain some help,' a modest or remote supposition. So Cic. Cat. 2. 4, 'nisi vero si quis est, qui Catilinae similes cum Catilina sentire non putet.'

P. 19. l. 3. [20.] quin .. sumat, for 'sumturus sit;' the futurity being sufficiently marked in the main verb 'dubitare,' like
    'non dubium est quin Chremes tibi det gnatam.'

l. 11. [c. 32. n. 1.] nihil earum rerum facere, 'used none of these entreaties.'

l. 15. [2.] neque ullam omnino vocem, this little *mise en scène* is most illustrative of the Gallic character.

l. 20. [3.] reliquis tamen, &c., ' in spite (of all they had to suffer) the rest might possibly escape from Ariovistus.'

l. 28. [c. 33. n. 1.] secundum ea, &c., ' besides these considerations many others induced him.' ' Secundus' appears to be another form of ' sequens,' and therefore means ' following,' or ' besides.' So we have ' oriundus' in the sense of ' oriens;' and a similar formation probably from the future in ' moribundus,' ' gemebundus,' &c.

NOTES. BOOK I, CHAP. 34.

l. 30. [2.] **fratres saepenumero appellatos:** see Merivale, Hist. Rom. vol. 1, p. 133, and above, chap. 11, note 1.

l. 33. [3.] **in tanto imperio,** '*while* the empire of the Roman people was so great;' the prepositional ablative absolute used, as the verb 'sum' has no participle. So Sallust uses the two phrases 'perditis rebus,' and 'in extremis rebus,' with the same meaning. So also we have in Cic. Off. 2, 'uti in re non dubia testibus non necessariis,' witnesses being unnecessary when the case was so certain : and Liv. 31. 36, 'ex tam propinquis stativis parum tuta frumentatio erat,' *as* the camps were so near one another, foraging was unsafe.

P. 20. l. 5. [4.] **homines feros ac barbaros,** as in chap. 2, note 6.

l. 9. [5.] **Rhodanus divideret,** '*only* the Rhone divided,' as in chap. 2, note 9.

l. 9. [6.] **quibus rebus,** which danger should, he thought, be met as soon as possible.

l. 11. [7.] **arrogantiam sumpserat.** Caesar here sums up with admirable brevity the grounds which induced him to go to war with Ariovistus. To complete the view of the status, some other facts, however, must be taken into account. The Sequani had originally attacked the Aedui (and called in Ariovistus to their help), because of the tyranny exercised by them in laying excessive tolls on the dried meat trade of the Saone mentioned above. Shortly after this battle, in B.C. 61, the Roman senate, in order to guard against the expected Helvetian invasion, had sent messengers to the chief Gallic cities to induce them to oppose it; and in pursuance of this object had passed the decree for the protection of the Aedui and other allied states, to which Caesar refers in chap. 35, a step which, taken so late as it was, showed but little 'fraternal' affection (Cic. ad Att. 1. 18). At the same moment, and with the same object, they sent confidential messengers to Ariovistus, saluting him as 'rex et populi Romani amicus,' recognising thus his claims on Gaul, and according to Plutarch, inviting him to Rome (Vita Caes. 19). In this manner they persuaded him not to favour the Helvetian invasion; but their duplicity in allying themselves with oppressed and oppressor at once led to its natural consequences in the war now to be narrated.

l. 13. [c. 34. n. 1.] **locum medium utriusque,** 'some neutral spot.'

l. 14. [2.] **summis utriusque rebus,** 'matters of high importance to both of them' ('quae summo opere utriusque intersint').

l. 16. [3.] **si quid ipsi,** a model sentence for reflexive and determinative pronouns. The reflexives (referring to Ariovistus) are 'ipse' in the nominative and dative, 'se' and 'sese' in the accusative; the determinatives referring to Caesar are 'ille,' 'illum,' 'eum.' The last 'illum' might be elegantly omitted, as it is in some editions.

l. 17. [4.] si quid ille se velit, 'if Caesar wanted him for any purpose' (in reference to anything). Mr. Long quotes ths similar phrases 'paucis te volo,' and 'numquid aliud me vis?'

l. 19. [5.] sine magno commeatu atque molimento, 'without a large commissariat and much trouble besides.' If 'emolimentum' is read the meaning would probably be the same.

l. 21. [6.] in sua Gallia, 'in his part of Gaul.'

l. 25. [c. 35. n. 1.] beneficio affectus: see chap. 33, note 7. Ariovistus knew as well as any one how much gratitude he owed to Rome for these 'beneficia.'

l. 32. [2.] permitteret ut voluntate eius liceret, &c., as in chap. 30, 'allow the Sequani to restore the hostages with his full leave first obtained.' For the reason of the apparent pleonasm, see chap. 39, note 7.

P. 21. l. 2. [3.] si id ita fecisset: see chap. 13, note 3.

l. 6. [4.] Aeduos defenderet. Ariovistus knew also the reasons of this decree: see chap. 33, note 7.

l. 6. [5.] commodo: an abl. normae.

l. 7. [6.] se Aeduorum; observe the repetition of 'se,' its reason, and its effect on the rhythm of the sentence.

l. 9. [c. 36. n. 1.] ius esse belli ut qui vicissent, the perfect 'respondit' depresses the perfect 'vicerint' into a pluperfect. Similarly the present is often depressed into an imperfect subjunctive; as in c. 40, 'ex quo judicari posse quantum *haberet* in se boni constantia,' and Cic. de Sen. 78, 'Audiebam Pythagoram .. nunquam dubitasse quin ex universa divina mente delibatos animos haberemus.' The same depressions were, until recently, used in English. Thus in the Spectator (No. 325), ' He had lately read a book in which it was said that the ladies of Chili always *dressed* their heads over a basin of water;' and Shakspeare, Hen. IV. 1. 3, 58,

'telling me the sovereign'st thing on earth
Was parmaceti for an inward bruise.'

l. 10. [2.] item populum Romanum (and), that the Roman people, in particular, had been accustomed, &c. The 'et' is omitted before 'item' as it is before 'eo magis' in chap. 13, and before 'nonnunquam et' in chap. 16.

l. 17. [3.] qui .. faceret, causal, 'since he was making his revenues fall off.'

l. 18. [4.] redditurum non esse, &c., 'on the one hand he would not restore the hostages, and on the other would not attack the Aedui:' see 8. 1, note 2.

l. 19. [5.] si in eo manerent, 'if they adhere to the terms which had been agreed upon.'

l. 21. [6.] longe iis fraternum nomen .. afuturum, 'that their

title of brothers of the Roman people should be too far off to avail them.' So Virg. Aen. 12. 52,
'Longe illi dea mater erit.'

l. 24. [7.] cum vellet, congrederetur, as 'congrediatur' is the direct imperative, it follows that 'congrederetur' is the depressed imperative in the oblique sentence.

l. 24. [8.] quid virtute possent, 'what the Germans were worth in the way of valour' (chap. 3, note 4).

l. 25. [9.] inter annos quatuordecim, so Kraner and Nipperdey; alii, 'intra.' The meaning of 'inter' is well shown by Livy, 1. 10, 'bina postea inter tot annos, tot bella, opima parta sunt spolia' (*all* through so many years, &c.) 'Intra' would mean 'since fourteen years began,' or 'before fourteen years' end.'

l. 27. [c. 37. n. 1.] haec eodem tempore .. et. The two contemporaneous events expressed coordinately. We should subordinate the former, and say, 'at the same time that this message was brought to Caesar, messengers also came from the Aedui.'

l. 29. [2.] qui nuper .. transportati essent, 'who, they said, had been recently brought over into Gaul,' quasi oblique.

l. 29. [3.] fines eorum; see chap. 5, note 4.

P. 22. l. 3. [4.] minus facile resisti posset. Caesar's real meaning is that the combined forces would then become irresistible. But to a Roman the use of such an expression would of itself be a bad omen. See Paley's note to Aesch. Agam. 1631. Cp. the litotes in 'ut satis commode supportari posset frumentum,' in chap. 39. Observe that 'resisti' is impersonal, the 'illi' which it governs being omitted.

l. 4. [5.] magnis itineribus. See Veget. 1. 9, 'militari gradu xx. milia passuum horis quinque dumtaxat aestivis conficiuntur: pleno autem gradu, qui citatior est, xxiv. milia peragenda sunt.' The Roman mile is, however, only 1614 yards.

l. 5. [6.] ad Ariovistum, 'upon Ariovistus;' i.e. directly against him.

l. 5. [c. 38. n. 1.] tridui; see chap. 23, note 2.

l. 10. [2.] omnium rerum; see chap. 4, note 1.

l. 11. [3.] summa facultas, 'a very great abundance:' see chap. 31, note 12.

l. 12. [4.] sic muniebatur, &c., 'was so naturally strong by the character of the ground it occupied:' see 3. 25, note 3.

l. 13. [5.] ut circuo circumductum. The Doubs at Besançon is like the Wear at Durham and the Severn at Shrewsbury; at both which places the neck of the loop is in the same way occupied by castles. The name 'Dubis' means the black river, 'Alduasdubis,' the river of black rocks.

l. 16. [6.] mons continet, &c., 'a hill of great height fills up the space between.' Observe the unusually rapid succession of different nominatives here, 'facultas,' 'id,' 'flumen,' 'mons,' 'radices,' 'murus.' The style here makes us think of a general's memorandum book. Compare with it the sustained sequence of sentences in chapters 14 and 40, which mark the orator.

l. 23. [c. 39. n. 1.] **vocibus**, the random conversation of the Gauls and of the traders (those who came to supply the camp).

l. 24. [2.] **incredibili virtute**. The ablative is used to state *details* of character, and therefore where, as in this place, many qualities are enumerated. On the other hand, the genitive of quality expresses a leading quality or summary of character, as in 66. 8, 'jumenta . . summi ut sint laboris efficiunt.' Cicero uses both cases in Ep. Quint. Frat. 2. 11, 'Lucretii poemata, ut scribis, ita sunt: non multis luminibus ingenii, multae tamen artis:' see Madvig's Lat. Gr. p. 252.

l. 25. [3.] **saepenumero**, like in 'hic loci,' 'tum temporis,' 'ubi gentium,' 'dulcissime rerum.' In all these cases the Latin language adds to the adverb the general idea of space, time, number, &c., under which it comes. So in English we have 'oftentimes,' 'manifold,' &c.

l. 30. [4.] **amicitiae causa Caesarem secuti**; the kind of persons to whom Frederick the Great objected so strongly (Macaulay's Essays, p. 280). Probably Caesar was too deep in debt when he began campaigning to be stern in refusing such appointments to his creditors' friends where, on military grounds, he ought to have done so. The 'scientia et usus militum' (43. 3) was to supply all such shortcomings. See Cic. ad Fam. 7. 8.

l. 32. [5.] **alius alia causa illata**, 'alleging severally all kinds of causes.' What would be the full construction?

l. 32. [6.] **necessariam**, 'indispensable.'

l. 33. [7.] **ut eius voluntate discedere liceret**; as 'liceo' means literally ' to be left ' (chap. 18, note 3), we see that the expression ' that it might be left to them by his good-will ' is not so really pleonastic as it seems to be (chap. 35, note 2).

P. 23. l. 1. [8.] **nonnulli**; chap. 36, note 2.

l. 2. [9.] **neque interdum**, &c., 'were unable to command their countenance, and sometimes even to restrain their tears.' They were Italians, recollect.

l. 3. [10.] **abditi**, middle voice; 'hiding themselves.'

l. 5. [11.] **testamenta**, not the 'testamenta militaria,' 'which were at one time privileged to be nuncupatory,' but regular documents. Did they make the Germans their executors? The mixture of vexation and comedy in Caesar's narrative is amusing.

l. 11. [12.] **rem frumentariam**; this is the construction called in Greek σχῆμα Ἀττικόν, where the nominative of the dependent clause becomes an accusative of reference.

l. 11. [13.] **ut satis commode**, that is, 'ne non satis commode.' Litotes; as in 37, note 4.

l. 14. [14.] **dicto audientes**, 'in good subordination;' 'dicto non audiens,' 'mutinous.'

l. 16. [c. 40. n. 1.] **omnium ordinum**; to this council of officers Caesar summoned all the centurions, and not only those of the highest rank (besides the legates and tribunes). See Dict. Antiq. p. 505. 2, for all that is known about these differences of military rank.

l. 17. [2.] **incusavit**, 'he rated them vigorously.'

l. 18. [3.] **sibi quaerendum** . . putarent, 'because, in a general way, they thought it their business to enquire where their commander was leading them.'

l. 19. [4.] **Ariovistum** : as to this particular case, there was no reason to expect war with Ariovistus.

l. 24. [5.] **quod si bellum intulisset**, 'if he *did* attack them, what in the world were they afraid of?'

l. 25. [6.] **de sua virtute aut de ipsius diligentia**, 'their own valour or the accuracy of his arrangements.'

l. 26. [7.] **factum periculum**, 'a trial had been made;' the literal sense of the word; as in Ter. Heaut. 2. 1. 9,

'periclum ex aliis facito, tibi quod ex usu siet.'

l. 29. [8.] **factum etiam nuper**; anaphora, chap. 14, note 6.

l. 30. [9.] **servili tumultu**, i.e. 'in bello servorum;' whence the 'quos' which follows. Cic. Phil. 8. 1, defines 'tumultus:' 'Majores nostri tumultum Italicum quod erat domesticus; tumultum Gallicum quod erat Italiae finitimus; praeterea nullum nominabant.' The war here mentioned was that with Spartacus and his gladiators, B.C. 73. See Bell. Civ. 1. 14, note 4.

l. 30. [10.] **quos tamen** is equivalent to 'quamvis eos sublevarent.' Hence the subjunctive in 'accepissent.'

l. 32. [11.] **quantum haberet**: cp. 36, note 1, and Cic. Nat. D. 2. 18, 'haec non diceret, si bis bina quot essent, didicisset,' 'he would not say this, if he had learned how much twice two makes.'

l. 33. [12.] **inermus**, contraction for 'inarmatus;' the usual form is 'inermis.'

P. 24. l. 3. [13.] **superarint** governs 'eos' understood; chap. 37, note 4.

l. 8. [14.] **neque sui potestatem fecisset**, 'and had never offered them battle at all.'

l. 10. [15.] **cui rationi**, &c., 'as for the mode of warfare which had been possible against unskilled barbarians.'

l. 12. [16.] **qui suum timorem** . . **conferrent**, 'as for those who threw the blame of their own cowardice on the difficulties of the road.'

l. 18. [17.] quod non fore dicto audientes, 'as to its being said that his soldiers would mutiny.'

l. 20 [18.] aut male re gesta, &c., 'such commanders had either suffered reverses and had been defeated, or their habits of peculation had been brought clearly home to them ('convictam') by some flagrant instance.' Caesar is referring, not to the celebrated mutinies of Roman history (Liv. 2. 59, 4. 49, 28. 29), but to matters of his own experience.

l. 23. [19.] quod .. collaturus fuisset, 'he would do at once what he should otherwise have put off for some time.' 'Repraesentare' is a legal term meaning 'to ante-date.'

l. 28. [20.] cum sola decima legione. Observe the excellence of this speech. It is quiet and ratiocinative (and therefore, as given, almost entirely retains the regular oblique tenses); yet the topics are of the unquestionable character which alone can convince a blind panic. After displaying these briefly but fully, he returns to his favourite mode of thought and expression;—there will be no·mutiny, because he has not deserved any (chap. 14, init.), and he ends by a bold rhetorical declaration that he is ready to march with the tenth legion only. (Bacon, Adv. of Learning, Book 1, ad fin., gives other admirable instances of Caesar's power of eloquence.) By the 'praetoria cohors' is meant 'the general's personal guard.'

l. 31. [c. 41. n. 1.] conversae sunt omnium mentes; the fact being that the tenth legion gave the impulse, and the others were ashamed to remain behind. So in Xen. Anab. 1. 4. 16 Clearchus induces his own men to cross the Euphrates first and thus overcomes the unwillingness of the other divisions.

l. 33. [2.] innata est, understand 'omnium mentibus.'

P. 25. l. 1. [3.] optimum iudicium, &c., 'because he had judged them in a way so highly honourable.'

l. 4. [4.] egerunt uti .. satisfacerent, 'tried all means to satisfy Caesar.' By 'summa belli' is meant the general management of the war.

l. 8. [5.] ex aliis, 'Gallis' understood; the word is added in several MSS.

l. 9. [6.] circuitu locis apertis; in order to guard against all risk of a recurrence of the panic; not trusting too completely to their new-found valour. See 43, note 1.

l. 10. [7.] cum iter non intermitteret, &c., 'on the seventh day of unbroken marching.' The ablative absolute would be the more natural construction. See 1. 1, note 8.

l. 14. [c. 42. n. 1.] id per se fieri licere, 'that this might now take place, as far as he was concerned.'

l. 16. [2.] condicionem, &c., 'Caesar did not refuse the terms of agreement offered.'

l. 18. [3.] polliceretur. The literal sense of this compound must be gained from that of the simple 'liceor' (chap. 18, note 3). According to this 'proliceor' would mean 'to leave (or allow) forward from oneself,' that is, 'to offer.'

l. 18. [4.] in spem veniebat, 'he began to entertain hope.'

l. 20. [5.] fore uti desisteret; chap. 10, note 2.

l. 22. [6.] ultro citroque, 'backwards and forwards.' Mr. Long has well remarked that this phrase proves that 'ultro' is connected with 'ultra' and not immediately with the verb 'volo.'

l. 25. [7.] uterque veniret; chap. 36, note 7.

l. 26. [8.] interposita causa, 'by allowing difficulties or excuses to intervene.'

l. 31. [9.] quam amicissimum, &c., 'guards as devoted as possible.'

l. 31. [10.] si quid opus facto esset; this appears to be a mixture of the two common constructions 'si quid opus est,' if anything is needful (a need), and 'si facto (or factu) opus est,' if there is need of action. Observe that 'quid' alone is the subject, 'opus' the predicate.

P. 26. l. 1. [11.] cohors praetoria, 'the cohort of the praetorium,' that is, of head-quarters. They were to supply the guards and escorts required by Caesar.

l. 2. [12.] ad equum rescribere, 'he was making them knights on horseback.' The joke is more pointed in Latin. Mr. Long remarks on the difficulty of making men riders extempore; but Vegetius (1. 18) asserts that, even up to his time, 'salitio equorum non tironibus modo, sed etiam militibus districte est semper exacta.' The context shews that he means infantry. If we suppose that Vegetius, as in some other cases, is here drawing on his own imagination, the feat of the Germans in teaching navvies to ride adequately in three days for the purpose of blowing down the bridge at Bitche is a notable instance of the possibility of doing what Caesar does here.

l. 2. [c. 43. n. 1.] planicies magna. Caesar made a rapid march from Tonnerre to Besançon (chap. 38). Then, avoiding the mountainous and wooded country on the direct line by Montbeliard, he went by a detour of fifty miles by Pennesières and Vallerois les Bois to Arcey. At this place, after four days' march, he resumed the direct road to the Rhine by Belfort, as far as Cernay. Arriving there on the 7th day he found himself within twenty-four miles of Ariovistus, who was encamped near Colmar. The plain was the one crossed by the rivers Ill and Thur.

l. 10. [2.] sua senatusque beneficia; chap. 33, note 5.

l. 12. [3.] munera amplissime, 'gifts of the most dignified character.' Livy, 30. 15, tells us that these gifts consisted of a golden crown and cup, an ivory curule chair and sceptre, and embroidered robes.

l. 15. [4.] ea praemia consecutum, 'those honours.' (Comp. Virg. Aen. 1. 461). These arguments seem to be *rather* from a Roman point of view. The turn of this last phrase, if literally spoken by Caesar, must have been offensive to Ariovistus, as implying that he had obtained this recognition by suing for it.

l. 16. [5.] docebat etiam, 'he then proceeded to inform him.'

l. 19. [6.] ut .. Aedui tenuissent, 'how completely the Aedui had held the first place in Gaul.'

l. 23. [7.] quod vero ad amicitiam p. R. attulissent: how far Rome observed this law herself, we see from the fact that in B.C. 100 some lands in Cisalpine Gaul were confiscated on the pretence that they had been conquered by the Cimbri. This Thierry (5. 2. init.) rightly calls 'an odious and impolitic measure.'

l. 30. [c. 44. n. 1.] sua sponte; chap. 9, note 2.

l. 31. [2.] non sine magna spe magnisque praemiis, 'not without high hopes and inducements.'

P. 27. l. 10. [3.] idque se ea spe petisse—mark the neuter: 'and that he had aimed at the whole thing with this object.'

l. 11. [4.] non minus libenter, &c., 'he would cast away the friendship of the Roman people not less readily than he had sought for it.' The stronger tenses used in the dramatic oblique express strongly the peremptory energy of Ariovistus' manner.

l. 13. [5.] quod .. traducat, 'as for his bringing over hordes of Germans.'

l. 19. [6.] quid sibi vellet? see chap. 14, note 4, the oblique of 'quid tibi vis?'

l. 20. [7.] hanc Galliam, 'this part of Gaul.' The word 'provinciam' implies very forcibly that Ariovistus considered himself not merely to have conquered, but to have incorporated his Gallic territory.

l. 21. [8.] ut ipsi concedi non oporteret. The expression in the oratio directa would have been 'ut mihi concedi non oporteret' (conditional)—'as it would not be right to give way to me.' 'Ut ipsi concedi non oportere' would stand for 'as it *is* not right to give way to me.'

l. 24. [9.] imperitum rerum, 'unversed in political matters.'

l. 25. [10.] bello Allobrogum proximo. B.C. 62 ; see Thierry, 5, 2 (vol. 2, p. 62). It followed immediately after their revelation of Catiline's conspiracy.

l. 28. [11.] auxilio populi Romani usos: see chap. 33, note 6.

l. 29. [12.] quod exercitum in Gallia habeat, lit. 'in that he has an army in Gaul,' (now that) : cp. 14, note 5.

l. 32. [13.] quodsi eum interfecerit; these were not mere threats. Cic. ad Div. 8. 1, shows us the feeling with which reports of disaster to Caesar were received at Rome; and this very year was the one when

Clodius, under Caesar's patronage, got Cicero exiled, in spite of the sympathy of 20,000 citizens.

P. 28. l. 6. [c. 45. n. 1.] **in eam sententiam quare,** &c., 'to the effect that he could not desist.'

l. 9. [2.] **neque se iudicare,** 'nor could he admit.'

l. 10. [3.] **Arvernos et Rutenos.** The war here alluded to was in B.C. 121. These nations had not been united to the province, because this was naturally bounded by the Cevennes, and could not easily embody them.

l. 11. [4.] **quibus**—from this relative, 'eos' must be understood after 'redegisset,' as in chap. 37, note 4.

l. 13. [5.] **antiquissimum quodque tempus,** 'priority of time.' So Cicero says 'antiquissimae cuique (epistolae) respondebo,' 'I will answer each of your letters in proportion as it is older' (in the order of their arrival).

l. 16. [6.] **quam suis legibus uti voluisset,** &c., 'since the senate, after overthrowing the country in war, had chosen that it should live under its own laws.'

l. 17. [c. 46. n. 1.] **dum haec geruntur:** the present ind. is generally governed by 'dum,' even when the principal verb is strongly in a past tense. So Livy 21. 29, 'dum elephanti traiiciuntur, Hannibal quingentos equites ad castra Romana miserat speculatum,' and Hor. Carm. 1. 10, 11,

'Voce dum terret, viduus pharetra
Risit Apollo.'

l. 18. [2.] **propius tumulum,** the comparative governing the same case as the positive 'prope.'

l. 19. [3.] **in nostros,** the pronoun repeated to avoid 'eos,' referring to a word in the same sentence; comp. 8, note 3, and 'suos .. suisque,' just below.

l. 23. [4.] **committendum;** chap. 13, note 5.

l. 24. [5.] **per fidem,** i.e. 'fide data adductos.' (Kraner.) Better perhaps like 'per inducias,' 'at a time when a guarantee had been given.'

l. 26. [6.] **omni Gallia Romanis interdixisset,** that is, had wished to confine them to the province, and to keep the rest of Gaul tributary to himself. The ablative as in 'interdicere aqua et igni.'

l. 32. [c. 47. n. 1.] **uti constitueret,** understand 'egit cum Caesare.'

P. 29. l. 3. [2.] **non poterant,** freely for 'potuerant.'

l. 3. [3.] **legatum e suis,** &c., 'as for sending any of his staff as an envoy, and exposing him to these barbarians, this he thought would be a very dangerous course.'

l. 9. [4.] **qua multa,** 'to a considerable extent.' See 22, note 3, and Tacit. Hist. 4. 35, 'velut iam multa pace,' as if peace was now established. 'Multus' may even mean 'excessive,' as in Cic. de Orat. 2. 87, 'ne multus et insolens sim.'

l. 11. [5.] in eo, 'as regards him.' Cp. 2. 32, 'in Nerviis,' in the case of the Nervii.

l. 15. [6.] quid ad se venirent; see 1. 14, note 4.

l. 15. [7.] conclamavit: he cried out for all to hear.

l. 17. [c. 48. n. 1.] castra promovit; first to a spot close upon the Vosges near Feldkirch; and then on the following day to a hill near Reiningen. This last was a decisive movement; for a general who falls thus on his adversary's communications must mean to force him to fight.

l. 27. [2.] genus hoc erat pugnae, &c., 'the following was the method of cavalry fighting practised by the Germans.'

l. 30. [3.] singuli singulos; in order that the influences of friendship might come in. This mixed arrangement produced what Caesar admires in the British chariots (4. 33), 'mobilitatem equitum, stabilitatem peditum,' and he seems to have used this German mode of fighting among his own German auxiliaries. See 7. 13, and Bell. Civ. 3. 84. For a particularly clumsy misuse of them, see ib. 2. 34.

l. 31. [4.] ad eos se recipiebant; used them as a *point d'appui*.

l. 32. [5.] si quid orat durius, 'if their friends were at all hard pressed.'

P. 30. l. 2. [6.] ut cursum adaequarent, 'that they kept up with the full gallop.'

l. 6. [c. 49. n. 1.] passus sexcentos; chap. 22, note 5.

l. 14. [2.] munitis castris, 'when the camp was formed:' a natural expression, since no Roman force ever rested, even for a night, without throwing up an earth-wall and ditch round their encampment.

l. 17. [c. 50. n. 1.] instituto suo; [chap. 4, note 2.] Abl. normae.

l. 20. [2.] exercitum in castra reduxit. Caesar's main object in forming two different camps was to gain possession of the roads both north and south; so that Ariovistus could not escape without fighting. Besides this, such an arrangement tempted the Germans strongly to an attack on the entrenchments, which would be sure to give an advantage to the Romans. Lastly, it gave an opportunity for the stratagem to be described in 51, note 1. See Jules César, plate 16.

l. 28. [3.] sortibus; twigs inscribed with signs of the various alternatives proposed (Tacit. Germ. 10), 'vaticinationibus,' taken from the noise of waters, the eddies of rivers, &c. (Plut. Caesar 19.)

l. 29. [4.] ex usu, 'expedient.'

l. 30. [5.] ante novam lunam : so the Spartans refused to help the Athenians at Marathon till the full moon (Herod. 6. 106). The new and the full moon were their auspicious days (Tacit. Germ. 11). The feeling at the bottom of this is thus explained by Winer Realw. (Neumond):

'For simple nations the first new light of the moon is most cheering and joyful. From its appearance they also obtain the order of the months, and, in the absence of astronomical observations, that of the whole civil and religious year.'

l. 33. [c. 51. n. 1.] **omnis alarios.** Leaving in each camp a small Roman force, Caesar drew up his alarii (the auxilia of chap. 49) before the smaller camp, in such a manner as to make it appear that the two legions were there still. But, meanwhile, these legions had been withdrawn, and crossing the space of three miles, unobserved by the enemy, had joined the four legions belonging to the larger camp, and made an attack on Ariovistus' position before he could call in his detachments. Of course the successful execution of such a stratagem depended largely upon the perfect steadiness behind ramparts of the two legions who had first occupied the smaller camp (thus being left in the rear), and then executed the hazardous movement from camp to camp. This explanation is due to Jules César, vol. 2, p. 91.

P. 31. l. 1. [2.] **quod minus valebat.** Thus Nipperdey and Kraner wish to read, but for the more authorised reading 'quo minus,' see 4. 2, note 1, and compare the Greek positive ὅσῳπερ ἀλγῶ, Soph. Trach. 313.

l. 12. [c. 52. n. 1.] **quaestorem,** properly, a civil and finance officer, but available for command (5. 25, note 4).

l. 13. [2.] **a dextro cornu,** 'by his own right wing,' the enemy's left, which was occupied by the Harudes.

l. 19. [3.] **phalange facta,** 'who had rapidly adopted the phalanx formation,' that is, one in dense bodies of from 300 to 400 men (Jules César, p. 92). Orosius' explanation is, that they formed a kind of tortoise, with their shields over their heads; and that some of the Roman soldiers sprang actually on this roof of shields. But this seems improbable; for such a defensive arrangement would be suicidal as a mode of resisting an attack with swords, although it might answer as against javelins.

l. 21. [4.] **scuta manibus revellerent;** instead of following the ordinary practice of pushing their shields under that of their enemy, and wounding him from beneath (which they could do without abandoning their own guard), they grasped the top of the enemies' shields and struck from above.

l. 25. [5.] **Publius Crassus adulescens,** 'the younger P. Crassus' (son of the triumvir).

l. 26. [6.] **expeditior,** 'more clear of the enemy.'

l. 28. [c. 53. n. 1.] **proelium restitutum est,** &c., 'first the battle was restored, and then (atque) the enemy were entirely put to flight.'

l. 30. [2.] **millia passuum;** chap. 22, note 5. It seems from other authorities that 'quinquaginta' should be read here for 'quinque.'

NOTES. BOOK I, CHAP. 54.

l. 31. [3.] tranare contenderunt, 'managed to swim over.' See 13, note 4.

l. 32. [4.] salutem reppererunt, 'reached a place of safety.'

P. 32. l. 1. [5.] equitatu consecuti nostri, &c., 'our officers overtook the rest with their cavalry and put them to the sword.' The number slain was said to be 80,000.

l. 5. [6.] utraeque perierunt; sparing women and children was no part of Caesar's military code. See 7. 28, and especially 4. 14, ad fin.

l. 5. [7.] duae filiae: harum, altera ... capta est. This construction is called by the Greek grammarians the σχῆμα καθ' ὅλον καὶ μέρος, the general nominative being immediately broken into two particular ones, as in οὗτοι μὲν ἄλλος ἄλλο λέγει.

l. 7. [8.] trinis catenis; chap. 15, note 4.

l. 7. [9.] in ipsum Caesarem incidit, 'was casually overtaken by Caesar himself.'

l. 11. [10.] ereptum ... restitutum; the former of these participles is adjectival to the latter; 'restored to him safe from the hands of the enemy.' Conf. chap. 24, note 8.

l. 12. [11.] de tanta voluptate, 'from the general pleasure.'

l. 16. [12.] sortium beneficio. The manner of casting lots among the Germans is described by Tacit. Germ. 10. See also Herod. 4. 67.

l. 19. [c. 54. n. 1.] Ubii. This is a clever but apparently unnecessary emendation for 'quos ubi qui proximi Rhenum incolunt perterritos senserunt.'

l. 24. [2.] conventus agendos, to hold the proconsular assizes for the adminstration of justice. (Acts 19. 38.)

BOOK II.

WAR ON THE AISNE. BATTLE OF THE SAMBRE.

Page 1. line 1. [chap. 1. note 1.] in hibernis. Most editors omit these words on the ground that 'hiberna' always means the winter quarters of an army engaged in a war.

l. 3. [2.] Belgas. The name Belgae is thought by Zeuss to mean 'warriors,' (Gr. Celt. p. 140). They were, as remarked in the notes to 1. 1, a later body of immigrants. Caesar considers them a German tribe, probably because they immigrated by the Rhine, beyond which he knew only Germans; modern authorities are entirely in favour of considering them Gauls. Some of the strongest arguments for this conclusion are that they colonised the South-East of Britain, which was unquestionably not German; and that the names of their towns have the true Gallic endings, 'dunum,' 'briva,' and 'magus.' Strangely enough the Volcae of Languedoc, though living so far to the south of the main seats of their nation, are thought to be a Belgian tribe; their name being held to be only another form of Belgae. Strabo confusedly imagines that they reach to the Loire, but Zeuss (die Deutschen, p. 188) strongly argues for Caesar's view that the Seine and Marne are their real boundary.

l. 4. [3.] **dixeramus.** 'I had said before,' the history of the last campaigns.

l. 5. [4.] **coniurare ... pacata**; the spirit which these expressions show is illustrated in 1. 12, note 5. Any war against Rome is a 'conspiracy.' A nation enslaved by Rome is 'pacified.' See also the curious parallel in 1. 14, note 2.

l. 7. [5.] **exercitus noster adduceretur.** The Belgae, according to this passage, feared (1) Annexation, (2) Foreign garrisons, (3) Repression of irregular native greatness founded on birth or wealth. Besides this, their natural 'levitas' of mind rendered them insensible to the blessings of Roman rule, and anxious for change even for its own sake. History repeats itself; as Indian events constantly show us.

l. 8. [6.] **partim qui.** Instead of repeating the adverb three times, Caesar substitutes 'ab nonnullis etiam' for the last class enumerated.

l. 14. [7.] **volgo regna occupabantur,** 'there were constant opportunities for gaining dominion;' as in India in 1800, when pretenders like Dhoondiah flourished for a moment.

l. 15. [8.] **imperio nostro:** cp. 1. 18, note 9.

l. 15. [c. 2. n. 1.] **duas legiones**; making altogether eight. These, like the two in 1. 10, were raised by his own absolute power in his province of Cisalpine Gaul. Each legion may be reckoned at 5,000 men; and the army with the auxiliary bodies must have been at least 60,000 in number.

l. 17. [2.] **in interiorem Galliam qui deduceret:** see 3. 1, note 1 below. By 'interior Gallia' Caesar means the part nearest the Alpine passes.

P. 34. l. 1. [3.] **cum primum pabuli copia**; not till late in June: see 1. 16, note 2. The subjunctive 'inciperet' is used, because the abundance of grass was the *occasion* of his coming. So Liv. 4. 3, 'Quum maxime haec agerentur in senatu, Canuleius pro legibus suis ita disseruit.'

l. 2. [4.] **dat negotium,** 'he employed the Senones,' &c.

l. 4. [5.] **de his rebus,** 'about these disturbances:' 1. 4, note 1.

l. 5. [6.] **constanter,** &c., 'they all unanimously assured him that parties of men were gathering everywhere and armies being made up.'

l. 6. [7.] **dubitandum quin:** see 1. 4, note 8.

l. 10. [c. 3. n. 1.] **Remi.** Caesar farther on (6. 12) gives us the reason which induced the Remi to adhere to Rome. The territory of the Sequani had been dismembered after the fall of Ariovistus, and the Remi had obtained a large part of it. Thus, he says, they occupied the next place to the Aedui in Gaul.

l. 19. [2.] **ut .. ne potuerint,** 'that they *had* been unable;' the consecutive 'ut' never governs the pluperfect subjunctive.

l. 20. [3.] **qui .. utautur,** '*although* they lived under the same laws and customs.' The Suessiones of course regarded the Remi as traitors: so in fact they were (and, perhaps, on both sides, c. 17).

l. 21. [4.] **unum imperium;** Caesar's favourite asyndeton, 1. 15, note 3; 1. 16, note 7.

l. 26. [c. 4. n. 1.] **ortos ab Germanis:** see 2. 1, note 2. They seem to have been really Celts; but to have claimed a German descent from the wish to separate themselves from the beaten and subdued Gauls. 'Treveri et Nervii,' says Tacitus (Germ. 28), 'circa affectationem Germanae originis ultro ambitiosi sunt, tanquam per hanc gloriam sanguinis ab inertia Gallorum separentur.'

l. 29. [2.] **Teutonos Cimbrosque prohibuerint.** M. Thierry thinks that, on the contrary, as being Kymry, the Belgians were akin to the Cimbri, and that this is proved by their leaving unmolested, after the defeat of the Cimbri, the garrisons which this latter people had established among them (see 2. 29). But his conclusions hardly agree with those of the highest German authorities.

l. 30. [3.] **qua ex re fieri ut:** see 1. 10, note 2.

l. 31. [4.] **re .. rerum:** see 1. 4, note 1.

l. 33. [5.] **explorata, &c.,** 'that they had complete information.' 'Exploro' is, literally, to find out a person by calling out his name.

P. 35. l. 4. [6.] **Bellovăcos,** near Beauvais; **Suessiones,** near Soissons; **Ambiani,** near Amiens; **Caleti,** near Calais; **Atrebates,** near Arras; the **Morĭni** were near Boulogne; the **Veromandui** in Vermandois, on the upper Oise; the **Menapii** on the lower Scheldt, and the **Aduatuci** on the upper Meuse.

l. 19. [7.] **Condrusos, Paemanos.** The indefatigable spirit of a German ethnologist appears to have traced the position of these nations. The name of the Paemani he finds in Marche la Famine, that of the Condrusi in a district between Namur and Liege, now called Condroz. (Zeuss, die Deutschen, p. 213).

l. 20. [8.] **Germani,** according to Zeuss, here a Celtic term signifying 'hill folk,' and not meaning that they were Germans.

l. 23. [c. 5. n. 1.] **diligenter:** see 1. 40, note 6.

l. 25. [2.] **quanto opere .. intersit, &c.,** 'how important it was to the interests of the republic and their common safety, that the forces of the enemy should be kept apart.' The 'rei' which is expressed in 'refert' is understood with 'interest.'

l. 28. [3.] **introduxerint;** the lighter oblique form of the future perfect. The pluperfect would have been used in the stronger oblique; as in 1. 13, note 3.

l. 31. [4.] **ad se venire vidit,** 'perceived that they were marching straight upon him' (1. 37, note 5).

l. 31. [5.] **neque iam longe abesse,** i. e. 'et iam non longe abesse.'

l. 33. [6.] **Axonam,** the Aisne, a tributary of the Oise. Caesar, coming from Durocortorum (or Reims) the capital of the Remi, crossed the river by the bridge at Berry-au-Bac, close to the celebrated modern battle-fields of Laon and Craonne, and marched to Bibrax (Vieux Laon) mentioned in the next chapter. He encamped on the hill of Mauchamp, with the marshes of the little river Miette in front, and commanding the road from Reims to Laon. His camp was therefore covered in the rear ('unum latus') by the river Aisne; and he secured his communication with Reims by a *tête de pont* at Berry-au-Bac, and by a detachment of 3,000 men under Sabinus. The trace of all Caesar's work here has been discovered through the excavations skilfully directed by the author of Jules César: see vol. 2, p. 101, and map 8 in the atlas.

P. 36. l. 7. [7.] **castra munire jubet,** 'he ordered (the men) to entrench the (main) camp.' **Fossa .. pedum:** a ditch 18 feet wide.

l. 11. [c. 6. n. 1.] **ex itinere,** 'by a *coup de main.*'

l. 12. [2.] **eo die;** the ablative is constantly used for periods of duration so short as to be equivalent to a point of time. Caesar also has 'is dies sustentatur.'

l. 13. [3.] **eadem oppugnatio est haec,** &c., 'the general manner of besieging adopted by the Gauls and Belgians is the same, and is as follows.'

l. 13. [4.] **ubi circumiecta multitudine,** &c., 'first they place a continuous line of men round the walls, and begin to shower stones upon them, till, after awhile, they are cleared of their defenders; then they form a testudo (by locking their shields above their heads), push on to the wall, and proceed to pull it down.' The 'que' here connects actions which are at some distance of time from one another: cp. 1. 53, note 1.

l. 14. [5.] **moenibus .. murum .. murus:** cp. 1. 8, note 3.

l. 17. [6.] **quod tum facile fiebat.** The description of a siege above given is general; he now applies this to the particular siege of Bibrax.

l. 18. [7.] **tanta multitudo .. conicerent.** The plural verb expresses the numerous separate and individual actions. (When this is not the case we have 'multitudo convenit, traducitur,' &c.) Compare the Greek φανερὰ ἦσαν ἵππων ἴχνη πολλά, where the plurality is the thing to be remarked.

l. 19. [8.] **finem oppugnandi fecisset,** 'had put an end to the assault.'

l. 20. [9.] **summa nobilitate:** cp. 1. 18, note 2.

l. 24. [10.] **isdem ducibus usus, qui nuntii venerant,** 'using as guides the same persons who had come as messengers.' For these appositions of substantive with pronoun, cp. 1. 21, note 5.

l. 26. [c. 7. n. 1.] oppidanis; connect with 'subsidio,' not with 'mittit.'

l. 28. [2.] potiundi oppidi; the gerundive implies of course that 'potior' may govern the accusative. So Ter. Adelph. 5. 4, 22,
    'miseriam omnem ego capio, hic potitur gaudia.'
So we have 'res fruenda oculis,' 'utenda vasa,' and the like: but, with rare exceptions, this licence is used only in the case of the future in '-dus.'

l. 32. [3.] ab milibus passuum minus duobus, hyperbaton· cp. 1. 6, note 3, 'less than two miles off.'

P. 37. l. 2. [c. 8. n. 1.] eximiam opinionem, &c., 'their pre-eminent reputation for valour.'

l. 3. [2.] proelio supersedere. The word 'supersedeo' means, primarily, 'to sit over' in the sense of presiding; as Cato R. R. 5. 1, 'vilicus litibus familiae supersedeat:' then probably 'to sit over a thing' as passing it over; whence the common meaning, 'to delay.'

l. 4. [3.] quid hostis virtute posset: see 1. 36, note 8; and below, 'tantum multitudine poterant.'

l. 6. [4.] loco pro castris, &c., 'he chose a place before his camp which lay near enough and was suitable for forming a line of battle; and, as the hill on which his camp was placed rose to a small height from the plain, with just frontage enough for an army in battle array, and towards the front sloped gently back to the level after rising to a slight eminence, whilst its flanks were slightly precipitous, he carried from each flank of the hill a ditch ending in a redoubt.' It is difficult to understand this passage clearly. The excavations seem to prove that one of these ditches ran from the south-east angle of the camp to the Aisne, the other from the north-west angle nearly to the Miette. But this would be placing them both on the right of the position; whereas the text seems to indicate that they guarded both flanks; and, taking it alone, we should certainly think that they were drawn at right angles to the right and left of Caesar's line, and on both sides towards the enemy. Perhaps the solution may be that the two ditches given in plate 8 to Jules César, together constituted the right-hand ditch of the two mentioned by Caesar (their combined length would have been about 600 paces); and another similar ditch (effaced or not discovered) may have been drawn at right angles to the left of the position, crossing from river to river, in a length of 600 paces, as the eastern one did, by the help of the intervening camp. The word 'transversam' seems of itself to imply that the ditches crossed the axis of the hill.

l. 21. [c. 9. n. 1.] si nostri transirent, '*to see* if our men would cross it;' so ubi neutri .. faciunt, 'when *it appeared* that neither side would take the initiative.'

l. 30. [2.] **castellum**, apparently 'a double *tête de pont*,' or, work defending both ends of the bridge.

P. 38. l. 3. [c. 10. n. 1.] **funditores sagittariosque**; probably carried behind the horsemen; as they got round by the bridge to the ford in time to stop the passage of the Belgians.

l. 5. [2.] **magnum eorum numerum**. The boldness of Caesar's style is indicated by the pronoun referring to 'hostes' in the same sentence. Cp. 1. 40, init.

l. 13. [3.] **domum suam quemque reverti**. The unwieldy confederacy broke up of itself at the first check, like the Duke of Brunswick's force in 1792, before Valmy, which was at no great distance from the site of this battle. The following subjunctives are governed by 'ut' understood.

l. 23. [c. 11. n. 1.] **nullo certo ordine**, 'with no regular route,' or 'marching order.' Imagine a *débâcle* of 306,000 men besides camp-followers, women, &c.

l. 25. [2.] **fecerunt**, 'they so managed matters,' see 1. 10, note 2.

l. 27. [3.] **nondum perspexerat**, 'he had as yet no intelligence.'

P. 30. l. 2. [4.] **ab extremo agmine**, 'those in the rear of their column.'

l. 5. [5.] **perturbatis ordinibus**, the latter ablative absolute to be closely connected with the verb, 'they broke up their ranks and fled.'

l. 13. [c. 12. n. 1.] **Noviodunum**, to Soissons, following the course of the Aisne along the left bank.

l. 15. [2.] **paucis defendentibus**, concessive; 'although the garrison was scanty.'

l. 16. [3.] **vineas agere**, to prepare covered galleries of timber to conceal approaches; **aggeres**, platforms for the artillery, or for moveable towers.

l. 20. [4.] **quae neque viderant ante Galli**, probably, 'which, as Gauls, they had never seen before;' like 'homines bellandi cupidi,' and Virgil's 'cruda deo viridisque senectus:' see 1. 2, note 6. The dative here stands for a causative sentence. Kraner quotes Tacit. Ann. 12. 45, 'nihil tam ignarum barbaris, quam machinamenta et astus oppugnantium.'

l. 23. [5.] **impetrant**, 'they obtained their request.'

l. 24. [c. 13. n. 1.] **obsidibus**, &c., in apposition with 'primis,' 'having received as hostages the chief men of the state.'

l. 27. [2.] **Bratuspantium**, Breteuil, at the head of the Somme valley.

l. 28. [3.] **circiter milia . . quinque**, '*only* about five miles;' 1. 4, note 8.

l. 31. [4.] **in eius fidem . . venire**, 'that they placed themselves under his power and protection;' 1. 46, note 5.

P. 40. l. 4. [c. 14. n. 1.] **facit verba**, 'intercedes.'

l. 4. [2.] **Bellovacos ... fuisse**: cp. 1. 20, note 1.

l. 7. [3.] **omnes indignitates**; how far it was true that the Aedui were thus treated, may be seen from Thierry (book 6, init.). They had paid for the regaining of their ancient power by the loss of their civil liberty; and were nearly in the position of a protected sovereign state in India, with Labienus for a vigorous military resident.

l. 12. [4.] **sua clementia**, 'his well-known clemency,' 1. 15, note 1.

l. 13. [5.] **quod si fecerit**: see 2. 5, note 3.

l. 18. [c. 15. n. 1.] **hominum multitudine**: see 1. 18, note 4

l. 22. [2.] **quorum de natura**, 'concerning whose character;' 'naturae' would mean 'their qualities.'

l. 25. [3.] **iis rebus**, 'by these means of enjoyment,' 1. 4, note 1. The Ambiani were on the lower Somme, and reaching to the sea at Abbeville—Samarobriva (Amiens) being their capital.

l. 25. [4.] **animos eorum**. Madvig lays down, as a general rule, that determinative pronouns are used for reflexives only in a dependent clause where the subject differs from that of the main clause: as in 1. 5, 'Persuadent Rauracis uti eodem usi consilio una cum iis proficiscantur;' and 1. 11, 'ita se de populo Romano meritos esse ut liberi eorum in servitutem abduci non debuerint.' Either, therefore, 'eorum' is to be omitted in this passage, or there is a slight carelessness in the construction.

l. 29. [5.] **confirmare, &c.**, 'that they declared that they would send no ambassadors.'

l. 32. [c. 16. n. 1.] **Sabim flumen**; the Nervii occupied the basin of this river (the Sambre) and of the upper Scheldt, from Valenciennes and Cambrai to Brussels. Caesar had marched from Breteuil to Bavay, so as to strike the north bank of the Sambre. Aduatuci: see 2. 29, notes 1, 2.

P. 41. l. 2. [2.] **Atrebates, Veromandui**: see 2, 4, note 6.

l. 11. [c. 17. n. 1.] **eorum dierum**: see 1. 4, note 5.

l. 13. [2.] **inter singulas legiones**, 'between every *two* legions.'

l. 14. [3.] **impedimentorum magnum numerum**: see 1. 18, note 4, and Mr. Long's note on this passage.

l. 17. [4.] **futurum ut**: see 1. 10, note 2.

l. 20. [5.] **antiquitus, &c.**, 'as the Nervii, from their want of cavalry, and in order to guard against the predatory cavalry incursions of their neighbours, had some years before notched and turned down the young trees.' One such tree is known in England, from the number of its annual rings, to have been turned down during the wars of the Roses. Caesar uses 'antiquitus' in this sense several times in the Bell. Civ., as in 2. 2, 'tanti erant antiquitus in oppido omnium rerum ad bellum apparatus.'

l. 21. [6.] ei rei student, 'do they pay any attention to that arm,' 1. 4, note 1.

l. 21. [7.] quicquid possunt; 1. 36, note 8, 'but whatever power they have is in cavalry.'

l. 24. [8.] enatis; there seems to be no reason for rejecting this word, as the learned Scaliger wished to do. The meaning is, 'and then by means of the numerous boughs which shot laterally out, and by throwing in brambles and thorns for the present occasion, they had made a work as strong as a wall.'

l. 26. [9.] non modo non intrari; in this phrase the second 'non' is often omitted.

l. 27. [10.] cum iter agminis ... impediretur, &c., 'the Nervii thought that they ought to act upon this counsel, at some time when the march of our legions was impeded by these obstacles.'

l. 29. [c. 18. n. 1.] loci .. quem locum: see 1. 6, note 1.

l. 32. [2.] adversus huic et contrarius, 'a hill opposite to ours, and with its slope facing that of our hill.'

l. 33. [3.] infimus apertus, i.e. 'infima parte.' The superlative is more separated than usual from the substantive 'collis.' Ovid Met. 6. 409,

        'qua locus est medius iuguli summique lacerti.'

P. 42. l. 3. [4.] secundum flumen, 'down the river,' 1. 33, note 1.

l. 6. [c. 19. n. 1.] aliter ... ac, &c., 'in a different way from what the Belgae had reported.' So we have 'similiter facis ac si me roges' (in affirmatives), 'suos casus aliter ferunt atque ut auctores fuerunt' (in negatives). See 7. 14, note 1.

l. 8. [2.] expeditas, 'without baggage.'

l. 10. [3.] proxume conscriptae; as in 1. 24, and 2. 8. Caesar's plan seems to be always to make old soldiers bear the brunt. Their length of military service (Tacit. Ann. 1. 34, Dict. Antiq. p. 499) gave them great experience and tact. See 2. 20, 3. 21, 6. 40, and Napier, Penins. War, vol. 6, p. 9. Moreover this is a general principle in war. If veterans were sent forward only to retrieve the failure of other troops, they would lose more men than if employed at first.

l. 15. [4.] quem ad finem porrecta, 'as far as' (literally, 'extended to what end'); unless we are to read 'porrecta ac aperta loca,' 'level and open ground.'

l. 20. [5.] ut ... aciem constituerant, &c., 'having already formed their line and made all other arrangements within the wood.' This phrase differs from the ablative absolute in making the action which it expresses less immediately precedent to the other. See 2. 23, init.; and cp. 'cum iter non intermitteret,' in 1. 41, note 7. For the exact locality of the battle, see plate 10 to Jules César, vol. 2, and the corresponding text at p. 109.

l. 25. [6.] in manibus, &c., 'the enemy rushed so fast down to the stream that they seemed in one and the same moment to be on the edge of the wood, down in the bed of the river, and close up to us.'

l. 27. [7.] ad ... castra ... contenderunt, 'they made straight for our camp,' 1. 37, note 5.

l. 30. [c. 20. n. 1.] signum tuba dandum; the assembly was to be sounded, the working parties to be drawn in, and those who were too far off to hear the trumpet were to be recalled by aides-de-camp.

l. 33. [2.] signum dandum; the first order to charge.

P. 43. l. 1. [3.] rerum, 'necessary preparations.'

l. 4. [4.] exercitati, understand 'cum essent.'

l. 4. [5.] ipsi sibi, more elegantly than 'sibi ipsis.' 'Ipse' is used, if possible, as a subject, rather than as a predicate. See 1. 4, note 10.

l. 5. [6.] praescribere, &c., 'give the word of command to themselves. Yet this exceeding readiness was not always praiseworthy. Thus at Gergovia (7. 47), Caesar's whole plans were frustrated by his soldiers' too great forwardness. The same cause nearly lost the battle of Busaco to the English and that of Gettysburgh to the Americans.

l. 8. [7.] nihil ... 'exspectabant, 'did not think of waiting;' 'nihil' is stronger than ' non.'

l. 10. [c. 21. n. 1.] quam partem, the full expression would be 'in eam partem quam partem fors obtulit.' So, at the end of the chapter, 'hac in parte et ad haec signa quisque constitit, quam primam in par·tem devenit, et quae prima signa conspexit.' For 'neu' see 4. 17, note 17.

l. 17. [2.] pugnantibus occurrit, ' he finds them already fighting.'

l. 19. [3.] insignia; see 1. 22, note 2.

l. 26. [c. 22. n. 1.] diversis legionibus; ablative absolute, for the more usual nominative 'diversae legiones,' as the legions were turned different ways, and resisting the enemy in different directions.

l. 31. [2.] in tanta ... iniquitate; the prepositional ablative absolute: see 1. 33, note 3.

l. 32. [c. 23. n. 1.] ut in sinistra parte ... constiterant, 'having posted themselves on the left of the line.' See 2. 19, note 5.

P. 44. l. 2. [2.] ex loco superiore, 'since they had the higher ground;' see the last note of the preceding chapter.

l. 9. [3.] ex loco superiore ... proeliabantur, 'had got down from the high ground and were fighting on the banks of the river.'

l. 14. [4.] aperto latere, 'on the flank left uncovered,' which was in this case the left. So in 7. 82.

l. 15. [5.] summum castrorum locum, 'the higher ground on which the camp stood.' (Kraner.)

l. 18. [c. 24. n. 1.] dixeram: see 2, 1, note 2. occurrebat: see 2, 21, note 2.

l. 20 [2.] decumana porta, 'the gate in the middle of the reverse of the camp. For the meaning of the term, as thus applied, see Donaldson, Varr., p. 270.

l. 26. [3.] **quibus omnibus rebus**; see 1. 4, note 1.

l. 27. [4.] **opinio**, 'whose *reputation* for valour is very high among the Gauls.' 'Opinio' means, as in 3. 25, note 1, the impression conveyed to others.

l. 28. [5.] **auxilii causa**, i.e. 'auxiliorum loco.' 'as auxiliaries.'

l. 29. [6.] **nostras legiones**. Schneider supposes that the pronoun gives a tinge of surprise to the statement.

P. 45. l. 2. [c. 25. n. 1.] **Caesar... scuto... detracto... processit.** To this main sentence or apodosis, a very long introduction or prothesis is attached. The prothesis may conveniently be divided into two parts, the first as far as 'esse impedimento vidit,' the second to 'submitti posset.'

l. 3. [2.] **signis in unum collatis**; causative to 'esse impedimento,' the soldiers were in each other's way, because the standards were so crowded together. For 'sibi ipsos,' see 1, 4, note 9.

l. 5. [3.] **centurionibus occisis**; similarly this and the four succeeding ablatives absolute are causal to 'reliquos esse tardiores;' 'As all the centurions of the fourth cohort were slain, &c., therefore the rest of the men were getting cowed.'

l. 10. [4.] **nonnullos ab novissimis**, &c., 'while some in the rear were leaving the battle, drawing aside and avoiding the darts.'

l. 13. [5.] **rem esse in angusto vidit**; the preceding infinitives seem all to have depended upon the former 'vidit.' But the extreme length of the sentence (conveying, as it does, a forcible idea of the number and variety of the difficulties) induces Caesar to repeat the verb here. Translate 'as also he saw that the hazard was great.'

l. 17. [6.] **signa inferre**, 'he ordered them to advance, at the same time opening out their ranks.'

l. 24. [c. 26. n. 1.] **conversa signa**, &c., 'he ordered the two legions to draw together, form up into one continuous line, and advance against the enemy.' Cp. 1. 25, note 8.

P. 46. l. 2. [2.] **nihil... reliqui fecerunt**, &c., 'left nothing undone in the way of speed.'

l. 5. [c. 27. n. 1.] **tum calones**, &c., 'besides which the camp followers, even when unarmed, threw themselves on the armed enemy.'

l. 7. [2.] **pugnant... praeferrent**. See the last note on 7. 61.

l. 9. [3.] **in extrema spe salutis**: see 1. 33, note 3.

l. 11. [4.] **his deiectis**, 'when these in their turn were struck down.'

l. 16. [5.] **quae facilia**, &c., 'all which enterprises their high courage had made easy to them, though naturally very difficult.'

l. 18. [c. 28. n. 1.] **internecionem**; there must have been exaggeration in their accounts, as they were able to revolt against the Romans again in 5. 28, and also to send a contingent of 5000 men to Alesia (7. 75)[1].

l. 21. [2.] **nihil impeditum**, &c., 'when they saw that nothing would stop the conquerors or defend the conquered.'

l. 25. [3.] **vix ad quingentos**; hyperbaton for ' ad vix quingentos:' cp. 1. 6, note 2.

l. 33. [c. 29. n. 1.] **unum oppidum**, the city of Aduatum, as may be seen by the map at p. 65, was situated on a plateau at the junction of the Sambre and Meuse, now the citadel of Namur, and therefore not far from the field of Waterloo. The line of circumvallation was carried across the angle formed by the two rivers.

P. 47. l. 6. [2.] **ex Cimbris Teutonisque prognati**. Yet the name seems purely Celtic; according to Glück from ' aduat,' ' runners.' They may have adopted into their nation 6000 Germans from their fondness for German manners: but the story is hard to understand.

l. 8. [3.] **agere ac portare**; for the ' impedimenta' included cattle as well as general effects.

l. 12. [4.] **illatum defenderent**; understand ' sibi.' The ' Aduatuci sometimes invaded other countries, sometimes defended their own from invasion.' Observe that ' inferre bellum,' and not ' invadere,' is the technical word for ' to invade.'

l. 12. [5.] **consensu eorum omnium**, ' by general agreement with the surrounding nations.'

l. 17. [c. 30. n. 1.] **castellis**, ' bastions,' to serve as places of arms.

l. 18. [2.] **vineis actis, aggere exstructo**. The embankment was raised by earth brought up under cover of the wooden galleries. Hence the former of these two ablatives absolute *precedes* the latter in sense. The ' turris' was to contain ' balistae,' &c., raised story by story to such a height as to sweep the wall. Sometimes the towers could be taken to pieces, and thus formed a regular part of the artillery train.

l. 27. [c. 31. n. 1.] **non existimare**, the ' non ' belongs properly to ' sine ope divina.'

l. 31. [2.] **pro sua clementia**, ' in consideration of his well-known clemency.' See 2. 14, note 4.

l. 32. [3.] **quam ... audirent**, ' of which they constantly heard' (as ' quam audio' would mean ' of which I have been constantly hearing '). See 3. 5, note 1.

P. 48. l. 2. [4.] **traditis armis**, that is, ' si arma tradidissent.'

l. 5. [c. 32. n. 1.] **consuetudine sua**; see 1. 50, note 1.

l. 9. [2.] **in Nerviis**, ' in the case of the Nervii' (1. 47, note 5). So

---

[1] Probably this again indicates that Caesar's work was written piecemeal, and shortly after the several events occurred. Afterwards he apparently would not alter the accounts which gave his impression at the time.

we have 'dolere in adolescente,' and 'foeda in civibus facinora facere.' (Sall. Cat. 11.)

l. 11. [3.] Re nuntiata ad suos, 'as soon as the ambassadors had taken the answer back to their people;' (not the same as if 'suis' had been used.)

l. 12. [4.] multitudine, see 1. 18, note 4.

l. 16. [5.] eo die, see 2. 6, note 2.

l. 20. [c. 33. n. 1.] aut denique, &c., 'or that, at least, they would not guard the posts carefully.'

l. 29. [2.] ut a viris, &c., 'as brave men might be expected to fight.'

l. 29. [3.] in extrema spe salutis, see 1. 33, note 3, 'when their case was nearly desperate.' Thus the words 'cum in una virtute' are not a mere repetition.

P. 49. l. 2. [4.] sectionem ... universam. Cp. Tacit. Ann. 13. 23, 'Pactus quidam, exercendis apud aerarium sectionibus famosus.' The legal meaning of 'sector' is one who buys property sold by sentence of a court; 'sectio' is the sale so made, and also the property thus sold. The name seems to have arisen from the practice of bidding so much per cent. on the nominal value, on condition of assuming all liabilities to which the property was subject. See Halm. Cic. pro Rosc. Amer. Introd. p. 6.

l. 6. [c. 34. n. 1.] Veneti; this name remains in the modern Vannes, that of the Redones in Rennes; the Aulerci Eburovices in Evreux. So in chap. 35 we see the ancient names of the Carnutes, Andes and Turones, in the modern Chartres, Angers, Tours. For the other nations, see the map.

l. 8. [2.] dicionem; the exact meaning of the word, whether derived from 'do' or 'dico,' is 'empire,' that of 'potestas' is 'authority.'

l. 10. [c. 35. n. 1.] pacata: see 2. 1, note 4; and 1. 12, note 5.

l. 11. [2.] opinio: see 2. 24, note 4.

l. 16. [3.] propinquae his locis; it is difficult to see how the west coast of France can be said to be near the Aisne and Sambre. The author of Jules César considers that the meaning is 'near Crassus' field of action.' This is hardly admissible unless, as he supposes, the name of Crassus had been casually omitted.

l. 19. [4.] supplicatio; the fifteen days' rejoicing marks the constant fear of the Gauls which had haunted the Romans ever since the 'dies Alliensis.' Kraner remarks that the longest supplicatio till this had been one of twelve days, for Pompeius' success against Mithridates.

BOOK III.

COMBAT OF MARTIGNY. SEAFIGHT OF QUIBERON.
INROAD INTO AQUITAINE.

P. 50. l. 2. [c. 1. n. 1.] in Nantuatis. The two legions levied by Caesar in Italy for the Belgian campaign, and which were sent by the Great St. Bernard under the charge of Q. Pedius (2. 2), had according to Strabo been treacherously attacked by the Salassi in ascending from the Val d'Aosta. This expedition was intended to check the mountain tribes. The Nantuates were in the present French Savoy, the Veragri in the Lower Valais, and the Seduni in Upper Valais, from Sion to the Rhone Glacier. Sitten or Sion is named from them.

l. 5. [2.] magno cum periculo, 'but only with great danger.'

l. 9. [3.] secundis ... proeliis factis; observe (as in 2. 30. note 2) the succession in time in these ablatives absolute. First the battles and sieges; then the sending of hostages; then the peace; and lastly the resolution to send soldiers to Sixt on the one hand, and Martigny (Octodurus) on the other.

P. 51. l. 4. [c. 2. n. 1.] montes; the lower heights immediately bordering the valley. Caesar uses this word for the cliffs of Kent; for the low hills near Autun; and in this chapter for eminences from which a javelin can be thrown. He also applies the term to the ranges of the Jura or Cevennes.

l. 5. [2.] id ... ut ... Galli ... consilium caperent; the objective sentence in apposition with the pronoun. See 1. 4, note 4.

l. 9. [3.] singillatim, 'in small parties.'

l. 11. [4.] ex montibus ... decurrerent; as they themselves had high ground to charge and throw their missiles from.

l. 14. [5.] obsidum nomine, 'as hostages,' so 'obsidum loco.' What is the literal meaning of 'nomen'?

l. 25. [c. 3. n. 1.] subsidio, i.e. 'subsidii loco,' lit. 'by way of assistance.

l. 29. [2.] ad salutem contenderent, 'they should march to a place of safety.' So 'contendere ad Vesontionem' (1. 38) means 'to reach Besançon;' 'oculo contendere,' 'to reach with the eyesight;' 'ut magis virtute quam dolo contenderent,' 'rather to do their work by valour than by stratagem' (1. 13).

l. 30. [3.] hoc reservato ... consilio, &c., '*to reserve* this plan, and in the meantime to wait for results and defend their camp.'

l. 32. [c. 4. n. 1.] vix ut; hyperbaton for 'ut vix.' Cp. 1. 9, 'vix qua singuli carri ducerentur.'

P. 52. l. 2. [2.] **integris viribus,** 'so long as their strength remained unbroken.'

l. 3. [3.] **ex loco superiore,** 'since the ground on which they stood was higher.' Prepositional ablative absolute: cp. 1. 33, 'in tanto imperio;' 2. 22, 'in tanta rerum iniquitate.'

l. 5. [4.] **sed hoc superari,** 'but in this point they found themselves *constantly* overmatched;' whence the infinitive.

l. 6. [5.] **alii,** asyndeton, '*while* others succeeded them.'

l. 7. [6.] **quarum rerum:** see 1. 4, note 1.

l. 8. [7.] **non modo;** elliptic for 'non modo non.' The full expression in 2. 17.

l. 10. [c. 5. n. 1.] **cum... pugnaretur,** 'as the battle *had been* going on.' So Ovid says, 'ut sumus in Ponto,' 'since the time when I have been on the Black Sea' (praeteritum ad praesens).

l. 12. [2.] **languidioribus nostris,** the dativus incommodi: translate 'as our men's strength failed them.'

l. 19. [3.] **extremum auxilium,** 'a desperate remedy.' Thus we have 'auxilia adversae valitudinis,' 'remedies against ill-health.'

l. 20. [4.] **certiores facit,** i.e. 'monet.'

l. 21. [5.] **paulisper,** 'for a short time;' 'parumper' is more often used when future time is meant, as here.

l. 26. [c. 6. n. 1.] **sui colligendi;** the gerundive is singular, though 'sui' is plural as referring to 'hostibus.' Cp. Cic. Phil. 5. 3, 'facultas agrorum suis latronibus condonandi.'

l. 27. [2.] **potiundorum castrorum;** cp. 2. 7, note 2.

l. 32. [3.] **fusis armisque exutis,** both participles agree with 'hostium copiis,' and 'armis' is the ablative of *material;* 'the forces of the enemy being routed and stripped of their arms.' 'Hostem armis exuere' is, as Kraner remarks, so frequent an expression that the awkwardness of the ablative on ablative is not felt. So Cicero places the dative and ablative, de Sen. 22, 'quemadmodum patribus male rem gerentibus bonis interdici solet.'

P. 53. l. 1. [4.] **alio se... consilio venisse,** &c., literally, 'that he had come into winter quarters with one intention, but had found the actual circumstances quite different from this (incompatible with this).'

l. 6. [5.] **Allobroges;** the nation lying along a line from Vienne to Geneva, between the Rhone and Isère: cp. 1. 10, where they are mentioned as being in the Roman province. As soon as Galba had crossed the Tête Noire, he would have a comparatively level march by Chamonix to Sallenches, and so to Vienne.

l. 8. [c. 7. n. 1.] **omnibus de causis,** &c., 'Caesar thought for all reasons that Gaul was subdued ('pacatam' is euphemistic); *since* the Belgae had been defeated,' &c.

l. 9. [2.] **expulsis Germanis,** those of Ariovistus. Kraner argues that these cannot be meant, as only the last year's events are here alluded to. But Caesar's meaning seems to be that he could go safely into Illyricum, as Gaul was not likely to rise of itself, and the two disturbing causes of the Belgae and Ariovistus were now at rest, besides which the communication with his province was secure, as the Seduni had been reduced.

l. 11. [3.] **regiones cognoscere,** 'to ascertain the character of the country.'

l. 13. [4.] **P. Crassus adulescens;** P. Crassus the younger, son of the triumvir, and the friend of Cicero (Ep. ad Qu. Frat. 2. 9).

l. 14. [5.] **proximus mare,** the construction imitated from 'prope mare;' so with the comparative in 'plus dena milia passuum abesse,' and the like phrases.

l. 14. [6.] **Andes,** 'Anjou.'

l. 18. [7.] **Curiosolitae,** round Dinan and S. Malo. Several MSS. read 'Venelli' for 'Esuvii,' which the author of Jules César follows. The sense thus given is better; for the Esuvii were in eastern Normandy about Falaise, whereas the Venelli, occupying the Cotentin from Avranches to Cape la Hogue, are more naturally involved in this Breton war. The three nations here named extend quite across the peninsula of Bretagne.

l. 19. [8.] **Veneti,** near Vannes, in Bretagne.

l. 20. [c. 8. n. 1.] **longe amplissima ... omnis orae,** 'very great indeed over all that line of coast.' 'Longe' with the superlative is generally in Caesar the superlative absolute.

l. 23. [2.] **in magno impetu maris atque aperto,** 'being on an open sea of great impetuosity.' By a similar hypallage we have 'mitis sapientia Laeli,' 'the gentle and wise Laelius.'

l. 26. [3.] **ab his initium fit retinendi,** &c., 'these took the initiative by detaining Silius and Velanius.'

l. 28. [4.] **ut sunt Gallorum subita ... consilia,** 'as, in point of fact, the resolutions of the Gauls are generally sudden and unforeseen;' 'ut' here introduces an illustrative assertion of a general fact.

l. 32. [5.] **eundem ... fortunae exitum ... laturos,** 'they resolved that they would share in common any result which might occur.'

l. 33. [6.] **quam a maioribus acceperant;** why not 'accepissent'?

P. 54. l. 4. [7.] **obsides sibi remittat,** oblique imperative, when the oblique takes the dramatic form so as to retain the tenses used by the speaker. Otherwise the imperfect would be used, as in 1. 36, 'cum vellet congrederetur,' 'let him attack when he chose.'

l. 4. [c. 9. n. 1.] **quibus de rebus:** cp. 1. 4, note 1.

l. 10. [2.] **cognito .. certiores facti;** if this is the true reading, the meaning is, 'were informed of Caesar's arrival as soon as it was known.' Kraner and Nipperdey omit 'certiores facti.'

l. 11. [3.] **quantum in se facinus admisissent**; this is the full phrase for which the usual abridgement is 'admittere facinus,' 'to commit a crime.'

l. 12. [4.] **legatos ... retentos**, in apposition to 'facinus;' namely, 'that they had detained some ambassadors.'

l. 12. [5.] **quod nomen**, 'whose very name and character.'

l. 17. [6.] **natura loci**, 'in the character of their territories.'

l. 19. [7.] **neque nostros ... apud se morari posse confidebant**, 'and they trusted that our men would not be able to stay among them.'

l. 21. [8.] **ut omnia acciderent**, &c., 'even granting that everything happened contrary to their expectation.'

l. 22. [9.] **se plurimum navibus posse**; cp. 1. 36, note 8.

l. 25. [10.] **atque in Oceano**, &c., 'that the navigation was very different in the ocean from what it would be in a close sea' (like the Mediterranean). Observe the inversion of the ideas in Latin.

l. 30. [11.] **Ambiliati**, &c. These are mainly the coast nations as far as the Scheldt. The name of the 'Lexovii' remains in 'Lisieux;' that of the 'Diablintres' in 'Jablins;' that of the 'Namnetes' in 'Nantes.'

P. 55. l. 1. [c. 10. n. 1.] **iniuriae retentorum equitum**, 'the wrong done in detaining the knights.' The genitive of definition.

l. 3. [2.] **imprimis ne hac parte neglecta**, 'and above all the apprehension that if he did not attend to this partial rising the other states would think that they might do the same.' According to Strabo, 4. 162, the Breton nations already suspected Caesar's design of passing into Britain, and wished to hinder it that they might retain the monopoly of its commerce. But they were probably allied with the great Belgian confederacy; a new rising of which they now hoped to head. Hence the mission of Labienus just below into the country of the Remi and the other Belgic tribes.

l. 15. [c. 11. n. 1.] **numero equitatus**; cp. 1. 18, note 4.

l. 15. [2.] **Aquitania**, the country from the Garonne to the Pyrenees; occupied, as the south slope of the Pyrenees is also, by the Basque population. For their character and language, see Prichard, Hist. of Mankind, vol. 3, p. 20. This learned writer points out that Basque (or Iberian) districts may be known by the occurrence of the syllables 'ast,' a rock, 'uria,' a town, 'itur,' a fountain, and some others. Thus Calagurris, Asturia, Turiga, would be Basque names. For the character of the people, see Michelet, Hist. de France, vol. 2, p. 252.

l. 15. [3.] **in Aquitaniam**; that is, to sweep the country from the

Loire to the Garonne, and then, if necessary, to cross the latter river into Aquitania. The Aquitanians were (except the Bituriges) of such a different stock from the Belgae and Armoricans, that they were not likely to join their confederacy. But Caesar probably did not know this: and thus the present may have seemed to him a favourable opportunity for pushing his arms into the only part of Gaul to which the Roman standards had not yet penetrated. Crassus' cavalry, too, would have been useless in a Breton war; and were therefore available for other purposes. It should be remarked that the Aquitanian tribes did not join even in the great revolt of Book vii; and their connections were far more with Spain than with Gaul, see below, chap. 20: while the Armoricans on their side, as Merivale remarks (vol. 1, p. 343), took little interest in southern affairs.

l. 24. [c. 12. n. 1.] situs oppidorum; of these localities the Mont St. Michael in Normandy, and St. Michael's Mount in Cornwall, would be good examples.

l. 27. [2.] horarum XXIV spatio; this is an emendation for xii, it being held that Caesar could not possibly make such a mistake as to imagine two tides in twelve hours. Probably this is true: yet we may remember Dr. Arnold's remark on Bede's belief that there were tides seven times a day in the Solent. (Lectures on Modern Hist. p. 132.)

l. 28. [3.] naves ... afflictarentur, &c., 'as the tide went down, any vessels would get bumped on the shore.' 'Minuo' is here used intransitively.

l. 28. [4.] utraque re, 'under either alternative,' 1. 4, note 1.

l. 29. [5.] ac si quando ... superati, &c. Remark the way in which the participles must here go into verbs in English; 'if they were ever baffled by the extent of our works, and began to despair because moles had been carried right up to their walls, then they would bring up a number of vessels and so transport themselves to some neighbouring town.' Caesar can be well translated only in this way.

P. 50. l. 4. [6.] vasto, mari, &c.; these are ablatives absolute; 'where the sea was so open and inhospitable,' &c.

l. 8. [c. 13. n. 1.] vada ... excipere, &c., 'that they might be the better able to take the shallows at low water.' By 'carinae' is meant 'the hulls,' not 'the keels.'

l. 12. [2.] transtra; the decks (not benches) were of beams a foot thick fastened with bolts as thick as one's thumb.

l. 16. [3.] tantas tempestates Oceani, 'so tempestuous an ocean;' so with the following words, and cp. 3. 8, note 2, for the hypallage.

l. 18. [4.] non satis commode posse, &c., 'they thought that it would be impossible to keep ships of such burthen under canvas.' Litotes (see 1. 18, note 8). Caesar has a natural disinclination to use the word 'impossible,' like Napoleon, who said, 'Impossible! ne me dites jamais cette bête de mot.'

l. 20. [5.] **pro loci natura**, 'considering the character of the scene of action.'

l. 25. [6.] **ventus coepisset et se vento dedissent.** Cp. 1. 8, note 3, ('ei' for 'vento' would have been inelegant; especially as 'vento se dare' is a well-known phrase).

l. 28. [7.] **quarum rerum...casus**, 'whereas our ships had to fear all these contingent perils.'

l. 31. [c. 14. n. 1.] **statuit exspectandam classem**, ' he made up his mind that he *must* wait for his fleet.'

l. 32. [2.] **quae ubi convenit**; they appear to have sallied from the river Auray as soon as the approach of the Romans from the Loire was signalled to them. The battle took place in the bay of Quiberon, and was viewed by Caesar from the heights of S. Gildas. Considering the superiority of the Breton fleet in number and equipment, this victory of the Romans is a real master-stroke. The defeat of the expedition sent from England under Puisaye in 1795 has attached, as regards ourselves, very different memories to the same spot.

l. 32. [3.] **primum**; understand 'ubi,' 'as soon as it was seen by the enemy.'

P. 57. l. 3. [4.] **quibus...naves erant attributae**, 'who had taken charge of the several vessels.'

l. 5. [5.] **quam rationem pugnae insisterent**, 'what plan of fighting they were to adopt.'

l. 6. [6.] **turribus...excitatis**, 'even if they raised their deck towers.' One of these towers is figured at p. 784 of Smith's Classical Dictionary.

l. 7. [7.] **ex barbaris navibus**; 'the height of the bulwarks on the side of the foreign vessels.'

l. 7. [8.] **ex inferiore loco**; since, on the one hand, the place from which they were cast was so much lower; (for this prepositional abl. absolute, see 1. 33, note 3), and, on the other, those sent by the Gauls fell more heavily. Considering the weight of a Roman javelin, it is evident that it must have made the greatest possible difference whether gravity acted for or against it.

l. 9. [9.] **una erat magno usui res**; Caesar really means to say that without these hooks the battle would not have been won (cp. 7. 41): but the Roman military instinct avoids even the remotest suggestion of possible defeat or failure.

l. 11. [10.] **non absimili forma muralium falcium**; understand 'formae.' The 'murales falces' were used for pulling down an enemy's turf wall.

l. 13. [11.] **navigio remis incitato**, 'the ship was got sharply under way.'

l. 17. [12.] **positum erat in virtute**, 'depended on valour.'

NOTES. BOOK III, CHAP. 15–17.

l. 19. [13.] **nullum paullo fortius factum,** 'no action at all distinguished ;' understand 'solito.'

l. 24. [c. 15. n. 1.] **contendebant...contenderunt.** See 1. 53, note 3. Here the meaning is, 'managed to board,' 'endeavoured to save themselves by flight.'

l. 28. [2.] **malacia,** μαλακία.

l. 31. [3.] **ut perpaucae... ad terram pervenerint.** Other editions read 'pervenirent.' The perfect lays more stress on the fact as occurring at a given point of time, the imperfect on its being a consequence of the preceding proposition. So we have (Cic. de Fin. 2. 20), 'Thorius erat ita non timidus ad mortem, ut in acie sit ob rempublicam interfectus.' 'Thorius feared death so little that he was killed in battle for the state.'

l. 33. [4.] **cum... pugnaretur,** 'since the battle had been going on;' (praeteritum ad praesens; see 3. 5, note 1).

l. 33. [5.] **ab hora... quarta;** as these events happened about the end of the summer, the first hour would have been about 6 a.m. In winter the military reckoning of hours would have begun about two hours later, and in summer about two hours earlier. See M. Leverrier's Table; Jules César, vol. 2, app.

P. 58. l. 4. [c. 16. n. 1.] **navium quod ubique fuerat,** 'all the ships that they had anywhere had;' partitive genitive.

l. 9. [2.] **quo diligentius,** &c., 'that they might observe more accurately the law of embassies.' So 'diligentia' is used in 1. 40, note, and constantly.

l. 9. [3.] **a barbaris,** 'by these barbarians;' that is, 'in spite of their barbarism.'

l. 10. [4.] **reliquos sub corona vendidit;** this can hardly mean that Caesar sold the whole nation by auction. The mention of the senate makes it probable that the inhabitants of the capital, Dariorigum, are meant. Even so the rigour is terrible; and the more so, as regards the senate, from the grim alternative which the next chapter suggests, as the only one open to these unfortunate rulers.

l. 13. [c. 17. n. 1.] **Venellorum;** this is the true reading of which Unelli is a corruption. See Glück, Keltische Namen (in voce). Observe that 'Aulerci Eburovices' is one name, 'the Aulerci of Evreux:' so the Lexovii gave their name to Lisieux.

l. 16. [2.] **exercitum magnasque copias,** 'an army and considerable war material.' 'Copias' cannot mean large supplies; for these were deficient (c. 18). But it is difficult to understand it, as Kraner does, of irregular forces.

l. 16. [3.] **his paucis diebus,** 'within the present (same) few days.' So Livy has, 'in hac magnificentia urbis,' 'amid the present magnificence of the city.'

l. 22. [4.] idoneo omnibus rebus; I. 4, note 1.

l. 24. [5.] duum milium; passuum is omitted with the genitive plural. 'Duum,' an antique form; like the genitives 'drachmum,' 'nummum,' 'talentum,' 'amphorum,' which follow numerals. It is seldom used unless 'milium' follows.

l. 26. [6.] militum vocibus, 'in our soldiers' talk.'

l. 27. [7.] opinionem timoris praebuit, 'he spread such an impression of his cowardice.'

l. 31. [8.] legato (sibi) non dimicandum, &c., 'Sabinus thought that he, as a lieutenant-general, ought not to fight in the absence of his commander-in-chief.'

P. 59. l. 3. [c. 18. n. 1.] quid fieri velit, edocet. Cp. in 1. 21, the note on 'quid sui consilii sit, ostendit.'

l. 3. [2.] pro perfuga, 'as a deserter.'

l. 5. [3.] neque longius abesse quin, 'and that no later than the next night Sabinus would lead his forces out.' As 'quin' is an abridgement for 'qui non' (ut non), the literal rendering would be, 'nor was it farther distant so that Sabinus should not lead his troops out on the next night.'

l. 10. [4.] superiorum dierum, is gen. of definition. 'Sabini' is subjective genitive. Other successive genitives are (1. 30) 'Helvetiorum iniuriae populi Romani,' and (1. 19), 'sine ejus offensione animi.' See the notes at these chapters.

l. 12. [5.] spes Venetici belli; subjective genitive, 'the hopes which they built on the Venetic war.'

l. 13. [6.] et quod libenter credunt, 'and the fact that men are generally willing to believe.'

l. 16. [7.] ut explorata victoria, 'as if they had made sure of victory.' Cp. 2. 4, note 5. On 'sarmenta,' see an interesting note in Mr. Long's edition.

l. 22. [c. 19. n. 1.] cupientibus signum dat, 'and, finding them anxious for the battle, gave the signal at once.'

l. 25. [2.] factum est, 'the general result was.' See 1. 10, note 2.

l. 26. [3.] superiorum pugnarum exercitatione, 'from their training *in* former battles' (subjective genitive).

l. 27. [4.] ac statim terga verterent, '*but* turned their backs immediately.' So Cic. Rosc. Amer. 10, 'animo non deficiam, et id quod suscepi perferam,' 'I will not fail, but will perform what I have undertaken.'

l. 29. [5.] magnum numerum eorum; the demonstrative 'eorum' was usually omitted after 'quos.' Caesar retains it, as in 1. 12, 'eos aggressus magnum numerum eorum occidit' (Kraner).

l. 30. [6.] paucos qui evaserant, &c., 'left *only* a few of them, who had got clear away from the rout before the cavalry overtook them.'

l. 33. [7.] ut alacer est animus, &c., 'as on the one hand the spirit of the Gauls is prompt,' &c. . . . 'so on the other hand, their intellect is too slack and nerveless to bear up well against calamity.'

P. 60. l. 5. [c. 20. n. 1.] quae pars .. ex tertia parte, 'which section of Gaul is to be considered as a third of the whole country.' 'Ex tertia parte' means 'on the footing of a third part,' like 'haeres ex asse,' 'a sole legatee,' 'ex facili,' 'easily.' As to the exaggerated size of Aquitania, we may remark that Caesar appears to have thought that the Garonne has a general course running more to the northward than it really has. He places Aquitania, in 1. 1, to the north-west of the Roman provinces; whereas its general position would be better described by saying that it lies west and south-west of the Provincia. It is true that this description is founded on the direction of the Upper Garonne (see the note on 1. 1), but this would not sufficiently account for the over estimate.

l. 8. [2.] paucis ante annis; hyperbaton; see 1. 6, note 3, and other references in the index.

l. 8. [3.] Praeconinus, Mallius; these had been generals sent against Sertorius, B.C. 78, and defeated by his lieutenants in Aquitania.

l. 13. [4.] Tolosa, Narbone et Carcassone is the reading of early editions. The third name is omitted on the ground, first, that copulatives are not used to couple the second and third member only as in English [1]; and secondly, that Carcassonne became important only in the middle ages. The first reason would not of itself justify the omission of 'Carcassone,' as Caesar often violates the rule stated, even when the three substantives are strictly co-ordinate.

l. 16. [5.] Sontiates; the name (still remaining in the town of Sòs) appears to mean 'heroes.' (See Glück, Keltische Namen, p. 155); and is Celtic, not Aquitanian. So the Bituriges of Aquitania were Celts.

l. 20. [6.] ostenderunt, 'they suddenly unmasked their infantry.'

l. 23. [c. 21. n. 1.] positam, 'dependent.'

l. 25. [2.] adulescentulo duce, 'when they had *only* a youthful leader.' The limiting adverb is often omitted in Latin, as in 1. 2. See the last note on that chapter.

l. 27. [3.] ex itinere, 'by simple escalade.'

l. 30. [4.] longe peritissimi; superlative absolute, 'very skilful indeed.' See note 1, on 3. 8.

l. 31. [5.] aerariae secturae—'copper mines.' Some MSS. read 'structurae.' But though the expression 'subterraneae structurae' occurs in Pliny (36. 22), 'secturae' is simpler. The 'cuniculi' were for the purpose of destroying the embankments from beneath.

l. 32. [6.] diligentia. See 1. 40, note 6.

---

[1] See Nipperdey's Caesar, pp. 68, 69.

P. 61. l. 2. [7.] **faciunt.** Understand 'id quod imperatum erat.' So we have in 2. 12, 'petentibus Remis ut conservarentur, impetrant' (id quod rogant).

l. 3. [c. 22. n. 1.] **Adiatunnus,** 'the desired one;' as Glück explains (from 'adiant,' 'desire').

l. 4. [2.] **soldurii.** In the Basque language (says Thierry 4. 1) 'saldi' means 'a horse:' 'salduna' (plur. 'saldunae'), 'a cavalier.' A writer quoted in Athen. 6. 249, states that these 'devoted' men were dressed in royal garments like their chief.

l. 7. [3.] **eundem casum,** 'the same extremity.' See 3. 13. note 7.

l. 11. [4.] **cum his Adiatunnus,** 'with these I say,' &c. These words are repeated because of the length of the parenthesis (epanalepsis).

l. 18. [c. 23. n. 1.] **quibus ventum erat,** lit. 'within which he had come,' thence 'from the time at which he had come.'

l. 19. [2.] **quoquoversum,** 'in every direction.' This form, though less accurate than 'quoqueversum,' seems to have been preferred by the Romans: see Cic. Phil. 9. 7; and Madvig (p. 80, note), for a similar change of 'quidque' into 'quidquid.'

l. 21. [3.] **citerioris Hispaniae;** the natural affinity of the Aquitanians was then, as now, with the northern or Basque provinces of Spain. See the last note on 3. 11.

l. 27. [4.] **loca capere,** 'to occupy positions.' So we have 'capto monte' in 1. 25 for 'occupying this mountain.' For the importance of doing this well, see Liv. 9. 17.

l. 28. [5.] **quod ubi Crassus animadvertit.** Probably the comma after these words should be omitted. 'Quod' may be an accusative of respect, as in 'quod ubi ille intellexit id agi,' Cic. Verr. 1. 26.

l. 29. [6.] **suas copias;** understand 'et' (asyndeton).

l. 31. [7.] **minus commode;** a gentle way (litotes, 1. 18, note 8) of saying that there would be great difficulty.

l. 33. [8.] **quin decertaret;** see 1. 4, note 8.

P. 62. l. 3. [c. 24. n. 1.] **duplici acie,** 'in only two lines;' that his small force might have a wider front.

l. 5. [2.] **exspectabat,** &c., 'he waited *to see* what plan the enemy would adopt.' See 2. 9, note 1.

l. 8. [3.] **obsessis viis,** &c., 'to blockade the roads, cut off our supplies, and thus gain the victory without danger.' See 2. 11, note 5; and 2. 33, note 2.

l. 10. [4.] **impeditos in agmine;** 'to attack them when they were in column of march and could not deploy. Caesar speaks of soldiers as 'impediti,' when from any cause they become incapable of fighting—thus men are 'impediti' by the difficulty of crossing a river (1. 12), by the confusion of a rout (3. 19), by overcrowding in the ranks (2. 25), &c.

l. 10. [5.] **sub sarcinis infirmiore animo,** (und. futuri essent), 'and when they would be dispirited from being heavily laden.'

l. 12. [6.] **productis Romanorum copiis,** 'although the Romans formed their line for battle,' concessive abl. absolute.

l. 13. [7.] **opinione timoris;** see 3. 17, note 7. Here the meaning is 'from the idea which they had given our men of their cowardice.' This, however, is an emendation for 'atque opinione timidiores hostes' which the MSS. read. If the old reading is retained, the meaning must be 'and from their having shown themselves more timid than their reputation.'

l. 16. [8.] **omnibus cupientibus,** 'and *finding* them all ardent.' So we have the dative 'cupientibus signum dat,' as he found them anxious for battle he gave the signal. A similar ellipse of the 'verbum sentiendi' is found in the form 'quum iam non possent,' 'as they found themselves now unable.'

l. 22. [c. 25. n. 1.] **opinionem pugnantium,** 'an impression as if they were combatants.' See 2. 24, note 4.

l. 23. [2.] **ex loco superiore missa;** causative, The participle might be omitted without altering the sense. See 1. 33, note 3.

l. 25. [3.] **non eadem diligentia munita,** 'had not been formed with the same accuracy;' see 1. 38, note 4. **diligentia;** see 1. 40, note 6.

l. 25. [4.] **ab decumana porta;** *on the side* of the decuman gate. So we have the phrases 'a fronte,' 'ab oriente,' 'lex facit a nobis,' 'the law is on our side,' 'ab hoste stare,' 'to side with the enemy.' The gate named is the one to the rear of the camp. On the derivation of the term, see Dict. Antiq. CASTRA, § 6, and Donaldson's Varronianus, p. 270.

l. 28. [c. 26. n. 1.] **quid fieri velit, ostendit**: see 1. 21, note 6.

l. 30. [2.] **intritae,** a participle negatived, like 'illaesus.'

l. 33. [3.] **prius quam videri posset.** It is well to remark a frequent difference between the indicative and conjunctive with 'antequam' or 'priusquam.' In 1. 53, Caesar says, 'neque prius fugere destiterunt, quam ad flumen Rhenum pervenerunt.' Here the indicative throws a narrative stress on 'pervenerunt,' making it mean 'until they reached the Rhine, as in fact they did reach it.' But 'priusquam videri posset' means before they could see, without implying that they ever saw. So Sall. Jug. 54 (fin.) 'priusquam ex castris subveniretur, in proximos colles discedunt,' where the help was, in point of fact, *not* brought. See also Kritz, Sall. Catil. 4. ad fin.

P. 63. l. 1. [4.] **plane videri.** Caesar appears to use 'plane' in the simple sense, 'plainly.'

l. 9. [5.] **multa nocte:** see 1. 22, note 3.

l. 12. [c. 27.] **Tarbelli;** the names of some of these tribes will readily be recognized in the modern names of Tarbes, the Val de Bigorre, the Garonne. The last nation was near the source of the Garonne, the 'Ausci' and 'Gates' near the middle of its course, the 'Sibuzates' and 'Tarusates' on the Adour.

l. 17. [c. 28. n. 1.] **omni Gallia pacata,** 'amid the general reduction of Gaul.' See 3. 7, note 1.

l. 18. [2.] **ad eum**: see 1. 5, note 4.

l. 27. [3.] **ex omnibus partibus silvae evolaverunt;** a second Nervian surprise apparently; with the addition of an after loss in the pursuit; and a further failure in all attempts to bring the Morini to bay. This nation was on the sea-shore, as their name shows. 'Mor' means 'sea' in Celtic; and Aremorica the country near the sea (ad mare): so we have the modern Morbihan, 'the little sea.' Their seaport was Gessoriacum (Boulogne).

P. 64. l. 1. [c. 29. n. 1.] **pro vallo,** 'by way of breastwork,' like the enormous works so often constructed by the Confederates in the American civil war. The meaning can hardly be that Caesar cut down all the woods in order to pursue the Morini. Probably he raised at intervals a breastwork of the kind described.

l. 5. [2.] **uti opus necessario intermitteretur,** 'that the work was necessarily interrupted from time to time.' If Caesar had meant this to mean that the work was broken off for good, he would probably have used the perf. subj., as in 3. 15, 'singulas (naves) nostri ita expugnaverunt, ut perpaucae ad terram pervenerint.' So 'contineri non possent' means that 'it was found day by day impossible to keep the soldiers in tents' (pellibus), as canvas was not used by the Romans for this purpose.

l. 9. [3.] **Aulercis Lexoviisque;** near Evreux and Lisieux; along the Seine in Normandy.

l. 10. [4.] **item,** asyndeton.

BOOK IV.

BATTLE OF BOMMEL. RHINE BRIDGE. LANDING AT LYMNE.

P. 65. l. 1. [c. 1. n. 1.] **qui fuit annus,** &c., 'which was the year when Gn. Pompeius and M. Crassus were consuls, A. U. C. 699, B.C. 55. The events of book i. were all in B.C. 58, the Belgian war in 57, the Venetic war in 56. Two members of the triumvirate, Pompeius and Crassus, had made themselves consuls in this year, with a view to wielding the whole powers of the state at home, while their colleague Caesar managed the most important provinces of the republic.

l. 2. [2.] **Usipetes, Tencteri**; two German tribes situated on the north bank of the river Lippe, about fifty miles below Cologne. See the map at p. 65.

l. 6. [3.] **premebantur**; as 'complures annos premor' would mean 'I have for many years been pressed' (praeteritum ad praesens, a past time lasting till the present: see 3. 5, note 1); so in this place 'premebantur' means 'they had been hard pressed.'

l. 7. [4.] **Suebi**, this appears from Mommsen, Hist. of Rome, to be the correct orthography. The name seems etymologically connected with 'schweifen,' and to mean 'the rangers, nomads:' not unnaturally, considering their manner of life, as stated in this chapter, and in Tacitus (Germ. 38), who is followed by modern authors. Mommsen, Hist. of Rome, vol. 4. 1, p. 232, states that it denotes a number of nations, and supposes the Chatti to be the one intended here.

l. 8. [5.] **centum pagos**; the proper meaning of 'pagus' in Italy appears to have been 'a military district round a fortified place.' In other countries it meant one of the larger subdivisions; as in the country of the Helvetii, where there were four (1. 12). Military orders were, therefore, addressed by the commander-in-chief to the various 'pagi' (7. 64). But the civil divisions naturally followed the military divisions: so the 'princeps,' or Landamman (7. 23), elected by the 'concilium,' or general assembly of the people (Tacit. Germ. 12), administered justice for his own 'pagus.'

l. 10. [6.] **qui domi manserunt**, 'who have in each year remained at home.'

l. 13. [7.] **privati agri nihil**; the only produce which they extract from the earth is corn (Tacit. Germ. 26), and even of this they use very little.

l. 14. [8.] **longius anno**; this prohibition probably had two objects; first, that the ground might not get too exhausted to bear crops with next to no culture; secondly, that the people might contract no ties with the soil. See Hor. Od. 3. 24, 13, for a poetical view of the arrangement, and infra 6. 22.

l. 15. [9.] **maximam partem**, acc. of reference. So Livy 5. 14, 'omnes patricios, maximam partem honoratissimum quemque, creavere.'

l. 17. [10.] **quae res**: see 1. 4, note 1.

l. 17. [11.] **cibi genere**, 'from the character of their food.'

l. 18. **nullo officio**, the ablative (Madw. § 267): literally 'trained by no duty.'

P. 66. l. 2. [12.] **homines efficit**, &c.; the word 'homines' is used adjectively, 'makes them men of immense stature.' See 1. 2, note 6, and 1. 12, note 1.

l. 3. [13.] locis frigidissimis, 'in spite of the extreme cold of their climate:' concessive abl. absolute. See 2. 12, note 2.

l. 3. [14.] neque haberent .. et lavarentur, &c., 'on the one hand they wear only skins, and on the other they bathe in the icy streams.' The 'haberent' and 'lavarentur' are, irregularly, in the imperf. subj., much as Cic. Mil. 13 has 'adepti estis ne quem metueretis.' In both cases the construction seems to follow the implied idea 'connisi estis (sunt),' rather than the actual words in which the successful endeavour is expressed. 'They have habituated themselves to what they wanted, namely, the practice of bathing in the coldest water.' The reading of MSS. 'lavantur,' seems untenable; as 'lavere' is used only by the poets and the very earliest prose writers.

l. 6. [c. 2. n. 1.] magis eo ... quam quo, &c., 'rather with the view of finding purchasers for their spoil, than because they want any imports.' This is a modification of the more usual phrase, of which Ter. Eun. 1. 2, 16 is a good example, 'non quo quemquam plus amem, eo feci, sed—.' 'I have done this, not because I love any one better, but because—.'

l. 8. [2.] desiderent, simply 'desire,' as in Plin. Hist. Nat. 17. 26, 'desiderant rigari arbores.'

l. 9. [3.] impenso pretio, probably *literally* 'at a large price;' not 'having expended a large sum.' Thus we have 'impensius damnum,' and even 'cuius cibo iste factus est impensior,' 'by whose food that fellow has got fatter,' Plaut. Capt. 4. 2, 26.

l. 12. [4.] summi laboris; see 1. 39, note 2.

l. 13. [5.] eodem vestigio, 'on the same spot.'

l. 17. [6.] quamvis pauci (sint), 'however few they may be.' This is the original meaning of 'quamvis;' and the subjunctive almost invariably used after it is thus accounted for.

l. 20. [c. 3. n. 1.] publice, 'in a public way,' that is, 'to them considered as states.' So the same idea is expressed in 6. 23.

l. 23. [2.] una ex parte a Suebis. Lit. 'on one side in the direction of the Suebi,' that is, 'on one side of the Suevian domain.'

l. 24. [3.] ad alteram partem, as the Ubii were in the neighbourhood of Cologne, the waste country on the other side of the Chatti (4. 1, note 4) must have been the present Würtemburg, Bavaria, and Baden. Its extent is here much exaggerated.

l. 25. [4.] ut est .. captus Germanorum, so Ter. Adelph. 3. 4, 34, 'ut est captus servorum' (id quod capiunt servi).

l. 32. [5.] vectigales, an adjective; 'vectigal,' a substantive.

l. 32. [6.] multo humiliores redegerunt, 'reduced them to a much lower condition.' A similarly proleptic use of adjectives is found in 2. 27, 'quae facilia ex difficillimis magnitudo animi redegerat.'

l. 33. [c. 4. n. 1.] in eadem caussa, that is, 'in eadem re.' So we have 'esse alia in caussa,' to be differently circumstanced, 'meliore in caussa,' and the like. The word 'cosa' has retained the same meaning in Italian.

P. 67. l. 4. [2.] quas regiones; for 'ad Rhenum' means 'to the districts near the Rhine.' The country where they had settled was that opposite to Cleves and Nymwegen.

l. 9. [3.] vi contendere; understand 'viam ad alteram ripam.' See 1. 53, for 'contendere ad salutem,' 1. 13, note 4, for other uses of the word.

l. 17. [4.] priusquam certior fieret; see 3. 26, note 3, on the moods with 'antequam' and 'priusquam.'

l. 20. [5.] eorum copiis, 'with their resources.' See 3. 17, note 2.

l. 24. [c. 5. n. 1.] est Gallicae consuetudinis; like Cic. Verr. 1. 20, 'Negavit moris esse Graecorum,' 'he said that it was not part of the Greek custom.'

l. 28. [2.] his rebus atque auditionibus, 'on facts and reports like these.'

l. 30. [3.] in vestigio; see 4. 2, note 5: 'on the spot;' 'immediately after.'

l. 32. [c. 6. n. 1.] ne graviori bello occurreret, 'that he might not find the war unmanageable.' See 3. 6, note 4.

l. 33. [2.] paullo maturius; he entered upon the Helvetian campaign in March (1. 6, note 4): on the Belgian war in June (2. 2, note 3). But it is hard to ascertain his general custom, as he gives detailed dates only for affairs of great importance.

l. 33. [3.] ad exercitum. Caesar probably joined his army at their winter quarters in Normandy, near Lisieux (3. 29).

P. 68. l. 5. [4.] Eburonum et Condrusorum, that is, the Germans, after crossing the Lower Rhine, had spread themselves along the Meuse valley by way of Maesticht.

l. 7. [5.] principibus evocatis. Caesar called a meeting of the chieftains, probably at Amiens.

l. 11. [c. 7. n. 1.] iter facere coepit; probably by Cambray, Charleroi, Maestricht. Most authors (see Merivale, Rom. Hist. vol. 1, p. 457, with the arguments there urged) are in favour of a different locality for this campaign. The reasons in favour of the view here adopted are given with admirable force and cogency in Jules César, vol. 2, p. 136. They are mainly that the Meuse valley was the recognised entrance into Gaul from Upper Germany, and that from Coblenz there were no roads practicable for such a migration.

l. 12. [2.] paucorum dierum iter; the Usipetes and Tenchteri had crossed the Rhine near Cleves. As Caesar approached they had fallen back towards the isle of Bommel, between the Meuse and Waal, near their junction.

NOTES. BOOK IV, CHAP. 8–10.

l. 15. [3.] recusare quin: generally 'recuso' takes the lighter and more courteous 'quominus' instead of the simple 'quin' (ut non). But the idea of refusing to fight does not demand this courteous softening. See 1. 4, note 7.

l. 16. [4.] quicumque: understand 'iis' after 'resistere,' as in Cic. Tusc. v. 7, 'Xerxes praemium proposuit, qui novam voluptatem invenisset.' This omission is most frequent when the relative and its antecedent would fall into the same case; as in Cic. Phil. 1. 4, 'Piso parum erat, a quibus debuerat, adjutus.'

l. 17. [5.] haec tamen dicere: understand 'dixerunt se,' and note the peremptory tone which Caesar throws into their speech by the omission of conjunctions. See also 1. 14, note 7, for the tenses used, and mark the emphasis on 'neminem' from its position in the sentence, as in 1. 7, 'propterea quod aliud iter haberent nullum,' and in 1. 18, 'propterea quod illo licente contra liceri audeat nemo.'

l. 23. [c. 8. n. 1.] quae visum est; see 1. 21, 6. Caesar's arguments would have been much the same as those in 1. 14: and he always carefully avoids repetition.

l. 26. [2.] verum; that is 'par,' as in Hor. Epist. 1. 7. 98, 'metiri se quemque suo modulo ac pede verum est.'

l. 29. [3.] in Ubiorum finibus; on the Rhine opposite to Cologne. If they had accepted this offer, they would have directed their march by what was afterwards the great Roman road from Leyden to Strasburg and Geneva. See Bertrand, Voies Romaines, p. 37. This road must have existed even at this time. See 6. 9, note 1.

l. 29. [4.] quorum sint legati; 'quasi-oblique.' See 1. 37, note 2.

l. 32. [c. 9. n. 1.] post diem tertium, 'on the next day but one:' hyperbaton (see 4. 28, note 1): as in A.D. iii. KAL. OCT., 'ab millibus passuum minus duobus.' In reckoning three days with 'post' or 'ante,' the present day and that on which they were to return are each counted as one. The preposition is often thus displaced when the place or time from which the distance is reckoned is not mentioned in the sentence.

P. 69. l. 3. [2.] ad Ambivaritos. These were Belgians on the west of the Meuse, and under Roman protection since the events of book ii.

l. 6. [c. 10. n. 1.] ex monte Vosego; the Meuse really rises from the plateau of Langres, the cradle of French rivers. Vosegus is the Latinised form of the Gallic word 'fasach,' a mountain waste (like the German 'Wald').

l. 8. [2.] Văcălus. 'It then receives the Waal from the Rhine, and thus forms the Batavorum Insula, a triangle bounded by the old Rhine, the Meuse, and the German Ocean. This account is clear enough when the passage is read as in the text; and the geographical difficulties will much diminish if we state briefly what is known about the Delta of the

Rhine. It is plain, in the first place, from geological evidence (Esquiros, The Dutch at Home, p. 8), that the Rhine must have been at some time or other a vast body of water directing itself towards the sea by way of Leyden and what is now the Zuyder Zee, and at times covering with its waters a large part of Utrecht, Overyssel, and Guelderland. Advancing in this direction it would meet the maximum force of the German Ocean (see 5. 7, note 3); which would gradually (as the climate of Europe became milder and the river lost volume) succeed in gaining upon the Rhine and silting up its outlets in this direction. Thus the stream would be driven farther south in search of an issue. In the time of the Roman emperors a balance still seems to have existed between the volume of water conveyed by the northern and southern mouths, the Waal and the Rhine. For we find Civilis, the insurgent Batavian, destroying a dam raised by Drusus near the embranchment of these two rivers. The object of the dam seems to have been to keep the waters from the Waal channel and direct them to the old Rhine; that of Civilis to move the frontier of his country farther south by drawing them back to the Waal.

l. 11. [3.] **Nantuates**, as this nation (supra 3. 1) inhabited French Savoy, it is not easy to see how they can be east of the Furka. Strabo places a nation called the 'Actuates' in the required position. Perhaps this should be the reading here. Or, as 'Nant' means a stream, the name may simply stand for 'river-folk.'

l. 14. [4.] **feris nationibus**. See Motley, Rise of the Dutch Republic (Introduction), for an admirable account of the ancient Batavians.

l. 18. [c. 11. n. 1.] **Caesar cum abesset**. The name is placed at the beginning as if it were the nominative to the main verb; then the construction alters.

l. 23. [2.] **in Ubios legatos mittendi**: from this passage mainly Merivale concludes that the battle with the Usipetes was near Coblenz. He holds it impossible that they could have proposed to send an embassy from Cleves to the neighbourhood of Cologne, so as to return in three days. Yet the difficulty would be hardly less on the other supposition, as the German cavalry would then have had to get from the lower Meuse to Coblenz in the same time. It is possible either that 'ad eas res conficiendas' may mean 'in order to arrange for the embassy,' or that the ambassadors wildly pressed for these three days without closely considering what they promised to accomplish in them. Or finally, the narrative may be deficient in good faith on Caesar's part. See the following notes.

l. 27. [3.] **eodem pertinere**, 'tended to the same object.' Note the use of this word in 1. 1. 'Eodem' is of course an adverb.

l. 30. [4.] **aquationis causa**; that is, he wished to advance as far as the small stream now called the Niers.

NOTES. BOOK IV, CHAP. 12, 13.

l. 33. [5.] **nuntiarent ne,** for 'mandatum perferrent,' as in 3. 5, 4, 'certiores facit paulisper proelium intermitterent.'

P. 70. l. 2. [c. 12. n. 1.] **ubi primum..conspexerunt,** 'as soon as ever they caught sight of our cavalry.' Note that if the cavalry had gone in advance towards an enemy only twelve miles off, *before* the ambassadors were dismissed with tidings of the truce, it is possible, to say the least, that the German cavalry had not heard of the armistice.

l. 4. [2.] **non amplius octingentos.** The numeral is governed by 'haberent,' as if 'non amplius' were omitted.

l. 9. [3.] **rursus resistentibus,** abl. absolute with subject omitted, as in Livy 1. 37, 'additur dolus, missis qui ligna in flumen coniicerent.'

l. 14. [4.] **Piso Aquitanus.** From the similar case of C. Valerius Procillus (1. 47) we may conclude that this Gallic chief had received a Roman name along with citizenship: perhaps from the L. Piso mentioned in 1. 12.

l. 15. [5.] **regnum,** 'royal power,' as in 1. 3.

l. 16. [6.] **amicus;** see 1. 33, note 7.

l. 22. [c. 13. n. 1.] **hoc facto proelio.** This skirmish seems to have strongly confirmed Caesar's impression of the efficiency of the German cavalry. See iv. 2. His feeling appears to have been originally inspired by Ariovistus' horsemen (1. 48), whose organization he afterwards imitated in the battle of Pharsalia[1]. He must have perceived that if the main body of German cavalry now came up, he would soon find his own Gauls, if any further quarrel arose, absolutely useless in the field, and a revolt of the whole country rising in his rear. Thus he resolved to make *no* enquiry whether the attack was excusable or not; and to consider the truce irrevocably broken.

l. 24. [2.] **per dolum atque insidias,** a prepositional adverb; as 'per summum dedecus' means 'most disgracefully.' So 'ex confesso,' 'confessedly:' 'de integro,' 'afresh:' 'ad postremum,' 'finally.'

l. 26. [3.] **summae dementiae esse iudicabat exspectare:** a good reason for fighting at once; *if* the truce was justly broken. In reciting it, Caesar appears to betray the thoughts which really influenced him.

l. 31. [4.] **ne quem diem pugnae,** &c., 'so as not to let a day be missed for fighting.' 'Pugnae' is genitive, as in the ordinary 'tempus committendi proelii.' Both phrases would mean literally, according to the accurate analysis of the genitive case, 'a time in relation to fighting.'

l. 31. [5.] **opportunissima res,** 'a most fortunate accident;' 'enabling him,' says Merivale, 'to execute a treachery darker and deeper than their own.' See, however, note 1 to this chapter.

---

[1] See also 7. 13.

P. 71. l. 2. [6.] **contra atque esset dictum,** 'contrary to what they had stated;' 'atque' is the same as 'ac' or 'quam;' 'contra quam ipse censuisset,' Cic. Pis. 8. 18.

l. 5. [7.] **quos .. illos retineri iussit.** Kraner thinks that the unusual 'illos' is inserted in opposition to 'ipse,' 'he ordered *them* to be detained, while he himself ..' More probably the second pronoun is introduced to mark the succession of events, as after the abl. absolute in 7. 4, 'Vercingetorix convocatis suis clientibus facile (eos) incendit.'

l. 10. [c. 14. n. 1.] **omnibus rebus,** 'by the whole state of affairs,' 1. 4, note 1.

l. 11. [2.] **discessu suorum,** 'by the withdrawal of their chiefs.'

l. 12. [3.] **perturbantur copiasne ducere praestaret;** a pregnant construction understanding 'dubitatione,' just as in the phrase 'quid istic fiat, non laboro,' 'sollicitudine' is implied.

l. 13. [4.] **ne .. an .. an;** otherwise, in triple disjunctive questions, 'utrum'..'ne'.. 'an,'—'utrum'..'an'..'an,' and 'ne'..'an' with the first conjunction omitted; the last form being the lightest and most elegant.'

l. 20. [5.] **ad quos .. equitatum misit.** This incredible barbarity, together with the cancelling of the truce, caused Cato's celebrated outburst in the Roman senate, on the proposal of a 'supplicatio' for this victory (Plut. Caes. 22). Caesar, he declared, ought to be delivered up to the Tenchteri, as an expiation for his atrocious perfidy to them.

l. 28. [c. 15. n. 1.] **ex tanti belli timore,** 'great though the apprehended scale of the war had been.' The preposition 'ex' is here a substitute for a concessive abl. absolute: just as 'in tanto imperio populi Romani' in 1. 33, note 3, is equivalent to a causative. See also 2. 22, note 2.

l. 30. [2.] **discedendi potestatem fecit.** Caesar's sparing the senate may be held a sufficient proof that he did not really consider them guilty of the charge he makes against them. Compare his different treatment of the Breton senate, whom he *did* think guilty (3. 16), though he admits that they were so only on compulsion.

l. 31. [3.] **supplicia Gallorum veriti.** Was the 'auctoritas apud Gallos,' of chap. 13, consistent with the fact of these ravages, and with the further consequences which Caesar's defeat would have entailed on the Gauls?

P. 72. l. 3. [c. 16. n. 1.] **iustissima causa,** 'the most decisive cause.'

l. 5. [2.] **cum intellegerent;** a hypothetical future cause. 'He wished them to fear for their own affairs, by being made quite aware that the Romans could cross the Rhine.'

l. 7. [3.] **commemoravi.** As a writer, Caesar veils his personality

NOTES. BOOK IV, CHAP. 17. 269

by using the first person. Sometimes the pluperfect is used in referring to a former passage; as in 2. 1, 'quem supra dixeramus.' So in 4. 27.

l. 11. [4.] eos sibi dederent; the 'ut' is omitted, as in the unusual subjunctive construction with 'volo,' 'tu vellem ad me scribas,' Cic. ad Fam. 3. 8, ad finem.

l. 19. [5.] occupationibus reipublicae prohiberetur, 'if he were hindered as being engrossed by state business.' 'Occupatio' has literally an active sense, meaning not the business itself, as in English, but its engrossing power.

l. 22. [6.] opinionem. See 2. 24, note 4.

l. 29. [c. 17. n. 1.] neque suae dignitatis, literally, 'nor in relation to his dignity,' that is, conformable to it.

l. 30. [2.] summa difficultas faciendi pontis proponebatur, 'although the task which was before him of making a bridge was a very difficult one.' For the hypallage compare 3. 8, note 2, where in much the same way an adjective idea is expressed substantively; 'magnus impetus maris atque apertus,' meaning 'an open and very impetuous sea.'

l. 32. [3.] contendendum; see 1. 31, note 2.

l. 33. [4.] rationem pontis hanc instituit, 'the plan of the bridge which he adopted was as follows.'

P. 73. l. 1. [5.] tigna bina, 'he coupled piles together in pairs.' Two such piles solidly fastened together by struts would have the same resisting power as if a solid beam filled up the whole two feet of interval between them; but, from this latter space being open, the resistance to the water would be much less.

l. 3. [6.] iungebat, 'he joined in successive pairs,' whence the imperfect.

l. 3. [7.] machinationibus, 'by means of guides.'

l. 5. [8.] prone ac fastigate; with a slope like that of the roof of a house. That is, every upward double pile was sunk at a distance of forty feet from its corresponding one below. Both double piles were inclined, the upper one down the stream, the lower one up it; so that their heads were about twenty-six feet from one another.

l. 9. [9.] bipedalibus trabibus, 'two-foot beams (to support the road-way) were then let in so as to rest upon the strut between the heads of the double pile.' The end of these exactly filled the interval between the two members of each pile.

l. 10. [10.] binis fibulis, 'by pairs of braces.' The brace was a length of rough firwood passing from the head of each pile to the middle point of the next pile up or down stream.

l. 11. [11.] quibus disclusis, &c., 'and so the main piles were both kept apart and braced in opposite directions.' That is, the braces would stand either pressure, if two of the piles tended to approach one another, or strain, if they tended to separate.

l. 13. [12.] ea rerum natura, 'and such was the character of the whole arrangement, that a pressure at any given point would be borne by the upper and lower piles; the one resisting the pull, the other the push.'

l. 15. [13.] directa materia, 'with joists laid lengthways;' that is, at right angles to them. See Jules César (vol. 2, p. 260).

l. 16. [14.] nihilo secius; although the framework was strong enough independently, yet it was further supported by slanting shores below, which were at one end made fast to the timbers of the bridge and at the other sunk in the river-bed.

l. 19. [15.] aliae supra; others by way of stockades a little above.

l. 20. [16.] deiciendi operis, 'in relation to (that is, 'for the purpose of') throwing down the work.'

l. 21. [17.] earum rerum; see 1. 4, 1: 'defensoribus' is the same as 'defendentibus;' 'neu' the same as 'et ne,' as in 2. 21, 'cohortatus est, ut memoriam pristinae virtutis retinerent, neu perturbarentur animo.'

l. 22. [c. 18. n. 1.] diebus decem, quibus. Literally 'within ten days within which,' that is, 'from the time when.' So Cic. Rosc. Amer. 37, 'quatriduo quo occisus est,' 'within four days from the time when he was slain.' Ter. Andr. 1. 1, 77, 'in paucis diebus quibus haec acta sunt.' See 3. 23, 1.

l. 23. [2.] exercitus traducitur; observe that, in resuming the history after the description of the bridge, the historic present is used. The country of the Sicambri was near Cassel.

P. 74. l. 4. [c. 19. n. 1.] nuntios dimisisse uti, &c., 'had sent messengers to tell them to leave their homes.'

l. 6. [2.] atque omnes, we should expect 'utque.' Probably 'omnes qui arma ferre possent' is rather a limitation of the nominative 'they,' than itself the nominative.

l. 8. [3.] hic ... atque ibi; unusual as expressing the *same* place. Probably Caesar's thought was 'ibidem.'

l. 11. [4.] ut Germanis metum iniceret, namely, 'that he might terrify the Germans.' The anaphora, or repetition, of 'ut' helps the idea of enumeration.

l. 15. [5.] pontemque rescidit. Those who consider the battle with the Tenchteri to have been near Coblentz, naturally fix the locality for this passage on the flat ground near Andernach. If the battle, on the other hand, was near the isle of Bommel, a more northward point would suit this passage better. Caesar's object being to relieve the Ubii from the pressure of the Suevi, and also to punish the Sicambri, it would seem natural that he should cross the Rhine so as just to enter the Ubian territory, and then make this his base of operations against the Sicambri.

If so, a reference to the map will show that the passage must have been near Cologne or Bonn. Of these the latter is probably the real spot; as we may see by a comparison of the itinerary in 6. 29 foll., with the present passage. On the character of the bridge, see Merivale, vol. 1, p. 461, note; on the difficulty of constructing it by the labour of mere legionaries, Hyde's Fortification, § 234.

l. 16. [c. 20. n. 1.] **exigua parte reliqua**, 'although *only* a small part of the summer still remained.' See 1. 33, note 4.

l. 17. [2.] **ad septentriones vergit.** The meaning seems to be the same as in 1. 16, 'Gallia sub septentrionibus posita est,' 'lies in a high latitude.'

l. 18. [3.] **proficisci contendit**, &c., 'arranged to go into Britain.' Compare the sense of the words here with that of those in 1. 23, 1. 53, 3. 3.

l. 23. [4.] **Gallis erant incognita**: the chief trade with Britain was in the hands of the Veneti; and they, according to Strabo (4. 271), were anxious to thwart the expedition. Hence probably an assumed ignorance.

l. 29. [5.] **quem usum belli**, 'what degree of practice in war.'

l. 32. [c. 21. n. 1.] **periculum facere**, 'to make a trial.' This sense results literally from the derivation. Compare the sense of 'peritus.'

P. 75. l. 2. [2.] **in Morinos**; this nation extends as far up as the Scheldt; but the 'brevissimus traiectus' indicates that Caesar chose the Strait of Dover for this passage. As to the port, all later authorities are agreed that it could only have been Gessoriacum (Boulogne). For this port was universally used for embarkations to Britain under the emperors; it is the only one which has subsidiary ports at the distances mentioned by Caesar; it was the harbour to which the military roads led (see Bertrand, Voies Romaines, pp. 5, 6); and, finally, it is the only port anywhere near the Strait of Dover which could hold fleets of anything like the size which Caesar collected there[1]. See the map at p. 75.

l. 8. [3.] **polliceantur obsides dare**: the future inf. is used in the next chapter with 'polliceor.' Euphony would be against it in this passage. For the verb, see 1. 42, note 3, which justifies the tense here used; as 'pollicer' originally means 'to put forward.'

l. 11. [4.] **Atrebatibus superatis**; in the battle on the Sambre (2. 23). The same nation occupied Berkshire; whence the supposed influence of Commius in Britain.

l. 15. [5.] **fidem sequantur**, 'to submit to the allegiance.'

l. 23. [c. 22. n. 1.] **homines barbari**, 'from being barbarians' (1. 2, note 6).

---

[1] The meaning of 'Gessoriacum,' which seems to be equivalent to 'gwiccurac,' 'traders,' confirms this view.

l. 27. [2.] belli gerendi, 'for a regular war with them.'

l. 29. [3.] Britanniae, &c., 'he thought that these small matters of occupation ought not to be preferred to his British enterprise:' literally, 'to Britain,' by compendiary comparison. So 'ave' is used for 'quam quod potest avis,' in Ovid, Psittacus,

'ora fuere mihi plus ave docta loqui.'

l. 31. [4.] coactis contractisque, 'having been collected and mustered.' The reading 'constratis,' 'decked vessels,' would make it appear that the troops were not embarked on the 'onerariae.' But it is evident that they were so embarked, at the rate of 100 men per vessel. Each of the eighteen remaining ships would carry twenty-five horses, the cavalry would be therefore 450 in number.

P. 76. l. 2. [5.] ab milibus passuum octo, 'in the port of Ambleteuse, where they had been windbound (naturally, as the position of the two ports shows) by the same breeze which was favourable for Caesar's transit.

l. 10. [c. 23. n. 1.] tertia vigilia, 'at midnight,' and on the 26th of August[1], B.C. 55. For the full moon occurred (c. 29) four days after; and all astronomers are agreed that the moon was full on the night of Aug. 30 (accurately at 3 a.m. on the 31st). Tide-tables show that on that day it was high water at Boulogne at about 7.25 p.m., for the tide is forty-eight minutes later than the corresponding tide on the previous day: and it was high water at Boulogne at 11.25 p.m. on the 31st, the day of the full moon. Thus the end of the flood and the beginning of the ebb were occupied by Caesar's fleet in dropping down the harbour; and the fleet was ready to sail by midnight.

l. 12. [2.] hora quarta: he reached the Dover shore at about 8.30 (the first hour at this season was at 5.6), and then rode at anchor, for his transports to come up, till about 3.30. There had been high water at Dover on that day at 7.36 a.m.; for it was high tide at Boulogne at 7.49, and Dover tides are thirteen minutes in advance of those of Boulogne.

l. 21. [3.] ut rei militaris ratio, &c., 'as, he said, all military practice, especially that on board ship, required.' The subjunctive being the quasi-oblique seems to induce Caesar to put 'ut' instead of 'quod,' which would be more natural.

l. 24. [4.] ventum et aestum secundum. The tidal current off Dover turns from east to west four hours after high water, and then runs west for seven hours. Therefore as high water had been at 7.36 a.m. on that day, the current had turned at 11.36, and had to run west, in the direction of Romney, till 6.36 p.m.

---

[1] For the considerations which settle the day of the month, see infra 28, note 1.

NOTES. BOOK IV, CHAP. 24-28. 273

l. 26. [5.] **circiter milia septem.** If there is no error in Mr. Lewin's calculations (which have been followed throughout the preceding notes), Caesar now lands at a point about seven Roman miles west of Dover, that is, at Lymne in Romney marsh, where, at a distance of about two miles from the present beach, may be seen the old line of cliffs and the ruins of the Roman port. Mr. Lewin's work gives some interesting mediæval maps, showing the state of Lymne at different times.

l. 28. [c. 24. n. 1.] **quo genere,** 'which two arms.'
P. 77. l. 1. [2.] **oppressis** is dative agreeing with 'militibus.'
l. 7. [3.] **pedestribus proeliis,** 'in battles by land.'
l. 10. [c. 25. n. 1.] **ad latus apertum;** on the right flank which is unprotected by the shields of the men.
l. 15. [2.] **paulum modo,** 'though only for a short distance,' 'just for a little.'
l. 17. [3.] **qui aquilam ferebat.** Out of each maniple the centurions chose two of the strongest and bravest soldiers as 'signiferi,' like our colour-sergeants, except that they carried the eagle.
l. 23. [4.] **ex proximis navibus,** 'from the nearest ships of the first line.'
l. 27. [c. 26. n. 1.] **firmiter insistere,** 'to take ground steadily.'
l. 30. [2.] **singulares,** 'in small groups,' so 'singillatim' in 3. 2, for 'in small parties.'
P. 78. l. 1. [3.] **speculatoria navigia,** 'some of his small repeating vessels.'
l. 5. [4.] **equites cursum tenere non potuerant;** the cavalry on board the eighteen transports, who had been left behind at Ambleteuse, and there weatherbound.
l. 7. [5.] **ad pristinam fortunam defuit;** almost unawares Caesar seems here to admit that his fortune was now changing. In fact, a tide of disasters was now setting in to continue for several years.
l. 19. [c. 27.] **sine causa;** why interfere with such a harmless military promenade? So in c. 30 these untoward barbarians make a 'rebellio,' a 'conjuratio.'
l. 25. [c. 28. n. 1.] **post diem quartum ;** as the date of Aug. 27th assumed above for Caesar's landing depends on these words, it is necessary to be sure of their meaning. This is exactly parallel with that of 'ante diem quartum,' which is well known to mean 'three days before,' a phrase so completely established, that Latin writers (e.g. Cic. Phil. 3. 8) use the three words as if they were one substantive, 'in a. d. iv. Kal. Dec. distulit.' The parallelism may be proved by Cic. de Div. 1. 25, where 'post diem tertium' is a rendering of Plato's ἤματι τριτάτῳ (Crit. 43 D), which from the context in Plato necessarily means 'the day after to-morrow,' as Socrates is arguing that the Theoric vessel will arrive only on the morrow, and therefore he will have to die only on the following day. So above in 4. 9, the same expression is used for

T

the return of the envoys, who plainly wanted only one entire day for deliberation.

l. 30. [2.] **cursum tenere posset.** If 'ut' had here governed the perfect subj. (as in 3. 15, 'ut perpaucae ad terram pervenerint') the narrative stress on the sequence would have been stronger. The imperfect lays more stress on the strength of the cause.

l. 33. [3.] quae tamen. The conciseness of this sentence is remarkable. The implied meaning is, 'yet they were not lost after all. But finding that they should be swamped at anchor, they were obliged to run out to sea right into the darkness: and so they reached the main land.'

P. 79. l. 1. [4.] **adversa nocte.** Lit. 'with night facing them.'

l. 2. [c. 29. n. 1.] **eadem nocte,** on the night of Aug. 30th. Accurately, at 3 a.m. Aug. 31 : but the Roman day would have lasted till after 5 a.m. on the 31st.

l. 3. [2.] **qui dies,** 'and the day of the full moon.'

l. 9. [3.] **administrandi,** &c., 'nor could our men either manage the vessels or bring any help.'

l. 12. [4.] **id quod necesse erat,** 'a thing which could not but happen.' 'Id' is generally prefixed to the relative when a sentence is the antecedent, for the purpose of summing it up in one word, and clearing it to view.

l. 13. [5.] **neque .. et.** See 4. 1, note 15.

l. 22. [c. 30. n. 1.] **hoc angustiora,** 'so much the smaller.'

l. 24. [2.] **frumento commeatuque,** 'corn and other provisions.'

l. 30. [c. 31. n. 1.] **eventu navium,** 'from what had befallen his ships.'

P. 80. l. 4. [2.] **cum administraretur.** See 1. 41, note 7.

l. 5. [3.] **duodecim navibus amissis.** See 2. 12, note 2.

l. 5. [4.] **commode,** &c., 'he so managed that the voyage might be tolerably performed with the remainder.'

l. 9. [c. 32. n. 1.] **pars hominum,** 'some of the population:' like 'hominum est infinita multitudo' for 'the population is very large, indeed.'

l. 18. [2.] **conferta legione,** &c., 'that the legion had been forced to form a square, and that missiles were raining on all its faces at once.'

l. 23. [3.] **incertis ordinibus,** 'since the ranks could not be regularly formed.'

l. 25. [c. 33. n. 1.] **ex essedis pugnae** : it will be observed that there is no mention in Caesar of the scythes with which the British chariots are traditionally thought to have been armed, and of which Xenophon speaks so contemptuously (Anab. 1. 8, 20). The chariots of the Britons were large, and contained six men each; so that they were really a compendious kind of cavalry ('covinarius eques,' as Tacitus calls them in

Agric. 35), requiring only two horses for six riders, and with a special facility for dismounted duty. Their being driven along forest paths makes it highly improbable that they can have been scythed. The name seems to be derived from 'esedha' or 'assedha,' Celtic forms of 'sedeo.'

l. 32. [2.] **stabilitatem peditum.** Caesar appears always to have been much struck by these mixed cavalry and infantry organizations. See 4. 13, note 1.

P. 81. l. 1. [3.] **in declivi..loco,** 'even where the ground slopes steeply.' See 1. 33, note 3; 4. 15, note 1.

l. 2. [4.] **sustinere incitatos equos,** 'they can check their horses in mid gallop.'

l. 2. [5.] **brevi moderari ac flectere,** 'and also guide and turn them in a singularly short time.'

l. 4. [c. 34. n. 1.] **quibus rebus,** &c., 'as our men were disturbed at these attacks from the mode of fighting being so new to them.' 'Nostris' is abl. absolute; and 'novitate' causal to 'perturbatis.'

l. 8. [2.] **alienum tempus**: see 1. 15, note 1.

l. 11. [3.] **nostris omnibus occupatis,** while the attention of all our men was directed elsewhere.

l. 13. [4.] **continerent**; for the subjunctive, see 4. 28, note 2.

l. 15. [5.] **praedicaverunt,** 'spoke strongly about.'

l. 21. [c. 35. n. 1.] **ut periculum effugerent,** 'namely, their escaping the danger.' This must not be taken as a future enunciation, but as an objective proposition in apposition to 'idem.'

l. 22. [2.] **equites triginta**; a similar handful of cavalry was of the greatest use to the Ten Thousand (Anab. 3. 3, 20; 3. 4, 4).

l. 26. [3.] **quantum cursu et viribus,** &c., 'as far as speed and strength allowed them.'

l. 32. [c. 36. n. 1.] **die aequinoctii**; Sept. 24th. Caesar had therefore been nearly a month in Britain without being able to advance a mile from the shore.

P. 82. l. 4. [2.] **paulo infra delatae sunt**; probably, as Mr. Lewin remarks, from a cause which has destroyed many vessels at this point; from their pilots not being aware, that is, that the west current sets in on the French coast while that to the east is still running in mid-channel. They may have been carried to Etaples.

l. 6. [c. 37. n. 1.] **Morini**; as the soldiers from these two vessels were attacked by the Morini, this point alone may be considered to refute the theory of an eminent astronomer, that Caesar sailed from St. Valery and landed near Pevensey. For if these men had been carried down west of the Somme, they would have landed in the territory of the Ambiani, not in that of the Morini.

l. 15. [2.] **paucis vulneribus**; 'with slight losses.'

NOTES. BOOK IV, CHAP. 38.

l. 21. [c. 38. n. 1.] **siccitates paludum**; this throws a curious doubt on Caesar's statement about the weather in chap. 34. A mere series of gales would not have made military operations impossible: and this passage looks as if there could not have been much rain.

l. 30. [2.] **dierum viginti supplicatio**; even fifteen days had been unprecedented till the defeat of the Belgae in book ii. The present thanks were for small mercies. See Liv. Epit. lib. 105, 'in Britanniam primo parum prospere traiecit.' Dion Cass. 4. 1, διακενῆς τότε ἀνεχώρησε.

BOOK V.

PASSAGE OF THE THAMES. CATASTROPHE AT TONGRES.

P. 83. l. 1. [c. 1. n. 1.] **L. Domitio, Ap. Claud. Coss.**; that is in B.C. 54, A.U.C. 700.

l. 5. [2.] **modum formamque**, 'the size and shape.'

l. 6. [3.] **humiliores** implies both lower in the bulwarks and shallower in the hold.

l. 9. [4.] **minus magnos fluctus**; the well-known short chopping seas of the channel; so trying even to those who can bear the long Atlantic swell.

l. 9. [5.] **ad onera ac multitudinem**, &c., 'for burthens, and, in particular, that they might carry large numbers of horses.' This is an emendation substituted, perhaps needlessly, for ' ad multitudinem.'

l. 11. [6.] **actuarias**, 'capable of being impelled by sweeps.' They would thus be independent of winds and currents.

P. 84. l. 6. [7.] **arbitros dat**, like 'judices dare,' 'to appoint judges.' This was the first of the 'tria verba' of the praetor, 'do, dico, addico.'

l. 7. [8.] **litem**, 'the degree of damage done.'

l. 8. [c. 2. n. 1.] **conventibus**, 'his proconsular assizes.'

l. 11. [2.] **in summa inopia**; prepositional abl. absolute. See 4. 15, note 1.

l. 14. [3.] **ab eo quin deduci possint**, 'from being capable of launching.' For the redundant negative, see 1. 4, note 7.

l. 15. [4.] **quid fieri velit, ostendit**; see 1. 21, note 6.

l. 16. [5.] **portum Itium**. This has been assumed, in the notes to book iv., to be the same as Gessoriacum or Boulogne. The evidence from the roads which converge upon this town in the itineraries of Gaul, from Terouenne on the one side and Amiens on the other, is in fact irresistible. The variety in the name may be accounted for by the neighbourhood of the ʼΊκιον ἄκρον, or Cape Grisnez. It has also been remarked (Lewin, p. 23), that there is a village called Isques, on the Liane, near the head of Boulogne harbour. The supposed resemblance between this name Itius and Witsand is illusory; whether the latter name is Dutch, meaning simply 'white sand;' or, as Mr. Long maintains, Celtic, and identical with Axanta, Ushant.

l. 18. [6.] **milium passuum triginta**; the Roman mile was about 1630 yards. Thirty such miles would be equivalent to twenty-seven and three-quarters English miles.

l. 22. [7.] **neque .. Germanosque** : see 2. 25, note 5.

l. 27. [c. 3. n. 1.] **Indutiomarus et Cingetorix**. Both these names are Celtic (Prichard, Hist. of Mankind, vol. 3, p. 132); therefore the Treveri are (as Hirtius says in 8. 25) Celts, not Germans; and this confirms the experience of St. Jerome, who had lived at Treves, and also heard the Gauls in Asia Minor; and who asserts that the two languages are the same. For the position of the Treveri, see the map at 4. 1.

l. 33. [2.] **Arduennam**, 'ar-denn,' 'the deep,' as Thierry interprets the name.

P. 85. l. 11. [3.] **in sua potestate**, so he had got into his hands the whole power of the state.

l. 21. [c. 4. n. 1.] **nihilo secius** : see 4. 17, note 13.

l. 23. [2.] **merito eius**, &c., 'for on the one hand he considered that Cingetorix deserved this favour.'

l. 27. [3.] **qui fuisset**, 'whereas he had already been.'

l. 28. [4.] **hoc dolore**, 'at this grievance.'

l. 30. [c. 5. n. 1.] **in Meldis**; near the junction of the Seine and Marne.

P. 86. l. 4. [2.] **obsidum loco**, a substitute for the 'dat. propositi' in personal names. 'Esse obsidi,' 'to be a hostage,' cannot be used like 'esse exitio.' This is a confirmation of Dr. Kennedy's remark that the 'dat. propositi' is really a locative. So 'hostium numero' is often used.

l. 6. [3.] **Dumnorix**, brother of the Druid Divitiacus, who had been under surveillance ever since the Helvetian campaign (1. 20. fin.). His name, 'domun-rig,' means, modestly, 'king of the world.'

l. 20. [4.] **fieri ut spoliaretur** means rather more than 'spoliari' alone; something of the nature of a general result. So 'factum est ut' means 'the combined circumstances had this result;' 'credebant fore ut,' 'they thought that things would so turn out, that.' See 1. 10, note 2.

l. 23. [5.] **fidem interponere**, 'he pledged his own word;' as the parallel passage in 5. 36 proves.

l. 31. [c. 7. n. 1.] **itaque .. commoratus**, 'and so, as he had to stay twenty-five days at the place.'

278   *NOTES. BOOK V, CHAP.* 8, 9.

l. 32. [2.] **Corus**, the west north west wind: obviously contrary for Boulogne. See Conington's note to Virg. Georg. 3. 278.

l. 33. [3.] **magnam partem omnis temporis**, of the whole year. Accordingly, when hydraulic windmills came into use in Holland, as they could not be turned to the varying winds, they were built so that the plane of the sails faced the north-west. (Esquiros, The Dutch at Home, p. 35.)

P. 87. l. 4. [4.] **impeditis animis**, that is, 'occupatis,' see 3. 24, note 4.

l. 10. [5.] **pro sano**, 'like a man in his senses.' So Livy 39. 49, 'ut non pro vano modo, sed vix pro sano nuncius audiretur.'

l. 11. [6.] **ille enim**, 'he, in point of fact:' as in Livy 22. 25, 'tum M. Metilius id enim ferendum esse negat.'

l. 14. [7.] **circumsistunt atque interficiunt**; see Mommsen, Hist. of Rome, vol. 4, part 1, p. 261.

l. 16. [c. 8. n. 1.] **gestis .. relicto**: see 2. 30, note 2.

l. 20. [2.] **pari numero quem reliquerat**; that is, 'eodem numero quem.' (Kraner.)

l. 21. [3.] **ad solis occasum**; from considerations like those determining the date of the former expedition, that of the latter has been fixed at the 18th of July by Mr. Lewin.

l. 24. [4.] **sub sinistra relictam**; that is, he had drifted past the South Foreland and had to work down the return current to get to Romney.

P. 88. l. 2. [5.] **sui commodi fecerat**, 'had chartered for his own service,' lit. 'in relation to his own service.' See 4. 17, note 16.

l. 2. [6.] **amplius octingentae**: see 4. 12, note 2.

l. 6. [c. 9. n. 1.] **cohortibus decem**, not a legion; but two cohorts from each of his five legions (Jules César, p. 186 note).

l. 9. [2.] **molli atque aperto**, 'shingly and clear of rocks.'

l. 12. [3.] **equitatu**: see 1. 8, note 1.

l. 12. [4.] **ad flumen**. This would be the Stour, near Wye. The Britons, feeling themselves unable to oppose the debarkation of such a force as Caesar's, fell back towards Canterbury (which was even then the capital of Kent). They displayed considerable generalship in occupying, at this point, the defile through which the Ashford and Canterbury railway is now carried; keeping at the same time on the north bank of the Stour, so that Caesar, who could not leave the enemy on his line of communication, must necessarily cross the river to attack them.

l. 13. [5.] **ex loco superiore**; 'occupied the north bank, which was higher than the south one; and so endeavoured to keep off our men, and even engaged hand to hand.' As in 3. 2, note 4, the words 'ex loco superiore' are not strictly governed by 'prohibere.'

l. 15. [6.] **locum munitum**; a breastwork such as was often made in a few hours in the American civil war by cutting down trees and making them fall so as to form salient angles.

l. 20. [7.] **testudine facta**; the legions had now work in which they were quite at home. Locking their shields, so as to form a roof over their heads; and thus bringing up earth enough to form an embankment, they soon stormed the work. The seventh legion was the one which had been so roughly handled in the last year's campaign.

l. 26. [c. 10. n. 1.] in **expeditionem**, 'as a flying column.'

P. 89. l. 1. [2.] **incommodum**; see 1. 18, note 8.

l. 6. [c. 11. n. 1.] **fabros**; as the engineer corps in the Roman army seems to have been separate from the legions (Orelli, Inscr. 2, p. 96), it is probable that volunteers who happened to understand carpenter's work were here called for.

l. 8. [2.] **iis legionibus**; see 1. 8, note 1.

l. 19. [3.] **Cassivellauno**. The presence of such an enemy as Caesar made them forget their civil broils, and for the time Caswallon (first of the roll of English heroes) was accepted as general even by his bitterest enemies, the Trinobantes.

l. 20. [4.] **a mari milia passuum LXXX**, that is, eighty miles from the sea at Romney.

l. 25. [c. 12. n. 1.] **Britanniae pars interior**. Caesar's object in writing these details about Britain is indicated by the curiosity which enlightened men at Rome felt about the island. Thus Cicero writes to his brother Quintus, who commanded one of Caesar's legions, ' modo mihi date Britanniam quam pingam coloribus tuis penicillo meo. . . . Quos tu situs, quas naturas rerum et locorum, quos mores, quas gentes, quas pugnas habes' (Ad Quint. 2. 15, 16). Compare for the similarly enlightened curiosity about America at the time of its discovery, Prescott, Ferd. and Isabella, vol. 2, p. 106.

l. 25. [2.] **natos in insula**, rather the earliest Celtic immigrants. The existence of an earlier Iberian population is certain, on grounds of comparative anatomy: but Celtic names occupy even the western parts of England, where the Iberian population has lasted longest.

l. 27. [3.] **ex Belgio**. The identical names alluded to by Caesar are the Atrebates, Belgae (and Parisii). See Latham, Ethn. of the British Islands, p. 70. There were no Cantii, Trinobantes, nor Regni in Gaul: but the names of *towns* on the two sides of the channel are so similar, that Caesar is probably accurate in stating that the origin of these tribes was Belgian.

l. 30. [4.] **hominum**, ' of the population.'

P. 90. l. 1. [5.] **plumbum album**, ' tin.' It seems obvious that Caesar must have meant the tin mines to be on the coast, the iron works in the central districts

l. 2. [6.] **aere importato**; probably from the ancient copper mines in Dalecarlia. Those in England were not worked with any spirit till the eighteenth century.

l. 4. [7.] **leporem, gallinam, anserem.** The hare, as is well known, was forbidden by the Mosaic law; nor is there any mention in the Bible of chickens and geese as articles of food. Hare appears to have been considered unhealthy in various ways: geese and chickens probably required more corn-feeding than they would get in Britain to make them palatable.

l. 5. [8.] **animi causa**; so Penelope in Od. 19. 537 says of her geese, καὶ τέ σφιν λαίνομαι εἰσοροῶσα.

l. 7. [9.] **remissioribus frigoribus**, 'since the cold is more interrupted.'

l. 12. [c. 13. n. 1.] **vergit ad Hispaniam**, 'looks out towards Spain.' Tacit. (Agric. 34) actually says that Ireland is between Britain and Spain.

l. 14. [2.] **pari atque**, like 'eodem atque.'

l. 16. [3.] **Mona**, called by Ptolemy Monoeda or Moneitha, by Bede Monavia. The latter form seems to connect it with Menevia (St. David's); the former with the Celtic 'menedh,' a mountain (properly 'a mass'), whence it can mean a mountain, an island, or a headland.

l. 19. [4.] **nisi certis ex aqua mensuris**, 'except that (nisi quod) by accurate clepsydra measures.' From Caesar's interest in such things he would probably have used the clepsydra of Ctesibius, in which water was made to drop upon wheels, which were thereby turned. See Dict. of Antiq., art. *Horologium*.

l. 22. [5.] **contra septentriones**, that is the east coast of Britain is opposed first to the German coast, and then, as it faces gradually to the north, the Ocean only.

l. 23. [6.] **maxime**, 'nearly,' 'pretty much.'

l. 27. [c. 14. n. 1.] **humanissimi**; whence Shakespeare's well-known lines (Henry VI, 1. 4, 7)—
'Kent, in the Commentaries Caesar writ,
Is termed the civil'st place in all the isle.'

l. 31. [2.] **vitro inficiunt**, whence Ovid calls us the 'virides Britanni.' They were tattooed with 'variae animalium effigies.' Can it be that the civilised Belgians adopted this custom from their barbarian neighbours (as hunters in the far west sometimes follow the fashions of the Indians)? Herodian states that our habit of not wearing clothes was adopted in order not to conceal the fine works of art on our skins.

l. 34. [3.] **uxores communes**: it is hard of course to refute this outrageous charge. But inasmuch as the accounts of modern travellers do not state anything equally vile of the most barbarous tribes now known, it seems reasonable to doubt it. Sir J. Lubbock (Prehistoric

Man, p. 388) tells us, it is true, of a *somewhat* similar arrangement among the Tahitians. 'A considerable number,' he says, 'of the principal people were formed into an association called the "Arreoy," all the members of which were regarded as being married to one another. If any of the women of the society had a child, it was almost invariably killed; if it was allowed to live, the father and mother were regarded as having definitively engaged themselves to one another, and were ejected from the association; the woman being henceforth known as a "bearer of children;" which was among this extraordinary people a term of reproach.' This practice, then, was evidently intended to repress, from natural causes, the birth of children. Can it be possible that, if a custom at all like it had been extensively prevalent in Britain, there would have been in the island the 'infinita multitudo hominum' which Caesar describes. See, for the arguments on the other side, the Pict. Hist. of England (1. 192), and in confirmation of those here adduced, 5. 54, 8, and the 'Fortnightly Review,' Nos. XX, XXII, on the whole subject of Briton barbarism [1].

P. 91. l. 6. [c. 15. n. 1.] ut fuerint; see 3. 15, note 3.

l. 9. [2.] intermisso spatio, 'after an interval of time;' as in Hor. Od. 1. 11, 6.

l. 14. [3.] his primis legionum. These first cohorts regularly contained the best soldiers; and as Veget. (1. 5) says that a standard height of at least five feet ten inches was insisted on, they must have been like our grenadier companies.

l. 16. [4.] per medios perruperunt, 'they dashed at the interval;' probably sweeping away the flank companies of each cohort. These are thought to have been in Caesar's time fuller than the other cohorts, and at a later period were called 'cohortes milliariae,' and had a double number of men. Their dignity consisted also partly in having the custody of the eagle. Dict. Antiq. p. 500 a.

l. 17. [5.] receperunt . . repelluntur. It looks as if these gallant fellows swept back through the interval widened by their former attack, and even again charged until repelled by fresh cohorts.

l. 27. [c. 16. n. 1.] dispari proelio; see 4. 33, note 1, and 4. 13, note 1, both showing the value of a formation which mixed infantry and cavalry.

l. 28. [2.] equestris proelii ratio; the conduct of a battle if cavalry alone were used.

---

[1] Dr. Prichard (Hist. of Mankind, vol. 3, p. 179) says, 'From such a custom we should expect to find resulting the greatest degree of moral and *physical* degradation. But the "multitudo hominum" gainsays the one expectation, and a slight but graphic touch of British character (now as then) in Tacit. Agr. 13 init., seems inconsistent with the other, "Domiti ut pareant, nondum ut serviant," &c.'

l. 30. [3.] rari, so as to disquiet the whole of the Roman line.

l. 31. [4.] stationes dispositas haberent, 'and also echeloned their chariots,' so as to attack in successive squadrons.

P. 92. l. 2. [c. 17. n. 1.] tres legiones, an unparalleled number for a foraging party. They went out probably towards Chilham.

l. 4. [2.] sicuti ab legionibus non absisterent, sent off the foragers, yet did not cease assaulting the legions.

l. 6. [3.] neque finem sequendi fecerunt. After repelling the enemy's charge, the legion advanced steadily in pursuit; until at length the cavalry, finding that they would be supported, dashed forward in advance and drove the enemy before them.

l. 11. [4.] auxilia: the various contingents of British troops left Caswallon's army. Quintus Cicero appears to have written about this time to his brother in a tone of qualified confidence; for the orator answers 'cognovi nihil esse nec quod metuamus, nec quod gaudeamus' (Ad Q. Fr. 3. 1).

l. 15. [c. 18. n. 1.] uno omnino loco; Conway, Sunbury, Petersham, Kingston, Wallingford, and even Westminster, claim the honour of Caesar's transit. The evidence is slight upon the point; except indeed that the distance of eighty miles from the landing-place indicates a point some distance up the Thames. All we can say is, that the passage was probably above Teddington, where the river ceases to be tidal; probably not far above it, for Caesar was not likely, with the country about St. Alban's for his object, to go up higher than he needed. He had probably crossed the Medway at Aylesford, near Maidstone, and the South Downs somewhere near Reigate; and so marched across by way of the present Ewell to Kingston-on-Thames. See the map at 4. 20.

l. 22. [2.] cum capite solo exstarent; see 1. 41, note 7. A ford must now not be reported practicable for infantry, says Hyde (Fortif. p. 180), if it is more than a yard deep. This shows us the value of the legionary training which enabled the men to manage such difficulties.

l. 27. [c. 19. n. 1.] milibus . . quattuor essedariorum, therefore with about 600 chariots (4. 33, n. 1).

P. 93. l. 2. [2.] hoc metu, 'from fear of this;' like 'hoc dolore,' in 5. 4.

l. 5. [3.] labore atque itinere, 'by exertion and vigorous marching.'

l. 10. [c. 20. n. 1.] ipse; asyndeton. Either this or 'anaphora' is constantly used by Caesar in recounting antecedent circumstances. For an instance of the latter, see 1. 19 (init.): for the former, see 1. 31 throughout.

l. 13. [2.] mittat qui obtineat; the context shows that they wished for Mandubracius. It is needless to point out how fatal this secession was to the British cause.

l. 19. [c. 21. n. 1.] **Cenimagni**, in Bedford and Cambridge; **Cassi**, in Hertfordshire; **Segontiaci**, apparently near Silchester; **Ancalites**, on the Thames, near Henley; **Bibroci**, uncertain.

l. 21. [2.] **oppidum Cassivellauni**, thought, on slight evidence, to be St. Alban's. As to Caesar's explanation of 'oppidum,' it may be remembered that in many provincial dialects the word 'town' even now means simply an enclosure, farmyard, or the like. The corresponding British word was probably 'dun' (Prichard, Hist. of Mankind, vol. 3, p. 126), as in modern Welsh 'dinas' means either a castle or a city. The Romans called it 'dunum.'

l. 31. [3.] **comprehensi atque interfecti**, 'overtaken and cut down.'

P. 94. l. 12. [c. 22. n. 1.] **atque id .. extrahi posse**, 'and that this time might easily come to an end,' if further delay was made. Kraner quotes B. Civ. I. 32, 'dicendi mora dies extrahentur.' A special cause of disturbance was now agitating Caesar. He had just heard of the death of his daughter, Julia, the wife of his colleague Pompeius. Thus almost the only remaining bar against civil war was removed. See Lucan 1. 115.

l. 13. [2.] **vectigalis**; no garrison was left behind, and therefore no tribute ever paid. Cicero also expresses disappointment at the fact that no gold was found in Britain, and only the rudest kind of slaves (ad. Att. 4. 16). As to the desolation which Caesar left behind him in Britain, we have an indirect evidence in Dion (41. 30), who represents Caesar as saying, 'Who would not grieve if he saw Italy laid as thoroughly waste as Britain?' See 5. 48, note 4.

l. 19. [c. 23. n. 1.] **duobus commeatibus**, 'by two relays:' lit. 'two goings backwards and forwards.' From this original meaning sprang also the two senses of 'provision' and 'furlough.'

l. 21. [2.] **neque ulla desideraretur**; an attempt to prove that the 'pristina fortuna' which had been so rudely shaken was now returning. See 4. 26, note 5.

l. 32. [c. 24. n. 1.] **Samarobrivae**, 'at Amiens,' lit. 'the Somme Bridge.

P. 95. l. 2. [2.] **legiones distribuere**, yet not in the west of France, the 'loca maxime frumentaria' of 1. 10, but evidently in the parts where he expected a rebellion to arise.

l. 4. [3.] **Quinto Ciceroni**; this officer had commanded a legion through the second British campaign; Caesar having appointed him in order to win his eminent brother to his cause; or, rather, as Mommsen suggests, by way of guarantee that neither of the brothers should plot against him.

l. 5. [4.] **Esubios**, in west Normandy, near Seez.

l. 5. [5.] **in Remis**; the principle of the arrangement of these troops is easily discernible. Durocortum or Rheims was their central point.

NOTES. BOOK V, CHAP. 25-27.

(See the maps at pp. 35 and 65.) The legion there was supported in the rear by the three at Amiens (Samarobriva), and elsewhere. Labienus was out in the Ardennes direction, Cicero pushed forward to the Sambre, near Waterloo, and Sabinus and Cotta still farther, probably to Tongres, in the Meuse valley. These latter divisions lay along what was afterwards, and probably then, the great line of road from Rheims, by Gembloux, Tongres, and Juliers, to the Rhine at Cologne. For the quarters of Cotta, Sabinus, and Cicero, see the notes on 6. 32, and the map at 4. 1.

l. 9. [6.] **proxime conscripserat**; most recently of all those with him.

l. 24. [c. 25. n. 1.] **maiorum locum restituerat**; see 1. 2, note 1; which will give us an idea of the light in which the Gauls regarded this kind of restoration. The Carnutes were on the Loire below Orleans.

l. 25. [2.] **tertium hunc annum regnantem,** 'in this year, which was the third of his reign.'

l. 26. [3.] **multis palam et iis auctoribus,** 'in the presence and with the consent of a large number of the people.'

l. 32. [4.] **quaestoribus.** The three words 'legatis et quaestoribus' may be a gloss; as, though Caesar had three provinces, he is unlikely to have had with him at the same time the quaestor of more than one province. The quaestor, however, was not unfrequently placed in military command.

P. 96. l. 1. [c. 26. n. 1.] **diebus .. quibus**; see 4. 18, note 1.

l. 3. [2.] **cum praesto fuissent,** 'although they had presented themselves.'

l. 5. [3.] **Indutiomari nuntiis**; see 5. 4. This chieftain had been offended, as we see in 5. 4, by the degree of power given by Caesar to his rival Mandubratius.

l. 7. [4.] **oppugnatum**; 'castra' is understood over again, as in C. Nepos, Vita Eum. 6, we have 'utrum repetitum in Macedoniam venerint' (Kraner).

l. 22. [c. 27. n. 1.] **obsidum numero**; like 'loco obsidum.' See 5. 5, note 2.

l. 27. [2.] **civitati porro,** 'to the state in their turn.'

l. 30. [3.] **imperitus rerum**; see 1. 44, note 8.

l. 33. [4.] **alterne**, a second declension form, substituted for that of the third declension, as in 'nullo' (6. 3), and in the words 'inermus,' 'unanimus,' 'infrenus,' &c.

P. 97. l. 1. [5.] **Gallos**, 'as Gauls;' 'since they were Gauls.' So in 2. 12, 'quae nec ante viderant Galli,' 'which, as Gauls, they had never seen before.'

l. 3. [6.] **pietate,** 'natural affection.'

l. 3. [7.] **habere se rationem officii,** 'he might now think of his duty.'

l. 20. [c. 28. n. 1.] **ad consilium**; constituted of the legates, tribunes, and 'primorum ordinum centuriones;' unless on a special emergency, as in 1. 4*, when all the centurions might be summoned.

l. 27. [2.] **multis ultro vulneribus illatis,** 'and, beyond mere defence, had inflicted very heavy loss upon them.' See 1. 42, note 5.

l. 29. [3.] **quid esse levius;** see 1. 14, note 4. If 'esset' is read, it must depend on 'quaerebant' understood.

P. 98. l. 2. [c. 29. n. 1.] **neque Eburones venturos esse,** 'nor would the Eburones have come.' The first future is used because it is the oblique of 'venturi erant.' So we have in 1. 14, 'non fuisse difficile,' as the oblique of 'non erat difficile,' 'it would not have been difficult.'

l. 4. [2.] **hostem auctorem**; information derived from the enemy, like 'rex interfectus,' 'the murder of the king,' 'caesi regis exspectabat decus,' 'he hoped for honour from the king's murder,' 'spreta forma,' 'contempt for her beauty.'

l. 5. [3.] **Ariovisti mortem**; we have no accounts how this happened. He escaped after the battle in 1. 53.

l. 6. [4.] **tot contumeliis acceptis redactam**; because it had been reduced after such a series of disasters, and after losing all their former military reputation.

l. 10. [5.] **descendisse,** &c., 'had resorted to such a plan without unquestionable facts' to induce him; like Horace's 'in Macci descendat judicis aures' (A. P. 387). 'Sine certa re,' 'without ascertained facts.'

l. 15. [6.] **quem habere exitum**; see 1. 14, note 4, and the last note of c. 28.

l. 18. [c. 30. n. 1.] **primis ordinibus,** 'by the first centurions.'

l. 21. [2.] **hi sapient,** 'the men will understand the matter.' The same emphatic 'hi' is used in Tacit. Ann. 1. 22, 'trucidari jube, dum interfectos nullum ob scelus, sed quia legionum utilitati consulebamus, hi sepeliant.'

l. 24. [3.] **sustineant,** &c., 'would certainly bear only their share along with their comrades of the impending danger, and certainly would *not* die like outcast and banished men, far away from their friends.'

l. 26. [c. 31. n. 1.] **comprehendunt utrumque,** a graphic scene of disorder, in which the conduct of Sabinus is forcibly contrasted with that of Cicero and Labienus further on in the book. This unmeasured rating of those who had died in his service does not say much for Caesar's probable popularity among his officers. Appendix D. to Jules César, vol. 2, shows how many of his early 'legati' deserted him. Especially astonishing is the bitter enmity of Labienus (Bell. Civ. 3. 19, 71).

l. 31. [2.] **dare manus,** 'to yield:' see the woodcuts at p. 576 of Smith's Classical Dictionary.

P. 99. l. 3. [3.] omnia excogitantur, quare; for 'quibus,' as in Cic. Rosc. Amer. 33, 'permulta sunt quae dici possunt quare intelligatur facultatem tibi fuisse.'

l. 6. [4.] non ab hoste Ambiorige consilium datum, that Ambiorix who had given the advice was not an enemy, but their very near and dear friend. In Greek the concealed predicate would be indicated by the article following, ὡς δῆθεν οὐκ ἐπ' ἐχθροῦ τοῦ Κλέωνος παραινουμένων τούτων. For want of the article this construction is less frequent in Latin. Horace is very partial to it: thus he writes, 'non ingrata feres pueris munuscula parvis;' 'They'll make a nice little present for you to carry to your little ones.' 'Curres hydropicus,' 'you'll catch a dropsy and be quick enough then.'

l. 10. [c. 32. n. 1.] bipertito, 'at two points.' See also 1. 25, note 8.

l. 10. [2.] opportuno atque occulto loco; such a place is the valley of Lavarges, about two miles from Tongres. See map 18 to Jules César, vol. 2.

l. 10. [3.] a milibus passuum duobus; for the hyperbaton, see 1. 6, note 3; 2. 7, note 3; 4. 28, note 1.

l. 12. [4.] se demisisset, so 'erigere agmen' is the standard phrase for leading an army up hill.

l. 16. [c. 33. n. 1.] qui nihil providisset. If this were simply an explanation it would be expressed by the indicative 'providerat.' The subjunctive implies 'as, of course, he had used no foresight.' Cp. Cic. Tusc. 3. 12, 'Tarquinio quid impudentius, qui bellum gereret cum iis qui eius non tulerant superbiam,' where the subj. implies 'as all the world knows.' 'Qui cogitasset,' just below, is, as Kraner remarks, more simply causative.

l. 27. [2.] in orbem, 'into one large square.'

l. 28. [3.] reprehendendum non est; if the men are steady, that is. Napier, Penins. War (book 6, chap. 5), gives a frightful instance of what may happen when they are not so.

l. 33. [4.] volgo, 'at all points,' as in 1. 39.

P. 100. l. 2. [5.] fletu; compare the 'lacrymae' (so strange to our ideas) in 1. 39. 'First we wept a long time, till the Signors were ashamed,' is Villehardouin's account of his audience at Venice in 1201. Compare also the singular scene of tears in the House of Commons in 1629. (Forster, Life of Eliot, vol. 2, p. 453.)

l. 3. [c. 34. n. 1.] consilium non defuit, were not without resources to meet this movement.

l. 5. [2.] illorum esse, 'belonged to their men.'

l. 12. [3.] neu accedant; see 4. 17, note 7.

l. 14. [4.] levitate armorum, &c., that from the lightness of their arms, &c., it must result that no harm would be done them. (Madw. Ob. 2.)

l. 16. [c. 35. n. 1.] **cum cohors excesserat**; this indicative is a mark of the style of the old Latin writers, Cicero, Caesar, Sallust. In later writers the subjunctive is more frequent.

l. 18. [2.] **eam partem**, 'their station.'

l. 19. [3.] **ab latere aperto tela recipi**; 'recipe ferrum' was the cry to a gladiator who was not to be spared.

l. 23. [4.] **conferti**; 'le feu du centre à la circonférence est nul; celui de la circonférence au centre est irrésistible,' is a dictum of Napoleon I (Précis des Guerres de César, 5. 5).

l. 24. [5.] **incommodis**; see 1. 18, note 8.

l. 26. [6.] **cum pugnaretur**; see 3. 5, note 1; and 3. 15, note 4.

l. 28. [7.] **pilum duxerat**, that is, had been 'primipili centurio,' the first centurion of the first cohort. 'Superiore anno.' The choice of these officers was in the hands of the 'tribuni,' subject to the commander-in-chief. A successor was therefore not bound by the appointments of those who preceded him. A 'primipili centurio' therefore might hold a lower post: and (up to B.C. 341) a tribune might afterwards have to serve as a centurion. (Class. Dict. 505.)

l. 32. [8.] **in adversum os**, 'right in his face.' Compare 'adversa nocte,' 'right into the night.'

P. 101. l. 2. [9.] **Gn. Pompeius**. Foreigners obtaining the 'civitas' often adopted the 'nomen' and 'praenomen' of the Roman noble through whom they gained it. Thus we have C. Valer. Procillus in 1. 19, M. Calp. Piso in 4. 12.

l. 4. [c. 36. n. 1.] **sperare impetrari posse**; the three infinitives are so arranged as not to produce any obscurity.

l. 6. [2.] **nocitum iri**, literally, 'that it was not being gone to hurt him.' How strangely clumsy this periphrasis seems as compared with the simple βλαβήσεσθαι which a Greek would use. This alone would show which is the *older* language.

l. 7. [3.] **communicat, si videatur**; see 4. 14, note 3. Here the idea understood is, 'with the view that.'

l. 13. [c. 37. n. 1.] **iubet**; the imperfect often changes to the historic present after the beginning of the sentence.

l. 20. [2.] **se in castra recipiunt**, '*tried* to make their way back,' as the following sentence shows. 'Illi' means 'those who succeeded in getting there.'

l. 25. [3.] **se ipsi interficiunt**. Compare Lucan's striking description of a similar scene at sea (Phars. 4. 520). We learn from Suetonius (Vita Jul. Caes. 67), that on hearing of this disaster Caesar vowed to let his beard and hair grow till he had taken vengeance on the Eburones; but the end of chap. 52 throws some doubt on the truth of this story.

l. 33. [c. 38.] **Nervios**; it has been already remarked (2. 28, note) that the destruction of the Nervii as described in that chapter must be exaggerated. Here we find them with an independent force of their own; and also retaining the command of a confederacy. So in 7. 75, they send 5,000 men to Alesia. See, however, the footnote to 2. 28.

P. 102. l. 7. [c. 39. n. 1.] Ceutrones, &c., the exact positions of all these nations are unknown. For the camp of Cicero at Aduatuca (Tongres), see the map at 4. 1.

l. 17. [2.] aegre is dies sustentatur, 'the day was got through with difficulty;' in 2. 6 the phrase is 'aegre eo die sustentatum est;' see the note there.

l. 23. [c. 40. n. 1.] turres admodum centum et viginti, &c., 'about 120 towers were raised.' If we estimate the circumference of the camp of a legion at 4,600 feet, then 120 towers would give a distance of about 40 feet from tower to tower. Every point of the curtain between the towers would thus be well within the reach of missiles from towers on each side of it, and therefore there would be no need to expose the men on the wall. They were open at the sides and behind, solidly timbered towards the enemy, and their object was, like that of modern bastions, to shorten the length of wall to be occupied by the defence. See plate 27 to vol. 2 of Jules César. The difficulty of the defence on the preceding day from the simple banquette must have been extreme.

l. 31. [2.] praeustae sudes; the stores of regular missiles must have been soon expended in such a continued conflict.

l. 31. [3.] muralium pilorum, large javelins like the 'falarica' described in Liv. 21. 8.

l. 32. [4.] contabulantur, 'were completely lined with planks.' Such light work as this must have been could hardly have supported more than one story.

l. 32. [5.] pinnae loricaeque, see 7. 72, note 6.

l. 33. [6.] cum, concessive; see 5. 26, note 2.

P. 103. l. 2. [7.] ultro militum concursu .. cogeretur, 'he was compelled by the spontaneous pressure and expostulation of the soldiers.'

l. 3. [c. 41. n. 1.] sermonis aditum, as in 1. 44, 'neque aditum nec causam postulandi.' The meaning is, 'any means of addressing themselves to Cicero.'

l. 12. [2.] ut nihil nisi .. recusent, 'that what they absolutely refused was the use of their country for winter-quarters.' So 'nihil aliud quam datis voluptatibus fruitur,' Liv. 2. 32.

l. 14. [3.] per se; see 1. 42, note 1.

l. 19. [4.] pro eius iustitia; see 2. 31, note.

l. 23. [c. 42. n. 1.] nulla copia, absolute; as in Cic. Verr. 2. 77, 'tabulas in foro, summa hominum frequentia, exscribo.' So we have even 'gladiatoribus,' 'while the gladiators were going on.'

l. 29. [2.] **falces**, for pulling down a turf wall; **testudines**, wooden galleries under which to approach and undermine the wall. For 'milium passuum' it would seem that 'pedum' should be read. There would be no object in a circumvallation of fifteen miles.

l. 32. [c. 43. n. 1.] **casas**, the huts of the soldiers.

P. 104. l. 3. [2.] **explorata victoria**; see 2. 4, note 5.

l. 5. [3.] **cum premerentur**; see 5. 46, note 2.

l. 11. [4.] **longe gravissimus**, superlative absolute, 'very troublesome indeed.' See 3. 8, note 1.

l. 13. [5.] **ut se constipaverant**; 'crowded as they were;' see 3. 8, note 4.

l. 21. [c. 44. n. 1.] **primis ordinibus**, they would soon have been promoted to the first rank of centurions. From this it may be inferred that there was some rule governing the choice of centurions by the tribunes, as observed in note 7 to c. 35.

l. 26. [2.] **quem locum**, 'what opportunity.' 'Locus' has very various meanings in Latin, including even time; as Sallust uses 'ad id loci' for 'up to that time.'

P. 105. l. 3. [3.] **avertit vaginam**, 'turned the sheath of his sword behind him.' Compare Virgil's 'prora avertit.'

l. 5. [4.] **impeditum**, 'just while he was baulked in this way.' See 3. 24, note 4.

l. 10. [5.] **in locum deiectus inferiorem**, 'he slipped down a place where there was a slight drop.' In this whole story we may suspect that Caesar is using a little rhetorical artifice to contrast the vigour of the privates with the slackness of Cotta and Sabinus; and, in particular, to show how personal rivalry spurred the former to deeds of valour, and disabled the latter.

l. 22. [c. 45. n. 1.] **a prima obsidione**, 'about the beginning of the siege.'

l. 26. [2.] **Gallus**, understand 'quum esset' as in 2. 12.

l. 30. [c. 46. n. 1.] **aberant ab eo**, 'were distant from his own head-quarters,' at Samarobriva (or Amiens); Crassus was at Montdidier.

l. 33. [2.] **in Atrebatum fines**, he was to march from the neighbourhood of Boulogne by way of Tournay and Bavai to the Sambre, where Cicero was. See 5. 24, note 4.

P. 106. l. 2. [3.] **reipublicae commodo**; see 1. 50, note 1.

l. 9. [c. 47. n. 1.] **litteras publicas**, 'the public records.'

l. 11. [2.] **non ita multum moratus**, 'with tolerable speed.'

l. 13. [3.] **ad eum venissent**; see 1. 37, note 4.

l. 16. [4.] **quos sciret**, that is, 'cum eos sciret.'

l. 16. [5.] **literas remittit**; see 4. 14, note 3.

l. 19. [6.] **tria milia passuum longe**, the same as 'tribus milibus passuum.'

l. 21. [c. 48. n. 1.] opinione trium legionum deiectus,&c.,'although he was disappointed in his expectation of three legions, and found himself reduced to only two.'

l. 27. [2.] Graecis litteris, 'in Greek.' The Greek characters were so well-known in Gaul (1. 29; 6. 14) that the use of them would not have been a veil, as it sometimes was in the Indian mutiny. (Havelock, for instance, writing 'Λυκνω,' as he could not recollect how to make a Λ. It was, however, remarked that a Hindoo would have made out a word so written.) On other occasions Caesar used a somewhat simple cipher, each letter being the fourth from its true place in the alphabet.

P. 107. l. 2. [3.] biduo; see 2. 6, note 2.

l. 4. [4.] fumi incendiorum, the 'vulgare signum,' as Hirtius pithily expresses it in 8. 3, of all military invasions. See 5. 22, note 2.

l. 6. [c. 49. n. 1.] re cognita, 'on ascertaining the state of affairs.'

l. 8. [2.] armata milia lx. appears to be the right reading (as in 2. 4), not 'armatae' or 'armatorum.'

l. 8. [3.] data facultate, 'as soon as he found the way clear.'

l. 9. [4.] repetit, 'asks again for a Gaul.' Caesar's letter to Cicero had not been brought back by Cicero's messenger.

l. 11. [5.] diligenter; see 1. 40, note 6.

l. 12. [6.] convertisse, &c., 'and had directed their whole forces against him.' See 1. 5, note 4.

l. 19. [7.] aequo animo, &c., 'he thought that he might without anxiety slacken his speed; and he *therefore* halted,' &c. An unusual asyndeton; as in 1. 23, note 3.

l. 22. [8.] vix hominum milium septem, since they were intended for hardly 7000 men. Understand 'quum castra essent.'

l. 23. [9.] angustiis viarum, 'by reducing the breadth of the avenues,' (so Kraner and the author of Jules César).

l. 30. [c. 50. n. 1.] suum locum; see the note on 'alieno loco,' 1. 15, note 1.

l. 31. [2.] Caesar, ut contenderet. Caesar was waiting in order that he might fight on his own side of the valley, if he could entice the enemy over. That is, the 'ut contenderet' depends directly on 'exspectabant.'

P. 108. l. 6. [c. 51. n. 1.] hostes invitati, &c., 'the enemy being drawn on by all these artifices.'

l. 13. [n. 2.] obstructis . . . portis singulis ordinibus, 'that although the gates had been built up only for a show and only with single courses of turf.' They thus presented from without an appearance like that of the rest of the 'agger.'

l. 15. [3.] vallum scindere, 'to pull down the wall;' as we say, to 'cut a dyke.'

l. 16. [4.] inciperent; see 4. 28, note 2.

l. 18. [5.] **resisteret nemo**; this position of the negative gives it the strongest possible emphasis, like 'quod ante hoc tempus fecerat nullus.'

l. 21. [c. 52. n. 1.] **neque parvulo detrimento**; he could do nothing in pursuit with only 400 cavalry.

l. 28. [2.] **pro eius merito**, 'for his special meritoriousness.' The nature of the military feat performed by Q. Cicero is admirably characterised by the Emperor Napoleon I. in his Précis. See Jules César, vol. 2. p. 222, where the passage is extracted.

l. 29. [3.] **singillatim appellat**, 'he made personal and honourable mention.' A modern general would do this in his despatches.

l. 32. [4.] **contione**, 'a military assembly:' the word is an abridgment of 'conventio,' as Mr. Long points out.

l. 33. [5.] **quod detrimentum sit acceptum**, 'as for the damage which had been suffered.' See 1. 18, note 11.

P. 109. l. 6. [c. 53. n. 1.] **cum abesset**; see 5. 26, note 2.

l. 15. [2.] **triuis hibernis**; see 1. 15, note 4.

l. 16. [3.] **ad exercitum manere decrevit**; it was most important to Caesar to be at this time in Gallia Cisalpina, that he might watch the movement of parties at Rome, receive visits from his friends, and watch the tendencies to the civil war. But under the emergency he wisely, as the event showed, resolved to stay in Gaul.

l. 17. [4.] **incommodo**: see 1. 37, note 4.

l. 20. [5.] **quid reliqui consilii**, &c., 'what they should adopt in the way of plans for the future'—literally, 'in relation to plans.'

l. 22. [6.] **neque ullum fere . . tempus**, &c., 'and hardly a single day of the winter passed without anxiety to Caesar or without (ut non) his hearing of some new disturbance.' The reality, however, must have been far worse than the utmost of his expectations.

l. 27. [7.] **Aremoricae**, literally, 'the states near the sea' (ad mare). It may be noticed that the same change of *d* to *r* is found in the older Latin, where we have 'arfui' for 'adfui;' a trace even remaining in 'arcesso' for 'accedere sino.' The root 'mor' is also found in the words 'Pomorania' and 'Morbihan,' the former word meaning 'on the sea,' the latter 'the little sea.'

l. 28. [8.] **longius milia passuum octo**; this omission of 'quam' leaves the words of measurement in the same case as if 'amplius' were omitted.

l. 31. [c. 54. n. 1.] **cum denuntiaret**: see 1. 41, note 7.

P. 110. l. 1. [n. 2.] **imprimis firma**, 'one of the strongest in Gaul.'

l. 3. [n. 3.] **adventu Caesaris**, the words 'discessu' and 'adventu' are often thus used without a preposition to mark a point of time. So we have 'proelio Senensi consul ludos vovit,' at the time of the battle of Sena.

l. 4. [4.] cuiusque maiores: see 5. 25, note 1, and 6. 5, note 2. Our Afghan campaign gives a good hint of the feelings of those on whom a king has been imposed in this way. Such a ruler *may*, under very exceptional circumstances, become acceptable to a nation. See Buckle, History of Civilization (vol. 2, p. 83), for the long administration of Spain by foreigners; Trollope, History of Florence (vol. 1, p. 93), for the strange law which after 1207 made the Podestà necessarily a foreigner; and Herod. (4. 161) for the despotic powers conferred at Cyrene on the foreigner Demonax.

l. 5. [5.] dicto audientes, 'obedient;' see 1. 40, note 17.

l. 10. [6.] principes inferendi belli; to take the lead in an attack. So 'Gallici belli officiis' means service in (in relation to) the late war in Gaul.

l. 15. [7.] idque adeo, &c., 'and this, indeed, is not, I think, to be wondered at.' 'Adeo' is often used after pronouns for the purpose of emphasizing them as subjects. See Virg. Ecl. 4. 11, with Conington's note. Thus we have 'ego adeo,' 'I for my part,' like the Greek ἔγωγε. 'Illum adeo morem,' 'that custom, by the way.' Or possibly, as Kraner suggests, the 'adeo' may belong to the 'mirandum.'

l. 17. [8.] qui virtute belli omnibus gentibus praeferebantur. The terror which the name of Gaul inspired at Rome has been already noticed (2. 35, note 4); and how roughly the British Celts had handled Caesar we may judge from the fact that in starting on this campaign Caesar's two legions which had just returned from Britain contained together only 7000 men (chap. 49). When, therefore, Dr. Prichard says (Hist. of Mankind, vol. 3, p. 179) that the Celtic nations were always defeated when they came into collision with the Germans, and when this fact is treated as a corroboration of the accounts of their immorality, we ought to enquire whether Roman protectorates rather than national customs did not enfeeble the Gauls and make them incapable of resistance. Such is Tacitus' view (Agric. 11).

l. 18. [9.] opinionis: see 2. 24, note 4.

l. 20. [c. 55. n. 1.] nullum tempus quin : see 5. 53, note 6.

l. 27. [2.] spe lapsus—(or 'deiectus'), 'disappointed.'

l. 33. [c. 56. n. 1.] ultro ad se veniri, 'that a spontaneous movement was being made in his favour.' See 1. 42, note 6.

P. 111. l. 4. [2.] hoc est initium belli, 'this kind of assembly is the regular preliminary to a war.' The custom of torturing the last comer is limited by Thierry (liv. 4, chap. 1) to great national emergencies; and he also thinks that it was confined to the states where there had been democratic revolutions. See 1. 2, note 1.

l. 10. [3.] Caesaris secutum fidem, &c., 'to have retained his allegiance to Caesar and refused to forsake it.'

l. 12. [4.] Senonibus et Carnutibus: the names of these tribes remain in Sens and Chartres. To reach the Seine from their habitations on the Moselle the natural way would be through the territory of the Remi.

l. 15. [5.] **castra Labieni**, which were on the road from Rheims to Treves (5. 24, 5).

l. 16. [6.] **quae fieri velit**: see 1. 21, note 6.

l. 16. [c. 57. n. 1.] **cum sese teneret**: see 1. 41, note 7.

l. 26. [2.] **tela intra vallum**, uselessly, as there was always sixty feet of unoccupied space between the 'vallum' and the tents or huts.

l. 30. [c. 58. n. 1.] **nocte una**, 'in the course of one night.'

l. 32. [2.] **diligentia**: see 1. 40, note 6.

P. 112. l. 5. [3.] **ubi visum est**, 'when they thought proper.'

l. 7. [4.] **praecipit atque interdicit**; the former word refers to 'peterent,' the latter to 'vulneret.' Translate, 'he gave positive and exclusive orders.'

l. 9. [5.] **neu quis**: see 4. 17, note 17. The use of the present in 'vulneret' gives a new energy to the passage at the point where it comes in.

l. 10. [6.] **mora reliquorum**, genitive of object: 'delay for the purpose of cutting down any one else.' So we have 'bellum Indutiomari' for the war *against* Indutiomarus.

l. 12. [7.] **proponit iis qui occiderint**; the perf. subjunctive is here used as a historic substitute for the second future ('propono iis qui occiderint') because the main verb is in the historic present. Otherwise it would be 'proposuit iis qui occidissent.'

l. 13. [8.] **hominis consilium**, as the proper meaning of 'homo,' is a human creature, a man as undistinguished from other men, a shade of contempt naturally attaches itself to the word as an appellative. Not however always; as we see from Ennius' celebrated line,

'Unus homo nobis cunctando restituit rem.'

l. 18. [9.] **paullo** is to be taken with 'quietiorem,' 'a little less disturbed.'

BOOK VI.

SECOND PASSAGE OF THE RHINE. COMPARISON OF GAULS AND GERMANS.

P. 113. l. 1. [c. 1. n. 1.] **multis de causis**; the death of Dumnorix (5. 7), the comparative failure in Britain, the loss of the entire division of Cotta and Sabinus, the hostility stirred up among the Treviri by

Indutiomarus, and, above all, the general longing for liberty felt throughout Gaul.

l. 3. [2.] **ab Gn. Pompeio proconsule.** Pompeius was nominally proconsul of Spain at this time, and as such had an army of six legions under his control. But he preferred remaining at Rome as triumvir, and administering the province by his lieutenants, Afranius and Petreius. About this time he was occupied in building his gigantic theatre at Rome to please the populace.

l. 3. [3.] **reipublicae causa,** under pretence of superintending the supply of corn.

l. 6. [4.] **consulis sacramento rogavisset,** 'had levied as consul;' literally, 'had as consul enrolled by his military oath' (in the year 699).

l. 7. [5.] **ad se proficisci iuberet:** see Merivale's remarks on this loan of troops (Hist. vol. 1, p. 492). The legion now lent was the first; see 8. 54, note 1.

l. 11. [6.] **amicitiae tribuisset:** see the passage of Merivale just quoted.

l. 13. [7.] **duplicato cohortium numero;** but without filling up the other legions which had suffered so much in the British campaign (5. 54, note 8).

P. 114. l. 4. [c. 2. n. 1.] **obsidibus de pecunia cavent,** 'gave hostages as a guarantee for the money.'

l. 4. [2.] **Ambiorigem,** the subtle Eburonian who had slain Sabinus and Cotta (5. 37). The refusal of the Senones and Carnutes to come to the assembly was in fact a declaration of war.

l. 7. [3.] **Germanis Cisrhenanis,** the Condrusi, &c. mentioned at the end of 2. 4. The weakness of this confederacy was manifestly the length of the line on which it was spread. Assuming the hostility of the Armoricans, the line extended from Brest to beyond Coblenz. It was just the kind of case in which, as Tacitus says, 'singuli pugnant, universi vincuntur,' more especially as the territory of the Remi broke the continuity of the confederation.

l. 11. [c. 3. n. 1.] **nondum hieme confecta**—in the earliest spring of A.U.C. 701, B.C. 53.

l. 14. [2.] **ea praeda concessa,** 'and there being given up as booty,' an abridged expression for 'iis praedae loco concessis.'

l. 18. [3.] **primo vere,** about the beginning of March.

l. 21. [4.] **Lutetiam Parisiorum,** the first mention of Paris in history. The name, according to Dr. Prichard, is an abridgment of 'Loukotokia,' the place of the 'loch' (just as Lugdunum is 'the city of the loch'), because the Seine there had somewhat of a lake character. It remained a πολίχνη, or unimportant town, until Clovis fixed his residence there A.D. 502.

l. 23. [5.] **ab hoc consilio afuisse,** 'not to have joined in this undertaking.' Later on, they joined the rebellion (7. 75), whence the word 'existimabantur.'

l. 24. [6.] **pro suggestu,** &c., 'having from the tribunal directed this transfer.'

l. 32. [c. 4. n. 1.] **excusationem accipit;** he afterwards punished Acco (6. 44).

l. 33. [2.] **instantis belli,** understand 'tempus' by Zeugma.

P. 115. l. 1. [3.] **obsidibus imperatis, hos .. tradit:** see 4. 13, note 7.

l. 5. [c. 5. n. 1.] **et mente et animo,** 'he applied his whole attention and will.'

l. 8. [2.] **ex eo, quod meruerat,** odio, this candid confession throws light upon the relations of these 'tulchan' kings to their subjects. See 5. 54, note 4 (and Carlyle's Cromwell, Introd. p. 64).

l. 11. [3.] **reliqua eius consilia circumspiciebat,** 'he tried to get an insight into his future plans.'

l. 11. [4.] **Menapii,** from the lower Scheldt to the Meuse. **Eburones,** from the Meuse to the Rhine. See the map at p. 65.

l. 15. [5.] **venisse in amicitiam.** &c., 'that they had formed alliances with the Germans by means of the Treveri.'

l. 18. [6.] **cum Transrhenanis congredi,** 'at once to join with the Suevi,' &c.

l. 22. [7.] **nulla coacta manu,** 'collected no regular force.'

l. 25. [c. 6. n. 1.] **effectis pontibus,** over the Dyle and other tributaries of the Scheldt. Caesar's advance was on the line of the modern Bavay and Brussels.

l. 27. [2.] **quibus rebus coacti,** 'compelled by these stringent measures;' see 1. 4, note 1.

l. 28. [3.] **hostium numero: custodis loco;** see 5. 5, note 2.

P. 116. l. 1. [c. 7. n. 1.] **quae hiemaverat.** Labienus was still at his old quarters on the edge of the Ardennes (5. 24).

l. 11. [2.] **difficili transitu flumen,** the Ourthe. The military student should note the care with which Labienus prepares, both here and in 5. 58, to mislead and delude his enemies.

l. 13. [3.] **augebatur,** understand 'enim hostibus.' For the asyndeton, see 5. 49, note 7.

l. 16. [4.] **castra moturum,** 'that he would strike his tents for a retreat.'

l. 17. [5.] **ut natura cogebat;** see 3. 8, note 4.

l. 20. [6.] **quid sui sit consilii;** see 1. 21, note 6.

l. 22. [7.] **quam .. fert consuetudo,** 'than is the usual custom of the Roman people.'

l. 24. [8.] **in tanta propinquitate;** see 1. 33, note 3.

P. 117. l. 4. [c. 8. n. 1.] impedito atque iniquo loco, on bad ground where they could not deploy. See 3. 24, note 4.

l. 5. [2.] nobis ducibus; to these splendid soldiers such an appeal was irresistible. So in 3. 21 the men are anxious to show how well they could do 'adolescentulo duce.'

l. 11. [3.] impetum modo, 'even a single charge.'

l. 13. [4.] equitatu; see 1. 8, note 1.

l. 16. [5.] percepta fuga, 'as soon as they gathered news of the rout.'

l. 17. [6.] cum .. his comitati eos, joining the Germans and accompanying their march. Kraner well remarks that the second expression marks the sequence of time, and is not merely pleonastic. See 4. 13, note 7, for the same repetition of pronouns.

l. 18. [7.] Cingetorigi imperium est traditum; see 5. 54, note 4.

l. 21. [c. 9. n. 1.] ex Menapiis in Treveros, this march proves that the military road alluded to in 4. 8, note 3, existed even at this time.

l. 25. [2.] paulum supra eum locum, not probably much higher than Bonn. If it had been, Caesar would have lost command of the military road from Cologne to Tongres, and there seems to have been no road from Coblenz to Tongres. His march on the other side of the Rhine must therefore have been up the Sieg, along the line of the present Cologne and Siegen railway. It should be remarked that the inducement to place this passage of the Rhine near Coblenz is the assumption that the Treveri did not come down so low as Bonn. But there is nothing to fix their north boundary; that it was the Ahr is a mere hypothesis, and fixing the passage at Coblenz would imply some unintelligible countermarching.

l. 26. [3.] nota atque instituta ratione; 'since the plan and details of such a bridge had been ascertained at the earlier passage, and since the men worked with unbounded zeal.'

P. 118. l. 5. [c. 10. n. 1.] interim, while occupied in this task.

l. 12. [2.] ad iniquam pugnandi condicionem, &c., ' might be induced to fight under adverse conditions.' For the hypallage, see 3. 8, note 2, and 4. 17, note 2.

l. 18. [3.] silva Bacenis, this forest is identical with the present Thuringerwald, Erzgebirge, and Riesengebirge, which constitute the great barrier of the north German plain southwards. The name is supposed to mean 'dorsi silva;' Glück, Kelt. Namen, 57; Zeuss, 11.

l. 20. [4.] pro nativo muro. This character of a natural wall still attaches strongly to the western extremity of the Thuringerwald. A reference to a railway map will show that the line from Leipsic by Eisenach to Frankfort is forced to go nearly as far north as Kassel, in order to turn it.

NOTES. BOOK VI, CHAP. 11, 12. 297

l. 20. [5.] **Cheruscos ab Suebis prohiberi,** Caesar appears to be in error about the position of these tribes. As the Suevi (Chatti) are in Hesse Kassel, and the Cherusci between the Weser and Elbe, they are not, as he supposes, divided by the Thuringerwald. It is true, however, that this range makes a great barrier between the nations north and south of it. Its difficulties hindered the junction of the Bavarians with the Hanoverians just before the battle of Langensalza: see Hozier, The Seven Weeks' War, vol. ii.

l. 24. [c. 11. n. 1.] **quoniam ad hunc locum perventum est;** as the military operations to be recounted have no marked character.

l. 28. [2.] **pagis partibusque,** 'in all cantons and sections of cantons.'

l. 29. [3.] **factiones sunt,** so Tacitus says of Britain (Agric. 12), 'Olim regibus parebant, nunc per principes factionibus et studiis trahuntur,' and he adds, 'nec aliud pro nobis utilius.' Caesar manifestly considers that this institution of patronage was older than the democratic constitutions in Gaul (1. 3, note 6). Exactly in the same way we find it existing under the oligarchic constitution at Athens: but the στάσεις gained infinitely more power when democracies were established (see Arnold, Thucyd. vol. 1. App. 1).

l. 31. [4.] **quorum ad arbitrium summa rerum redeat.** This cannot mean that the chiefs of the factions are the leaders most esteemed by the governments of the various states: for we have seen in 1. 2, note 1, and 1. 17, note 1, that the greatest dangers to the established governments arose from them. The sense must probably be that the chiefs are selected by the men of influence, those who can carry the rest of the party with them.

l. 32. [5.] **eius rei causa,** 'because of the existence of these factions.'

l. 32. [6.] **antiquitus institutum.** The *ancient* institution of clientship would doubtless have been that of the Scottish clan or Irish sept, in which, as Spenser expresses it, the chieftain was 'spent and defended' by his clansmen, and also bound to avenge any injury done to any of them (as, e.g., by challenging a neighbour for wronging his blacksmith). This has to be distinguished from two kinds of clientship existing under the republican governments; first the voluntary gathering round a rich man like Orgetorix, and secondly the voluntary combinations formed in the towns against the nobles who wished to reduce them to their old dependence (Thierry, book 4, c. 1).

P. 119. l. 8. [c. 12. n. 1.] **magnae eorum erant clientelae,** 'as they had many states dependent on them,' in the way in which Aargau and the Pays de Vaud were dependent on Berne till the French interference in 1797.

l. 9. [2.] **magnis iacturis,** 'by great sacrifices.'

298 NOTES. BOOK VI, CHAP. 13, 14.

l. 13. [3.] ad se traducerent; see 4. 28, note 2.
l. 17. [4.] Divitiacus; see 1. 19, note 4.
l. 23. [5.] reliquis rebus, 'by all other means.'
l. 25. [6.] quos quod adaequare intellegebatur, 'and as it was understood that they balanced (the Aedui) in influence with Caesar.' It is unusual (except in the perfect tense) to have this impersonal construction with 'intelligor.' Caesar apparently wishes to avoid the sound of 'qui' with 'ii' following and referring to a different subject. 'Adaequo' is used absolutely, as in Cic. Quint. 2. 6, 'equitum urna adaequavit,' 'the votes of the knights were balanced.'
l. 32. [c. 13. n. 1.] aliquo numero, 'in any consideration.' See 5. 5, note 2.
l. 33. [2.] plebes, 'the (rural) population.'
P. 120. l. 1. [3.] nullo consilio. This must apparently be dative (like 'alterae' in 5. 27), as Caesar uses with 'adhibeo' only the regular constructions. It should be remarked that 'alterius,' 'nullius' are the *older* forms: and if Caesar wrote the above words he must have been touched with the mania for making language uniform which made Cato the censor use such words as 'sacrem, isti modi,' and even 'fitur, fiebantur.'
l. 7. [4.] religiones, all omens and the like.
l. 11. [5.] si caedes facta. The Druids in Caesar's time had manifestly nothing to do with the political government of states; but it is quite intelligible that they should retain this jurisdiction, based on religious sanctions only. The instance of Samuel is obvious.
l. 14. [6.] sacrificiis interdicunt, this excommunication Caesar sometimes uses for his own purposes by getting a rebel banned (6. 44).
l. 21. [7.] aut si qui, &c., 'the most dignified of the rest, if any such there be.'
l. 24. [8.] in finibus Carnutum, probably where the town of Dreux now stands. So Anglesey was the Druid headquarters in Britain.
l. 29. [9.] diligentius; see 1. 40, note 6.
P. 121. l. 5. [c. 14. n. 1.] cum utantur: see 5. 26, note 2.
l. 7. [2.] quod neque velint, quasi-oblique, 'because it is supposed that they do not wish.'
l. 11. [3.] animas ab aliis transire ad alios. One of the noblest passages in Lucan (1. 450) is an expansion of this sentence. A fine translation of it is quoted in Pict. Hist. of England, vol. 1, p. 61.
l. 13. [4.] multa .. disputant, 'they also theorise largely.'
l. 14. [5.] mundi ac terrarum, 'of the universe and the globe.' The process by which 'mundus' came to have this meaning is curious. Originally it signified an order or outfit; thus 'mundus muliebris' stands for a lady's toilet requisites in the discussions on the Oppian law (Livy 34. 7), and 'habere in mundo' means 'to have in stock' in old writers,

It therefore comes to mean the ordered universe, just as κόσμος does in Greek.

l. 16. [c. 15. n. 1.] **est equitum**; understand 'genus.'

l. 18. [2.] **ut ipsi iniurias inferrent**, in apposition with 'quod.'

l. 21. [3.] **ambactos**, a Celtic word, from 'ambaig,' 'to lead,' or 'drive around one.'

l. 22. [4.] **hanc unam gratiam noverunt**, 'this is the one only source of influence with which they are acquainted.'

l. 25. [c. 16. n. 1.] **pro victimis**, 'by way of victims.' It will be observed that no *instances* of this kind of sacrifice are given either by Caesar or any other author as occurring in connection with the battles of the period; and considering how carefully Caesar notes such institutions as that of the 'soldurii' (3. 22), it may appear that Thierry (4. 1) is right in considering that these horrors were bygone in Caesar's time. The Romans themselves, it will be remembered, buried two Gauls alive in the forum during the second Punic war, in order to avert an omen (Livy 22. 57), and that not for the first time, as the passage shows. So did the Persians while invading Greece (Herod. 7. 114).

l. 30. [2.] **simulacra habent**; there is a curious vagueness about this expression. It would seem to mean that the images were of a kind to be *kept* among them, and not, as the general tone would imply, wicker cages made for the occasion, with some resemblance to the shape of a man. So in the words 'quibus succensis' there is additional obscurity of conception. The firing of mere wickerwork would hardly produce a sufficient flame; on the other hand, if the image was placed on a pile of wood, as M. Thierry supposes, wickerwork would not be the most natural material for it. This looseness of expression throws a degree of suspicion, if not on the existence of the custom[1], yet on the fact that it was current in Caesar's time.

P. 122. l. 3. [3.] **descendunt**, 'they have recourse.' So we have in 5. 48, 'redire,' 'to be reduced,' and 'deiectus,' 'disappointed.'

l. 4. [c. 17. n. 1.] **Mercurium**; see Tacit. Germ. 9. The general sense which we get from this passage is that the Gauls worshipped gods whose attributes and cultus were *like* those of certain Roman

---

[1] Dr. Prichard quotes from St. Foix (Hist. Essays) the account of a custom which may have some reference to these ancient sacrifices. 'There are still (1766) some towns in the kingdom,' the writer says, 'where the mayor and sheriff cause to be put into a basket one or two dozen cats and burn them in the bonfire of the eve of St. John.' In case of a storm the inhabitants of a fishing village near Whitby are said to kill their cats. This seems the most offhand way possible of giving life for life, retaining in fact the *idea* of these sacrifices, as the French custom did their form.

divinities. Thus Jupiter is probably Taranis, the god of thunder, for 'taran' is Celtic for thunder. Mercury is Teutates[1] (Luw Taith, the god of travelling); and this name closely resembles the name of Thoth, by which the same divinity, the author of all arts, was known in the East (Plato, Phaedr. § 274). The god whom Caesar calls Mars was Hesus. A figure of him and one probably of Taranis are given from antique sources in the Pict. Hist. of England, vol. 1, p. 68. See also the passage of Lucan quoted at 6. 13.

l. 8. [2.] **Apolliuem**, that is, the Gallic god Belenis. Here we seem to trace a strong resemblance between the two names, especially if the old form Apello (Apellen) be taken. Βέλα was also the Spartan name for the Sun, and ἀβέλιος is a form of ἥλιος.

l. 10. [3.] **Miuervam operum initia tradere**: as Minerva was not a Grecian but an Etruscan and Roman goddess, her worship in Gaul may have been of the same character as in those countries. She is, as her name shows ('menervo' being an old form of 'moneo'), the suggester of all ideas, as Teutates or Mercury developes ideas into arts. It is evident that the Gallic idea was to worship both the outward power of nature and the inward ones of the mind, divine and human.

l. 14. [4.] **reliquas res**, 'the remainder of the spoil.'

l. 20. [c. 18. n. 1.] **ab Dite prognatos**, 'sprung from the realms of night:' that is, apparently, 'aboriginal on their own soil.'

l. 22. [2.] **numero noctium fiuiunt**. The Germans, however, did the same (as Tacit. Ger. c. 11, tells us), and we, their descendants, still speak of 'fortnights' as the Welshman calls a week 'eight-nights.' This reason for this mode of counting time may be guessed from Sophocles' lines (Trach. 94), ὃν αἰόλα νὺξ ἐναριζομένη τίκτει ... "Ἅλιον αἰτῶ. This idea is universal in mythology.

l. 27. [3.] **assistere**, 'to place himself.' The acc. 'se' is understood, as it is with 'consisto,' and as στρατὸν is with ἐσβάλλειν.

l. 28. [c. 19. n. 1.] **dotis nomine**: see 5. 5, note 2.

l. 31. [2.] **fructus servautur**: this kind of settlement on the survivor must have involved some self-denial and saving power, and it implies a position of authority and dignity for wives. By Roman law in just the same way the 'dos' contributed by the wife was often met by a 'donatio propter nuptias'[2] on the husband's part.

l. 31. [3.] **uter vita superavit**; whichever of the two outlives the other receives both 'dos' and 'donatio;' with the interest which has accrued from each during the time of the marriage. Probably the torturing of widows mentioned immediately afterwards may have been in view of the temptation imposed upon wives by this custom.

---

[1] Some editions read 'Mercurii Teutatis' in Liv. 26. 44.
[2] The German Morgengabe.

P. 123. l. 3. [4.] de uxoribus; this implies polygamy among the rich nobles; probably only among them (Tacit. Germ. 18).

l. 5. [5.] pro cultu Gallorum, 'considering the degree of refinement at which the Gauls have arrived' (not up, perhaps, to the Roman ideas as to gladiators, and the like).

l. 8. [6.] supra hanc memoriam, 'a little before our own time.' So Liv. (I. 55) speaks of 'horum magnificentia operum,' meaning 'the works of our own day.'

l. 10. [c. 20. n. 1.] commodius, 'in a more regulated way' than others. Mostly the merest 'auditiones' (4. 5) determine the action of a Gallic community.

l. 11. [2.] habent legibus sanctum, 'have a legal enactment.'

l. 13. [3.] neve: see 4. 17, note 17.

l. 18. [4.] nisi per concilium, &c., 'politics cannot be talked about except in the general assembly.' 'Per' probably means 'in the course of,' as we have 'per aestatem,' 'per illos dies,' and the like.

l. 19. [c. 21. n. 1.] Germani differunt, that is, 'the customs of the Germans differ much from these.' For this compendiary form of comparison, see 4. 22, note 3.

l. 21. [2.] deorum numero: see 5. 5, note 2.

l. 21. [3.] eos solos quos cernunt. Caesar's limited knowledge of Germany made him acquainted only with the three German deities here mentioned, the sun, the moon, and Vulcan; by which last is to be understood, apparently, the clear sky (Wolken, welkin). To these Tacitus (Germ. 40) adds another of the same character, the earth-goddess worshipped with awful rites in a Baltic island, and above all a 'regnator omnium Deus' (39,) who may have been the Tuis Tuisco or Ζεύς of his second chapter; and a 'deus Mercurius' (9), supposed on good grounds to be Odin or Woden. Carlyle (Heroes, sect. 1) explains this identity fully.

l. 25. [4.] ab parvulis, 'from their childhood,' an abridgment like ἐκ παίδων and Virgil's 'in teneris,' Georg. 2. 272.

l. 27. [5.] hoc ali staturam: compare the celebrated words of Tacitus, 'sera iuvenum Venus, eoque inexhausta pubertas' (Germ. 20, and Kingsley, The Roman and Teuton, p. 50).

l. 31. [6.] pellibus, &c., 'and use *only* hides or small bits of reindeer-skin' by way of covering. See 1. 33, note 4.

P. 124. [c. 22. n. 1.] gentibus hominum: the chieftains or kings distribute the land annually to the various tribes or families (in the larger sense of the word) who are under their dominion; making these their political units, as Indian sovereigns have constantly done. The tribe, district, or 'Gau' apparently managed its distribution to the individual members of the clan on a rough but satisfactory principle. 'Jusqu'où' (says Michelet, Hist. de France, liv. 2. c. 1), ' le laboureur peut il étendre la culture dans la marche? Aussi loin qu'il peut jeter son marteau.'

l. 4. [2.] **anno post alio transire**: this is repeated from 4. 1, probably in order to introduce the list of reasons for the practice.

l. 15. [c. 23. n. 1.] **finitimos cedere**, in objective propositions, Caesar's preference for the weak accusative and infinitive is marked. Cicero prefers the strong subjunctive form, 'proprium est epistolae, ut is ad quem scribitur, de his rebus, quas ignoret, certior fiat' (de Orat. 3. 112).

l. 18. [2.] **bellum aut illatum defendit**, &c., 'when a state is either repelling an invasion, or invading other peoples' territory.'

l. 20. [3.] **nullus communis magistratus**: among the Goths, Lombards, and Burgundians the military chief was really a king; but other tribes, like the original Saxons, were 'all equal under the gods, and children of the gods' (Michelet, Hist. de France, 2, p. 269). So Mr. Kemble blames King Alfred strongly for endeavouring to create by his treason-laws an un-German idea of royalty.

l. 22. [4.] **latrocinia extra fines**: see Odyss. 3. 73; Thuc. 1. 5; Lady of the Lake, 5. 7: all these passages show the light in which piracy is regarded by rude nations.

l. 26. [5.] **se ducem fore**, &c., 'that he will lead such a raid, and let those follow him who choose.'

l. 28. [6.] **qui secuti non sunt**, after having pledged their faith in this public way.

l. 32. [7.] **his omnium domus patent**: see Tac Germ. 21.

P. 125. l. 1. [c. 24. n. 1.] **cum Germanos Galli superarent**. Caesar concludes that as there are Volcae Tectosages in Bavaria, they must have sprung from a Gallic colony emigrating eastward. Rather they were a section of the nation which never penetrated so far west as Gaul, but stayed behind just as other sections did in Bohemia, Moravia, &c.

l. 13. [2.] **assuefacti superari**: see 5. 54, note 8, and Tacit. Agric. 11.

l. 16. [c. 25. n. 1.] **Hercynia silva**; the Hercynian forest here includes the Bacenis mentioned in c. 10; it therefore embraces the Black Forest, Odenwald, Thuringerwald, Erzgebirge, Riesengebirge, and part of the Carpathians; as the Rauraci are near Basle, and the Daci are beyond the Theiss.

l. 17. [2.] **dierum iter sexaginta**; the distance would be 600 miles without windings, enough for two months' march. For the Duke of Alva's celebrated ride from Hungary to Spain and back in seventeen days, the most rapid transit of these countries on record before railways, see Motley, Rise of the Dutch Rep., vol. 2, p. 90.

l. 24. [3.] **ad initium**, 'to the end,' as we should say. But the ancients were apt to conceive of a direction as being from the object to

NOTES. BOOK VI, CHAP. 26-31. 303

themselves. So we have 'sedere a foco,' 'to sit by the fire;' ἀπὸ δρυὸς ἢ ἀπὸ πέτρης, 'by some oak tree or rock.'

l. 28. [c. 26. n. 1.] bos cervi figura; some understand the reindeer, others the bison. Conjecture seems wasted on this and the next chapter.

l. 31. [2.] palmae ramique, 'like branching hands.'

P. 126. l. 6. [c. 27. n. 1.] paulum modo, 'just for a little.'

l. 10. [2.] summa species stantium, they are left in appearance standing as regards their tops. For the hypallage, see 3. 8, note 2.

l. 11. [3.] consuetudine, ablativus normae, like 'instituto suo:' see 1. 50, note 1.

l. 13. [c. 28. n. 1.] uri, the aurochs, now almost confined to the forest marshes of Lithuania (Wood, Nat. Hist. 1, p. 629). They stand about six feet high at the shoulder (not so high as elephants), are generally shy, but fight fiercely if attacked.

l. 23. [2.] a cornibus, from the same points in the horns of our oxen. For the compendiary comparison, see 4. 22, note 3.

l. 28. [c. 29. n. 1.] minime student, the Germans in general do not care at all for agriculture.

l. 33. [2.] in extremo ponte, at the Gallic end of the bridge.

P. 127. l. 2. [3.] magnis munitionibus, with a strong *tête-de-pont*.

l. 3. [4.] G. Volcatium Tullum adulescentem. G. Volcatius Tullus the younger; so 'P. Crassus adulescens' in 3. 7. The father of Volcatius had been consul B.C. 66.

l. 4. [5.] cum maturescere frumenta inciperent, early in August, as we see from the British harvest in 4. 32.

l. 5. [6.] bellum Ambiorigis, the war in relation to Ambiorix, that of which he was the object.

l. 5. [7.] per Arduennam, by way of Zulpich and Eupen; on the way to the Meuse and to Aduatuca.

l. 16. [c. 30. n. 1.] quo in loco, understand 'ad locum,' as we say 'ad Caesarem in Galliam,' 'to Caesar in Gaul.'

l. 21. [2.] omni militari instrumento, it was the completest accident, that after losing all the material of war which he had with him, he himself should escape death. See 6. 23, note 1.

l. 27. [3.] angusto in loco; see 1. 33, note 2.

l. 30. [4.] fortuna valuit, fortune showed her power first by bringing Ambiorix into danger, and then by getting him clear out of it. This is another instance of the way in which Caesar harps on 'fortune' since his British expedition. See note 2, on 5. 23, and 6. 35, note 1.

l. 31. [c. 31. n. 1.] iudicione an tempore exclusus, the lighter form for 'utrum .. an.'

l. 32. [2.] an tempore exclusus, 'or whether he was barred from it by want of time;' like ἐκκληϊόμενοι τῇ ὥρῃ, Herod. 1. 31. The literal meaning would be, ' hindered by the arrival of the time.'

l. 33. [3.] cum crederet, thinking as he did that the rest of the army was following. See 1. 41, note 7.

P. 128. l. 3. [4.] quorum pars, the relative is in the plural, as if the antecedent were ' suos.' So in 1. 1, 'eorum una pars' refers to the antecedent ' Gallia omnis.'

l. 5. [5.] quas aestus efficere consuerunt, the islands forming the province of Zealand. See Lyell, Principles of Geol., ch. 21, and 4. 10, note 2.

l. 6. [6.] alienissimis, ' even to most hostile nations.'

l. 9. [7.] omnibus precibus, with a thousand curses on Ambiorix, who, he said, had led him on to the enterprise. The ' fuisset ' is probably quasi-oblique.

l. 11. [8.] taxo, ' lethale quippe baccis venenum inest,' Plin. Hist. Nat. 16. 20.

l. 12. [c. 32. n. 1.] ex gente et numero Germanorum, who are sprung from the Germans, and are considered to belong to them. The Segni and Condrusi are on the road from Cologne to Tongres. Caesar was therefore moving from Bonn *nearly* on the line of the Brussels and Cologne railway.

l. 18. [2.] quaestione captivorum, by enquiring from the prisoners.

l. 22. [3.] Aduatucam. This has been identified with Tongres. The reasons for doing so are given at length in Jules César (vol. 2, p. 201, note), and are in substance that no other place satisfies the necessary conditions. The two principal objections would be that Tongres was by no means in the centre of the Eburonian territory, and that Caesar makes no mention of crossing the Meuse on this march. But the ford of Visé was probably well known even then; so that the passage of the Meuse would not call for any peculiar notice; and a military man would take his idea of a central position more from the roads than from the general country which he occupies. Thus Tongres would be a ' medius locus,' as lying on the great arterial road of the Meuse, by which alone the baggage of the army could be transported. Note that Aduatuca must not be confounded with the Aduatum of 2. 29, note 1, which is the citadel of Namur.

l. 27. [4.] legionem quartamdecimam, this had taken the number of the one annihilated at the same spot under Cotta and Sabinus. The intention in leaving it at Aduatuca is manifest.

l. 29. [5.] Quintum Tullium Ciceronem, brother of the orator. He had been forced to accept a lieutenant-general's post in Caesar's army to keep him from the ranks of the republican opposition at Rome. For the same reason M. T. Cicero was, nominally, a legatus in Pompeius' army at this time.

l. 31. [c. 33. n. 1.] **ad Oceanum versus**, so we have 'in Italiam versus.'

P. 129. l. 1. [2.] **quae ad Aduatucos adiacet:** though Tongres was in this part of the Eburonian territory, it could not be considered occupied by Q. Cicero, for he had been ordered not to stir from his camp for a week. Trebonius, by keeping his moveable column in Cicero's neighbourhood, would strengthen Caesar's *point d'appui*, and keep the communication with Rheims open. Labienus, meanwhile, was to drive the enemy up towards the isle of Bommel. Caesar, with the three remaining legions, went towards Brussels and Antwerp.

l. 5. [3.] **post diem septimum**, 'after six days.' See 4. 28, note 1.

l. 8. [4.] **reipublicae commodo**; see 1. 50, note 1.

l. 9. [5.] **ad eum diem**, like 'ad horam,' 'ad tempus,' and the like: briefly, that is, for ' to the place at a fixed time.'

l. 12. [c. 34. n. 1.] **manus certa nulla**, 'no regular and combined force.' See 6. 31.

l. 14. [2.] **valles**, an ancient form for 'vallis.' So there exist the forms 'aedis,' 'felis,' 'vulpis,' as well as 'aedes,' 'feles,' 'vulpes.'

l. 16. [3.] **vicinitatibus**, 'were known to the neighbourhood,' and therefore could be ascertained by enquiry.

l. 18. [4.] **ab perterritis**, understand 'illis ;' they could do no harm to the main body, broken and daunted as they were.

l. 20. [5.] **ex parte**; yet this preservation of individuals was an element in the safety of the whole army.

l. 22. [6.] **silvae incertis itineribus**, the woods with their baffling and ill-marked tracts.

l. 23. [7.] **stirpem sceleratorum**, 'the whole accursed brood.' By 'scelus' is meant the breach of a law owned even by bad men; an act which all would simply detest; that for instance of an Ambiorix or a Nana in breaking a capitulation.

l. 29. [8.] **ut in eiusmodi difficultatibus**, 'considering that the difficulties were of this kind.'

l. 33. [9.] **omnes ad se vocat**, as if to a wolf-hunt. Merivale (vol. 1, p. 496) characterises the act well and forcibly. But to appreciate the elements of the questions, we should for a moment put our own use of Sikhs and Goorkhas against Sepoys in the place of that made by Caesar of Nervians and Aduatuci.

P. 130. l. 8. [c. 35. n. 1.] **quantum fortuna possit**, in 'hoisting the engineer with his own petard.' This harping on 'fortuna' ever since the British expedition betrays a kind of wavering in Caesar's fatalist views and trust in himself. He trusted his 'felicitas' in 1. 40, 2. 28, tries to persuade himself that it still exists (though appearances are against it) in 4. 26, 5. 23, half admits that it is against him in 6. 30, and finally, in 6. 42, finds a balance in his favour.

x

l. 13. [2.] ultro omnes evocari, that all who chose to volunteer were invited.

l. 17. [3.] infra eum locum, between Cologne and Dusseldorf.

l. 19. [4.] primos Eburonum fines, &c., 'they fell on the outskirts of the Eburonian territory.'

l. 27. [5.] tribus horis, they had already penetrated far into the country between the Rhine and Meuse.

l. 29. [6.] praesidii tantum est; see 1. 33, note 5.

l. 32. [7.] Aduatucam; see the map at 4. 1.

l. 33. [8.] usi eodem duce; see 1. 21, note 5.

P. 131. l. 1. [c. 36. n. 1.] qui milites . . continuisset, 'although he had kept his soldiers in camp' (concessive).

l. 9. [2.] novem oppositis legionibus, expecting no casualty of the kind which actually occurred, as possible to be met with in a mere march of three miles, when nine legions and a body of cavalry were in advance of him, and the enemy was all but annihilated.

l. 13. [3.] unus omnino collis, 'just a single hill.'

l. 15. [4.] sub vexillo, &c., 'were sent as a separate party.' They belonged to the nine legions which had gone to the front.

l. 19. [c. 37. n. 1.] eodem illo cursu, 'at the same full gallop.'

l. 19. [2.] ab decumana porta, 'in the direction of the rearward gate.' See 2. 24, note 2.

l. 22. [3.] usque eo, 'nay, so completely was this the case.'

l. 23. [4.] re nova, ' by the novelty of the occurrence.'

l. 24. [5.] cohors in statione, 'the cohort which was doing camp duty.'

l. 29. [6.] neque quo signa ferantur, &c., 'they could not tell which way to face, nor at what points the men were to fall in.'

P. 132. l. 2. [7.] ut audierant; see 4. 23, note 3.

l. 6. [c. 38. n. 1.] P. Sextius Baculus, the hero of Martigny and the Aisne; see 3. 5, 2. 25.

l. 6. [2.] primum pilum ad Caesarem duxerat, 'had been chief centurion in Caesar's army,' in the 12th legion.

l. 13. [3.] relinquit animus. Sextius soon received some severe wounds and fainted away; he was then passed from hand to hand and preserved with difficulty.

l. 18. [c. 39. n. 1.] praecurrunt equites, the cavalry which had joined the foraging party got on ahead..

l. 21. [2.] usus militaris imperiti, without the 'scientia et usus' of Caesar's veterans (2. 20).

l. 26. [3.] despecta paucitate, there must, however, have been nearly 2000 Roman infantry.

l. 28. [c. 40. n. 1.] deiecti, &c., 'driven from hence by a charge, they tried to force their way into the line and among the companies.'

l. 30. [2.] alii, &c., 'some of the soldiers voted for cutting their way through.'
l. 33. [3.] eundem casum; see 3. 13, note 7.
P. 133. l. 1. [4.] hoc veteres non probant, 'this latter course the veterans disapproved.'
l. 5. [5.] subsecuti eodem impetu, 'following on them and keeping up with their rush.'
l. 7. [6.] nullo usu percepto, &c., 'having gained no notion of military practice, even from what had been passing before them.'
l. 11. [7.] demiserunt se, &c., 'got down into a piece of bad ground,' one, that is, which was low and surrounded by slopes which gave an advantage to missiles. See 5. 32, note 4.
l. 23. [c. 41.] fidem non faceret, 'he could not persuade them.' So we have 'fidei faciundae causa,' in 5. 41.
l. 29. [c. 42. n. 1.] eventus belli, 'the general vicissitudes of war.'
l. 33. [2.] multo etiam amplius; see 6. 35, note 1.
P. 134. l. 5. [c. 43. n. 1.] magno coacto numero (eos) dimittit; see 4. 13, note 7.
l. 12. [2.] deducto exercitu, 'when the army was withdrawn.'
l. 15. [3.] circumspicerent captivi, &c., 'would look round and say that Ambiorix had just been seen (4. 14, note 3), and declare that he was even then not quite out of sight.'
l. 15. [c. 44. n. 1.] damno; see 1. 18, note 9.
l. 29. [2.] more maiorum, as Nero was to have been killed by scourging him to death. For his crime, see 6. 4.
l. 32. [3.] Agedinci, 'at Sens:' by way of punishment to the Senones.
l. 34. [4.] ad conventus agendos; see 1. 54, note 2.

BOOK VII.

GERGOVIA. ALESIA.

P. 135. l. 1. [c. 1. n. 1.] quieta Gallia, 'the torrent's smoothness ere it dash below.' In 2. 35, 3. 28, Caesar had thought Gaul to be 'quieta' and 'pacata,' yet disturbances had followed. But now there was to be an almost universal revolt, including even Caesar's cherished Aedui. There is a kind of sincerity, in Caesar's copying, from his diary here and elsewhere, expressions of opinion so much at variance with after circumstances.
l. 2. [2.] de Clodii caede. Worthless though he was, Clodius was

a partisan of Caesar, and therefore his slaughter by Milo was an affair of importance. The levies here alluded to were because Pompeius had declared the city to be in a state of siege on account of the tumult raised by the multitude for the loss of their favourite.

l. 3. [3.] certior factus, for 'iussus:' see above, 3. 5, 'certiores facit milites paulisper proelium intermitterent.'

l. 3. [4.] ut omnes iuniores Italiae coniurarent, that there should be a muster on emergency throughout Italy. The name comes from the fact that in these hasty levies to meet a 'tumultus' in Italy, the oaths were taken from the soldiers in a body, not from individuals. The form was (Servius on Aen. 8), that the general advanced holding two vexilla, and saying, 'Qui vult rempublicam salvam me sequatur.'

l. 6. [5.] addunt et affingunt, appended by their fictitious reports.

l. 8. [6.] in tantis dissensionibus, prepositional ablative absolute. See above, 1. 33, note 3.

l. 9. [7.] qui dolerent, the subjunctive (as in 5. 4, 'qui iam ante in nos inimico animo fuisset'), to express 'whereas even before they had been annoyed by their subjection to the Roman people.'

l. 13. [8.] ad ipsos, emphatic reflexive: 'on themselves, however unlikely such an event might now appear.'

l. 15. [9.] praemiis deposcunt, &c., 'they endeavoured, by all kinds of promises and offers of reward, to induce some one or other to come forward.'

P. 136. l. 6. [c. 2. n. 1.] Carnutes. This was one of the most important nations of Gaul. Chartres[1] and Genabum (Gien near Orleans) were their chief towns, the latter celebrated as an entrepot for the trade from the Saone to the Loire. The wealth thus derived, together with the fact that Caesar had not punished them for the murder of their king Tasgetius, and that they had not suffered in any of the former wars, may account for their forwardness at this time.

l. 9. [2.] ne res efferatur, since the very fact of their giving hostages would make the design public.

l. 11. [3.] ne deserantur, is the object to the verb 'sanciatur.' They asked for an oath and religious pledge to the effect that they should not be deserted after beginning the war. The pledge was to be by placing their standards close together; which is their most binding religious guarantee.

l. 17. [c. 3. n. 1.] negotiandi causa. Kraner well explains this line by quoting Cic. pro Fonteio, 'Referta Gallia negotiatorum est, nemo Gallorum sine cive Romano quicquam negotii gerit; numus in Gallia nullus sine civium Romanorum tabulis commovetur.' The business was

---

[1] The modern name of the town retaining, as usual in Gaul, the ancient name of the nation.

money-lending, (unrestrained by Roman usury laws), the farming of taxes, purchase of slaves or corn, and the like.

l. 24. [2.] **ante primam confectam vigiliam.** This was managed by means of a series of telegraphic towers (some of which still remain[1]) placed at distances of about 500 yards from one another. The message was passed either by cries or by fire signals. The Gauls were on the alert all along the line, as it had been agreed that the Carnutes were to begin the war.

l. 28. [c. 4. n. 1.] **principatum Galliae totius,** before the Aedui had supplanted the Arverni: see 1. 31.

l. 31. [2.] **facile incendit,** understand 'eos,' an unusual use of the abl. absolute for accusative of object; to express (as Madwig, p. 377, points out) the *sequence* of events more clearly. For the same reason in 4. 13, we have 'quos sibi Caesar oblatos gavisus, illos retineri iussit.'

P. 137. l. 3. [3.] **hac coacta manu,** &c., 'having collected a force of this kind, he drew over to his side all those of his countrymen to whom he could gain access.' 'Adit' is the same as 'aditum habet' in 1. 44.

l. 8. [4.] **Senones, Parisios,** &c. This great confederacy was an attempt to combine against Caesar the western and central nations of Gaul, which as yet had hardly felt the war at all. It did *not* include the Aquitanians, who had been subdued by the younger Crassus in the campaign of 698 (3. 20), and who, besides, were not likely to sympathise with a purely Gallic movement. Nor were the Armoricans members of it (at least till after Caesar's failure at Gergovia); for they remembered their crushing defeat in the same year (3. 10, sqq).

l. 15. [5.] **summae diligentiae:** see 1. 40, note 6.

l. 17. [6.] **maiore commisso delicto necat:** see note 2 to this chapter.

l. 23. [7.] **in Rutenos,** a Gallic nation in the Rouergue, on the upper Tarn and Aveyron.

l. 23. [8.] **in Bituriges,** understand 'Cubos.' The modern names both of Berry and Bourges (Avaricum) seem to be derived from this ancient name. This nation was a subject ally of the Aedui, as the Cadurci and Tulobriges were of the Arverni.

P. 138. l. 6. [c. 6. n. 1.] **virtute Gnei Pompei,** 'by the decisive measures of Pompey.' He had swept the streets of the Clodian mob; at the same time conciliating them by the condemnation of Milo, whom Cicero so falteringly defended.

l. 8. [2.] **magna difficultate afficiebatur,** &c., 'he was in great

---

[1] Many of the small barrows in Warwickshire are thought by antiquaries to have served the same purpose as these towers.

straits (to know) how to reach his army.' Cic. Rosc. Am. 34, uses a similar ellipse, 'cuius manu percussus sit, non laboro.'

l. 9. [3.] si legiones arcesseret, he had to collect them from Treves, Langres, Sens (6. 44).

l. 18. [4.] antevertendum existimavit, a slightly antiquated expression. So Plautus uses the deponent (Bacch. 3. 5. 1),

'rebus aliis antevortar Mnesilochum ut requiram.'

l. 26. [c. 8. n. 1.] mons Cevenna, from 'kefyn,' a back (Zeuss). Even in the summer the passage offered some difficulty to an army, as we see from the *détour* made by the Helvetii to avoid it in Book 1. c. 12; and from the fact that the high road from Lyons to Rochelle passed (before railways were made) by Autun, Nevers, and thence along the Loire.

l. 27. [2.] durissimo tempore anni, 'on account of its being the severest season of the year' (the end of February). So as expressions of time we have 'adventu Caesaris in Galliam,' 'occasu solis,' and a few others in the simple ablative.

l. 29. [3.] viis patefactis, by Aps and S. Cirgues, on the direct way to Gergovia (Clermont). He had started from Vienne.

l. 29. [4.] summo militum sudore, these admirable soldiers were worthy of the genius of their chief. This whole operation deserves the closest attention.

P. 139. l. 4. [5.] neu (neve), the same as 'et ne,' 4. 17, note.

l. 6. [6.] ad se bellum translatum, probably 'that the whole war was transferred to *them*,' much as Corn. Nep. Hann. 12, has 'miserunt qui a Prusia rege peterent ne inimicissimum suum (sc. Romanorum) apud se haberet.' In both cases the reflexive is referred to a subject unusually distant.

l. 9. [c. 9. n. 1.] usu ventura, 'would happen.' The order may be varied, as Cic. de Or. 1. 40, 'quid, quod usu memoria patrum venit.' 'Usu' is the dative here, like 'equitatu,' 'cornu.'

l. 10. [2.] Brutum adulescentem. This was the Decimus Junius Brutus well known to Shakespeare readers. He could be left with safety, as he had a clear pass behind him, and Vercingetorix was far away to the north.

l. 14. [3.] suis inopinantibus, 'without his own men having a notion what he was doing.' These admirable movements completely took away the initiative from Vercingetorix.

l. 23. [4.] Gorgobina. The Boii had been placed (1. 28) on the extreme edge of the Aeduan territory; and, apparently in the fork of the Loire and Allier, at or near S. Parize le Chatel. There are curious evidences that this spot was occupied by a tribe of foreigners. See Jules César, 2, p. 248. As 'ob' and 'oban' mean in Celtic 'a port' or a refuge, we may suppose that the names 'Gergovia' and 'Gorgobina' are compounds of these words with 'guerg,' strong.

NOTES. BOOK VII, CHAP. 11-13. 311

l. 28. [c. 10. n. 1.] **stipendiariis expugnatis**, 'if he allowed the tributaries of the Aedui to be captured.' Caesar had noticed, in 6. 11, that the first duty of a leader, according to Gallic opinion, was to secure his dependents.

l. 29. [2.] **in eo**: see 1. 5, note 5. 'In se' would have meant 'in themselves' here.

l. 31. [3.] **ab re frumentaria**: see 3. 25, note 4.

P. 140. l. 5. [c. 11. n. 1.] **altero die**, the order of days, when the ablative of time is used, is primo, altero, tertio (Cic. Phil. 13. 13). This rule does not however apply to 'post tertium diem,' and the like: see 4. 9, note 1; 4. 28, note 1.

l. 6. [2.] **Vellaunodunum**; sufficient Gallic remains have been discovered to fix the site of this town at Triguères, near the road from Sens to Gien and Orleans.

l. 7. [3.] **expeditiore re frumentaria uteretur**; in order that it might be possible to bring up his convoys (Litotes).

l. 12. [4.] **Cenabum**, almost certainly Gien, and not Orleans, as commonly thought. Caesar's object was to be as soon as possible at Gorgobina; to go to Orleans would have been sixty miles round, and would have involved the passage of marshes and forests. Besides this, the direct road from Sens to Orleans did not exist in Caesar's time.

l. 17. [5.] **diei tempore exclusus**, &c., 'he was hindered from farther operation by the lateness of the hour.'

l. 19. [6.] **pons continebat**, a bridge was in the immediate rear of the town.

l. 25. [7.] **perpaucis desideratis**. Here the circumstance expressed by the ablative absolute accompanies or follows the main action instead of preceding it. So Livy 4. 10, 'Volsci oppressi dederunt poenas, vix nuntio caedis relicto.' This is rare.

l. 27. [8.] **oppidum diripit**, from the horrid fate of Avaricum presently we can judge what is included in this expression.

l. 32. [c. 12. n. 1.] **Noviodunum**; this cannot mean Nevers, since the place indicated must be about halfway between Gorgobina and Gien. It has therefore been fixed at Sancerre, where there still remain the substructures of a large Gallic city.

l. 33. [2.] **ut sibi ignosceret**; the reflexive refers back to 'legati.' The meaning of the verb excludes all ambiguity.

P. 141. l. 1. [3.] **celeritate**, &c., 'with the same rapidity with which he had accomplished the rest of his objects.' The rapidity of the sentence is aided by the asyndeton.

l. 10. [4.] **ex significatione**, 'from the demeanour' of the Gauls.

l. 14. [c. 13. n. 1.] **Germanos**; here we see the fruit of Caesar's glowing description of the German cavalry in 1. 48. Vercingetorix (7. 18) also adopted the German cavalry tactics.

l. 15. [2.] ab initio, 'from the beginning' of this war.

l. 20. [3.] seseque ei dediderunt; the result of this surrender is not indicated here, and other authors do not supply the blank. Was there a 'sectio eius oppidi universa' (see the similar case in 2. 33), or did the growing fierceness of the conflict produce even fiercer measures? The omission of all details makes us imagine that Caesar wished not to relate another tragedy like what he had to tell of Avaricum.

l. 21. [4.] Avaricum; for a plan of the town, see Jules César (Plate 20), and for the description, see vol. 2, p. 255.

l. 22. [5.] agri fertilissima regione, 'in the most fertile part of the district occupied by them.' 'Regio' properly means 'a line drawn from the eye onwards,' 'a direction' (see above, 6. 25, note 3), and secondarily, 'a line bounding a space;' whence also 'a space,' 'an area.'

l. 27. [c. 14. n. 1.] atque antea gestum sit, 'from that in which it had been managed before.' In the phrase 'pariter patribus ac plebi carus,' we probably have to understand 'carus' after 'patribus.' So we should write fully 'illi sunt alio ingenio atque tu (alio).' Hence 'atque' generally assumes the meaning 'than.'

l. 30. [2.] quod ipsi abundent, quasi-oblique: 'because,' he said, 'they had large numbers of cavalry.'

l. 30. [3.] anni tempore, it was still March; and (2. 2) it was impossible to get even forage from the fields till June.

l. 31. [4.] necessario dispersos petere, &c., 'were obliged to send detached parties to get corn from the houses.'

P. 142. l. 1. [5.] hoc spatio quoqueversus, &c., 'so far in all directions as the enemy seemed likely to go for foraging purposes.'

l. 6. [6.] a Boia. Scaliger enclosed these words in brackets; as the meaning evidently is that the country should be laid waste round the Romans wherever they were. Some editors have proposed to read 'ab hoste.'

l. 6. [7.] ipsosne interficiant, if the former 'ne' is omitted, the second alternative is generally introduced by 'ne,' as in Horace's question, 'maiora minorane fama?' If it is expressed it is mostly followed by 'an,' as in the phrase, 'servus esne an liber,' or Cic. Att. 16. 8, 'Romamne venio an hic maneo (an Arpinum fugiam ?).'

l. 9. [8.] munitione, 'by the strength of their fortifications' (1. 38, note 4.)

l. 9. [9.] loci natura, 'by the character of their site.'

l. 10. [10.] neu Romanis proposita: see 4. 17, last note.

l. 12. [11.] gravius aestimare, understand 'se.' 'So he himself, he said, made much more account of their wives being led into captivity,' &c. 'Gravius,' as Kraner remarks, means 'at a heavier rate.'

l. 12. [12.] illa... in servitutem abstrahi coniuges. Caesar would probably have written 'ut abstrahantur' if he had intended the form of the expression to denote the likelihood of the supposition. This probability is however expressed only in the following words, 'quae sit necesse accidere victis.' Just so Cic. Leg. Man. 26, has first, 'Quid tam inauditum, quam equitem Romanum triumphare? at eam quoque rem populus Romanus . . . videt,' and then, a few lines on, where the turn of the phrase implies, without any addition, the occurrence of the fact, 'at quid tam incredibile quam ut eques Romanus triumpharet?'

l. 14. [13.] quae sit necesse accidere,' and this, he said, must necessarily happen to them if conquered.'

l. 15. [c. 15. n. 1.] amplius viginti urbes: see 4. 12, 2.

l. 19. [2.] explorata victoria: see 2. 4, note 5.

l. 22. [3.] pulcherrimam urbem; Avaricum was on the site of the present Bourges; but occupied more ground, as it contained 40,000 inhabitants. It was celebrated for its squares and open public places.

l. 24. [4.] loci natura, 'from the character of its site.' It was surrounded on all sides but that towards Moulins by marshes, which have now shrunk into the channels of the Yèvre, Yèvrette, and Auron. Its position was therefore like that of Shrewsbury or Durham; in a kind of loop with abrupt descents towards the streams. Moreover the neck of land between the marshes, by which it communicated with the adjoining country, was cut by a deep ravine, the bottom of which was eighty feet below the crest of the wall in that direction.

l. 28. [5.] precibus . . . misericordia, ablativus normae; like 'instituto suo,' &c. See 1. 4, 2.

l. 30. [c. 16. n. 1.] Caesarem subsequitur. Vercingetorix, after hanging on the left of Caesar's march, had established himself probably near Dun le Roi, so as to draw his supplies from the Arvernian country.

P. 143. l. 2. [2.] disporsos adoriebatur, 'attacked the men while scattered.' Compare the wise policy of Cassivelaunus (5. 19).

l. 4. [3.] ab nostris occurrebatur, &c., 'although as much as could be done by calculation was accomplished by our men to remedy the difficulty by going (namely that they went) at various hours of the day.'

l. 5. [4.] ut iretur appears to be in apposition with 'quantum.'

l. 13. [c. 17. n. 1.] alteri non magnis facultatibus, understand 'cum essent.' See 1. 18, note 2; and 1. 39, note 2.

l. 18. [2.] extremam famem sustentarent, 'bore up against excessive hunger.' The imperfect subjunctive here marks that the consumption of cattle lasted all through the time during which the supply of corn was short. In Bell. Civ. i. 48, Caesar calls meat a 'secundum subsidium' for the corn-diet to which the soldiers were accustomed.

l. 21. [3.] in opere, 'legions engaged in the work.'

l. 24. [4.] meruisse: 'that they had served without ever suffering a single defeat.'

l. 26. [5.] laturos si reliquissent; the actual words of the soldiers (of which these are the oblique form) were 'feremus si reliquerimus.'

l. 28. [6.] quam non parentarent, understand 'ut.' So Cic. Tusc. 2. 22, 'perpessus est omnia potius quam conscios ... indicaret.' For the word see Ov. Fasti, 2. 546.

l. 33. [7.] propius Avaricum, on the eastern side.

P. 144. l. 1. [c. 18.] inter equites: see note 1, on 7. 13, note 1.

l. 11. [c. 19. n. 1.] non latior, &c., 'although not more than fifty feet wide.'

l. 12. [2.] generatim in civitates, 'state by state, according to their extraction.'

l. 13. [3.] vada ac saltus, 'all the shallow points and all approaches to the bog.' By 'saltus' appear to be meant the descents of the hill between its projecting buttresses.

l. 15. [4.] ex loco superiore: see 3. 4, and 3. 14, where this advantage is fully dwelt on.

l. 16. [5.] ut existimaret, &c., 'and that in such a manner that every one who saw the nearness of their position thought that they were ready for battle on almost even terms.'

l. 18. [6.] inani simulatione. This is rather hard on the Gauls, as Caesar had used the same means of defence against the Belgian confederacy (2. 8). We see a shade of vexation at the failure of his well-devised *coup-de-main*. It is curious to compare the expressions here with those used in c. 52, in narrating the same event.

l. 25. [7.] sua salute cariorem, 'dearer than his own welfare.'

P. 145. l. 5. [c. 20. n. 1.] persuasum, &c., 'as for his having approached nearer to the Romans, this course had been recommended to him by the admirable character of the position.'

l. 5. [2.] se ipsum, 'which defended itself by its own strength' (compare 1. 38, 'oppidum natura loci sic muniebatur,' 'was so strong by the very character of its site'). There was no need for altering 'ipsum' to 'ipse' (as some editors do), as we have in Cic. (pro Corn. 2), 'dicere de ipso,' and the reflexive *may* therefore be in the object.

l. 6. [3.] neque desiderari debuisse, &c., 'on the one hand ought not to have been wanted in so marshy a position, and on the other had been useful where they went.'

l. 18. [4.] ipsis remittere, &c., 'he offered to resign it at once to them.'

l. 25. [5.] si quid reperire possent, 'to try if they could find anything.'

P. 146. l. 2. [c. 21. n. 1.] concrepat: see Tac. Germ. 11, where the clash of arms is in like manner mentioned as a mode of assent.

l. 8. [2.] **paene in eo si retinuissent**, their final triumph depended mainly on the point of their retaining this city. Though most MSS. read ' penes eos,' this correction seems almost necessary. The saving of Avaricum was necessary to them rather negatively than positively; to lose it was ruin, but to keep it was not victory.

l. 11. [c. 22. n. 1.] **occurrebant**, as in 7. 16, note 3.

l. 11. [2.] **ut est summae genus sollertiae**; see 3. 8, note 4.

l. 13. [3.] **laqueis falces avertebant**. The 'falces' seem to have been a kind of battering ram with both a point and a hook. See Jules César (vol. 2, p. 128, note). The nooses were employed, as in the great siege of Plataea (Thuc. 2. 76), first to break the blow by turning it in an oblique direction, and then by drawing the sliding knot tight, to drag the ram from its position by means (apparently) of windlasses.

l. 18. [4.] **turribus**; see 5. 40, note 1.

l. 22. [5.] **commissis suarum turrium malis** seems to mean 'by adding fresh lengths of scaffolding:' for the verb implies actual contact; and therefore Kraner's interpretation ' by building together the scaffolding poles,' seems hardly admissible.

l. 23. [6.] **apertos cuniculos**, 'and, when we opened mines, they countermined them from above; and from their own gallery sometimes thrust sharpened stakes into the line of ours; sometimes poured boiling pitch upon our working parties, sometimes even dropped into our galleries pieces of rock large enough to close them up for the time.'

l. 26. [c. 23. n. 1.] **trabes directae**, beams laid at right angles to the trace of the wall.

l. 26. [2.] **perpetuae in longitudinem**, and continued round the whole *enceinte*.

l. 29. [3.] **vestiuntur**. These timbers are framed together by ties, filled in with earth, and riveted with blocks of stone occupying the two-foot intervals between beam-head and beam-head.

l. 32. [4.] **neque inter se contingant trabes**, the second course was entirely of stones: this was then continued by a third alternating with the first in the position of its timber and stone. That this is the meaning is proved by a representation of such a wall on Trajan's column.

P. 147. l. 2. [5.] **cum ... deforme non est**: the indicative is used here, as it would have been if the phrase had been 'est, cum non deforme, tum opportunum.' So Cic. ad Fam. 3. 9, has 'quum ipsam cognitionem iuris augurii consequi cupio, tum tuis incredibiliter studiis delector.' Madwig, p. 313. The principle of the architecture is that of the beautiful old houses in Shrewsbury, Chester, Rouen, Warwick, &c.

l. 6. [6.] **quae perpetuis trabibus**, 'for as its beams extend inwards without interruption for forty feet, and are also firmly bolted together, they cannot be either breached or drawn.'

l. 9. [c. 24. n. 1.] cum tardarentur, 'and although they were also delayed.'

l. 12. [2.] pedes octoginta, so as to reach ('contingere') from the bottom of the ravine to the crest of the parapet.

l. 17. [3.] toto muro, 'along the whole of the ramparts.'

l. 23. [4.] instituto Caesaris, abl. normae: 'according to Caesar's standing order.' See 1. 50, note 1.

l. 24. [5.] celeriter factum est, 'measures were speedily taken.'

l. 25. [6.] turres reducerent, 'should withdraw the towers of attack.'

l. 30. [c. 25. n. 1.] pluteos, 'the skin-covered mantlets:' without these the towers could easily be fired by the enemy.

l. 33. [2.] vestigio temporis; literally, 'spot of time.' So in 4. 2, we have 'eodem vestigio,' for 'the same spot,' as regards space.

P. 148. l. 12. [c. 26. n. 1.] profugere, the infinitive is used, because 'consilium ceperunt' is equivalent to 'statuerunt.'

l. 16. [2.] tardabat, for 'tardatura erat.'

l. 18. [3.] proiectae, cast themselves at the feet of those near and dear to them and entreated. The second participle is nearer to the verb, and should therefore be translated by a co-ordinate verb. See 3. 1, note 3, and 7. 27, note 1. See also Krüger, Gr. Gr. § Participien, p. 233.

l. 24. [4.] quo timore, by this cause of fear. So we have 'quo metu,' 'quo dolore,' 'leve momentum,' and the like.

l. 27. [c. 27. n. 1.] directis operibus. Caesar advanced a tower, and proceeded to carry on his line of works. However, a heavy fall of rain came on, and he thought this an opportunity for his next move, which was to be a surprise just like that which took the Malakhoff.

l. 31. [2.] quid fieri vellet; see 1. 21, note 6.

l. 31. [3.] legionibusque, &c., 'accordingly, the legions being posted under their covered ways in light marching order.' For the ablative absolute in the object, see 7. 4, note 2.

l. 33. [4.] aliquando, i.e. 'tandem,' as Cicero says, 'collegi me aliquando' (at *some* time, though not so soon as I might).

P. 149. l. 7. [c. 28. n. 1.] toto muro; see 7. 24, note 3.

l. 9. [2.] continenti impetu, 'with a headlong rush.'

l. 13. [3.] Cenabi caede, 'the slaughter done at Gien.' Nipperdey quotes the same phrases, 'Apollinarium ludorum plausus' (Cic. Phil. 1. 15), 'Cretae vitia et flagitia' (Cic. pro Flacco, 81). That is, the subjective genitive may be used for the gen. of place with a participle.

l. 15. [4.] denique, 'in short.'

l. 20. [5.] ut curaret, &c., 'so that, in point of fact, he stationed his own friends, &c., to separate them.'

l. 22. [6.] quae pars; referring to the antecedent 'ad eam partem castrorum' which is understood in 'ad suos.'

l. 27. [c. 29. n. 1.] **errare si qui expectent,** 'any one is in error who thinks.'

l. 30. [2.] **factum imprudentia,** &c., 'the result of the Bituriges' folly had been that this disaster had befallen them.'

P. 150. l. 4. [3.] **aequum esse,** &c., he had a right to ask them: a softer tone than in 7. 4.

l. 5. [4.] **castra munire.** Hence the praiseworthy attempts of antiquaries to find the camp of Vercingetorix at Bourges have not met with success.

l. 14. [c. 30. n. 1.] **in spem veniebant,** 'they began to entertain hope.'

l. 17. [2.] **homines insueti laboris,** 'unaccustomed as they are to toil.' See 1. 2, note 6.

l. 22. [c. 31. n. 1.] **capere posset,** 'could win' people.

l. 25. [2.] **quem (numerum),** &c., 'stating what number he wanted and by what time.'

l. 30. [3.] **amicus erat appellatus;** see 1. 33, note 7. The Nitiobriges were on the middle Garonne and Lot, but were not Aquitanian, as the last line of the chapter shows.

P. 151. l. 4. [c. 32. n. 1.] **sive eum ... elicere posset,** 'and to try whether he could either draw him from his woods and marshes, or get him into some town where he might be besieged.'

l. 9. [2.] **annum,** 'for one year.' So we have 'pedem longae,' ' longius anno' always without ' unus.' ' For that one day' is expressed by 'eo die.'

l. 13. [3.] **hominem summae potentiae.** So Caesar applies the word 'homo' to Labienus (5. 58).

l. 18. [4.] **positum,** &c., 'depended on his care and influence.'

l. 23. [c. 33. n. 1.] **aluisset ... ornasset,** 'had cherished and honoured by all possible means.'

l. 24. [2.] **descenderet,** 'should be reduced,' as 'deiectus' means 'disappointed.' See 5. 48, note 1.

l. 26. [3.] **huic rei praevertendum,** 'that he ought to attend to this business first.' We have the word also with the accusative, as Livy, 35. 33, 'aliud in praesentia praevertendum sibi dixit.' Compare the use of 'antevorto' in 7. 6, note 4.

l. 26. [4.] **quod non liceret,** 'because he was aware that it was unlawful.' (Madwig, Gr. pp. 310, 322.)

l. 28. [5.] **de iure aut de legibus,** 'from their constitution or laws.'

l. 30. [6.] **quos inter controversia esset,** 'those between whom they stated the controversy to be,' quasi oblique.

l. 31. [7.] Decetia, Decize; west of Bibracte, on the Loire.

l. 32. [8.] **alio atque oportuerit;** see 7. 14, 1.

P. 152. l. 4. [9.] **intermissis magistratibus,** after the proper interval of time since his last election to office. These regulations against aristocratic influence were evidently intended as safeguards to the republican institutions. See 1. 2, note 1.

l. 11. [c. 34. n. 1.] rei frumentariae causa, 'to protect his convoys.'

l. 12. [2.] in Senones Parisiosque. These were the most eastern members of the hostile confederacy (7. 4).

l. 14. [3.] secundum Elaver, 'along the Allier;' as in 2. 18, in this case upwards. See 1. 33, note 1.

l. 18. [c. 35. n. 1.] exisset, &c., 'had debouched upon the opposite sides of the river.' Attempt has been made to emend the passage by reading 'cum uterque utrique esset exercitus in conspectu, fereque e regione castris castra ponerent, dispositis,' &c. As regards the first words, the sense appears better thus; but as all the best MSS. read 'ponebant,' it is probably better to retain the older reading.

l. 22. [2.] non ante autumnum, the Allier is now fordable everywhere in the summer; but this is from drainage and the natural rise of the river-bed.

l. 27. [3.] captis quibusdam cohortibus, 'but taking some cohorts from each legion.' There is no reason to emend the reading here; we have such phrases as 'sum iudex captus;' and the word was regularly used in religious formularies. From his six legions' Caesar chose twenty cohorts; the remaining forty were re-divided so as to have the appearance of six legions. The passage was probably made at Varennes. Vercingetorix, barbarian-like, had neglected the precaution of watching his rear as he advanced. How carefully a good general does this, we may see by Lord Wellington's works constructed in his rear, while triumphantly advancing to the Pyrenees in 1810 (as described by Gleig in 'The Subaltern').

l. 29. [4.] egredi, 'to push on ahead.'

P. 153. l. 3. [c. 36. n. 1.] quintis castris, 'at the end of the fifth march.' A camp was invariably formed and fortified each evening.

l. 4. [2.] perspecto urbis situ. Gergovia was four miles south of the present Clermont; situated on a high plateau, inaccessible except from the south, where the ground rises in steep terraces, and from the left, where its plateau is formed by a nearly level neck with the height of Rissolles. On the south, about a mile from the town, is a peculiar scarped hill called the Roche Blanche. On the south-east of the town are some low heights sloping down to the ancient lake of Sarlièves, now drained. Two streams, the Artieres on the north and the Auzon on the south, were the only watering-places for the defenders, except the springs in the town. See plate 21 to Jules César, vol. 2, and the plan at p. 137.

l. 7. [3.] quam rem frumentariam expedisset, 'until he had made arrangements for his convoys.'

l. 8. [4.] **castris prope oppidum**, along the south slope of the plateau (as far as the six-feet wall presently mentioned) and of the Rissolles heights.

l. 17. [5.] **collis egregie munitus**, the Roche Blanche, 'a hill of great strength scarped on all sides,' (1. 35, note 4).

l. 19. [6.] **aquae magna parte**, for they would no longer be able to get to the Auron, and the descent to the Articres on the north was exceedingly abrupt.

l. 20. [7.] **sed is locus**, but the enemy had occupied the place as an out-post, although not in force.

l. 21. [8.] **tamen**: 'in spite of its being occupied.'

l. 22. [9.] **ex castris**. Caesar does not inform us of the position of his camp; but the trace of it was discovered in 1862, in the researches directed by the author of Jules César. It was on the low hills just south of the lake of Sarlièves.

l. 24. [10.] **fossam duplicem**, 'a double trench;' the earth dug out being thrown up on the side towards the town. 'Duodenum pedum:' 'twelve feet wide.'

P. 154. l. 4. [c. 37. n. 1.] **iustissimam causam**, &c., 'yet only so far that he had been supported in a most righteous claim.'

l. 8. [2.] **adulescentibus deductis**, abl. absolute in the subject. As in 7. 4, the object of the construction is to express more strongly the succession of events.

l. 13. [3.] **fratres praecurrerent**, probably in order to seduce the soldiers of Caesar's Aeduan contingent, and to send the counterfeit message next mentioned.

l. 20. [c. 38. n. 1.] **indicta causa**, a negative compound with the participle; and not from 'indico.' So 'intentatus,' 'infrenatus,' &c., are to be distinguished from the participles of 'intento' and 'infreno.'

l. 23. [2.] **prohibeor pronuntiare**, as 'ego' is expressed, the infinitive is naturally used after 'prohibeor.' So the Roman would not have said 'pudor me impedit ne exquiram,' but 'pudor me exquirere impedit.'

P. 155. l. 11. [c. 39. n. 1.] **sibi traditum**, 'introduced to him;' as in Horace, 'hunc hominem velles si tradere.'

l. 14. [2.] **illa controversia**, 'the controversy of which I have spoken.'

l. 19. [3.] **quod provideat**, i.e. 'quod se providere dixit.'

l. 22. [4.] **levi momento aestimare**, i.e. 'pro re levis momenti;' literally, 'to estimate at a slight movement.' In something the same way Shakespeare uses the word 'stop' (Othello, act 5. sc. 6):

'I've made my way through more impediments
Than twenty times your stop.'

l. 26. [c. 40. n. 1.] **ad contrahenda castra**, to narrow the camp to the right size for the two remaining legions (four, it will be remembered from c. 34, had been detached under Labienus).

l. 31. [2.] **cupidissimis omnibus,** ' and finding them all most eager.'

l. 33. [3.] **interdicit ne interficiant.** Madwig (p. 332) lays down that 'prohibeo,' 'interdico,' &c., hardly ever have 'quin,' but prefer 'quominus.' The reason for 'ne' (which is the same as 'quin') being used here is, that there is no need, in relating a military order, for the courteous and euphemistic 'quominus' (1. 31, note 9).

P. 156. l. 4. [4.] **manus tendere.** Kraner remarks that, if these three infinitives were co-ordinate, the conjunction would not be used with any of them. The two latter infinitives make up one idea, 'they began to stretch out their hands, *and* to make signs of surrender and beg their lives.' See Madwig, p. 381, and Nipperdey's Caesar, p. 68.

l. 6. [5.] **clientibus,** the same is said of the Aquitanian 'saldunac,' in 3. 22.

l. 10. [c. 41. n. 1.] **interficere potuisset;** see 1. 3, note 6, for varieties of construction with ' possum.'

l. 15. [2.] **quibus iisdem esset permanendum,** &c., 'as they had had to remain unrelieved upon the ramparts all day long.'

l. 19. [3.] **discessu eorum,** like 'solis occasu.' See 7. 8, note 2, and 7. 45, note 4. 'Magno usui:' an euphemism for 'the only thing which made it possible.' See 3. 14, note 9.

l. 20. [4.] **pluteos,** blindages of hurdle covered with skin, to protect the garrison from the direct missiles of the enemy, and enable them from behind it to take the assailants in flank. This would of course redouble the effect of their javelins; just as in modern fortification much more reliance is placed on oblique than on direct fire.

l. 27. [c. 42. n. 1.] **temeritas;** Aristotle also cites the Κελταί as instances of extreme θρασύτης (Eth. Nic. 3. 1), as 'not fearing seas or thunders.'

l. 28. [2.] **levem auditionem.** Compare 4. 5.

l. 33. [3.] **Cabillono,** from Chalons-sur-Saone.

P. 157. l. 20. [c. 43.] **ne profectio ... videretur,** 'yet so that his retreat, which really sprang from the fear of the Aedui's revolt, might not seem like a regular flight.'

l. 22. [c. 44. n. 1.] **rei bene gerendae,** of taking the place by a *coup-de-main.*

l. 29. [2.] **dorsum iugi.** By referring to the splendid plan of Gergovia accompanying Jules César, vol. 2, we can easily trace this level connecting ridge. It joined the heights of Rissolles with the south-west angle of the Gergovia plateau. A Gallic road has been traced along it; and the ruins of the gate to which it led were discovered in the course of the recent excavations.

l. 32. [3.] **si alterum amisissent,** if they lost the height of Rissolles as they had lost the Roche Blanche (c. 36), they would have the Romans in their rear in all attempts to forage in the plain towards Romagnat, and to water their animals at the small stream to the north of the town.

P. 158. l. 3. [c. 45. n. 1.] **eodem**, in the direction of the heights of Rissolles.

l. 10. [2.] **ut erat despectus**; see 3. 8, note 4.

l. 11. [3.] **tanto spatio** (interveniente). So 2. 1, 'imperio nostro (durante).'

l. 12. [4.] **legionem unam**, this legion and the fictitious cavalry were detached to Chamonet, so as to make a feint against the western heights.

l. 13. [5.] **eodem iugo** means along the lower hills near the river.

l. 14. [6.] **munitionum**, from the reference to this place at the beginning of c. 48, it would appear that the meaning of 'munitionum' is equivalent to that of 'munitionis causa.' Either therefore the word 'causa' has been omitted here, or the reading of several manuscripts, 'ad munitionem,' may be adopted.

l. 18. [7.] **in minora**, they were sent under cover of the trenches to the smaller camp; as this was much nearer the point to be assaulted.

l. 22. [8.] **celeritate**, by a rapid and uniform advance of his whole line; not a tumultuous rush.

l. 23. [9.] **occasionis esse rem**, 'that the circumstances required a *coup-de-main*.'

l. 26. [c. 46. n. 1.] **recta regione**, 'measured in a straight line.' In this distance they would have had to surmount a rise of 220 feet.

l. 26. [2.] **si nullus amfractus intercederet**, not 'intercessisset,' as the distance is a permanent fact, the subjunctive depends on an understood 'est' rather than on 'aberat.'

P. 159. l. 2. [3.] **trinis castris**: see 1. 15, note 4.

l. 4. [4.] **ut conquieverat**: see 3. 8, note 4.

l. 5. [5.] **vix se eriperet**; if this had been one of the important events of the battle, Caesar would probably have said 'eripuerit,' as in 3. 15 (see note 3). As it is, the imperfect gives it the tone of an illustrative rather than an important fact.

l. 6. [c. 47. n. 1.] **consecutus id quod animo proposuerat**. The author of Jules César, as well as other commentators less favourable to Caesar, consider this to mean that he wished now to withdraw his troops, pretending that the object of his whole attack was accomplished; and they proceed to say how different Caesar's intentions must really have been. But on this view of his real intention, the moment when he halted his troops would have been just that when the 'occasio' when he had sought, and the nature of which is indicated by his statements about the distance to the foot of the wall, was absolutely in his hands; and when he could hardly have helped knowing that it was so.

Moreover he would have been ordering the retreat before there was any show of organized resistance. It seems more probable that the recall sounded by Caesar was intended to make the advanced legions fall back upon himself; that the words 'consecutus id quod animo proposuerat' mean 'finding himself in possession of the opportunity he desired;' that is, that he had been *thus far* successful, and that if the other legions had heeded his recall[1] he would have reformed his troops and led them on to a regular assault. As it was, the remaining legions, by their reckless onset, entirely broke up his formation, and must themselves have left behind the ladders, &c. with which, as an assault was intended, they must of course have been provided.

l. 8. [2.] contionatus, as if to hold a military assembly: see 5. 52, note 3.

l. 11. [3.] retinebantur, 'attempts were made to hold them back,' the 'endeavouring' sense of the imperfect active transferred to the passive.

l. 23. [4.] per manus demissae. Curiously enough, this very action is given in an Egyptian scene representing a siege. (It is engraved in Rawl. Herod., vol. 4, p. 67.)

l. 26. [5.] Avaricensibus praemiis: see chap. 27, an extraordinary expression, considering what these 'praemia' were. But in the storm of towns we have the sad fact that the appetite grows by what it feeds upon—Ciudad Rodrigo, Badajoz, S. Sebastian. See Sir W. Napier's remarks, Peninsular War, vol. 5, p. 278 (Book 22, ch. 2), on the proper mode of making such horrors impossible.

l. 26. [6.] neque commissurum, i.e. 'commissurum ut nequis ascenderet;' that he would so manage that no one should be on the wall before him.

l. 30. [c. 48. n. 1.] ad alteram partem, away to the west, at the heights of Rissolles.

l. 33. [2.] eo contenderunt, dashing in along the south base of the ramparts; some also entering the town by the west gate, and manning them from within.

P. 160. l. 7. [3.] cursu defatigati, the distance which the Gauls had come had been longer; but the Romans had gone up hill.

l. 13. [c. 49. n. 1.] ab dextro latere, on the side not covered by their shields. The Gallic masses would hesitate to pass an enemy so posted, even if they succeeded in routing the attacking legions.

l. 15. [2.] progressus; if this is the correct reading, it must mean

---

[1] 'Receptui canere' means to sound not a retreat but a recall. It is often distinguished from a retreat, as by the author of the Bell. Alex. (47), 'Vatinius receptui cecinit, suisque omnibus incolumibus in portum se victor recepit.' So we have in Caesar the phrases 'receptui suorum timens,' 'facilis receptus ad nos,' and others, all pointing to the same idea.

either that Caesar brought the tenth legion up a little closer to the town in support, or that he advanced a little in the direction of T. Sextius. The military instinct seems to prefer the latter, and indeed to favour the emendation 'regressus,' which has been proposed.

l. 18. [c. 50. n. 1.] **Aedui visi**; they should have scaled the ascent at its south-east angle, but had obliqued to the west until they came in sight of the Romans. Probably they had little heart for the work.

l. 22. [2.] **quod insigne pacatum**, 'which is generally a token of peace.' The 'pacatum' is an epithet, as in Cic. pro Sext., 'pacatissimis gazis,' treasures most completely at our command.'

l. 32. [3.] **data facultate**, 'when I give you your chance.'

P. 161. l. 1. [4.] **post paullum**, in every place but this Caesar uses 'post paullo.'

l. 14. [c. 51.] **paullo minus septingenti**, the construction as if the nominative were simply 'septingenti.'

l. 17. [c. 52. n. 1.] **cupiditatem**, 'over-eagerness' for battle (not for pillage, as the author of Jules César renders the word). Compare Caesar's rebuke at the beginning of 1. 40, 'Sibi ipsi indicavissent;' under different circumstances the same temper of his soldiers is praised by Caesar in 2. 20.

l. 20. [2.] **quid iniquitas loci posset**, 'what is the influence of disadvantageous ground.' The imperfect is by attraction to 'exposuit:' although what Caesar was stating was a general truth. So Cic. Cat. 3. 5, 'Tum subito Catilina scelere demens quanta vis conscientiae esset ostendit,' how great *is* the force of conscience.

l. 22. [3.] **exploratam victoriam**, the rhetoric of this passage will come out well by comparing Caesar's expressions here with those of c. 19. Here the attack of c. 19 is spoken of as one that must have succeeded, though some small loss might have been incurred; in that chapter it is one which could have led to no good, and must have caused a calamity.

l. 25. [4.] **quanto opere**, &c., 'as he admired their high spirit in not being checked by the strength of fortified camps, the height of mountains, and the solidity of ramparts, so and in the same degree he blamed their licence and arrogancy.'

l. 25. [5.] **eorum animi magnitudinem**, like 'sine eius offensione animi,' in 1. 19. (ad fin.). In both cases the two last words are treated as if they were one.

l. 30. [6.] **modestiam et continentiam**, 'control and command of self.'

P. 162. l. 1. [c. 53.] **virtuti hostium**, one of the striking contrasts between the earlier and later portions of the Commentaries, is the frank way in which Caesar acknowledges the valour of the earlier enemies whom he defeats. See 1. 26, 2. 27, as compared with 7. 19, 50. For other changes of sentiment, see 6. 35, note 1.

l. 20. [c. 54. n. 1.] ereptis copiis, 'with all resources taken from them.' Here the ablative absolute passes into an attributive sense; like Cicero's 'esse operto capite,' and above (5. 14), 'capillo sunt promisso atque omni parte corporis rasa.'

l. 23. [2.] ut redissent, &c., 'how completely they had not only resumed their former eminence, but obtained greater dignity and influence than ever before.'

l. 26. [c. 55. n. 1.] Noviodunum, 'Nevers,' a city of the Aedui. The Noviodunum of c. 12 was a different town (Sanceire) belonging to the Bituriges.

l. 33. [2.] Bibracti, names of towns in ŏ generally have ě in the ablative ('dum tu declamas Romae, Praeneste relegi'), Caesar assimilates Bibracti to the familiar locative forms Carthagini, Tiburi, Anxuri (Madw. p. 44).

P. 163. l. 22. [c. 56. n. 1.] ut nemo; 'quod nemo' would be more usual in stating a direct existing fact. See 4. 23, note 3.

l. 29. [2.] ad Ligerem venit, to the ford of Bourbon Lancey, near Decize, which has been practicable at all times.

l. 29. [3.] pro rei necessitate, 'satisfactory only considering the circumstances, as only the men's arms and shoulders were above water.' Hyde's 'Fortification' directs that a ford shall not be reported as practicable for infantry if it is more than three feet deep.

l. 31. [4.] disposito equitatu, an artifice used by Hannibal in passing the Durance (Livy 21. 31), so as to break the force of the current. The stream is partly stopped by the horses' legs, and requires time to recover its velocity. The same was done by Caesar at the Segre, Bell. Civ. 1. 64.

P. 164. l. 4. [c. 57. n. 1.] Agedinci. This is the modern Sens, on the left bank of the Yonne, and seventy and a half miles from Paris on the present Lyons railway. To crush the force mustering in his front, Labienus would naturally have pushed on to Paris on the south side of the Yonne and Seine. As the marsh made this impossible, he crossed the Seine at Melun, and advanced up the right bank to Paris, thus placing the Seine between himself and his reserves and baggage at Sens.

l. 12. [2.] perpetuam paludem, formed by the river Essonne, which flows nearly north to its junction with the Seine, and therefore could not be turned. See the note to Jules César, vol. 2, p. 286.

l. 15. [c. 58. n. 1.] vineas agere, 'to bring forward his galleries,' so that the men might carry on the works under cover.

l. 16. [2.] iter munire, to form a practicable road across the marsh by throwing in fascines and gabions with earth upon them.

l. 16. [3.] id difficilius confieri, 'that it was impossible to make the work hold together.'

NOTES. BOOK VII, CHAP. 59, 60.

l. 17. [4.] **e castris**, he must therefore have formed his camp as usual, as if he intended to persist in the passage of the marsh. The stratagems of Labienus particularly deserve attention. See also 5. 58, and 6. 8.

l. 19. [5.] **insula Sequanae**, Melun is now, like Paris, on both sides of the Seine.

l. 21. [6.] **celeriter coniunctis**, the meaning is probably that the boats were formed into a bridge; as we have 'coniungere medium intervallum ponte.'

l. 22. [7.] **et .. perterritis oppidanis**. As 'atque' marks a closer connexion than 'et,' the three first ablatives must be taken together, and the last means 'and the citizens being *thus* frightened by the strangeness of the attack.'

l. 25. [8.] **secundo flumine**, 'down the stream;' literally, 'with the river following.' 'Secundus' is the same as 'sequens,' just as 'oriundus' equals 'oriens.' For the parallel phrase 'secundum flumen,' see 1. 33, note 1.

l. 28. [9.] **profecti a paludo**, must mean 'after leaving the morass,' if this is the true reading. (Nipperdey, Caesar, p. 100, proposes 'proiecta palude.)

l. 29. [10.] **e regione Lutetiae**, 'opposite to Paris.' The idea of direction involves perpendicularity, and therefore opposition.

l. 30. [c. 59. n. 1.] iam . . . iam, the anaphora expresses by a light touch the startling character of the intelligence.

l. 32. [2.] **interclusum itinere**; stopped from his march by the Loire; a zeugma, as the two ablatives are different in sign.

P. 165. l. 2. [3.] **qui ante erant**, &c., 'as, in point of fact, they had before been wavering.' The indicative is used as in the phrase 'ut sunt Gallorum repentina consilia.' See 3. 8, and note 4 on that chapter.

l. 4. [4.] **tanta commutatione**; the participle is omitted as in 5. 42, 'nulla ferramentorum copia.' Cicero even abridges an ablative absolute to one word, as 'gladiatoribus,' 'when the gladiator shows were going on.'

l. 4. [5.] **aliud atque**, the phrase is explained in 7. 14, note 1.

l. 6. [6.] **ut aliquid acquireret**, &c., 'he thought now not of gaining advantages and challenging the enemy to battle, but only of securing his retreat.'

l. 9. [7.] **opinionem**; see 2. 24, note 4.

l. 14. [c. 60. n. 1.] **ea quae imperasset**; see 1. 21, note 6.

l. 15. [2.] **diligenter**; see 1. 40, note 6.

l. 16. [3.] **equitibus Romanis**, &c., 'he put each of his boats under the command of a Roman knight.' These were unattached officers waiting till they were appointed to a legion.

l. 17. [4.] quattuor milia passuum. See plate 23 to Jules César. Labienus had been encamped on the site of modern Paris, nearly where S. Germain l'Auxerrois is now. He sent the boats down the river as far as Point du Jour (it would have been impossible to work them up the stream to Melun again), with the intention of forcing the passage there, while the attention of the enemy was distracted by the soldiers left in the camp, and also by the cohorts which he had sent up the river. The unequal division of his troops seems intended to give an advantage to one of his detachments, as the enemy would probably divide their forces more equally. He of course hazarded the detachment which went north, a risk which could not have been ventured in presence of a more skilful enemy.

l. 32. [c. 61. n. 1.] tumultuari, impersonal passive; in later Latin the verb is deponent.

P. 106. l. 6. [2.] parva manu, they evidently made out more clearly than Labienus expected, that the march up the river was only a feint.

l. 7. [3.] progrediatur, the sense is as if the historic present indicative had preceded. This is unusual; not so the converse (Madvig, 382, obs. 2, and 403. 6).

l. 14. [c. 62. n. 1.] ab dextro cornu ; see 3. 26, note 4.

l. 18. [2.] suspicionem, &c., 'no one looked the least inclined to fly.' See 1. 4, note 7.

l. 28. [3.] neque potuerunt, 'but were not able.' The adversative conjunctions are often in Latin supplied by copulatives, as in 'non sustinuerunt ac statim terga verterunt.'

l. 29. [4.] quos non ... texerunt, 'except those whom the woods concealed.'

l. 33. [5.] ad Caesarem, the armies must have met near Joigny, on the Yonne, which would command the road to Metz by which Caesar expected the German cavalry.

P. 107. l. 2. [c. 63. n. 1.] quantum valent, &c., 'they did all they could by influence and bribery to move the various states.'

l. 17. [2.] requirunt, &c., 'began to miss Caesar's indulgence to them.' For the claim of the Aedui, see 1. 31, and 7. 75; for the fidelity of the Remi, 2. 3, note 1.

l. 27. [c. 64. n. 1.] sua ipsi frumenta; see Madvig, 487. *b*.

l. 29. [2.] se consequi videant, &c., 'he said that they must see that they were obtaining their liberty.'

l. 29. [3.] Segusiavi, their capital was Lyons (Lugdunum), as Bibracte was that of the Aedui. The Volcae naturally held off from the confederacy, as from their isolated position (see 2. 1, note 2) among hostile nations the Roman power was a support to them. The Helvii probably feared the Arverni and were therefore inclined to Rome.

P. 168. l. 4. [4.] **superiore bello,** the Allobroges had been fearfully oppressed by Fonteius, whom Cicero so strangely and inconsistently defended. They had earned the gratitude of the senate by revealing the Catiline conspiracy; but not satisfied with its results, they rose and were crushed in B.C. 63. (See Thierry, lib. 5, c. 2, fin.) Since then, they had been embodied in the Roman province.

l. 5. [5.] **totius provinciae,** 'of the whole Roman province.'

l. 8. [c. 65. n. 1.] **L. Caesare,** it is impossible to say what relation L. Caesar was to Julius Caesar, as it is unknown who was the great grandfather of the latter. He was an older member of the same family, one of the judges of C. Rabirius, and proscribed by his nephew M. Antonius in B.C. 43.

l. 15. [2.] **interclusis itineribus,** 'if the roads were occupied.'

l. 20. [3.] **minus idoneis equis,** as in 4. 2, the German horses are said to be mere hardy ponies.

l. 21. [4.] **sed et equitibus,** all early editions read thus. If right, the meaning is, 'and also from the Roman knights.' Compare 'ex testamento Tiberii, sed et Liviae Augustae.' (Suet. Cal. 16.)

l. 21. [5.] **evocatis,** men of the staff-corps. (Class. Dict. p. 508.)

l. 25. [c. 66. n. 1.] **in Sequanos.** Caesar probably wished to make Besançon his headquarters. To get there from Gergovia he would ford the Loire at Bourbon Lancey, turn north so as to avoid the now hostile Aeduan country (and at the same time to effect his junction with Labienus) as far as Joigny or thereabouts; then strike across by way of Langres, cross the Saone at Gray or Pontaillier, and so arrive at Besançon. The battle now to be described was on the river Vingeanne, just east of Dijon. See Jules César (plate 24).

l. 28. [2.] **trinis castris.** Vercingetorix advanced from Bibracte by way of Thil Chatel and formed three camps on eminences, south of the Roman position, so as to command the three possible ways to Besançon, that by Gray, that by Pontaillier, and that by Chalons sur Saone. He hoped in this way to be able to attack Caesar's army while still in column, as it neared the heights of Sacquenay on which he was posted.

P. 169. l. 2. [3.] **suis auxilium ferant,** &c., 'if the infantry defended their baggage train and camp followers, this must necessarily check their retreat.'

l. 6. [4.] **quin nemo audeat;** see 1. 4, note 8.

l. 6. [5.] **progredi modo,** 'even to advance the least.' See 6. 8, note 3.

l. 7. [6.] **et ipsos quidem non debere,** unusually, for 'ne ipsos quidem debere.' Kraner quotes 5. 52, 'neque etiam parvulo detrimento locum relinqui videbat.'

l. 8. [7.] **id quo faciant,** that his cavalry might attack the enemy. The reference is to 'impeditos adorirentur.'

l. 13. [c. 67. n. 1.] probata re, 'his proposal having been adopted.'

l. 21. [2.] ad insequendum tardabat, this movement on the one hand hindered the enemy from pushing vigorously any advantage which they gained, and on the other made our men firmer from feeling themselves supported.

l. 23. [3.] summum iugum nacti, &c., 'by gaining the crest of a low hill on the right, they succeeded in outflanking one of the Gallic divisions.'

l. 24. [4.] ad flumen, to the Badon, which joins the Vingeanne near Vercingetorix' camp.

P. 170. l. 2. [c. 68. n. 1.] Alesiam, the identity of this place with Alise la Reine is proved with imperial decisiveness by the author of Jules César. His researches have discovered the walls of the town, the Gallic camps, the lines of circumvallation, the positions of several of Caesar's redoubts, the trace of his ditches, the soil deposited by the water drawn into them from the rivers, and the trace of the Roman camps. Finally the places where, according to the narrative, most of the enemy were slain have been detected by the abundance of coins, arrow-heads, &c., found there, and a line of barrows has been found to mark the resting-places of those who fell on the retreat. See the fine plan (Plate 25), or the sketch given in the text.

l. 4. [2.] ex castris educi, by a Gallic road, of which the traces have been discovered, leading directly from the camp of Vercingetorix to Alesia.

l. 5. [3.] duabus legionibus relictis; see 1. 16, note 7.

l. 8. [4.] altero die, on the next day but one. The succession of days is expressed by 'proximo, altero, tertio,' &c., (Cic. Phil. 1. 13). This does not however apply to the phrase 'post diem quartum.' See 4. 28, note 7. It is a pity that Caesar's notion of symmetry makes him abridge the narrative at this point. The loss and defeat of Vercingetorix, as related, are hardly enough to account for his retreat within the walls of Alesia.

l. 11. [c. 69. n. 1.] ipsum oppidum Alesia, 'the actual city of Alesia.' See 1. 18, note 1.

l. 12. [2.] admodum edito loco, 'and built on a very elevated site.'

l. 14. [3.] duo flumina, the Ose and Oserain, small tributaries of the Yonne.

l. 15. [4.] planicies, this plain was to the left of the town, between the villages of Laumes and Pouillenay.

l. 17. [5.] pari altitudinis fastigio, 'of about the same height as that on which the city was built.'

l. 18. [6.] quae pars collis, i.e. 'in parte collis quae.' See 7. 28, note 5.

NOTES. BOOK VII, CHAP. 70-72.   329

l. 20. [7.] **maceriam**, like the Greek μάκελον, which is given as synonymous with φραγμός in the lexicons. Hence also 'macella.'
l. 22. [8.] **tenebat**, more usually 'pertinebat,' 'extended.'
l. 23. [9.] **ibique**, and 'in the lines.' The meaning of the passage is that the *enceinte* of the Roman works was eleven miles round, that the camps were disposed at suitable points along it, and that the 'castella' were built along the lines ('ibi').
l. 23. [10.] **castella**: the foundations of four of these redoubts have been discovered; the rest may have been blockhouses of lighter construction. Caesar's camps were on the M. Flavigny to the south, the M. de Bussy and M. de Réa on the north.
l. 25. [11.] **excubitoribus**, 'by piquets with strong parties in support.'
l. 33. [c. 70. n. 1.] **angustioribus portis relictis**, 'as the gates in the west face of the town had been left too narrow, the retreating force got clubbed in trying to pass them.'
P. 171. l. 6. [2.] **veniri ad se**. See 1. 37, note 4.
l. 7. [3.] **in oppidum irrumpunt**, 'left the camp outside the walls and threw themselves into the city.'
l. 17. [c. 71. n. 1.] **fuerint ... paruerint**; the use of these perfects after a historic present gives more animation to the sentence than the regular pluperfects would have done. Madwig, 382, obs. 3.
l. 18. [2.] **ratione inita**, &c., 'he said that he had made a calculation and that he had short rations for a month.'
l. 21. [3.] **opus erat intermissum**; where the lines of circumvallation were still incomplete.
l. 24. [4.] **viritim**, that they might be eaten at once, there being no means of feeding them.
l. 26. [5.] **in oppidum**; Caesar uses this repetition, as 'co' would not have made his meaning quite clear.
l. 30. [c. 72. n. 1.] **haec genera munitionis**, 'works of this kind;' a hypallage, like 'in magno impetu maris atque aperto,' 3. 8; 'tanta onera navium,' 3. 13; 'rationem pontis hanc,' 4. 17.
l. 31. [2.] **directis lateribus**, 'with perpendicular sides,' so as to afford a covered way for his own troops; besides which such a ditch, with a depth of eight or nine feet, would have been a formidable obstacle in the way of an enemy's rush.
P. 172. l. 2. [3.] **totum corpus**, 'the whole *enceinte*.'
l. 6. [4.] **eadem altitudine**, of the same depth as the first (*not* fifteen feet deep).
l. 7. [5.] **campestribus locis**: see 5. 42, note 1.
l. 7. [6.] **ex flumine**, at about the middle point of the ditch the gravel washed in from the river is still visible.
l. 8. [7.] **aggerem ac vallum**, a rampart with palisades along the

top. These were to support the 'loricae,' or mantelets of hurdles made with 'pinnae' or battlements. The use of these defences for the upper part would dispense with much of the labour of raising an earthen wall.

l. 9. [8.] cervis, large branches of trees with the points sharpened to act as 'fraises.' See Hyde's Fortification, p. 217.

l. 10. [9.] ad commissuras pluteorum, along the line of junction of these mantelets with the wall.

l. 18. [c. 73. n. 1.] quo minore numero; to man a wall requires now two men per yard. On this scale 38,000 men would have been required for Caesar's lines, which would be out of the question.

l. 19. [2.] truncis, probably some trunks of trees were cut with very strong boughs; the boughs were then peeled and sharpened to a point. The author of Jules César proposes 'dolabratis' instead of 'delibratis,' apparently on the ground that peeling would have been unnecessary and unprofitable labour.

l. 22. [3.] ab infimo revincti, 'and were fastened below to a "ribbon."'

l. 25. [4.] cippos, the name given shows that these defences were new to the soldiers.

l. 27. [5.] scrobes in quincuncem, '*trous-de-loup* placed in a chequered arrangement'; each pit standing between two others of the row before it, as the point of a V does between the extremities (whence the name). Having been cut in the rock, these remain at the present day as fresh as if just made.

l. 32. [6.] exculcabantur, 'they were trodden in firm with earth to the depth of a foot a-piece.'

P. 173. l. 3. [7.] taleae, wooden cubes with single crows' feet let into them. Some of these have been discovered; they are barbed like the end of a fish-hook.

l. 8. [c. 74. n. 1.] diversas ab his, facing in the opposite direction against the army of relief when it appeared.

l. 10. [2.] eius discessu, in case he had to leave the place (with part of his troops). This must be the meaning if the reading is correct; but the two words appear like a gloss on 'si ita accidat.'

l. 17. [c. 75. n. 1.] cuique ex civitate, &c., 'that each leader must summon from his state (only) a fixed number.'

l. 19. [2.] Aeduis. The number demanded from the Aedui shows the importance of their aid to the general cause. The most important nations not mentioned in this list are the Aquitani, who were foreigners in Gaul, the Remi, Lingones, and Treveri, as mentioned in c. 63, and the Volcae and Helvii, for the reasons given in c. 64.

P. 174. l. 6. [c. 76. n. 1.] superioribus annis: see 4. 21.

l. 10. [2.] pristinae laudis: see 6. 24, and Tacit. Agric. 11.

l. 13. [3.] **haec recensebantur**, the ablative absolute is here repeated as a subject; as we have in 7. 4, 'convocatis suis clientibus facile incendit.' The reason is given by Madwig, 428, obs. 1.

l. 17. [4.] **delecti ex civitatibus**, commissioners for the respective states: an arrangement fatal to all energy in war.

l. 21. [5.] **ancipiti proelio**, when they were attacked on both sides. The *simultaneousness* of the attack is strongly expressed by the asyndeton in the next line.

l. 29. [c. 77. n. 1.] **eruptionem censebat**, ' were in favour of making a sally.' The subjunctive after 'dum' is the regular, though less frequent construction; as in Cic. de Orat. 1. 41, 'video, dum breviter voluerim dicere, dictum esse a me paulo obscurius.' See 1. 46, note 1.

l. 30. [2.] **eius crudelitatem**, '*its* cruelty' (apparently), as in Hor. Sat. 2. 6, 76 (see Orelli's note),
'et quid sit natura boni, summumque quid eius?'

P. 175. l. 2. [3.] **cum his mihi res sit**, &c., 'I should wish to argue against the opinion of those who wish to rush out and attack; a proposition which seems to wake up in the minds of all of you the memories of our ancient valour.'

l. 4. [4.] **est ista mollitia**, &c., 'your impulse is one of mere weakness and effeminacy, not of valour.'

l. 20. [5.] **animi causa**, 'for the sake of mere fancy and recreation;' the same view with which the Gauls bred geese (5. 12, note 7).

l. 23. [6.] **cuius rei timore**, 'since this is the very thing for fear of which they are toiling night and day.'

l. 31. [7.] **quid illi simile bello fuit?** 'what resemblance, after all, was there between that war and the present one?' The object is omitted after 'similis,' as in Hor. Od. 4. 5, 23,
'laudantur simili prole puerperae,'
the ordinary phrase would be, 'num illud bellum quidquam huic simile habuit?'

P. 176. l. 2. [8.] **nisi invidia adducti**: 'except from mere ill-will to occupy the lands of those who are illustrious and valiant.'

l. 5. [9.] **ulla alia condicione**, with any other aim or intention.

l. 19. [c. 78.] **recipi prohibebat**, for interesting condemnations of this extremity of rigour, see Macaulay, History of England, vol. 3, p. 230, and Arnold, Lectures on Modern History, p. 219. The result of Caesar's order is given briefly by Dion Cassius: 'so they perished most miserably between the city and the camp, as neither party would consent to receive them.'

l. 21. [c. 79. n. 1.] **colle exteriore**, on the hills to the west so as to command the plain reaching up to the works on that side.

l. 32. [2.] **atque omnes casus**, &c., 'they prepared to sally out and to try the most desperate attack possible.'

NOTES. BOOK VII, CHAP. 80-84.

P. 177. l. 5. [c. 80. n. 1.] raros sagittarios, this intermixture of light infantry was an imitation of the German custom (1. 48), in the hope of being able to resist the Germans now arrayed against them.

l. 8. [2.] complures, 'many of our cavalry.'

l. 16. [3.] cum pugnaretur, 'after the battle had been going on.' This comes from 'pugnatur,' the praet. ad praesens, meaning 'the battle has been going on.' See 3. 5, note 1.

l. 18. [4.] confertis turmis, &c., 'massed their squadrons at a particular point, charged, and drove the enemy before them.'

l. 19. [5.] circumventi, as these extemporised light troops could not keep up with the cavalry, like the Germans described in 1. 48.

l. 25. [c. 81. n. 1.] harpagonum, small grappling-irons at the end of poles, used to pull down works of hurdle. They were smaller than the 'manus ferreae,' from which they are distinguished in the Bell. Civ. 1. 57. Caesar seems less accurately to call them 'murales falces,' in chap. 86.

P. 178. l. 1. [2.] fundis librilibus, these were not regular slings, but stones of a pound weight, with a cord or thong fastened to them, so that any one could hurl them; a good extempore weapon (Veg. 2. 23). So the 'sudes' were extempore javelins (5. 40). The 'glandes' were regularly slung. They have been found on battle-fields with the inscriptions ΔΕΞΑΙ and ROMA FERI.

l. 8. [c. 82. n. 1.] plus proficiebant, &c., they gained some advantage because their missiles were so much more numerous.

l. 11. [2.] pilis muralibus: see 5. 40, note 3.

l. 13. [3.] ab latere aperto, &c., 'fearing that they would be attacked on their unguarded flank' from the upper camp, that on the M. Réa. 'Latere aperto' means 'the flank left uncovered,' not necessarily the right flank.

l. 23. [c. 83. n. 1.] situs munitionesque, 'the situation and degree of strength.'

l. 24. [2.] collis, the M. Réa. The fierceness of the battle at this point is attested by the number of coins, &c. found there, bearing the names of Vercingetorix and other chiefs, as well as those of the nations engaged. See App. C. to Jules César, vol. 2.

l. 28. [3.] obtinebant, 'were holding.' Conversely 'occupare' means 'to seize.'

l. 31. [4.] quid quoque pacto, &c., 'what was to be done, and in what manner.'

l. 32. [5.] meridies, this might be roughly ascertained by marking the time at which the shadow of a stick set in the ground is shortest, or the point between the declinations of the shadow west and east.

P. 179. l. 9. [c. 84. n. 1.] crates, gabions to fill the ditches. The 'longurii' are poles or balks to be laid down over the gabions for a roadway (as in 4. 17), the 'musculi,' small wooden galleries to approach a wall with.

l. 13. [2.] **Romanorum manus**, ' the forces of the Romans.'

l. 14. [3.] **pluribus locis occurrit**, &c., ' and did not find it easy to man so many points at once;' as we have 'occurrere concilio,' 'in aliam civitatem occurrere' (Cic. Verr. 2. 3).

l. 16. [4.] **suum periculum**, &c., ' they perceived that their being in danger or not depended on the safety of those behind them.'

l. 20. [c. 85. n. 1.] **utrisque ad animum occurrit**, ' both are thoroughly persuaded.'

l. 25. [2.] **iniquum loci fastigium**; a rise in the ground so as to make a slope in the wrong direction greatly influenced the result of a battle. In the one case gravitation would help, in the other hinder a javelin-flight. Thus one side would get an advantage equal to double the effect of gravitation on the javelin.

l. 29. [3.] **quae occultaverant**, the crows' feet and *trous-de-loup*.

P. 180. l. 1. [c. 86. n. 1.] **adit reliquos**. Caesar then galloped between his two sets of lines to the part where the general assault was going on in the plain. By a slip, this assault had not been mentioned before particularly.

l. 5. [2.] **ex ascensu temptant**, attempted an escalade where the works ran along precipitous ground; that is, the edge of the M. Flavigny.

l. 9. [c. 87. n. 1.] **Brutum adulescentem**, ' the younger Brutus ' (Dec. Jun. Brutus Albinus). He afterwards commanded Caesar's fleet at Marseilles.

l. 15. [2.] **postquam neque aggeres . . . poterant**, ' as soon as he found that the embankments could not stand the attack.'

l. 17. [3.] **xl cohortibus** must surely be a misreading for xi. Four legions could not be got together by accident.

l. 19. [4.] **quid faciendum existimet**, that is, that he was about to make a sally. See 1. 21, note 6.

l. 20. [c. 88. n. 1.] **ex colore vestitus**, the purple ' paludamentum ' which he wore, and which embarrassed him in swimming at Alexandria. This was the ordinary dress of a Roman consul (Arnold, Hist. Rome, vol. 3, p. 353). ' Insigni ' means ' insignis loco,' which he used as a personal mark on days of battle.

l. 22. [2.] **ut do locis**: see 3. 8, note 4. By the ' declivia et devexa ' is meant the low ground at the foot of M. Réa, where the northern camp was.

l. 23. [3.] **nostri proelium committunt**; this seems a necessary emendation for ' hostes,' which the MSS. read. The meaning is, that Labienus with the forces already in the M. Réa camp, and the reinforcements which he had brought, burst forth upon the enemy.

334   NOTES. BOOK VII, CHAP. 89, 90.

l. 24. [4.] **utrimque,** by the Gauls and the Romans under Labienus.

l. 27. [5.] **equitatus cernitur.** Polyaenus seems mistaken in supposing that the cavalry was sent out overnight. The manœuvre was like Sir S. Smith's at Acre, in sending round men to attack in rear the French who were trying to storm the breach (Thiers' Revolution, c. 63).

l. 28. [6.] **equites occurrunt,** the asyndeton construction brings out here almost too strongly the rapidity of the defeat. In fact, many circumstances must have been omitted in this rapid and somewhat theatrical close with the characters grouped, as it were, round Caesar's scarlet cloak. The honours of the campaign manifestly belonged to the German cavalry. They gained the battle of the Vingeanne; drove the Gallic horse before them on arriving at Alesia; routed the combined cavalry and archers in the assault of c. 80; and now made Labienus' sally effective by taking the enemy in rear.

P. 181. l. 13. [c. 89. n. 1.] **in munitione.** But Caesar omits the strikingly dramatic scene given by Plutarch, Dion and Florus. See Merivale, Hist. of Rome, vol. 2, p. 34. The fate of Vercingetorix is there given. On the surrender he galloped several times round Caesar's tribunal: then sprang from his horse and threw his arms at the conqueror's feet. Sad to relate, he was put to death at Caesar's triumph in B.C. 45.

l. 15. [2.] **si posset,** 'in order to try if he could.'

l. 16. [3.] **toto,** a dative like 'nullo,' in 6. 13, and 'alterae' in 5. 27. See the note on 6. 13.

l. 23. [c. 90. n. 1.] **huic attribuit,** he placed under Labienus' command.

l. 25. [2.] **in Remis,** as they had remained in his alliance (7. 63), and the Bellovaci were still unsubdued (7. 75). The central positions of Caesar's winter quarters of 702, strikingly illustrate the changed position of Gaul when compared with those which he had held at earlier periods. See 3. 11, 5. 34. The Ambivareti are near Nevers; the Ruteni are on the upper Tarn, the Bituriges were in Berry, and Cabillonum and Matisco are now Chalons and Macon.

SUPPLEMENTUM HIRTII.

P. 182. l. 4. [1.] (Introduction). **non cohaerentibus,** 'as his earlier writings, the Bellum Gallicum, and his later, the Bellum Civile, are not continuous.'

l. 6. [2.] **novissimum confeci,** and I have completed the last and unfinished work the Bellum Civile, from the beginning of the Alexandrian war.

l. 8. [3.] **cuius finem nullum videmus**; if Hirtius was the writer, there is something touching in this, as his death at Mutina was to be one of the last great epochs of the civil wars.

l. 16. [4.] **praerepta**: 'forestalled by his excellence.'

P. 183. l. 1. [n. 5.] **quam facile atque celeriter**, the secret of this power of rapid and elegant writing appears to be the 'domestica consuetudo' of good speaking, which Cicero (Brut. 72) attributes to Caesar.

l. 6. [6.] **aliter audimus**, 'we listen to a narrative which we simply admire with a much less degree of attention than we should if we had made up our minds to become narrators of it ourselves.'

l. 13. [c. 1. n. 1.] **omni Gallia devicta**, the vast insurrection having collapsed by the fall of Alesia, followed as it was by the conciliation of the Arverni and Aedui.

l. 14. [2.] **nullum tempus**. He had crossed the Cevennes almost at midwinter in 701.

l. 18. [n. 3.] **neque resisti posse**, that as, on the one hand, the Romans could not be defeated by any great national gathering, so, on the other, they would not be able to make head against a number of wars of detail. So we have in 1. 36, 'Aeduis se obsides redditurum non esse neque iis neque eorum sociis bellum illaturum.'

l. 23. [4.] **alicui civitati**, 'any single state.'

l. 23. [5.] **sortem incommodi**, the distress which fell to their lot. Hypallage as in 3. 8, 2; 4, 17, 2.

l. 26. [c. 2. n. 1.] **equitum praesidio**, like 'ea legione' in 1. 8, an instrumental ablative.

l. 30. [2.] **binis cohortibus**: see the note on 'quinus' in 1. 15.

l. 33. [3.] **non potuerint**, &c., 'as he *saw* that one legion in winter quarters had not been able to stop them from planning an attack.' For the quasi-oblique construction, see 1. 37, note 2.

P. 184. l. 4. [c. 3. n. 1.] **vulgare signum**: see 1. 55, notes 5, 6.

l. 5. [2.] **incursionis hostium**, the two words treated as one, whence the genitive on genitive. So we have 'sine eius offensione animi' (1. 19).

l. 7. [3.] **copia deficeretur**, so we have in the Bell. Civ. 3. 64, 'cum aquilifer a viribus deficeretur.'

l. 12. [4.] **omnibus locis occurrit**, 'managed to be in time at all points.' See 7. 84, note 3.

l. 15. [5.] **condiciones pacis**, &c., 'they were induced to treat for peace.' On the word 'condicio,' see 1. 42, note 2, and Munro's note on Lucr. 2. 302.

l. 22. [c. 4. n. 1.] **ducenos sestertios**, a guinea and a half nearly. To find, however, the *real* value of such a donative, the only way is to ascertain the quantity of corn which it would have bought. This was about fifty-seven modii, as a modius fetched about three and a half sesterces at this time (Verr. 3. 70). A modius, again, contained 20 lbs.

of corn; therefore the fifty-seven would equal 1140 lbs., or 2½ quarters of wheat. Thus the gift was worth about six pounds of our money to the soldier.

l. 23. [2.] **tot milia nummum**, in words like 'mille,' the second *l* is dropped when *i* follows. Thus Messalla becomes Messalina, and villa vilicus. If the reading is correct (which is improbable, as 'tot' is not used for 'totidem'), the donative of a centurion was ten times that of a private; while his regular proportion was only twice as much (Liv. 45. 40). Some editors read 'duplicem summam.' Kraner ingeniously proposes 'ad III. milia' (one MS. has 'ad ii'). This would be 48,000 sesterces to be divided among the 120 centurions, at the rate of 400 each.

l. 29. [3.] **ab Arare**, from Châlons and Macon (7. 90).

P. 185. l. 4. [c. 5. n. 1.] **dimiserant**, seems to be a euphemistic way of expressing 'they had destroyed,' see 7. 15.

l. 8. [2.] **inaedificata**, were run up by casing the tents with straw.

l. 27. [c. 6. n. 1.] **Remis attributi**, 'put under the dominion of the Remi,' as 7. 90, note 2.

l. 31. [2.] **ad Gaium Fabium**; who was at Reims, Labienus at Besançon. The Bellovaci had resolved to wage their war apart from Vercingetorix (7. 75), and were still unsubdued.

P. 186. l. 1. [3.] **opportunitas**, &c., as the nearness of the various winter quarters allowed, and the exigencies of the war required.'

l. 14. [c. 7. n. 1.] **Atrebatas**, the Greek ending; as Caesar uses the accusatives Lingonas, Allobrogas, Curiosolitas.

l. 21. [2.] **quorum vicinitas propinqua esset**, &c., '*since* they were both close at hand and unlimited in number.'

l. 23. [3.] **ut diceretur**, 'as they said, it was reported.' See 8. 2, note 2.

l. 32. [c. 8. n. 1.] **omnibus rebus inserviendum**. 'Caesar thought that he must adopt all possible means to make the enemy fight.' He intended, however, to give battle only if they descended into the open ground: as they did not do this, he proceeded to form an entrenched camp.

P. 187. l. 7. [2.] **si forte posset**, understand 'ut experiretur.'

l. 9. [3.] **legio septima**, &c., we find, from 2. 19, that this was Caesar's ordinary arrangement when the enemy was near.

l. 13. [4.] **accidere ... posset**, 'might present itself suddenly before the enemy.'

l. 14. [5.] **quadrato agmine**, that is, ' he had a legion on each flank, and another in the rear with the baggage.'

l. 18. [6.] **sive certaminis periculo**: 'either because they had resolved to give battle, or because of our sudden approach, or, again, that they might wait till our plans were developed.'

l. 24. [c. 9. n. 1.] **loriculam**, a small parapet. For the use of a 'lorica,' see 7. 72, note 7. The trace of Caesar's camp on this occasion, as well as that of the Gallic camp, has been found in the forest of Compiègne.

l. 28. [2.] pontibus, &c., 'with gangways thrown across from tower to tower, and boarded.'

l. 31. [3.] tutior altitudine: see 7. 85, note 2.

l. 33. [4.] ponte tegeretur, this would be the case if the height of the gangway above the rampart was small.

P. 188. l. 5. [c. 10. n. 1.] munitione ipsa, 'from the very strength of the works.'

l. 19. [2.] Germanorum adventu—for the excellence of the German cavalry see 4. 2, 7, cc. 80 and 67.

l. 24. [c. 11. n. 1.] ad Trebonium, now a lieutenant of Caesar, afterwards one of his murderers. The two legions which he was to bring were those which he had under him at Genabum, and were doubtless the fourteenth and sixth, which had been at Châlons and Macon, and had afterwards taken part in the campaign against the Carnutes.

l. 28. [2.] in vicem, 'to take alternate duty,' as we find by the next chapter.

P. 189. l. 4. [c. 12. n. 1.] cuius mali sors, the first stroke fell by chance upon the Remi.

l. 4. [2.] fungendi muneris, the gerundive shows that 'fungor' is considered as governing the accusative. This the verb could govern only when its etymological meaning of 'to rid oneself' was forgotten. The genitive case is here objective, 'a day *for* doing duty.'

l. 23. [c. 13.] non solum ii, &c., not only those of the Gauls who were being cut down or reached by the missiles, but even those whose natural place was with the reserve.

P. 190. l. 4. [c. 14. n. 1.] dum explicant: see 1. 46, note 1.

l. 9. [2.] tanto collis ascensu: see 1. 18, note 9.

l. 10. [3.] neque non, and he thought, on the other hand, that he ought not to refrain from pushing on his legions at least so far as to press the barbarians and endanger their retreat.

l. 14. [4.] id iugum. Caesar had been encamped on the M. St. Pierre in the forest of Compiègne, at the foot of which the remains of the marshes may be seen in the Etang de la Rouillie, and other pools. Instead of crossing these marshes directly, he bore somewhat to the right, got over without opposition (as the enemy had no good communication with the hill which he ascended), and established himself on the M. Collet, thus depriving the enemy of the protection of the marsh, and also bringing his artillery within reach of their masses.

l. 19. [5.] muniebatur, 'was strengthened.' See 7. 20, note 2.

l. 19. [6.] ad ultimum iugum, to the edge of the plateau.

l. 22. [7.] loci natura, 'the character of the ground.'

l. 23. [c. 15. n. 1.] subire collem, the Romans would have had to plunge down one hill-side and up the other under fire the whole way, like the Prussians at Ligny.

l. 23. [2.] paulatim dimittere, asyndeton: see 1. 16, note 7. The meaning is, 'but were unable to withdraw their troops in divisions,' because the men would have gone with a rush to get past the range of the artillery.

l. 29. [3.] ad insequendum, they were in danger, that is, of being completely turned from their right, as well as pressed vigorously in rear. If Caesar extended his right, he would cut them from their line of retreat by way of Compiègne.

l. 31. [4.] tale consilium ... ceperunt, 'had recourse to the following stratagem to secure their retreat.' Its ingenuity was most praiseworthy; though very different from the consummate generalship by which Caesar drove them from their strong position without striking a blow.

l. 32. [5.] nam in acie caedere, all old editions read 'sedere,' which seems to make no sense at all. If the passage is not, as most editors think, corrupt, the reference must be to 3. 18. If 'consederant' is to be read for 'consueverant,' the reference must be to some passage of Caesar unknown to us. (Livy 35. 11, 'inermes sedentesque pars maxima spectabant,' may be thought to throw some light on the subject.)

P. 191. l. 10. [c. 16. n. 1.] ne hostis ... conaretur, 'lest the enemy should be thinking of making a halt at some point, and enticing our men into some place of danger.'

l. 12. [2.] intrare fumum, a correction for 'iugum.' If the latter is right, 'intrare' would be a kind of Zeugma, like Horace's 'terret equos equitumque vultus.'

l. 17. [3.] loco munitissimo, the Mont Ganelon. See the plan in Jules César.

l. 24. [c. 17. n. 1.] quem in locum, the antecedent repeated from an almost excessive wish for clearness: as in 1. 6, 'duo omnino itinera erant quibus itineribus domo exire possent.'

l. 26. [2.] qua consuetudine, 'according to his custom of sending out horsemen to cover his foraging parties.'

l. 28. [3.] interponit auxilia; both sides were now trying which could work best a cavalry organised like that of the Germans. See 4. 2; 7. 80.

P. 192. l. 2. [c. 18. n. 1.] cum recusarent, 'as they were willing to accept any offer of battle from feeling themselves supported by the legions, they took their ground by squadrons without hesitation.'

l. 7. [2.] neque plures conveniunt, 'and did not allow themselves

NOTES. BOOK VIII, CHAP. 19-24.

to be pushed in upon one another.' The 'plerumque' belongs to 'accipitur,' not to 'accidit,'—hyperbaton.

l. 10. [c. 19. n. 1.] **in vicem rari proeliarentur**, 'and had for some time been charging in single and successive squadrons.'

l. 13. [2.] **diversum proelium**, &c., 'and then a battle of the most pertinacious kind began in another direction.'

l. 17. [3.] **turmis interpositi**, 'passing through the intervals of the squadrons.'

l. 19. [4.] **ut ratio postulabat**, 'as was natural in such a battle.' By 'imprudentes' is meant 'though they had no notice of the attack.'

l. 32. [5.] **cum interim**, &c., 'and meanwhile Correus could not be induced to leave the battle or take refuge in the woods; nor could our men by their calls to surrender hinder him from wounding many of the conquerors, and so forcing them in anger to use their javelins against him.'

P. 193. [c. 20.] **paucis receptis**, since only very few came in from the rout, and even these were wounded, finding that everything was against them, they raised a general cry, ' Let ambassadors and hostages be sent to Caesar.'

l. 16. [c. 21. n. 1.] **e vestigio**, 'instantly,' as 'in vestigio,' 4. 5.

l. 17. [2.] **petuntque**, 'and entreated him to be content with having inflicted on them a penalty such, that if they were now unharmed, and it were in his power so to scourge them again without the danger of a battle, any one who considered his well-known clemency and gentleness would be quite certain that he would never do so.'

l. 22. [3.] **ut in tanta calamitate**, 'considering that it went with so great a calamity.' See 6. 34, note 8.

l. 30. [c. 22. n. 1.] **ad sanitatem**; see the note on 'pacatus' in 3. 7.

l. 33. [2.] **omnibus bonis**, and with the whole aristocracy against him. So the oligarchy of the 400 at Athens called themselves the βέλτιστοι and καλοκἀγαθοί; and so the aristocratic Theognis wishes to 'drink the black blood' of the κακοί who had supplanted him. Grote, cc. 62, and 9 (fin.).

l. 34. [3.] **infirma manu**, with a small body of partisans.

P. 194. l. 10. [c. 23.] **sine ulla perfidia**, 'without any breach of safe-conduct.' This strange expression becomes less unnatural if we consider the derivation. 'Perfidus' means 'qui alium per fidem laedit.' From a reminiscence of the same kind 'perfidiare' has in modern Italian the meaning of 'to persist.' Labienus' notion of honour towards enemies must have resembled that of Lord Sussex in 1562. The Roman regarded Commius just as the Englishman did Shan O'Neil. (Froude, vol. 8, chap. 7.)

P. 195. l. 1. [c. 24. n. 1.] **satis firmas habere**, 'and he thought that the two legions which Rebilus had would be weak;' probably from the number of detachments which he had had to make; as in 3. 2, Caesar mentions a legion not full in numbers for this reason. He had only one legion under his command in 7. 90; and must have been reinforced.

l. 1. [2.] **simile ac**; see 7. 14, note 1.

l. 3. [3.] **Gallia Togata**; that is, Cisalpine Gaul. Tergeste (Trieste) was a town of the Carni and a Roman military colony.

l. 10. [4.] **proximum suae dignitatis**, &c., 'he thought it the next best thing for his own dignity.' The reason of his indignation was his remembrance of the treacherous slaughter of the legion and a half under Cotta and Sabinus (5. 29), for which he thought the stern vengeance of 6. 43 insufficient.

l. 11. [5.] **vastare civibus**, 'to clear of all inhabitants.' We find (from 6. 34) his wish to have been 'ut stirps et nomen Eburonum tollatur.' In point of fact the nation of the Eburones now finally disappears from history; and their country was shortly afterwards occupied by the Tungri.

l. 22. [c. 26. n. 1.] **Pictonum**, the name remains in Poitou, as that of the Andes does in Anjou. Lemonum is Poitiers—the name is said to mean 'the Elms' (Glück, Kelt. Namen, p. 118), which is worth noting, as the 'bocages' of Poitou are even now celebrated. (Thiers, Hist. de la Rév. c. 22.)

l. 29. [2.] **committere**, 'to send his weak legions against the enemy.'

P. 196. l. 2. [c. 27. n. 1.] **obsidibus firmat**, 'and confirmed them in it by exacting hostages.'

l. 13. [2.] **potissimum credidit**, 'he inclined most of all to believe' (after taking other alternatives into consideration).

l. 15. [3.] **eundem pontem**; this must be the bridge of Angers; but the distance would be more by far than Hirtius thinks.

L.16. [4.] **imperat procedere equitatum**, usually 'impero' takes (in older writers) the acc. and inf. only in the passive. See, however, the example quoted by Nipperdey, p. 122.

l. 23. [c. 28. n. 1.] **sic paratos**, strongly bent on fighting.

l. 24. [2.] **cuius praeceptis**, ablativus normae; see 1. 53, note 1.

l. 28. [3.] **partim equitum**, an anacoluthon; the sentence should have ended with 'partim proelium committere iubet.'

P. 197. l. 3. [c. 29. n. 1.] **cum dimicaretur**, when the battle had been going on. 'Dimicatur' would be the praet. ad praesens; as we should say, 'sex iam horas dimicatur,' 'the fight has been going on for six hours.' See 3. 5, note 1.

l. 5. [2.] **in vicem**, &c., 'as they had up to this time been acting as a rear-guard.'

l. 18. [c. 30. n. 1.] **perditis hominibus**, appellations like this are often given by conquerors to guerilla bands.

l. 21. [2.] **non amplius milibus**, &c., 'a band of men not however amounting to more than five thousand.'

l. 24. [3.] **superiore commentario**, that is in 7. 7. The invasion had been prevented for the time by Caesar's passage of the Cevennes; and afterwards, by the precautions mentioned in 7. 65.

l. 27. [4.] **perditorum latrociniis**, 'by what was really no more than a raid of banditti.'

l. 34. [c. 31. n. 1.] **summa felicitas celeritasque**; see the Memoir of Wellington in the Traveller's Library, p. 40, where it is remarked that this general ordered that, by way of conveying to the Mahrattas an idea of British prowess, the first of their forts should be carried by simple escalade. The result was that the rest surrendered without a blow. (It should be remarked that the expression there used about 'making an example of the garrison' appears to be a mistake.)

P. 198. l. 4. [2.] **Aremoricae**, that is, 'the states by the sea' (ad mare). We have the same word 'mor' in the name 'Morbihan' (the little sea), in that of the 'Morini,' and probably in the word Morea. So in the fifth century the name of Morgan was Latinized into Pelagius.

l. 5. [3.] **adventu Fabii**, like 'solis occasu' in 7. 8.

l. 17. [c. 32.] **Uxellodunum**, this is undoubtedly Puy d'Issolu, on the upper Dordogne, between Vayrac and Martel; as the works, such as Hirtius describes them, have been discovered by the imperial researches. This will be shown by the following notes. For the position of Uxellodunum, see the map at 3. 20. The name of the town is really 'Uasaldun,' the lofty castle; the first part of the word being what we have in the name of the Ochil hills in Scotland.

l. 20. [c. 33. n. 1.] **omnes oppidi partes**, yet the west side is comparatively accessible, and to this the approaches were directed.

l. 25. [2.] **trina castra**; two of them on the scarped hills opposite: they were probably strong enough from the character of the ground, and no entrenchments have been discovered there. The third was on the Pech Démont, north of the town, and here there are traces of a ditch made across the Col de Roujon which connects Uxellodunum with the other heights in that direction.

l. 27. [3.] **vallum**, modern civilization, in the shape of a railway, has blotted out these lines entirely.

l. 29. [c. 34. n. 1.] **similem casum obsessionis**, an equally disastrous siege; hypallage, like 'in magno impetu maris atque aperto,' 3. 8.

P. 199. l. 5. [2.] **numerum frumenti**; see 1. 18, note 4.

l. 6. [3.] **castella nostrorum**, the redoubts raised by our men in the neighbourhood of Uxellodunum.

l. 11. [c. 35. n. 1.] **unde paulatim .. supportarent**, 'with a view gradually to throw provisions into the city from thence.'

l. 13. [2.] provincias, 'departments of action;' as in Cic. Sull. 18 fin. 'provinciam sibi depoposcit, ut .. me in meo lectulo trucidaret.' This makes the derivation from 'providentia' more probable than that from 'provinco,' which is still given in some dictionaries. See Mommsen, Roman Hist., vol. 2, p. 71 (note). This explains the phrase in c. 39, 'reliquam esse unam aestatem suae provinciae.' If this derivation is correct, the original 'providentia' may be contracted in two ways. If the *v* is vocalised we get 'prudentia;' if the *d*, 'provincia.'

l. 26. [c. 36. n. 1.] a milibus longe, &c., 'not more than twelve miles off.'

l. 31. [2.] sed cum videret, 'as he saw besides.' The 'sed' is copulative, as in Sallust. Catil. 7, 'virtus (Romanorum) omnia domuerat: sed gloriae maximum certamen inter ipsos erat.' On the other hand, Caesar used 'et' where we should employ a disjunctive; see 7. 62, note 3.

l. 33. [3.] summae velocitatis; see 1. 48, fin.

P. 200. l. 15. [c. 37.] dividere praesidia, 'to tell off any of his men' for a covering force.

l. 24. [c. 38. n. 1.] consolatione sanat, 'quieted by encouraging assurances.' See 3. 7, note.

l. 34. [2.] accepta referebant, 'put down to the account of' Gutruatus. Caesar's yielding to the cry of his soldiers on this occasion must be contrasted with his masterpieces of skill in putting down any cry when he chose to do so. See 1. 40, and the instances and remarks given in Bacon, Adv. of Learning, book 1.

P. 201. l. 1. [3.] securi feriretur. This was the punishment 'more majorum' inflicted also upon Acco (6. 44), and the fear of which drove Nero to suicide (Merivale, vol. 6, p. 357).

l. 10. [c. 39. n. 1.] suae provinciae; see c. 35, note 2. The province of Gaul had apparently been conferred on him for the five years from 695 to 699. In 699 his command was renewed, after a scene of unparalleled violence in the senate (Merivale, 1, p. 240). The question about the time limits of Caesar's government was considered, even by Cicero, as an obscure one. It is fully discussed in Jules César, vol. 2, p. 472.

l. 10. [2.] quam si sustinere potuissent, 'and if they could endure this.' The subjunctive 'vererentur' is used, because the clause containing it is treated as dependent on, and not co-ordinate with, the preceding: just as we have 'sciebant Ariovistum occupasse agrum Sequanorum qui esset optimus totius Galliae' (1. 31); while, if the second assertion were of equal importance with the first, we should have 'quem etiam esse optimum totius Galliae.' So Livy has, 23. 10, 'unum esse exsortem foederis, quem neque Campanum esse, nec dici debere.' In the latter cases the connection between the clauses might be expressed by the simple copula 'et :' in the passage in the text the 'quam' might be resolved into 'ut eam si sustinuissent non vererentur.' Compare with this note, I. 14, note 4.

l. 25. [c. 40. n. 1.] flumen. The Tourmente, a tributary of the Dordogne. It covered nearly the whole west front of Uxellodunum, which is what Caesar means by 'totum paene montem cingebat.'

l. 28. [2.] tormentis, the range once found, these would sweep the approaches to the stream in the day and night alike.

P. 202. l. 2. [c. 41. n. 1.] aggerem. This was a large wooden terrace, raised for the purpose of bearing the tower presently to be described. At the point where it was erected considerable masses of rubble have since fallen from the mountain and covered its site; but excavations have brought to light some of the wood of which it was composed still charred from the attempt made by the Gauls to burn it.

l. 8. [2.] cuniculos tectos, an underground gallery. This has been traced through all its length, as the waters of the upper spring still discharge themselves through it as Caesar made them do. It is cut in the rock: and some of the palisades across it still remain in a petrified state. See the full account in Jules César, vol. 2, p. 345, and plates 31 and 32.

l. 12. [3.] moenibus aequaret, probably understand 'se,' as in the words 'inclino,' 'verto,' &c., and in the Greek words κλίνω, τρέπω, δηλόω, and many others. Caesar seldom uses this construction, and later editions correct a passage in Cicero which is often quoted for it (De Off. 1. 1. § 3).

P. 203. l. 13. [c. 44. n. 1.] neque .. animadverteret, 'and could not look forward to any end for his exertions.'

l. 14. [2.] diversis in locis; see 8. 31, note 1.

l. 16. [3.] manus praecidit. In 7. 4, Caesar blames similar conduct in Vercingetorix (though the Gaul's excuse was better). We cannot help remembering Caesar's own[1] remonstrances (Sallust. Catil. 51) against those who wished 'novum genus poenae decernere' 'to bring in cruel and unusual punishments' (such as our Bill of Rights forbids\), even for acknowledged criminals. His whole argument there deserves reading.

P. 204. l. 4. [c. 46. n. 1.] per P. Crassum, &c., 'although he had in great part subdued it by means of M. Crassus.' Hirtius affects the use of asyndeton, but without Caesar's judgment. See 1. 16, note 7; 5. 49, note 7.

l. 10. [2.] equitum praesidio, instrumental ablative, like 'ca legione' in 1. 8.

---

[1] Although this speech is not really Caesar's, it probably expresses his sentiments.

l. 19. [3.] omnes conventus, that is, 'he held rapidly his proconsular assizes from place to place.'
l. 25. [4.] Nemetocenna, capital of the Atrebates, now Arras. The name seems to mean 'the hill of the temple.'
P. 205. l. 11. [c. 48. n. 1.] inimicus homini, 'feeling bitter enmity against his pursuer.'
l. 12. [2.] per fidem; see 8. 23.
l. 13. [3.] incautius permittit, &c., 'he galloped heedlessly against his enemy in advance of all his men.' So Livy has, 40. 4, 'permittite equos in cuneos hostium.'
l. 16. [4.] coniungit, brought his horse well up to that of Volusenus.
l. 16. [5.] expiato suo dolore, 'either because he thought he had got satisfaction for his grievance.'
P. 206. l. 10. [c. 49. n. 1.] sine praesenti periculo, if they found themselves free from immediate peril.
l. 14. [2.] condicione, &c., 'by a milder system of administration.' This is well described by Merivale, vol. 2, p. 78.
l. 18. [c. 50. n. 1.] sacerdotii means here the post of 'augur,' as the context shows. It was important for Caesar's political projects to have at his command some one as influential as Mark Antony, who could authoritatively settle the import of auspices, on which the opposition of the aristocratic party would constantly turn.
l. 18. [2.] contendebat gratia libenter, 'he willingly strained his influence.'
l. 24. [3.] municipia et colonias. By 'coloniae' the author means those military colonies of *old* foundation, like Parma and Mutina, which had enjoyed the Roman franchise from the first, and were so distinguished from the coloniae Latinae, such as Bononia, Aquileia, and Placentia, formed when the Roman senate had begun to dread decentralization (Mommsen, vol. 2, p. 334). The 'municipia' (here mentioned) are either allied states or Latin colonies, such as Pisa and the last-mentioned towns, which had the full Roman franchise, and also their own internal administration, in virtue of the Julian law of B.C. 90 (Mommsen, vol. 3, p. 249).
l. 27. [4.] honorem suum, he wished to gain the consulship for 706. A special resolution of the people had allowed him to stand for it without coming to Rome. For the kind of opposition which the consuls Marcellus and Lentulus intended to make, see Merivale, vol. 2, p. 69, sqq.
l. 33. [5.] consuetudine legationis, 'from his intimacy with him as legate.'
P. 207. l. 1. [c. 51. n. 1.] ab universae Galliae bello, after the great war of 702.
l. 3. [2.] cum liberis, and this was real affection; for Caesar was

the patron of the Transpadane Gauls, whom the aristocratic party detested, and through whom they wished to wound Caesar (Merivale, vol. 2, p. 71).

l. 6. [3.] praecipi, so that they had begun with a kind of foretaste of the most elaborate triumph possible.

l. 9. [c. 52. n. 1.] Galliae Togatae, as opposed to the further province, which was called Gallia Braccata, and to the part between the Rhone and Rhine, which was Gallia Comata.

l. 12. [2.] lustravit, 'he held a general review.' With this some ceremonies like those of the lustration of flocks were connected, whence the name.

l. 14. [3.] conciliaretur, that the Roman citizens there might be induced by Labienus' earnest solicitations to back his candidature for the consulship.

l. 18. [4.] id agi, &c., 'that the oligarchs were continually planning to deprive him of some of his army.'

l. 19. [5.] de Labieno, &c., 'he did not believe that his cause was so soon to be deserted by Labienus.' Merivale, vol. 2, p. 120.

l. 25. [6.] erat pollicitus, had proposed; see 1. 42, note 3.

l. 26. [7.] Pompei dominatio, that is, the policy of restricted suffrage and oligarchic corruption, the renewal of Sulla's institutions. To this were opposed the objects of Caesar; an united and enfranchised Italy, political equality, better division of land, improved agriculture, developed education.

l. 29. [8.] discessionem, 'he himself got a division taken on his proposal.'

l. 30. [9.] consules iusserunt, the consuls and personal friends of Pompeius voting on the other side. Curio's majority was 370 to 22 (Merivale, vol. 2, p. 81). By 'reliqui' is meant the majority.

l. 31. [10.] rem moderando discusserunt; voted against the measure, and afterwards shelved it by a manœuvre. Some editions read 'reliqui tamen omnes eo discesserunt,' 'but all the rest of the house voted that way' (which introduces the beginning of the next chapter better).

l. 33. [c. 53. n. 1.] proximo anno. Merivale, vol. 2, p. 70.

l. 34. [2.] legem Pompei et Crassi, by which Caesar's government had been renewed.

P. 208. l. 4. [3.] in alia omnia transiit, 'had negatived the motion.' The formula of division was, 'qui hoc censetis illuc transite: qui alia omnia, in hanc partem.'

l. 6. [4.] necessitates, the use of this word for 'friendship' was noticed as a peculiarity of Caesar (Meyer, Orat. Fragm. p. 412).

l. 11. [c. 54. n. 1.] quam ad Caesarem miserat, the legion 'borrowed' by Caesar in 6. 1. Caesar did not refuse to restore it, but gave the men 1000 sesterces a-piece by way of retainer, that they might remain as devoted to him as they were from having served under him. See 8. 4, note 1. The short-sighted cleverness of Pompeius is surprising. He got from Caesar the first legion (which had been borrowed) and the fifteenth as his contribution to the Parthic War. His real intention was to make them at Capua the nucleus of an army to fight Caesar.

l. 17. [2.] tertiamdecimam mittit, this had been in Gaul (8. 2).

l. 31. [c. 55.] contendit; only a few sentences are probably lost; narrating how Caesar went to Ravenna, and sent through Curio a conciliatory offer to the senate (Merivale, p. 96). The history is then taken up at once by the first chapter of the Bellum Civile.

INDEX

TO WORDS AND THINGS EXPLAINED IN THE NOTES.

The numbers signify the book, chapter, and note.

Ab (on the side of), 3. 25. 4.
Ab novissimis, 2. 25. 4.
Ablative on ablative, 3. 6. 3.
— of cause, 4. 34. 1.
— circumstance, 1. 18. 9.
— duration, 2. 6. 2.
— instrument (ea legione), 1. 8. 1.
— quality, 1. 39. 2.
— time (solis occasu), 7. 8. 2.
Ablative absolute with participle omitted, 5. 42. 1.
— subject omitted, 4. 12. 3.
— for accusative of object, 7. 4. 2.
— of following event, 7. 11. 7.
— attributive, 7. 54. 1.
— repeated, 2. 30. 2.
— for strong verb, 1. 11. 4.
— concessive, 2. 12. 2.
— of supposition, 1. 3. 5.
— prepositional, 1. 33. 3.
Ablativus normae, 1. 4. 2.
Ac (and thus), 1. 24. 6.
— adversative, 3. 19. 4.
— in comparisons, 2. 19. 1.
Accusative of length, 1. 22. 5.
— of substantive implying cause, 5. 27. 5.
Ad diem, 6. 33. 5.
— hostem, 1. 37. 5.
Adjective for causative sentence. 5. 45. 2.
Admodum (circa), 5. 40. 1.

Adventu, 5. 54. 3.
Alarii, 1. 51. 1.
Alienus .. suus, 1. 15. 1.
Aliquando, 7. 27. 4.
Aliquis in negatives, 8. 1. 4.
Alius atque, 7. 14. 1.
Alterae (dative), 5. 27. 4.
Altero die, 7. 68. 4.
Amateurs in war, 1. 39. 4.
Amplius with accusative, 4. 12. 2.
Anaphora, 1. 14. 6.
Animum adverto, 1. 24. 1.
Antecedent omitted, 7. 28. 6.
— repeated, 8. 17. 1.
Antequam with indicative and conjunctive, 3. 26. 3.
Antiquissimum tempus, 1. 45. 5.
Appellatives omitted, 1. 18. 2.
Apposition of substantive with pronoun, 1. 21. 5.
Arcesso, 1. 31. 7.
Assisto (neuter), 6. 18. 3.
Atque in negatives, 2. 19. 1.
— comparisons, 7. 14. 1.
Atque (and then), 1. 53. 1.

Beneficia senatus, 1. 35. 1.
Biduum, 1. 23. 2.
Bipartito, 1. 25. 8.

Camp on the Aisne, 2. 8. 4.

INDEX.

Capere montem, 1. 25. 5.
Casus, 3. 13. 7.
Causa, 4. 4. 1.
Character of Britons, 5. 14. 3.
Chronology of Bell. Gall., 4. 1. 1.
Climate of Gaul, 1. 16. 2.
Colonia, 8. 50. 1.
Commeatus, 5. 23. 1.
Committo ut, 1. 13. 6.
Comparo, 1. 31. 13.
Compendiary comparison, 4. 22. 3.
Conditionals expressed absolutely, 1. 14. 3.
Confero, 1. 31. 13.
Conjunctional gerund, 1. 1. 8.
Conjunctive for oblique infinitive, 8. 39. 2.
Conscisco, 1. 4. 9.
Constitutions of Gaul, 1. 2. 1.
Constructio praegnans, 4. 14. 3.
Contendere, 1. 31. 2.
Contio, 5. 52. 4.
Contra atque, 4. 13. 6.
Conversa signa, 1. 25. 8.
Co-ordinate for dependent clause, 1. 37. 1.
Copulative omitted with three substantives, 7. 40. 4.
Cruelty of Roman warfare, 1. 53. 5; 4. 14. 5; 8. 3. 1; 7. 47. 4.
Cum concessive, 5. 26. 2.
— with subjunctive for ablative absolute, 1. 41. 7.
— imperfect subjunctive for hypothetical future, 4. 16. 2.
— indicative for past time, 5. 35. 1.
Cupere with dative, 1. 18. 5.

Dates in unreformed calendar, 1. 6. 5.
Dativus propositi, 1. 26. 6.
— incommodi, 3. 5. 2.
Decumana porta, 3. 25. 4.
Deficior, 8. 3. 3.
Depressions of tense in obliqua—
— imperative oblique, 1. 36. 7.
— other tenses, ib., 1. 36. 1.
— future perfect by pluperfect, 2. 5. 3.
— perfect, 1. 13. 3.

Determinatives for reflexives, 2. 15. 4.
Dicto audiens, 1. 39. 14.
Diebus quibus, 4. 18. 1.
Dies pugnae, 4. 13. 4.
Diligentia, 1. 40. 6.
Diplomacy (language of), 1, 14. 2.
Direction, how expressed, 6. 25. 3.
Dum, with present indicative, 1. 46. 1.
— subjunctive, 7. 77. 1.
Duplicity of Senate, 1. 33. 7.

Ejus (of it), 7. 77. 2.
Ellipse of verb sentiendi, 3. 24. 2.
— sciendi, 7. 6. 2.
Enim, 5. 7. 6.
Equinox, 1. 6. 5.
Est with genitive, 4. 5. 1.
Et disjunctive, 7. 62. 3.
Evocati, 7. 65. 5.
Ex with ablative for genitive, 1. 41. 5.
— (on the footing of), 3. 20. 1.
— loco superiore, 5. 9. 5.
Exempla, 1. 31. 18.
Exploro. 2. 4. 5.
Exspectare si, 2. 9. 1.

Familia, 1. 4. 6.
Felicitas (Caesaris), 6. 35. 1.
Fides, 1. 46. 5; 2. 13. 4.
Fieri ut, 5. 5. 4.
Fore ut, 1. 10. 2.
Fortuna. 6. 35. 1.
Fratres P. R., 1. 11. 1.
Fuisse conditional, 1. 14. 3.
Fungendi muneris. 8. 12. 2.
Future infinitive for second conditional, 5. 29. 1.

Genitive on genitive, 1. 19. 6.
— of definition, 3. 10. 1.
— conformity, 4. 17. 1.
— purpose, 4. 17. 16.
— quality, 1. 39. 2.
— partition, 1. 21. 6.

INDEX.   349

Genus (nature), 4. 1. 11.
Graecae literae (character), 1. 29. 1.
— (language), 5. 48. 2.

Hic (oblique of noster), 1. 31. 14.
Homines (adjectively), 1. 2. 6.
Hostium loco, 1. 26. 6.
— numero, 1. 28. 2.
Hypallage, 3. 8. 2; 4. 17. 2.
Hyperbaton, 1. 6. 3; 2. 28. 3.

Ibi for ibidem, 4. 19. 3.
Id quod, 4. 29. 4.
Impedio with infinitive, 7. 38. 2.
Impediti, 3. 24. 4.
Imperfect of endeavouring, 7. 47. 3.
Imperfect subjunctive for *general* truths, 1. 36. 1; 7. 52. 2.
— after primitive tenses, 4. 1. 15.
Impersonal with intelligo, 6. 12. 6.
Impetro (with object omitted), 2. 12. 5.
In (in the case of), 1. 47. 5.
Inermus, 1. 40. 12.
Infinitive (in interrogations), 1. 14. 4.
Injuria, 1. 12. 5.
Insignia, 1. 22. 2.
Inter (within a time), 1. 36. 9.
Ipse a subject, 1. 4. 10.
— (expressing exactness), 1. 18. 1.
— reflexive to subject, 1. 13. 4.
— in object, 7. 20. 2.
Iri, 5. 36. 2.
Iter magnum, 1. 37. 4.

Kindred, a political motive in Gaul, 1. 28. 6.
Kings restored, 5. 54. 4; 6. 5. 2.

Latus apertum, 1. 25. 7.
Liceri, 1. 18. 3.
Limiting adverb omitted, 1. 2. 9.
Longe with superlative, 5. 43. 4.
— abesse, 1. 36. 6.

(In) manibus, 2. 19. 6.
Manus, 7. 84. 2.
Matara, 1. 26. 4.
Medius (neutral), 1. 34. 1.
Mensum, 1. 5. 3.
Method in Caesar, 1. 21. 6; 4. 8. 1.
Middle voice in Latin, 1. 39. 10.
Milia, 8. 4. 2.
Military hours, 1. 21. 3.
Mixed cavalry and infantry, 7. 13. 1.
Modo, 6. 8. 3.
Montes, 3. 2. 1.
Moral tone of Caesar, 1. 12. 5; 1. 14. 2; 1. 40. 18; 2. 1. 4.
Multo die, 1. 22. 3.
Mundus, 6. 14. 5.
Municipia, 8. 50. 1.
Munire castra, 1. 38. 4; 1. 49. 2.
Mutiny, 1. 40. 17, 18.

Ne .. an, 6. 31. 1.
Necessarii, 1. 11. 3.
Necessario coactus, 1. 17. 5.
Necessitas, 8. 53. 4.
Nihil reliqui, 2. 26. 2.
Nomina, 1. 18. 6.
Nominative repeated from oblique case, 1. 8. 3.
— supplied from dative, 1. 7. 1.
— varied, 1. 38. 6.
Non modo (non), 3. 4. 7.
Novae res, 1. 9. 4.
Nova luna, 1. 50. 5.
Nullo (dative), 6. 13. 3.
Nullum tempus quin, 5. 53. 6.
Numero hostium, 5. 5. 2.
Numerus (multitudo), 1. 18. 4.

Objective apposition, 7. 14. 12.
Objective sentence, 3. 2. 2; 6. 23. 1.
Oblique construction (dramatic), 1. 14. 6.
— quasi, 1. 37. 2.
Oblique questions (person of), 1. 14. 4.
Occupatio, 4. 16. 5.
Occurro, 8. 3. 4.

Opinio, 2. 24. 4.
Opus facto, 1. 42. 16.

Pacatus, 3. 7. 1; 7. 50. 2.
Pagus, 4. 1. 5.
Participle, 3. 24. 3.
— causative, 3. 24. 8.
— for substantive, 5. 29. 2.
Parumper, 3. 5. 5.
Passes of Alps, 1. 10. 3.
Paulum modo, 6. 27. 1.
Perfect infinitive for second conditional, 1. 14. 3.
— subjunctive for pluperfect, 2. 3. 2.
— for consequences, 3. 15. 3; 4. 28. 2; 7. 17. 2.
Perfidia, 8. 23. 1.
Per se (limiting), 1. 42. 1.
— concilium, 6. 20. 4.
Phalanx, 1. 52. 3.
Pluperfect for perfect, 2. 1. 3.
Poenam sequi, 1. 4. 3.
Polliceor, 1. 42. 3.
— (with present infinitive), 4. 21. 3.
Positive for comparative, 1. 2. 8.
Possum (absolutely), 1. 36. 8.
— syntax of, 1. 3. 6.
Post diem tertium, 4. 9. 1; 4. 28. 1.
— paullum, 7. 50. 4.
Potior with accusative, 2. 7. 2.
Potius quam with subjunctive, 7. 17. 5.
Praeteritum ad praesens, 3. 5. 1.
Praeverto, 7. 33. 3.
Predicate implied in adjective, 6. 15. 4.
Prepositional adverb, 4. 13. 2.
Primipili, 5. 35. 7.
Prolepsis, 4. 3. 6.
Propius with accusative, 1. 46. 2.
Proximus with accusative, 3. 7. 5.

Quaestor, 1. 52. 1.
Quamvis, 4. 2. 6.
Quanto opere, 7. 52. 4.
Qui with subjunctive for quum, 5. 4. 3.
— concessive, 6. 36. 1.

Quibus (with diebus), 3. 23. 1.
Quidem non, 7. 66. 6.
Quin, 1. 4. 8.
— with recuso, 4. 7. 3.
Quinis, 1. 15. 4.
(Non) quo, 4. 2. 1.
Quod (of reference), 1. 44. 5.
Quo minus, 1. 14. 1.
Quominus, 1. 31. 9.
Quum with subjunctive for ablative absolute, 1. 41. 7.

Receptus, footnote to p. 322.
Recipio, 5. 35. 3.
Reflexive pronoun, 1. 5. 4.
— to remote subject, 7. 8. 6.
e Regione, 7. 58. 10.
Relative inverted, 2. 21. 1.
— κατὰ σύνεσιν, 7. 28. 6.
Repraesentari, 1. 40. 19.
Res, 1. 4. 1.
Rhetoric of Caesar, 1. 14. 2; 1. 40. 20; 1. 20. 5; 1. 21. 6.

Saepenumero, 1. 39. 3.
Schema Atticum, 1. 39. 12.
Secreto (occulto), 1. 31. 1.
Sectio, 2. 33. 4.
Secundo flumine, 7. 58. 8.
Secundum, 1. 33. 1.
Sed (copulative), 8. 36. 2.
Sequence with historic present, 7. 61. 3; 7. 71. 1.
Slavers (Roman) in Alps; vid. Injuria.
Sponte sua, 1. 9. 2.
Stratagems, 1. 51. 1.
Substantive in apposition with pronoun, 2. 6. 9.
— adjective, 2. 13. 1.
Superlative absolute, 3. 8. 1.
Suppeto, 1. 3. 2.
Suspicio, 1. 4. 7.
Suus emphatic, 2. 14. 4.

Tamen (elliptical), 1. 32. 3.
Tertia pars agri, 1. 31. 11.

Toto (dative), 7. 89. 3.
Trade in meat, 1. 31. 12.
Tum (without cum), 2. 27. 1.
Tumultus, 1. 40. 9.
Turris, 5. 40. 1.
Two propositions in one, 2. 6. 3.

Ultro, 1. 42. 6.
Usu venit, 7. 9. 1.
Ut for quo, 1. 5. 2.
— quod, 4. 23. 3.
— (as) with potential, 1. 44. 8.
— of supposition, 3. 9. 8.
— of illustrative assertion, 3. 8. 4.

Ut, of historic consequence, 3. 29. 2.
— limitation, 6. 34. 8.

Valles (singular), 6. 34. 2.
Value of money, 8. 4. 1.
Venire in spem, 1. 31. 4.
Vergere, 1. 1. 11; 4. 20. 2.
Verus, 4. 8. 2.
Vigiliae, 1. 21. 3.
Vix qua, 1. 6. 3.
— ut, 3. 4. 1.

Zeugma, 6. 4. 2.

www.ingramcontent.com/pod-product-compliance
Lightning Source LLC
Chambersburg PA
CBHW032015220426
43664CB00006B/247